André Kauth

POP HISTORY BAND 3

DUOS

VON THE ALLISONS BIS ZAGER & EVANS

Impressum

Bibliografische Information der Deutschen Nationalbibliothek:
Die Deutsche Nationalbibliothek verzeichnet diese Publikation in der
Deutschen Nationalbibliografie; detaillierte bibliografische Daten sind
im Internet über http://dnb.dnb.de abrufbar.

© 2021 André Kauth

Lektorat: André Kauth

Herstellung und Verlag: BoD – Books on Demand, Norderstedt

ISBN: 978-3-7534-0291-8

Vorwort:

Dieses Lexikon ist begleitend zu der erfolgreichen Radiosendung – **Pop-History**.

Die Sendung läuft seit Mai 2000 jeden Samstag bei Radio-Ostfriesland und wurde von dem Autor André Kauth ins Leben gerufen.
Die internationalen Stars der 1960er, 1970er & 1980er sind der Schwerpunkt dieser Sendung und dieses Buches.
In diesem Band finden Sie alles über die Duos und Einzelinterpretinnen dieser Zeit, in Kurzbiografien, den wichtigsten Informationen und den Top-50-Hits in Deutschland, GB und den USA.
Welche Duos und Einzelinterpretinnen hier erfasst sind und für wichtig erachtet wurden, obliegt der Entscheidung des Autors und ist – wie oben schon beschrieben – an die Inhalte der Radiosendung angelehnt, die sich hauptsächlich auf die Musik von 1960 bis 1989 bezieht. Überschneidungen mit den 1950ern und 1990ern sind in den Charts vorhanden. Der Autor hofft, dass die Informationen Ihren Vorstellungen entsprechen. Ein solches Buch wird nicht immer vollständig sein. Alle Inhalte wurden nach bestem Wissen und Gewissen recherchiert. Trotzdem schlägt der Fehlerteufel leider manchmal zu.

Erläuterungen:

Einige Musiker erscheinen hier mit Künstlernamen.

Bei den Künstlern aus den USA sind die Geburtsstadt und der Bundesstaat aufgeführt.
Bei den UK-Charts gilt GB nur für England. Schottland, Wales, Irland, und Nordirland sind namentlich erwähnt.
Die Platzierungen in den R&B sowie Dance-Charts sind hier nicht aufgelistet.

Quellen: Wikipedia (deutsch & englisch), Discogs, Last FM, Plattenfirmen, Whos Who, Künstler-Websites eigene Recherchen, Music Express und Informationen und selbst geführte Interviews.

Der Autor:

André Kauth Jahrgang 1948 beschäftigt sich seit frühester Jugend mit der Pop-Musik. Deshalb kann er einiges über diese Zeit und die Interpreten zu erzählen.

1966, im Alter von 18 Jahren steht er in seiner Heimatstadt Münster/ Westf.) erstmals an den Plattentellern und gehört dort zu den DJs der ersten Stunde und Generation. Bis Ende der 1970er ist André Kauth als Profi unterwegs und hat die großen Diskotheken in NRW und Niedersachsen kennengelernt.

Das reicht dem Musikprofi aus Berufung aber nicht. Seine große Leidenschaft ist und bleibt das Radio. Als er glaubt, der Zug ist schon abgefahren, holt ihn sein Traum doch noch ein. 1994 startet André Kauth, wenn auch spät, seine Karriere als Moderator beim Radio, dem er bis heute treu geblieben ist.

Originalausgabe - 1. Auflage Januar 2021

Website: www.pop-history.eu

Duos **A**

Allisons

Mitglieder:
Brian Alford (Gesang, Gitarre) * 31.12.1939 in London, GB
Colin Day (Gesang, Gitarre) * 2.2.1941 in Trowbridge, GB |
gestorben am 25. 11. 2013

Die Wurzeln der ALLISONS liegen in dem Duo THE SHADOW
BROTHERS, das in den 1950er Jahren in der Club-Szene im
Londoner Südwesten beginnt. Gegründet wird es von Brian
Alford und John White. Ihr Höhepunkt ist ein Auftritt in einer
britischen Talent-Show. Anfang 1959 lässt White das Duo plat-
zen und Alford gründet mit Colin Day THE ALLISONS. Beide
Musiker ändern ihren Namen. So wird aus Alford John Allison
und aus Day Bob Allison.
Sie treten zunächst in der bekannten Londoner Coffee-Bar
„Bread Basket" auf und empfehlen sich so für Talent-Shows.
Alford schickt 1961 ein Demoband mit dem von ihm komponierten Song Are You Sure an die Plattenfirma Fontana, die
sofort zugreift. Der Titel kommt in den UK-Charts bis auf Platz
zwei und wird gleichzeitig der englische Beitrag für den Grand-
Prix. Hier erreichen sie ebenfalls den zweiten Platz. Es folgen
ein paar kleinere Hits, aber mit dem Siegeszug der Beat-Gruppen wird das Duo in den Hintergrund gedrängt. So löst man
sich 1962 auf.
John Alford arbeitet nach der Auflösung als Songwriter. In den
1970er und 1980er Jahren kommt es zu gelegentlichen Auftritten des Duos.

Jahr	Titel in den Top-50 Single-Charts	DE	UK	US
1961	Are You Sure	11	2	-
1961	Words	-	34	-
1961	Goodbye, Farewell	-	11	-
1962	Lessons In Love	-	30	-

Duos **B**

Baccara

Erfolgreiche Besetzung:
Mayte Mateos (Gesang) * 7.2.1951 in Logroño, Spanien
Maria Mendiola (Gesang) * 4.4.1952 in Madrid, Spanien

MAYTE MATEOS und MARIA MENDIOLA lernen sich beim spanischen Fernsehballett kennen. Sie beschließen, als professionelle Flamenco-Tänzerinnen und Sängerinnen aufzutreten. Unter dem Namen VENUS stehen sie u. a. in Fuerteventura auf der Bühne, wo sie im Januar 1977 von Leon Deane, Fred Dieckmann und Patrick Kavetz die für die Plattenfirma RCA arbeiten, entdeckt werden.
Das erste Album Baccara wird von den deutschen Produzenten Rolf Soja und Frank Dostal (Ex-Rattles) aufgenommen und ist ein Riesenerfolg. Mitbeteiligt sind Peter Zentner und Tore Syvertsen. Die ausgekoppelten Singles Yes Sir, I Can Boogie und Sorry, I'm A Lady werden europaweit Nummer-eins-Hits und sind heute Disco-Klassiker. Yes Sir, I Can Boogie wird in 18 Ländern die Nummer eins und in Deutschland zählt das Stück zu den meistverkauften Singles aller Zeiten.
In England ist BACCARA sogar die erste spanische Gruppe und ein weibliches Gesangsduo, das sich an der Spitze der Charts platziert. Weitere erfolgreiche Singles sind Darling, Ay, Ay Sailor und The Devil Sent You To Lorado.
1977 singt Baccara für Deutschland beim ‚World Popular Song

Contest' in Tokio. Ihr Song heißt Made In Madrid. Mit dem Lied Parlez-vous Français? vertritt das Duo 1978 Luxemburg bei dem Eurovision- Song-Contest und erreicht dabei den siebten Platz.

Ende der 1970er Jahre folgen regelmäßige Auftritte in der britischen Sacha Distel Show und im deutschen Fernsehen in den Musiksendungen „Musikladen, Disco und Ein Kessel Buntes".

1979 nehmen Baccara im Rahmen das von der UNICEF ausgerufenen Jahr des Kindes teil, das in deutsch gesungene Lied Eins Plus eins ist eins auf.

1982 trennen sich Mayte und Maria.

Jahr	Titel in den Top-50 Single-Charts	DE	UK	US
1977	Yes Sir, I Can Boogie	1	1	-
1977	Sorry, I´m A Lady	1	8	-
1978	Darling	6	-	-
1978	Parlez-vous francaise	21	-	-
1978	The Devil Send You To Lorado	4	-	-
1979	Body Talk	26	-	-
1979	Ay, Ay, Sailor	39	-	-

Bano, Al & Romina Power

Besetzung:

Al Bano (Gesang, Gitarre) * 20.5.1943 in Cellino San Marco, Italien als Albano Carisi

Romina Power (Gesang) * 2.10.1951 in Los Angeles, Kalifornien

Ab 1980 ist das Duo Al Bano & Romina Power international erfolgreich.

Schon 1967 wählen die Italiener Al Bano zum beliebtesten Newcomer des Jahres. Mit Nel Sole hat er im gleichen Jahr einen Millionenseller.

Ende der 1960er lernt er Romina Power, die älteste Tochter des US-Schauspielers Tyrone Power, kennen. 1970 haben Al und Romina mit Di Due Inamorati ihren ersten Top-10-Hit in

Italien. Beide schaffen sich nebenher als Solisten einen Namen. Mit Sharazan und Felicita sind sie 1981 und 1982 in der deutschen Top-10.

Die beiden haben vier gemeinsame Kinder. Die Ehe zerbricht, als die älteste Tochter Ylenia Carisi 1994 spurlos verschwindet. Al meint heute, sie habe unter dem Einfluss von Drogen im Mississippi in New Orleans Suizid begangen. Romina ist noch immer davon überzeugt, dass ihre Tochter lebt. Das Paar trennt sich 1999.

Seit 2013 treten Al Bano und Romina Power wieder gemeinsam auf und veröffentlichen 2015 ein neues Live-Album. 2020 hat das Duo mit dem aktuellen Song Raccogli l´attimo einen Gastauftritt beim Festival in San Remo.

Jahr	Titel in den Top-50 Single-Charts	DE	UK	US
1981	Sharazan	7	-	-
1982	Felicità	6	-	-
1982	Tu soltanto tu	16	-	-
1983	Che angelo sei	35	-	-
1986	Sempre, sempre	33	-	-

Bellamy Brothers

Besetzung:
Howard Bellamy (Gesang, Gitarre) * 2.2.1946 in Darby, Florida
David Bellamy (Gesang, Gitarre) * 16.9.1950 in Darby, Florida

Die Brüder Howard und David Bellamy absolvieren ab 1958 ihre ersten Auftritte. Bis zum großen Erfolg soll es aber 15 Jahre dauern. Als Songschreiber hat David einen Millionenseller mit Spider And Snakes, gesungen von JIM STAFFORD. 1976 gelingt den BELLAMY BROTHERS mit Let Your Love Flow ein weltweiter Hit. Die Aufnahme ist neben den USA und Deutschland auch in vielen anderen Ländern Nummer eins. Bis 1979 bringen sie etliche Songs in die internationalen Charts. Danach tauchen sie fast ausschließlich in den US-Country-Charts auf. In den 1990ern werden sie für kurze Zeit von Ralph Siegel produziert.

2012 nehmen die Brüder zusammen mit DJ Ötzi ein Album unter dem Titel Simply The Best auf. Darauf enthalten ist auch das Stück Like A Star, die englische Version des deutschen Hits Ein Stern (...der deinen Namen trägt).

Jahr	Titel in den Top-50 Single-Charts	DE	UK	US
1976	Let Your Love Flow	1	7	1
1976	Satin Sheets	12	43	-
1977	Highway 2-18 (Hang On To Your Dreams)	16	-	-
1977	Cross Fire	17	-	-
1979	If I Said You Have A Beautiful Body...	34	3	39

Blancmange

Besetzung:
Neil Arthur (Gesang) * 15. 6. 1958 in Darwen, GB
Stephen Luscombe (Keyboards) * 29.10.1954 in Hillingdon, GB

Das britische Pop-Duo BLANCMANGE wird 1979 gegründet und feiert seine großen Erfolge in den 1980er Jahren. Die beiden Kunststudenten Arthur und Luscombe veröffentlichen ihre erste EP Irene & Mavis in Eigenregie. Auf der Kompilation Some Bizzar Album sind sie in bester Gesellschaft. Andere Newcomer-Bands der New-Wave-Szene wie DEPECHE MODE oder SOFT CELL sind ebenfalls darauf vertreten.

1982 erscheint die erste Single Good´s Kitchen / I´ve Seen The World und das Debüt-Album Happy Families. Mit Living On The Cycling hat das Duo den ersten Top-10-Erfolg in England. Mitte der 1980er lässt der Erfolg nach und man löst sich 1986 auf.

Das Duo zeichnet sich durch die Stimme von Neil Arthur und die Synthesizer-Klänge von Stephen Luscombe aus, die musikalisch in Richtung indische Musik gehen.
2011 findet die beiden nochmals zusammen und veröffentlichen mehrere Alben. Im Mai 2018 verkündet Neil Arthur, dass er das Projekt alleine weiterführen wird.

Jahr	Titel in den Top-50-Single-Charts	DE	UK	US
1982	Feel Me	-	46	-
1982	Livin On A Cycling	-	7	-
1983	Waves	29	19	-
1983	Blind Vision	44	10	-
1983	That´s Love, That It Is	-	33	-
1984	Don´t Tell Me	34	8	-
1984	The Day Before You Came	-	22	-
1985	What´s Your Problem	-	40	-

Bob & Marica

Besetzung:
Bob Andy (Gesang) * 28.10.1944 in Kingston, Jamaica als Keith Anderson | gestorben am 27.3.2020
Marica Griffiths (Gesang) * 23.11.1949 in Kingston, Jamaica

Das Gesangsduo BOB & MARICA aus Kingston, Jamaica hat für kurze Zeit Erfolg mit ihren Reggae-Nummern. 1970 haben sie England mit Young, Gifted And Black ihren einzigen Top-10-Erfolg. Mit The Pied Piper gibt es 1971 noch einen Nachfolgehit. Das Stück ist im Original von Crispian St. Peters. Damit hat das Duo sein Hit-Pulver verschossen. 1974 trennen sich die zwei, weil es sich finanziell nicht mehr lohnt.

Jahr	Titel in den Top-50 Single-Charts	DE	UK	US
1970	Young, Gifted And Black	-	5	-
1971	The Pied Piper	-	11	-

Brewer & Shipley

Besetzung:
Mike Brewer (Gesang, Gitarre) * 14.4.1944 in Oklahoma City, Oklahoma
Tony Shipley (Gesang, Gitarre) * 1941

Das amerikanische Folk-Rock-Duo BREWER & SHIPLEY feiert Ende der 1960er und Anfang der 1970er Jahre die größten Erfolge. Komplizierte Gitarrenklänge, Vokalharmonien und sozial bewusste Texte prägen ihre Musik. Ihre Themen sind der Vietnamkrieg und Kämpfe um die persönliche und politische Freiheit. Damit sprechen sie Ängste und Sorgen der damaligen Generation an. Ihr größter kommerzieller Erfolg ist 1970 das Stück One Toke Over The Line aus Album Takio. Brewer und Shipley treten weiterhin sowohl Solo als auch zusammen auf. (Stand Dezember 2020)

Brian & Michael

Besetzung:
Michael Coleman (Gesang, Gitarre – seit 1977)
Brian Burke (Gesang, Gitarre – 1977)
Kevin Parott (Gesang, Gitarre – ab 1978)

Das Duo BRIAN & MICHAEL ist ein Projekt der beiden Musiker Coleman und Parrott aus Manchester, GB. Kennengelernt haben sie sich 1965. Coleman steigt als Bassist in die damalige Band von Parrott ein. Unter dem Namen BIG SOUND sind sie die Begleitband des dänischen Rock And Roll Sängers ROCK NALLE. Nach der Trennung der Band spielen Coleman und Parott in verschiedenen Bands.
In der zweiten Hälfte der 1970er beginnt sich Coleman für den aus Manchester stammenden Maler Lowry zu interessieren. Dieser ist bekannt für sein Motiv der Streichholzmännchen. Als der Maler 1976 stirbt, schreibt Coleman das Stück Matchstalk Men And Matchtalk Cats And Dogs. Er spielt die Nummer mit seinem damaligen Partner Brian Burke ein. Parrott ist als Produzent beteiligt. Burke steigt aus, als die Single schon fertig

ist und Parrott übernimmt seine Stelle. Das Stück wird 1977 veröffentlicht, ist aber erst 1978 ein Nummer-eins-Hit in England. Es bleibt der einzige Erfolg und somit ist ein weiteres One-Hit-Wonder geschaffen.

Brothers Johnson

Besetzung:
George Johnson (Gesang, Gitarre) * 17.5.1953 in Los Angeles, Kalifornien
Louis Johnson (Bass, Gesang) * 13.4.1955 in Los Angeles, Kalifornien | gestorben am 21.5.2015

George und Louis gründen als Schüler ihre erste Band. Der Name Johnson THREE PLUS ONE deshalb, weil in der Formation noch der ältere Bruder Tommy und ihr Cousin Alex Weir mitspielen. Sie begleiten Künstler wie BOBBY WOMACK oder die SUPREMES. Die Gruppe löst sich 1971 auf, weil George und Louis zur Begleitband von BILLY PRESTON wechseln.
Als sie diesen 1973 wieder verlassen, sind sie gefragte Songwriter und Session-Musiker. So spielen sie beispielsweise 1974 in der Band von QUINCY JONES auf dessen US-Tour.
Zwischen 1976 und 1980 veröffentlichen die JOHNSON BROTHERS etliche erfolgreiche Alben, die in der Zusammenarbeit mit Quincy Jones entstehen. 1981 trennt sich das Funk & Disco-Duo von Jones und der Erfolg lässt nach, sodass es 1982 zur Trennung kommt. Zwischen 1984 und 2015 gibt es häufige Wiedervereinigungen, die aber mit dem Tod von Louis Johnson am 21.5.2015 enden.

Jahr	Titel in den Top-50 Single-Charts	DE	UK	US
1976	I´ll Be Good To You	-	-	3
1976	Get The Funk Out Of My Face	-	-	30
1977	Strawberry Letter 23	-	35	5
1978	Ain´t The Funkin´ Now	-	43	-
1978	Ride On The Blam!!	-	50	-
1980	Stomp!	24	6	7

Jahr	Fortsetzung – Brother Johnson	DE	UK	US
1981	The Real Thing	-	50	-

Bruce & Bongo

Besetzung:
Bruce Hammond Earlam (Gesang) * 13.1.1955
Douglas Wilgrove (Gesang) * 19.3.1955

Die Briten BRUCE & BONGO sind als Soldaten in der „British Army" in Deutschland stationiert und müssen sich somit mit der deutschen Sprache auseinandersetzen. So erkennen sie, dass das Wort "Geil" vielfältig verwendet wird. Sie kommen so auf die Idee, das Wort musikalisch zu verwenden. So werden in dem Lied DJs, Affen oder auch Boris Becker und am Ende sie selbst als "Geil" bezeichnet.
Allerdings gilt der Song bei einigen Sendern als anstößig und wird vom bayrischen Rundfunk und mehreren Fernsehstationen nicht gespielt. Trotzdem ist das Stück auf Platz eins in Deutschland und Österreich. Das Album Geil, aus dem der Albumtitel als Single ausgekoppelt wird, verkauft sich über 500.000 Mal.
Die Nachfolgesingle Heigh-Ho (Whistle While You Work), kommt in Deutschland nur bis Position 29. Weitere Hits gelingen dem Duo nicht mehr. Damit ist ein weiteres One-Hit-Wonder geboren.

Jahr	Titel in den Top-50 Single-Charts	DE	UK	US
1986	Geil	1	-	-
1986	Heigh-Ho (Whistle While You Work)	29	-	-

20

Duos C

Captain & Tenille

Besetzung:
Toni Tennille (Gesang, Klavier, Keyboards) * 8.5.1950 in Montgomery, Alabama
Daryl Dragon (Gesang, Keyboards) * 27.8.1942 in Los Angeles, Kalifornien | gestorben am 2.1.2019

Die größten Erfolge feiert das Duo CAPTAIN & TENILLE in den 1970er Jahren mit Hits wie Love Will Keep Us Together, The Way I Want To Touch You (1975), Lonely Nights (Angel Face), Shop Around, Muskrat Love (1976) und Do That To Me One More Time (1979).
Begonnen hat die Karriere von Dragon bei den BEACH BOYS. Deren Sänger Mike Love, verpasst ihm den Spitznamen „Captain Keyboard" und Dragon tritt von da ab als Captain auf. Anfang der 1970er Jahre stößt auch Toni Tenille zu der kalifornischen Surf-Band. Toni und Daryl sind gemeinsam mit den BEACH BOYS auf Tournee und merken schnell, dass sie sich musikalisch und menschlich sehr gut verstehen.
Zunächst verläuft die Karriere schleppend. Sie treten als THE DRAGONS auf und erreichen in Kalifornien mit der der Zeit einen beachtlichen Bekanntheitsgrad.
Das Debüt-Album Love Will Keep Us Together kommt bis auf Platz zwei in den US-Billboard-Charts und bedeutet den großen Durchbruch. In den nächsten fünf Jahren landet Duo und Ehepaar etliche Charterfolge.
Nach 1982 startet Toni Tenille eine Solo-Karriere und Anfang der 1990er Jahre kehrt das Duo sporadisch auf die Bühne

zurück. Comeback Versuche 1995, scheitern ebenso, wie 2002. Relativ erfolglos ist auch das letzte Studio-Album 2006.
Während der Solokarriere arbeiten beide weiterhin mit andern Künstlern zusammen.
Nach 39 Ehejahren reicht das Paar 2014 die Scheidung ein. Daryl Dragon stirbt am 2. Januar 2019 an Nierenversagen.

Jahr	Titel in den Top-50 Single-Charts	DE	UK	US
1975	Love Will Keep Us Together	-	32	1
1975	Por Amor Viviremus	-	-	49
1975	The Way I Want To Touch You	-	28	4
1976	Lonely Night (Angel Face)	-	-	3
1976	Shop Around	-	-	4
1976	Muskat Love	-	-	4
1977	Can´t Stop Dancin´	-	-	13
1978	You Never Done It Like That	-	-	10
1978	You Need A Woman Tonight	-	-	40
1979	Do That To Me One More Time	33	7	1

Caravelles

Besetzung:
Lois Wilkinson (Gesang) * 3.4.1944 in Sleaford, GB
Andrea Simpson (Gesang) * 9.9.1946 in London, GB

Seine erfolgreichste Zeit hat das britische Pop-Duo THE CARA-VELLES von 1963 bis 1966. Allerdings haben sie mit You Don´t Have To Be A Baby To Cry nur einen einzigen Hit. Die Aufnahme kommt in Großbritannien auf Platz sechs und erreicht in den USA die Position drei.
Darf man der Website von Lois Wilkinson vertrauen, sind beide Angestellte in einem Autohaus. Ihr Manager soll den Namen

CARAVELLES vorgeschlagen haben. Eine zweite Version klingt etwas anders. Curly Clayton, der ein Aufnahme-Studio in Highbury betreibt, soll die zwei Sängerinnen zusammengebracht haben. Beide sollen unabhängig voneinander nach einer Gesangskarriere bei ihm angefragt haben und den Namen des Duos in Anlehnung an das französische Flugzeug gewählt haben.

Die oben erwähnte Single You Don´t Have To Be A Baby To Cry, bringt dem Duo Fernsehauftritte und Konzertreisen mit den Größen der damaligen Zeit ein. Sie treten mit den FOURMOUST, CILLA BLACK, GARRY & THE PACEMAKERS, DEL SHANNON, THE BACHELORS und den ROLLING STONES auf. Im Februar 1964ist das Duo im Vorprogramm der BEATLES bei deren erstem US-Konzert in der Washington-Arena. Im selben Jahr sind sie auch im Hamburger *Star-Club.

1966 trennen sich die Wege der beiden Frauen. Lois Wilkinson startet eine Solokarriere unter dem Künstlernamen Lois Lane und Andrea Simpson behält den Bandnamen und ist bis in die 1980er Jahre mit verschiedenen Partnerinnen aktiv.

Carpenters

Besetzung:
Karen Carpenter (Gesang, Schlagzeug) * 2.3.1950 in Downey, Kalifornien | gestorben am 4.2.1983
Richard Carpenter (Gesang, Klavier, Keyboard) * 15.10.1946 in New Haven, Connecticut

Zum Ende der 1960er und Anfang der 1970 setzt ein musikalischer Wandel ein. Flower-Power ist verschwunden und damit Easy-Listening-Musik. Die Stücke werden rockiger und Bands wie SWEET, T. REX oder SLADE bestimmen mit dem Glam-Rock die Musikrichtung. Einige Künstler, wie zum Beispiel das Geschwister-Duo THE CARPENTERS, stemmen sich erfolgreich gegen diesen Trend.

Richard beginnt mit acht Jahren Klavier und Akkordeon zu spielen und nimmt nach seiner Schulzeit ein Klavier-Studium an der „California State University" in Los Angeles auf und sammelt erste Erfahrungen bei öffentlichen Auftritten.

Seine Schwester Karen hat zunächst weniger mit Musik am Hut, was sich erst ändert, als sie von ihren Eltern ein Schlagzeug geschenkt bekommt.

1966 erhalten sie ihren ersten Plattenvertrag, aber bis zum Erfolg dauert es ein paar Jahre. Richard sendet immer wieder Demobänder zu verschiedenen Plattenfirmen und Produzenten.

1969 wird der etablierte Trompeter und Label-Mitbesitzer HERB ALPERT auf das Duo aufmerksam und produziert im gleichen Jahr das erste Album der Geschwister mit dem Titel Offering. Darauf enthalten ist auch der Beatles-Song Ticket To Ride im Piano- und Streicher-Sound. Diese Aufnahme erweckt das Interesse von Songwriter Burt Bacharach. Mit seinem Song Close To You gelingt den CARPNTERS 1970 der weltweite Durchbruch.

Bis in die frühen 1980er sind die Geschwister durchgängig in den Charts vertreten und heimsen etliche Preise ein.

Die Musik der Carpenters ist ein Mix aus verschiedenen Elementen der Pop-Musik. Die ausgefeilten Arrangements von Richard und die warme, kraftvolle Stimme von Karen zeichnen die Songs aus, was zum Beispiel bei dem Stück Yesterday Once More besonders gut zum Tragen kommt.

Dem Erfolg muss das Duo auch Tribut zollen. Richard kämpft gegen eine Tablettensucht an, ausgelöst durch die Gewöhnung an Beruhigungsmittel. Karen begibt sich 1982 wegen Magersucht in ärztliche Behandlung, die nach ersten Erfolgen aber tragisch endet. Am 4. Februar 1983 stirbt sie im Haus ihrer Eltern an einem Herzinfarkt. Das 1983 erscheinende Album Voice Of The Heart wird so zum Vermächtnis und erreicht hohe Chart-Platzierungen.

Jahr	Titel in den Top-50 Single-Charts	DE	UK	US
1970	(They Long To Be) Close To You	-	6	1
1970	We´ve Only Just Begin	-	28	2
1971	For All We Know	-	-	3
1971	Rainy Days And Mondays	-	-	2
1971	Superstar	-	18	2
1971	Merry Christmas Darling	-	45	-

Jahr	Fortsetzung – The Carpenters	DE	UK	US
1972	Hurting Each Other	-	-	2
1972	It´s Going To Take Some Time	-	-	12
1972	Goodbye To Love	-	9	7
1973	Sing	-	-	3
1973	Yesterday Once More	21	2	2
1973	Top Of The World	38	5	1
1974	Jambalaya (On The Bayou)	50	12	-
1974	I Won´t Last A Day Without You	-	32	11
1974	Please Mr. Postman	10	2	1
1975	Only Yesterday	43	7	4
1975	Solitaire	-	32	17
1975	Santa Claus Is Comin´ To Town	-	37	-
1976	There´s A Kind Of Hush	-	22	12
1976	I Need To Be In Love	-	36	25
1977	All You Get From Love Is A Love Song	-	-	35
1977	Calling Occupants Of Interplanetary Craft	-	9	32
1978	Sweet, Sweet Smile	22	40	44
1981	Touch Me When We´re Dancing	-	-	16
1990	Merry Christmas Darling	-	25	-

Climie Fisher

Besetzung:
Simon Climie (Gesang, Gitarre, Keyboards) * 7.4.1957 in London, GB
Rob Fisher (Keyboards, Songwriter) * 5.11.1956 in Cheltenham, GB | 25.8.1999

Das englische Pop-Duo CLIMIE FISHER hat 1987 mit Love Changes (Everything) den größten Erfolg.

Der musikalische Werdegang der beiden ist sehr unterschied-lich. Simon Climie beginnt seine Karriere als Texter für LEO SAYER und ROGER DALTRY. Er arbeitet an FRIDAS (von ABBA) zweitem Solo-Album mit und ist Co-Autor des Liedes Inyincible für PAT BENATAR, das in den USA Platz acht erreicht. Des Weiteren schreibt er Stücke für SMOKEY ROBINSON und JEFF BECK und zeichnet für das Lied I Knew You Were Waiting) For Me verantwortlich, dass Anfang 1987 ein Riesenerfolg für ARETHA FRANKLIN & GEORGE MICHAEL wird.

Rob Fisher spielt in verschiedenen Gruppen, allerdings wenig erfolgreich. So arbeitet er ab 1982 ausschließlich als Studio-Musiker. Dabei trifft er auf Climie und stellt schnell fest, dass die beiden Keyboarder ähnliche Vorstellungen von Musik haben. So steht der Gründung des Duos nichts im Weg.

Der größte Erfolg des Duos – Love Changes (Everything) – gelangt erst auf Umwegen auf Platz zwei der britischen Charts. Zunächst dort wenig erfolgreich, landet das Stück zunächst in Deutschland auf Platz sieben und kommt danach in die Top-10 der UK-Charts. Der Song Rise To The Occasion wird ein weite-rer Top-Ten-Hit.

Rob Fisher stirbt im August 1999 nach längerer Krankheit an Darmkrebs.

Jahr	Titel in den Top-50 Single-Charts	DE	UK	US
1987	Love Changes (Everything)	7	2	23
1987	Rise To The Ocassion	14	10	-
1988	Keeping Mysterie Alive	35	-	-
1988	This Is My Everything	-	22	-
1988	I Wont Bleed For You	-	35	-
1988	Love Like A River	-	22	-

Collins, Dave & Ansil

Besetzung:
Dave Barker (Gesang) * 10.10.1947 in Kingston, Jamaica als David Crooks
Ansel (auch Ansil) Collins (Keyboard) * 1949 in Kingston, Jamaica

Das Reggae-Dou DAVE & ANSIL COLLINS aus Jamaica besteht nicht aus zwei Brüdern, wie der Name Dave & Ansel (Ansil) Collins zunächst vermuten lässt.

Dave Barker ist in den 1960ern Mitglied der TECHNIQUES und Studiosänger in Kingston. Mit der Soloaufnahme Shocks Of Mighty hat er seinen ersten eigenen Hit.

1971 schließt er sich mit dem Keyboarder Ansel Collins zusammen. Sie nehmen im gleichen Jahr gemeinsam die Single Double Barrel auf. In den UK-Single-Charts wird das Stück Nummer eins, ebenso in den Niederlanden. In Deutschland und den USA reicht es immerhin für die Top-30. Zudem ist es bei uns ein echter Disco-Renner. Mit Monkey Spanner ist man 1971 noch einmal in der Top-10 in Großbritannien. Damit ist das Hit-Pulver aber schon verschossen.

Collins wird wieder Studiomusiker und Barker bleibt in London, wo er weiterhin Soloaufnahmen herausbringt.

Das Stück Double Barrel wird mehrfach gecovert und gesampelt.

Jahr	Titel in den Top-50 Single-Charts	DE	UK	US
1971	Double Barrel	28	1	28
1971	Monkey Spanner	-	7	-

Communards

Besetzung:
Richard Coles (Keyboard) * 26.3.1962 in Northampton, GB
Jimmy Sommerville (Gesang) * 22.6.1961 in Glasgow, Schottland

Das britische Pop-Duo THE COMMUNARDS wird 1985 gegründet und steigt schnell in die internationalen Charts ein. Die meisten Hits stammen zwar aus der eigenen Feder, aber die größten Erfolge feiert das Duo mit Cover-Songs wie Don´t Leave Me This Way oder Never Can Say Goodbye.

Nach seinem Ausstieg bei BRONSKI BEAT gründet Sommerville 1985 mit dem ausgebildeten Pianisten Richard Coles das Duo THE COMMITEE. Weil aber eine andere Formation die Namensrechte für sich beansprucht, erfolgt die Umbenennung in COMMUNARDS.

Zunächst tritt das Duo nur zu Gunsten von homosexuellen Hilfsgruppen auf.

Im Oktober 1985 erscheint die erste Single You Are My World, die von der BBC boykottiert wird und somit keine hohe Chartplatzierung erreicht. Das zweite Stück Disenchated von 1986 bringt ebenfalls nur mäßigen Erfolg.

Da bekanntlich aller guten Dinge "drei" sind, klappt im August 1986. Mit Don´t Leave Me This Way – im Original von HAROLD MELVIN & THE BLUE NOTES aus dem Jahr 1975 – kommt der endgültige Durchbruch. So steigen die Single und das Album Communards in die britische Top-Ten ein.

Im November 1986 kommt mit So Cold The Night – eine weitere Single-Auskopplung – unter die ersten zehn. Mit dem Cover von Never Can Say Goodbye schafft es das Duo 1987 ein nochmals in die Top-10.

1988 gelingt dem Duo mit For A Friend und There´s More To Love, letztmalig der Sprung in die Charts.

Nach heftigen Auseinandersetzungen während der Europatournee 1988, löst das Duo sich auf.

Jimmy Sommerville startet anschließend eine Solokarriere.

Richard Coles wird Journalist und lässt sich von der katholischen Kirche in England zum Priester ausbilden.

Jahr	Titel in den Top-50 Single-Charts	DE	UK	US
1985	You Are My World	-	30	-
1986	Disenchanted	-	29	-
1986	Don´t Leave Me This Way	5	1	40
1986	So Cold The Night	14	8	-
1987	You Are My World (Remix)	-	21	-

Jahr	Fortsetzung – Communards	DE	UK	US
1987	Tomorrow	25	23	-
1987	Never Can Say Goodbye	6	4	-
1988	For A Friend	35	28	-
1988	There´s More To Love	34	20	-

Duos D

Dale & Grace

Besetzung:
Dale Houston (Gesang) * 23.4.1940 in Seminary, Mississippi
| gestorben am 27.9.2007
Grace Broussard (Gesang) * 1939 in Prairiville, Lousiana

Im Jahr 1963 wird in Baton Rouge das amerikanische Gesangs-Duo DALE & GRACE gegründet. Mit I´m Leaving It Up To You, haben sie im gleichen Jahr einen Nummer-eins-Hit in den USA. Dieser Song wird im Laufe der Jahre häufig gecovert. Das Original stammt aus dem Jahr 1956 und wird unter DON & DREWY veröffentlicht.
Mit Stop And Think It Over erreichen sie in den US-Charts 1964 noch einmal den achten Platz. Da weitere Erfolge ausbleiben, trennt sich das Duo 1964 während einer Tournee.
Dale Houston verstirbt am 29. September 2007, Grace Broussard tritt bis 2007 mit verschiedenen Musikgruppen auf.

Jahr	Titel in den Top-50 Single-Charts	DE	UK	US
1963	I´m Leaving It All Up To You	-	42	1
1964	Stop And Think It Over	-	-	8

David & Jonathan

Besetzung:
Roger Cook (Gesang) * 19.8.1940 in Bristol, GB
Roger Greenway (Gesang) * 23.8.1938 in Bristol, GB

Das Songschreiber-Team Roger Greenway und Roger Cook aus Bristol gründen Mitte der 1960er das Duo DAVID & JONATHN. Im Juli 1965 gelingt ihnen zunächst ein Erfolg als Songwriter mit You´ve Got Your Troubles für die FORTUNES. Als Duo haben sie den ersten Erfolg Anfang 1966 mit der Lennon/ McCartney Komposition Michelle. Im gleichen Jahr gelingt der einzige Top-Ten-Erfolg als Duo. Im Juli steht Lovers Of The World Unite auf Platz sieben in GB. Mitte 1968 hören sie als Duo auf und verlegen sich wieder auf das Songschreiben. Greenway und Cook produzieren für ANDY WILLIAMS, NEW SEEKERS, HOLLIES, CILLA BLACK, WHITE PLAINS, CONGE-GRATION, GENE PITNEY und BLUE MINK – bei Letzterer singt Roger Cook im Duett mit Madeline Bell. 1976 geht Roger Cook nach Nashville und schreibt dort für DON WILLIAMS oder CHRYSTAL GALE. Greenway arbeitet in GB weiter als Song-schreiber und Produzent.

Davis, Windsor & Don Estelle

Besetzung:
Windsor Davis (Sänger, Schauspieler) * 28.8.1930 in London, GB | gestorben am 17.1.2019
Don Estelle (Sänger, Schauspieler) * 22.5.1933 in Manches-ter, GB | gestorben am 2.8.2003

Die Schauspielerkollegen Davis und Estelle touren lange durch Großbritannien. Sie werden vor allem durch ihre Serienrollen wie z.B. die Comedy-Serie "It Ain´t Half Hot Mum"
Den größten Gesangserfolg haben sie 1975 mit Whispering Grass, der sich über eine Millionen Mal verkauft und Nummer eins in den UK-Charts wird. Estelle und Davis singen das Stück in ihren Rollenfiguren Lofty und BSM Williams.

Jahr	Titel in den Top-50 Single-Charts	DE	UK	US
1975	Whispering Grass	-	1	-
1975	Paper Doll	-	41	-

Dollar

Besetzung:
Thereza Bazar (Gesang) * 23.5.1955 in Toronto, Kanada
David van Day (Gesang) * 28.11.1956 in Brighton, GB als
David Paul Day

Bazar und Day sind zunächst Mitglieder der 1974 gegründeten
Vokalgruppe GUYS `N´ DOLLS, die sie schon 1975 verlassen.
Ab 1978 bilden sie dann das Duo DOLLAR. Obwohl die Chemie
zischen Bazar und Day nie so richtig stimmt, sind sie überaus
erfolgreich. Die erste Single Shoting Star schafft es 1978 in die
Top-20 der UK-Charts. Mit dem Stück Love´s Gotta Hold On
Me, das aus der eigenen Feder stammt, wird 1979 der erste
Top-10-Hit. Gleiches gelingt im selben Jahr mit dem Beatles-
Cover I Want To Hold Your Hand. Es folgen bis 1982 weitere
Hits.
Da sich das Verhältnis zwischen den beiden weiter verschlech-
tert, wird die Zusammenarbeit 1983 beendet. Die Musiker ver-
suchen eine Solokarriere, allerdings ohne Erfolg. So kommt es
1986 zur Wiedervereinigung von DOLLAR. Mit dem Erasure-Hit
Oh L´amour landen sie nochmals einen Top-10-Hit. Nachdem
die Folge-Single It´s Nature´s Way (No Problem) nur mäßig
erfolgreich ist, trennt sich das Duo erneut.
David van Day ist in den späten 199er Jahren Mitglied der
Gruppe BUCKS FIZZ.

Jahr	Titel in den Top-50 Single-Charts	DE	UK	US
1978	Shooting Star	35	14	-
1979	Who Where You With In The Moonlight	-	14	-
1979	Love´s Gotta Hold On Me	-	4	-
1979	I Want To Hold Your Hand	-	9	-

Jahr	Fortsetzung – Dollar	DE	UK	US
1981	Hand Held In Black And White	-	19	-
1981	Mirror Mirror (Mon amour)	-	4	-
1982	Give Me Back My Heart	-	4	-
1982	Videotheque	-	17	-
1982	Give Me Some Kinda Magic	-	34	-
1987	Oh L´amour	27	7	-
1988	It´s Nature´s Way (No Problem)	46	-	-

Double

Besetzung:
Kurt Maloo (Musiker, Produzent) * 16.4.1953 in Zürich, Schweiz als Kurt Meier
Felix Haug (Musiker) * 27.3.1952 in der Schweiz | gestorben am 1.5.2004

Hinter dem Duo DOUBLE stecken die Schweizer Musiker Maloo und Haug. Beide haben eine musikalische Vorgeschichte. So ist Maloo 1976 an der Gründung von TROPPO beteiligt und veröffentlicht 1978 die Solo-Single Giant Lady. Haug ist bis 1976 Mitglied des LIPPSCHITZ ORCHESTRA und arbeitet auch für das Projekt YELLO, das ebenfalls aus der Schweiz stammt (siehe Pop-History Band 2).
1981 formieren Maloo und Haug gemeinsam mit einem Bassisten das Trio PING-PONG. Nach diversen Auftritten auf europäischen Festivals wird aus dem Trio dann das Duo DOUBLE.
1983 erscheint das erste Stück Naningo, das wie die Folgesingles Rangoon Moon und Woman Of The World auf dem 1985er Album Blue vertreten ist. Die LP wird in über 50 Ländern veröffentlicht und enthält den einzigen internationalen Hit Captain Of The Heart. Diese Aufnahme wird 1985 Nummer zehn in Deutschland, landet in Großbritannien auf Platz acht und belegt Position 16 in den USA. Diesen Erfolg kann das Duo danach nicht wiederholen.

Auf dem 1987er Album Double wirken als Gastmusiker Herb Alpert (Trompete) und Michael Urbaniak (Violine) mit.

1990 löst das Duo sich auf und beide Musiker starten Soloprojekte.

Zum 20. Jahrestag planen Double neue Aufnahmen, doch Felix Haug stirbt 2004 **unerwartet** an einem Herzinfarkt.

Duos **E**

Erasure

Besetzung:
Andy Bell (Gesang) * 25.4.1964 in Petersborough, GB
Vince Clark (Gesang, Keyboard) * 3.7.1960 in South Woodford, GB

Vince Clark, der Mitte der 1980er mit seinem Kumpel Andy Bell das Duo ERASURE gründet, hat bis dahin schon eine atemberaubende Musikkarriere hingelegt. 1980 ist er Gründungsmitglied von DEPECHE MODE und bildet danach mit Alison Moyet das Duo YAZOO. Anschließend ist er mit Fergal Shakey an dem Projekt ASSEMBLY beteiligt. In allen Formation hält es den ruhigen und introvertierten Briten nicht lange. So ist es schon verwunderlich, dass das Duo ERASURE bis heute (Stand Dezember 2020) besteht.
Wie in den vorhergehenden Projekten ist die Musik von Clarke von elektronischen Instrumenten geprägt. Der Stil liegt irgendwo zwischen Pop und Poesie. So verwundert es nicht, dass sich die einprägsamen Melodien auf vielen Samplern der 1980er Jahre wiederfinden und sich so einen Platz in der Geschichte der Popmusik sichern.
Die Alben des Duos erreichen durchweg hohe Chartpositionen, angefangen von dem Album Wonderland (1986) bis hin zu World Be Gone (2017). Dazu platzieren Clarke und Bell 32 Singles in den Charts, davon werden allein in den UK-Charts 15 Songs in der Top-10 notiert.
Im Mai 2004 heiratet Clarke in Brooklyn seine Freundin Tracy, während im selben Jahr Bell als Reaktion auf einen Zeitungsbe-

richt verkündet, dass er und sein Lebensgefährte Paul Hickey HIV-positiv getestet seien. Hickey verstirbt im April 2012.

Den Quellenangaben zufolge hat das Duo in seiner Karriere mehr als 6,3 Millionen Tonträger verkauft, davon alleine 3,9 Millionen Exemplare im Vereinigten Königreich.

Jahr	Titel in den Top-50 Single-Charts	DE	UK	US
1985	Who Needs Love Like That	48		-
1986	Oh L´amour	16	-	-
1986	Sometimes	2	2	-
1987	I Doesn´t Have To Be	16	12	-
1987	Victim Of Love	26	7	-
1988	Ship Of Fools	9	6	-
1988	Chains Of Love	18	11	12
1988	A Little Bit Respect	34	4	14
1989	Drama!	12	4	-
1989	You Surround Me	38	14	-
1990	Blue Savannah	13	3	-
1990	Star	33	11	-
1991	Chorus	17	3	-
1991	Love To Hate You	19	4	-
1992	Breath Of Live	44	8	-
1992	Who Needs Love Like This	27	10	-
1994	Always	5	4	20
1994	Run To The Sun	49	6	-
1994	I Love Saturday	-	20	-
1995	Stay With Me	-	15	-
1995	Fingers & Thumbs (Cold Summer Day)	-	20	-
1997	In My Arms	-	13	-

Jahr	Fortsetzung – Erasure	DE	UK	US
1997	Don´t Say Your Love Is Killing Me	-	23	-
2000	Freedom	-	27	-
2003	Solsbury Hill	29	10	-
2003	Smile (Come Up And See Me)	-	14	-
2003	Oh L´amour (Remix)	-	13	-
2005	Breathe	35	4	-
2005	Don´t Say You Love Me	-	15	-
2005	Here I Go Impossible Again / All This Time	-	25	-
2007	I Could Fall In Love With You	-	21	-

Eurythmics

Besetzung:
Annie Lennox (Gesang, Keyboard) * 15.12.1954 in Aberdeen, Schottland
Dave Stuart (Keyboard, Gitarre) * 9.9.1952 in Sunderland, GB

Das wohl erfolgreichste gemischte Duo der 1980er Jahre sind die EURYTHMICS. Es besteht aus Annie Lennox und Dave Stewart. Beide sind zunächst bei THE CATCH und den TOURISTS, bevor sie ab 1980 mit Elektropop unter dem Namen EURYTH-MICS erfolgreich sind. Annie und Dave nutzen modernste Studiotechnologie für eine Mischung aus Motown-Soul, Folk, New Wave und elektronischen Sounds. Die rauchige Stimme von Annie Lennox harmoniert hervorragend mit den Fähig-keiten des Multi-Instrumentalisten Dave Stewart. Auch privat ist das Duo einige Jahre verbandelt.
Das erste Album produziert das Duo in Köln, unter Mitwirkung der Bands BLONDIE, CAN und DAF. Der ganz große Wurf ist es zunächst aber nicht. Eine kleine UK-Tour beschert Stewart eine Lungenentzündung und Lennox einen Nervenzusammenbruch. Ans Aufhören denken beide nicht, was auch belohnt wird. Das

zweite Album Sweet Dreams wird zum Millionenseller. Die gleichnamige Single, veröffentlicht im Frühjahr 1983 erreicht in England die 2. Position in den UK-Charts und in den USA wenig später sogar Platz eins. Das bedeutet den endgültigen Durchbruch für Lennox und Stewart. In Folge produziert das Duo Hit auf Hit, bevor zum Ende der 1980 der Stern zu sinken beginnt. 1990 löst sich das Duo nach einer Welttournee zunächst auf. Annie Lennox zieht sich für zwei Jahre ins Privatleben zurück und feiert 1992 ein erfolgreiches Solodebüt. Dave Stewart, immer ein wenig im Schatten der charismatischen Annie Lennox, verlegt sich mehr auf das Produzieren von anderen Künstlern wie BOB DYLAN, TOM PETTY oder MICK jAGGER.

Völlig überraschend kommt es zu 1999 einer Eurythmics-Reunion mit einer Welttournee und dem Album Peace, das gewohnt erfolgreich ist. Sowohl die Tournee als auch die Platte kommen karikativen Zwecken zu Gute. Sie dienen Greenpeace und Amnesty International. 2005 geht man ein zweites Mal getrennte Wege, um 2014 und 2019 noch einmal eine Reunion zu starten.

Jahr	Titel in den Top-50 Single-Charts	DE	UK	US
1981	Love Is A Stranger	12	6	23
1983	Sweet Dreams Are Made Of This	4	2	1
1983	Who´s That Girl	19	3	21
1983	Right By Your Side	-	10	29
1984	Here Comes The Rain Again	14	8	4
1984	Sexcrime (Nineteen-Eigthy-Four)	3	4	-
1985	Julia	-	44	-
1985	Would I Lie To You	34	17	5
1985	There Must Be An Angel (Playing With...)	4	1	22
1985	It´s Alright (Baby´s Coming Back)	22	12	-
1986	When Tomorrow Comes	22	30	-
1986	Missionary Man	-	31	14
1986	Thorn In My Side	26	5	-

Jahr	Fortsetzung - Eurythmics	DE	UK	US
1986	The Miracle Of Love	-	23	-
1987	Beethoven (I Love To Listen To)	28	25	-
1987	Shame	-	41	-
1987	I Need A Man	-	26	46
1988	You Have Places A Chill In My Heart	-	16	-
1989	Revival	33	26	-
1989	Dont Ask Me Why	-	25	40
1990	The King And Queen Of America	-	29	-
1990	Angel	-	23	-
1999	I Saved The World Today	28	11	-
2000	17 Again	-	27	-
2005	I´ve Gotta Live	-	14	-

Everly Brothers

Besetzung:
Don Everly (Gesang, Gitarre) * 1.2.1937 in Central City (früher Brownie), Kentucky als Isaak Donald Everly
Phil Everly (Gesang, Gitarre) * 19.1.1939 in Chicago, Illinois als Philip Jason Everly | gestorben am 3.1.2014

Ab Mitte der 1950er Jahre zählt das Gesangs- und Gitarren-Duo THE EVERLY BROTHERS zu den erfolgreichsten Duos der Pop Geschichte. Sie überstehen sogar Beat-Ära der 1960er Jahre, was kaum einem anderen Duo in der Zeit gelingt. Die Brüder feiern zudem im Mutterland des Beats ihre größten Erfolge und haben in den UK-Charts vier Nummer-eins-Hits. Ende der 1960er lässt der Erfolg nach und so kommt es 1973 zur Trennung, auch weil es zwischen Don und Phil persönliche Differenzen gibt. Ab 1983 arbeiten aber beide auf der Bühne und im Studio wieder zusammen.

Insgesamt schaffen es sieben Singles an die Spitze der US-Charts und, oder die UK-Charts. Die Spitzenreiter sind Wake Up Little Suzi, All I Have To Do Is Dream, Claudette, Cathy´s Clown, Walk Right Back, Ebony Eyes und Temptation. Viele Aufnahmen werden im Laufe der Jahre von anderen Künstlern gecovert. Die Musik ist eine Mischung Folk, Bluegrass und Hillibilly-Country-Musik. Don Und Phil kreieren mit ihrem harmoniebetonten und zweistimmigen Gesang einen eigenen Pop-Sound, der erfolgreichen Künstlern und Gruppen wie den BEATLES, BEACH BOYS, HOLLIES oder SIMON & GARFUNKEL als Vorbild dient.

Jahr	Titel in den Top-50 Single-Charts	DE	UK	US
1957	Bye Bye Love	-	6	2
1957	Wake Up Little Suzi	30	2	1
1958	This Little Girl Of Mine	-	-	2
1958	All I Have To Do Is Dream	-	1	1
1958	Claudette	-	-	30
1958	Bird Dog	-	2	1
1958	Devoted To You	-	-	10
1958	Problems	-	6	2
1958	Love Of My Life	-	-	40
1959	Take A Message To Mary	-	20	16
1959	Poor Jenny	-	14	22
1959	(`Till) I Kissed You	-	2	4
1960	Let It Be Me	-	13	7
1960	When I Will Be Loved	-	4	8
1960	Let It Be Me	-	13	7
1960	When I Will Be Loved	-	4	8
1960	Be Bop A-Lula	-	4	-
1960	Like Strangers	-	11	12
1960	Cathy´s Clown	41	1	1

Jahr	Fortsetzung – Everly Brothers	DE	UK	US
1960	So Sad (To Watch Good Love Go Bad)	-	4	2
1960	Lucille	-	4	21
1961	Walk Right Back	-	1	7
1961	Ebony Eyes	-	1	8
1961	Temptation	-	1	27
1961	Stick With Me Baby	-	-	41
1961	Don´t Blame Me	-	20	20
1962	Crying In The Rain	-	6	6
1962	That´s Old Fashioned	-	-	9
1962	How Can I Meet Her	-	12	-
1962	Don´t Ask Me To Be Friends	-	-	48
1962	No One Can Make My Sunshine Smile	-	11	-
1963	So it Will Always Be	-	23	-
1963	It´s Been Nice (Good Night)	-	26	-
1963	The Girl Sang the Blues	-	25	-
1964	The Ferris Wheel	-	22	-
1964	Gone, Gone, Gone	-	36	31
1965	That´ll Be the Day	-	30	-
1965	The Price Of Love	25	2	40
1965	I´ll Never Get Over You			
1965	Love Is Strange	-	11	-
1967	Bowling Green	-	-	40
1968	It´s My Time	-	39	-
1984	Of The Wings Of The Nightingale	50	41	50
1989	Don´t Worry Baby (With The Beach Boys)	41	-	-

Duos F

Ferrante & Teicher

Besetzung:
Louis Teicher (Klavier) * 24.8.1924 in Wilkes-Barre, Pennsylvania | gestorben am 3.8.2008
Arthur Ferrante (Klavier) * 7.9.1921 in Brooklyn, New York | gestorben am 19.9.2009

Das Klavier-Duo FERRANTE & TEICHER lernt sich an der „Julliard School" in New York kennen und studiert Musik bei dem Pianisten Carl Friedberg. Ab 1947 beschließen, Louis und Arthur gemeinsam Musik zu machen. Ab 1952 beginnen sie auch Schallplatten zu produzieren, wobei sie sich auf die Interpretation von Titelmelodien bekannter Filme festlegen. Die Musik zum Film „Das Appartement" wird der erste Millionenerfolg für das Klavier-Duo. Es folgt Musik für die „Westside-Story", „Midnight Cowboy" und „Exodus".
Louis & Arthur experimentieren mit ihren Pianos, indem sie in die Saiten Gegenstände wie Sandpapier-Streifen, Stifte, Gummi Holzblöcke, Ketten oder Glas einfügen, um die Töne zu verändern. So produzieren sie eine Vielzahl von Sound-Effekten. Sie steigen mitunter auf ihre Pianos und betätigen die Saiten mit den Händen.
1989 tritt das Duo letztmals auf und zieht sich anschließend an die Westküste von Florida zurück. In ihrer über 40-jährigen Karriere haben sie mehr als 150 Alben produziert, weltweit 90 Millionen Schallplatten verkauft und ca. 5.200 Live-Auftritte absolviert.

Louis Teicher stirbt am 3. August 2008 an einem Herzinfarkt, Arthur Ferrante ein Jahr später.

Jahr	Titel in den Top-50 Single-Charts	DE	UK	US
1960	Theme From „The Apartement"	-	44	10
1960	The From „Exodus"	-	6	2
1961	(Love Theme From) One Eye Jacks	-	-	37
1961	Tonight	-	-	8
1969	Midnight Cowboy	-	-	10

Flash & The Pan

Besetzung:
George Young (Gitarre, Gesang) * 6.11.1946 in Glasgow, Schottland | gestorben am 22.10.2017
Harry Vanda (Gitarre, Gesang) * 22.3.1946 in Voorburg, Niederlande

Das australische Duo FLASH & THE PAN entwickelt sich aus den EASYBEATS, die mit Friday On My Mind einen Riesenhit haben.
Als diese sich 1969 auflösen, bleiben die beiden hauptsächlichen Songschreiber Young und Vanda zusammen um weiter als Team zu arbeiten. Sie werden zu einem der bedeutendsten Rock- & Pop-Produzententeams in Australien. Sie sind u. a. für JOHN PAUL YOUNG tätig, insbesondere aber für "AC/DC". George Young ist der ältere Bruder der AC/DC-Mitglieder Agnus und Malcom Young. Die Behauptung, dass John Paul Young ebenfalls ein Bruder sein soll, ist falsch.
Neben der hauptsächlichen Arbeit als Produzenten und Songschreiber finden Vanda und Young hin und wieder Zeit, eigene Musik zu produzieren. 1976 veröffentlichen sie unter FLASH & THE PAN die Single Hey St. Peter. Damit erreichen sie auf Anhieb Platz fünf der australischen Charts. Ein Jahr später ist das Duo auch in Teilen Europas erfolgreich.

Der Bandname ist eine ironische Anspielung auf den englischen Ausdruck "A Flash In The Pan", also ein Aufblitzen des Schieß-pulvers in der Waffenpfanne, ohne einen Schuss auszulösen. Sinngemäß ein Rohrkrepierer oder ein Strohfeuer. Darauf muss man auch einmal kommen.

Nach den ersten Erfolgen stellen George und Harry ein ganzes Album zusammen, dessen Single-Auskoppelungen auch die UK-Charts erreichen.

Danach folgt zunächst eine ruhigere Phase, ehe die Single-Aus-koppelung Waiting For A Train aus dem Album Headlines (1982), in die englische Top-10 einzieht. Nach zwei weiteren Jahren kommt das vierte Album mit dem Titel Early Morning Wake Up Call auf den Markt. Die Vorab-Single Midnight Man ist vor allem in Europa erfolgreich und erreicht in Deutschland Platz sieben.

Die Single Ayala (1987) Platz 26 in Deutschland ist der letzte Charterfolg für FLASH & THE PAN.

George Young stirbt im Oktober 2017 im Alter von 70 Jahren.

Jahr	Titel in den Top-50 Single-Charts	DE	UK	US
1983	Waiting For A Train	-	7	-
1985	Midnight Man	7	-	-
1985	Early Morning Wake Up	26	-	-
1987	Ayala	26	-	-

Goodley & Creme

Besetzung:
Kevin Godley (Gesang) * 7.10.1945 in Prestwich, GB
Lol Creme (Gesang) * 19.9.1947 in Prestwich, GB

Kevin Godley und Lol Creme habe schon eine lange und gemeinsame Musikgeschichte, bevor sie das Duo GODLEY & CREME gründen. Zusammen mit Eric Stewart (Gitarre, Gesang) und Graham Gouldman bilden sie 1972 die HOTLEGS und ab 1973 10cc. 1976 trennen sie sich von 10cc und sind künftig als Duo unterwegs. Die ab 1977 produzierten Alben bewegen sich im Bereich Progressive Rock und New Wave. Die größten Erfolge feiern sie mit An English Man In New York, Wedding Bells, Cry und A Little Peace Of Heaven.

Sie treten außerdem als Musik- und Video-Clip Produzenten in Erscheinung. 1979 produzieren Godley und Creme das Album Long Distance Romance von MICKEY JUPP.
Ab 1982 verlegen sie sich auf das Produzieren von Video-Clips. So stammen Clips von THE POLICE, DURAN DURAN und FRANKIE GOES TO HOLLYWOOD von ihnen.
Anfang der 1970er hat das Duo ein Effektgerät namens Gizmotron für elektrische Gitarren entwickelt, das durch drehende Räder einen gestrichenen, geigenähnlichen Sound ermöglicht.

Jahr	Titel in den Top-50 Single-Charts	DE	UK	US
1979	An Englishman In New York	25	-	-
1981	Under Your Tumb	-	3	-
1981	Wedding Bells	-	7	-
1985	Cry	8-	19	16
1988	A Little Peace Of Heaven	26	-	-

Go West

Besetzung:
Peter Cox (Gesang, Gitarre, Keyboard, Schlagzeug) *17.11.1955 in London, GB
Richard Drummie (Keyboard, Bass, Gitarre, Perkussion, Gesang) * 20.3.1959 in London, GB

Gegründet wird das Duo GO WEST 1982 von Peter Cox und Richard Drummie.
Die Debüt-Single We Close Our Eyes erscheint 1985 und ist in Deutschland in der Top-20 und in der englischen Top-10. Es ist gleichzeitig die erfolgreichste Aufnahme des Duos aus Twickenham, London. Das dazugehörige Album Go West wird in England mit Doppel-Platin bedacht. Zudem wird das Duo bei den BRIT Awards 1986 als "Best British Newcomer" geehrt.
Bis 1987 folgen eine Reihe von Singles, die bis auf zwei Ausnahmen nur mittlere Plätze in den britischen und US-Charts belegen. Nach einer längeren Pause gelingt GO WEST 1990 mit der Single The King Of Wishful Thinking vom Soundtrack zum Film "Pretty Woman" noch einmal ein Top-10-Hit in den USA. Den letzten Top-20-Hit hat das Duo 1993 mit Tracks Of My Tears.

Jahr	Titel in den Top-50 Single-Charts	DE	UK	US
1985	We Close Our Eyes	14	5	41
1985	Call Me	-	12	1

Jahr	Fortsetzung – Go West	DE	UK	US
1985	Goodbye Girl	-	25	-
1985	Don´t Look Down – The Sequel	-	13	-
1986	True Colours	-	48	-
1987	I Want To Hear It From You	-	43	-
1990	King Of Wishful Thinking	46	18	8
1992	Faithful	-	13	14
1992	What You Want Do For Love	-	15	-
1993	Still In Love	-	43	-
1993	The Tracks Of My Tears	-	16	-
1993	We Close Our Eyes `93	-	40	-

Duos **H**

Hall & Oates

Besetzung:
Daryl Hall (Gesang, Gitarre) * 11.10.1946 in Pottstown, Pennsylvania
John Oates (Gesang, Gitarre) * 7.4.1948 in New York city, New York

Das US-amerikanische Duo HALL & OATES ist insbesondere in den 1970er und 1980er Jahren erfolgreich. Mit Hits wie Rich Girl, Maneater oder Out Of Touch stürmen sie die Charts.
Daryl Hall sammelt zwischen 1966 und 1968 erste musikalische Erfahrungen in der Formation THE TEMPTONES und John Oates gehört in derselben Zeit den MASTERS an. Bei Auftritten der beiden Gruppen in Philadelphia lernen sich Daryl und John kennen und werden enge Freunde.
1969 gründet Daryl Hall, allerdings ohne Oates, die Band Gulliver, die nach nur einem Jahr wieder auseinanderbricht. Ab Ende 1970 bilden Hall und Oates dann das gemeinsame Duo.
Sie experimentieren mit vielen Stilrichtungen zwischen Folk, Rock, Gospel und Soul und arbeiten zu Beginn mit wechselnden Produzenten, aber ohne Erfolg.
Erst Anfang 1976 stellen sich die ersten Top-10-Erfolge in den USA ein. Vier Jahre später – im Sommer 1980 – erscheint die erste selbstproduzierte LP Voice, aus der mehrere Stücke ausgekoppelt werden. Die Single Kiss On My List wird nach Rich Girl (1977) der zweite Nummer-eins-Hit in den US-Charts.
Zwischen Sommer 1981 bis Anfang 1985 folgt Hit auf Hit

(siehe Chartplatzierungen).

Auf dem Höhepunkt ihres Erfolges trifft das Duo 1985 die bewusste Entscheidung, sich zunächst zurückzuziehen, um sich musikalisch weiter zu entwickeln.

1986/1887 gehen Hall und Oates erst einmal getrennte Wege. Es folgen dann im Frühjahr 1988 und 1990 die nächsten Tourneen. So sind sie, mit Ausnahme der Jahre 1992 und 1993, seit 1990 durchgängig unterwegs.

Jahr	Titel in den Top-50 Single-Charts	DE	UK	US
1976	Sara Smile	-	-	4
1976	She´s Gone (Reissue)	-	42	7
1976	Do What You Want, Be What You Are	-	-	39
1977	Rich Girl	-	-	1
1977	Back Together Again	-	-	28
1978	It´s A Laugh	-	-	20
1978	I Don´t Wanna Loose You	-	-	42
1979	Wait For Me	-	-	18
1979	Running From Paradise	-	41	-
1980	How Does It Feel To Be	-	-	30
1980	You´ve Lost That Lovin´ Feelin´	-	-	12
1980	Kiss On My List	-	33	1
1981	You Make My Dreams	-	-	5
1981	Private Eyes	-	32	1
1982	I Can´t Go For That (No Can Do)	-	8	1
1982	Did It In A Minute	-	-	9
1982	Your Imagination	-	-	9
1982	Maneter	15	6	1
1983	One On One	-	-	7
1983	Family Man	-	15	6
1983	Say It Isn´t So	-	-	2
1983	Jingle Bell Rock	30	-	-

Jahr	Fortsetzung – Hall & Oates	DE	UK	US
1984	Adult Education	-	-	8
1984	Out Of Touch	15	48	1
1984	Methode Of Modern Love	45	21	5
1985	Some Things Are Better Left Unsaid	-	-	18
1985	Prossession Obsession	-	-	30
1985	A Nite As The Apollo Live! Medley	-	-	20
1988	Everyting Your Heart Desires	-	-	3
1988	Missed Opportunity	-	-	29
1988	Down Town Life	-	-	31
1990	So Close	-	-	11
1991	Don´t Hold Back Your Love	-	-	41

Harris, Jet & Tony Meehan

Besetzung:
Terence "Jet" Harris (Bass) *6.7.1939 in Kingsbury, GB | gestorben am 18.3.2011
Tony Meehan (Schlagzeug) *2.3.1943 in London, GB | gestorben am 28.11.2005

JET HARRIS & TONY MEEHAN feiern sowohl mit den SHA-DOWS und als Duo große Erfolge. Der Bassist Harris trifft 1958 auf CLIFF RICHARD und wird kurz darauf Mitglied in dessen Begleitband THE SHADOWS. So ist er bis 1962 an allen Hits von Richard beteiligt. Als die SHADOWS ab 1960 eigene Instrumentaltitel veröffentlichen, prägt er maßgeblich den Sound mit. Tony Meehan ist ebenfalls bei der Gruppe, wo er das Schlagzeug spielt.
1961 beginnt die Ur-Formation der Band auseinanderzubrechen, als Meehan aussteigt. Harris geht 1962 und Meehan besorgt ihm einen Vertrag bei der Plattenfirma Decca. Die Trennung zwischen Harris und der Band ist mehr ein Rauswurf. Er leidet unter Alkoholproblemen, die so weit gehen, dass er volltrunken von der Bühne stürzt.

So machen Harris und Meehan als Instrumental-Duo weiter und können einige Erfolge verbuchen.
Jet Harris erliegt am 18. März 2011 einem Krebsleiden und Tony Meehan stirbt bereits am 28. November 2005.

Jahr	Titel in den Top-50 Single-Charts	DE	UK	US
1962	Besame Mucho	-	22	-
1962	Main Theme (From The Man With The Golden Arm)	-	12	-
1963	Diamonds (With Tony Mehan)	-	1	-
1963	Scarlet O´Hara (With Tony Mehan)	-	2	-
1963	Applejack (With Tony Mehan)	-	4	-

Duos **J**

Jan & Dean

Besetzung:
William "Jan" Berry (Gesang) * 3.4.1941 in Los Angeles, Kalifornien | gestorben am 26.3.2004
Dean Torrence (Gesang) * 10.3.1940 in Los Angeles, Kalifornien

Als Studenten beginnen Jan Berry und Dean Torrence mit Freunden unter dem Namen THE BARONS aufzutreten. Zwischenzeitlich hat Jan Berry zusammen mit Arnie Ginsburg 1958 als JAN & ARNIE mit dem Titel Jennie Lee einen Hit, während Dean Torrence seinen Militärdienst ableistet.
1959 sind JAN & DEAN musikalisch gemeinsam zurück und haben mit Baby Talk ihren ersten Hit – es sollen etliche weitere folgen. Berry schreibt und produziert zahlreiche Songs für Jan & Dean und andere Interpreten. Er arbeitet auch mit Brian Wilson von den BEACH BOYS zusammen, wobei z. B. der Hit Surf City (1963) entsteht.
1964 treten Jan & Dean gemeinsam mit den ROLLING STONES, CHUCK BERRY, GERRY & THE PACEMAKERS, JAMES BROWN, BILLY J. KRAMER & THE DAKOTAS, MARVIN GAYE, THE SUPREMES, LESLIE GORE, SMOKEY ROBINSON & THE MIRACLES und THE BEACH BOYS bei einem Konzert in Santa Monica auf, das als Film aufgezeichnet wird.
Am 12. April 1966 hat Jan Berry einen Autounfall, bei dem er schwere Kopfverletzungen erleidet; in gewisser Weise überholt die Wirklichkeit so ihren 1964er Hit Dead Man's Curve. Erst 1978 tritt das Duo wieder gemeinsam auf. In der Zwischenzeit hat Dean Torrence das Konzeptalbum Save For A Rainy Day

aufgenommen.

1991 heiratet Berry in Las Vegas Gertie Filip, Torrence ist sein Trauzeuge. Die gemeinsame Karriere des Duos endet mit Berrys Tod im März 2004.

Jahr	Titel in den Top-50 Single-Charts	DE	UK	US
1959	Baby Talk	-	-	10
1961	Heart And Soul	-	24	25
1963	Linda	-	-	28
1963	Surf City	45	26	1
1963	Honolulu Lulu	-	-	11
1963	Drag City	-	-	10
1964	The New Girl In School	-	-	37
1964	Little Old Lady From Pasadena	-	-	3
1964	Ride A Wild Surf	-	-	16
1964	Sidewalk Surfin´	-	-	25
1965	You Really Now How To Hurt A Guy	-	-	27
1965	I Found A Girl	-	-	30
1966	Popsicle	-	-	21

Jon & Vangelis

Besetzung:
Jon Anderson (Gesang, Gitarre) * 25.10.1944 in Accrington, GB
Vangelis (Keyboards) * 19.3.1943 in Agria, Griechenland als Evángelos Odysséas Papathanassíou

Das Duo JON & VANGELIS setzt sich aus dem britischen Sänger Jon Anderson (von der Band YES) und dem griechischen Keyboarder Vagelis (Ex-Mitglied der Gruppe APHRODITE´S CHILD aus Griechenland) zusammen. Sie bringen einige Alben auf den Markt und existieren von 1979 bis 1986 (andere Quellen geben 1984 an). Die Texte ihrer Stücke stammen von Anderson, die Musik von Vangelis.

Kennengelernt hat sich das Duo in der britischen Rockszene, als Vangelis kurzzeitig im Gespräch ist Keyboard bei YES zu spielen, nachdem Rick Wakeman die Band verlassen hat. Vangelis will sich aber letztendlich keiner Gruppe unterordnen.

Im Jahr 2011 fragt Anderson nach einer möglichen neuen Zusammenarbeit bei Vangelis an, erhält jedoch keine Antwort.

Den einzigen Top-10-Single-Hit in Deutschland hat das Duo 1981 mit I´ll Find My Way Home.

Jahr	Titel in den Top-50 Single-Charts	DE	UK	US
1980	I Hear You Now	-	8	-
1981	I´ll Find My Way Home	6	6	-

Duos **K**

Kisson, Mac & Katie

Besetzung:
Mac Kisson (Gesang) * 11.11.1943 in Port Of Spain, Trinidad
Kathleen "Katie" Kisson (Gesang) * 11.3.1951 in Port Of Spain, Trinidad

Das Duo MAC & KATIE KISSON ist Mitte der 1970er mit Chirpy Chirpy Cheep Cheep, Sugar Candy Kisses, Don´t Do It Baby, Like A Butterfly und Your Kiss Is Sweet in den Charts.
Die Wurzeln der Geschwister liegen in Trinidad, wo Mac und Katie geboren werden. Anfang der 1970er Jahre wandert die Familie nach London aus.
Beide sind nebenher gefragte Background-Sänger und Sängerin und singen Ende der 1970er zunächst bei James Last und widmen sich mit der Zeit Soloprojekten. Katie ist zudem auf Aufnahmen von VAN MORRISON, ELKIE BROOKS, ERIC CLAPTON, ROGER WATERS, ELTON JOHN, GEORGE HARRISON, den PET SHOP BOYS oder ROBBIE WILLIAMS zu hören.
2002 ist Katie Kisson live im "Concert For George" (ein Tribute-Konzert für den am 19.11.2001 verstorbenen George Harrison) auf der Bühne. Außerdem ist sie auf der Tour von Van Morrison & Band 2008, bei vielen Konzerten dabei.

Jahr	Titel in den Top-50 Single-Charts	DE	UK	US
1971	Chirpy Chirpy Cheep Cheep	-	41	20
1975	Sugar Candy Kisses	49	3	-
1975	Don´t Do It Baby	-	9	-
1975	Like A Butterfly	-	18	-
1976	Two Of Us	-	46	-

Duos L

La Bionda

Besetzung:
Carmelo La Bionda * 2.2.1949 in Ramacca, Italien
Michelangelo La Bionda * 25.8.1952 in Ramacca, Italien

Zu den Vertretern der Italo-Disco-Musik zählt das Duo LA BIONDA, das aus den Brüdern Carmelo und Micheangelo La Bionda besteht. Bekannt sind sie auch unter dem Namen D. D. SOUND (Disco Dilivery Sound). Auf Sizilien geboren, wachsen sie aber in der norditalienischen Metropole Mailand auf. 1970 starten sie ihre Karriere zunächst als Songschreiber und Produzenten. So wird AMANDA LEAR von den Brüdern entdeckt und sie produzieren den Hit Tonero für die Gruppe I SANTO CALIFORNIA. Außerdem schreiben sie Hits für MIDDLE & OF THE ROAD, MILVA oder RICCHI E POVERI.

Eigene Charterfolge haben sie zunächst 1977 in Österreich und Italien mit dem Titel 1-2-3-4 ... Gimme Some More! unter dem Namen "D. D. Sound". 1978 gelingt den Brüdern dann der große Wurf mit One For You, One For Me; nun als LA BIONDA. Die Nachfolge-Single Baby Make Love kommt nur noch in der Schweiz in die Top-10. Ein weiterer internationaler Charterfolg gelingt nicht mehr.

So verlegen sie sich wieder vermehrt auf das Schreiben und Produzieren. So schreiben die Brüder in den 1980ern mit Vamos a la playa für das Duo RIGHERA, einen weiteren internationalen Hit.

Jahr	Titel in den Top-50 Single-Charts	DE	UK	US
1978	One for You, One For Me	2	-	-
1979	Baby Make Love	18	-	-

Laid Back

Besetzung:
Tim Stahl (Gesang, Keyboard) * Dänemark
John Guldberg (Gesang, Gitarre) * Dänemark

Das dänische Pop-Duo LAID BACK wird 1979 von Tim Stahl und John Guldberg gegründet. Die Erfolge liegen in den 1980ern und frühen 1990ern. Die Musik ist eine Mischung aus Synthie-Pop- Funk- und Reggae-Elementen.
Mit dem Titel Maybe I´m Crazy sind sie zunächst nur in ihrem Heimatland erfolgreich, bis ihnen im Sommer 1983 mit Sunshine Reggae der internationale Durchbruch gelingt. Allein in Deutschland ist diese Aufnahme im September und Oktober sechs Wochen Spitzenreiter in den Charts. In den USA floppt die Single, dafür kommt aber die B-Seite White Horse in die US-Top-30. Mit High Socity Girl landet LAID BACK im gleichen Jahr einen weiteren Top-10-Hit in den deutschen Charts. Danach dauert es bis zum November 1989, bis das Duo mit Bakerman wieder in den Charts auftaucht.
2006 nimmt der englische DJ SHAUN BAKER den Titel Bakerman mit dem Duo erneut auf.

Jahr	Titel in den Top-50 Single-Charts	DE	UK	US
1983	Sunshine Reggae	1	1	-
1983	High Society Girl	9	-	-
1984	White Horse	-	-	26
1989	Bakerman	9	44	--
2006	Bakerman (Shaub Baker vs. Laid Back)	39	-	-

London Boys

Besetzung:
Edem Ephraim (Gesang) * 1.7.1959 in London, GB | gestorben am 21.1.1996
Dennis Fuller (Gesang) * 19.6.1959 auf Jamaica | gestorben am 21.1.1996

Das englische Pop-Duo LONDON BOYS lebt von 1981 bis 1996 in der Nähe von Hamburg. Kennengelernt haben sich Ephrahim und Fuller in Greenwich bei London, wo beide die Schulbank drücken. 1986 gründen sie das Duo. Ihre Musik ist eine Mischung aus Soul und Disco, die sie in Video-Clips mit schwungvollen Tanzeinlagen und Choreographien verfeinern.
Die Debütsingle I´m Gonna Give You My Heart führt noch nicht zum großen Durchbruch, wird aber von einigen Radiosendern gespielt. Der erste Top-10-Hit folgt zwei Jahre später. Die Aufnahme Requiem schafft es in den UK-Charts bis auf Platz vier. 1989 ist das Duo mit der Single London Nights noch erfolgreicher. Das Stück kommt bis auf Position zwei in Großbritannien. Insgesamt verkauft das Duo 4,5 Millionen Tonträger.
Die Karriere der beiden Musiker findet am 21. Januar 1996 ein tragisches Ende. Auf der Fahrt in den Ski-Urlaub kommen sie bei einem unverschuldeten Unfall ums Leben.

Jahr	Titel in den Top-50 Single-Charts	DE	UK	US
1988	Requiem	27	4	-
1989	London Nights	24	2	-
1989	Harlem Desire (Reissue)	-	17	-
1989	My Love (Reissue)	-	46	--

Duos **M**

Marbles

Besetzung:
Graham Bonnet (Gesang) * 23.12.1947 in Skegness, GB
Trevor Gordon (Gesang) * 5.5.1948 in Skegness, GB |
gestorben am 9.1.2013

Trevor Gordon und Graham Bonnet lernen sich in der Band
BLUES SECT kennen. Trevor, ein Cousin der Bee-Gees-Brüder
schafft es, dass er und Graham bei der Plattenfirma RSO vor-
spielen dürfen. Das Label hat auch die BEE GEES unter Vertrag. Trevor Gordon und Graham Bonnet erhalten einen Plattenvertrag und bringen unter dem Namen THE MARBLES den
Titel Only One Woman heraus. Diese Aufnahme wird immerhin
im September 1968 Nummer fünf in GB und landet in Deutschland auf Position sechs. Geschrieben und produziert wird die
Aufnahme von den Gibb-Brüdern. Auch die meisten anderen
Stücke werden von Barry, Robin und Maurice Gibb geschrieben. Mit The Walls Fell Down kommt das Duo nochmals in die
britische Top-30. Nach ein paar Live-Auftritten trennen sich
Trevor und Gordon 1970. Graham Bonnet hat als Solist bis
Anfang 1980 Erfolg und steigt später bei Ritchie Blackmore´s
RAINBOW ein. Trevor Gordon stirbt am 09. Januar 2013.

Jahr	Titel in den Top-50 Single-Charts	DE	UK	US
1968	Only One Woman	6	5	-
1969	The Wall Fells Down	-	28	-

Marshall Hain

Besetzung:
Kit Hain (Gesang, Bass) * 15.12.1956 in Cobham, GB
Julian Marshall (Gesang, Keyboard) * Exeter, GB

Kit Hain und Julian Marshall kennen sich schon seit der gemeinsamen Schulzeit in Plymouth. Kit studiert Psychologie in London und macht nebenher Folkmusik, schreibt Songs und singt. Sie treffen sich in London wieder und fangen 1976 an, gemeinsam Musik zu schreiben. Mit dem Disco-Klassiker Dancing In The City gelingt dem Duo 1978 ein Nummer-eins-Hit. Die Nachfolgesingle Coming Home erreicht in den britischen Charts nur Platz 39, während sich das Album Free Ride nicht platzieren kann. So löst sich das Duo wieder auf.
Kit Hain nimmt danach noch zwei Solo-LPs auf, die sich nicht gut verkaufen. So siedelt sie in den 1980er Jahren in die USA über und betätigt sich nur noch als Songwriterin. Ihre Stücke werden u.a. von CHER, ROGER DALTRY und FLEETWOOD MAC aufgenommen.
Julian Marshall geht 1979 zu den FLYING LIZZARDS und bildet in den 1980er Jahren mit Sängerin Deborah Berg das Duo EYE TO EYE, das mit wenig Erfolg zwei Alben veröffentlicht.

Jahr	Titel in den Top-50 Single-Charts	DE	UK	US
1978	Dancing In The City	1	3	43
1978	Coming Home	-	39	-

Maywood

Besetzung:
Alice May * 20.12.1954 in Harlingen, Niederland als Aaltje de Vries
Caren Wood * 24.2.1953 in Harlingen, Niederlande als Doetje de Vries

60

Die Schwestern Aaltje und Doetje de Vries aus dem niederländischen Harlingen beschließen 1979, nachdem beide in den
1970ern in verschiedenen Bands gesungen haben, gemeinsam
aufzutreten. Der Name MAYWOOD setzt sich aus ihren Künstlernamen Alice May und Caren Wood zusammen.

Ihre fröhlichen Dancenummern mit der Leadstimme von Caren,
und die Musik von Multi-Instrumentalistin Alice kommen auf
Anhieb beim Publikum an.

Bereits die Debütsingle You Treated Me Wrong kommt in die
niederländischen Singlecharts. Ihren ersten Top-Ten-Hit landen
Maywood im März 1980 mit Give Me Back My Love. Mit dieser
Single gelingt den beiden auch im Ausland der Sprung in die
Charts. Die Nachfolgesingle Late At Night steigt im Juli 1980 an
die Spitze der niederländischen Charts und bleibt dort für drei
Wochen und ist einzige Nummer-eins-Hit des Duos.

Nach zahlreichen weiteren Platzierungen in der Top-20 nimmt
ab Mitte 1980 der Erfolg von MAYWOOD ab. 1990 nehmen die
beiden Schwestern für die Niederlande mit ihrem einzigen Hit
in ihrer Muttersprache, Ik will alles mit je delen, am Eurovision
Song Contest in Zagreb teil, erreichen aber nur Platz 15.

Ab 1995 gehen Alice May und Caren Wood getrennte Wege
und versuchen, sich Solokarrieren aufzubauen, wenn auch
ohne durchschlagenden Erfolg. Schlagzeilen machen die
Schwestern 1999, als sie ihren Streit um die Rechte am Namen
MAYWOOD vor Gericht ausfechten.

Nach fast 18 Jahren Trennung treten die Schwestern am 18.
Oktober 2013 erstmals wieder gemeinsam auf und interpretieren mit Gerad Joling eine neue Version von Rio, anlässlich
der Fußball-Weltmeisterschaft 2014 in Brasilien.

Jahr	Titel in den Top-50 Single-Charts	DE	UK	US
1980	Give Me Back My Love	18	-	-
1980	Late At Night	27	-	-
1981	Distant Love	38	-	-
1981	Rio	22	-	--

Medicine Head

Besetzung:
John Fiddler (Gesang, Gitarre, Piano, Schlagzeug) *
25.9.1947 in Darleston, GB
Peter Hope-Evans (Gesang, Harmonika, Maultrommel,
Gitarre) * 28.9.1947 in Brecon, Wales

Die britische Rockband MEDICINE HEAD besteht im Wesentlichen aus John Fiddler und Peter Hope-Evans.
1971 schließt sich Ex-Yardbird Keith Relf für kurze Zeit der
Band an, als Hope-Evans sich eine Auszeit nimmt, um 1972
zurückzukehren. Die Band wächst mit Roger Saunders (Gitarre), Rob Townsend (Schlagzeug) und George Ford (Bass)
bei Live-Auftritten auf Fünfer-Stärke an und hat 1973/74 ihre
erfolgreichste Zeit. Die Single One & One Is One erreicht 1973
Platz drei in den britischen Charts und wird Nummer zwei in
Deutschland. Mit dem Titel Rising Sun hat man, zumindest in
den deutschen Charts, im gleichen Jahr einen Top-10-Erfolg.
Slip And Slide erreicht in England 1974 Platz Nr. 22.
Das 1974er Album Thru' A Five floppt und die Band beginnt
auseinanderzufallen. Übrig bleibt das ursprüngliche Duo Fiddler
und Hope-Evans, das 1976 die letzte LP Two Man Band
herausbringt.

Jahr	Titel in den Top-50 Single-Charts	DE	UK	US
1971	Pictures In The Sky	-	22	-
1973	One And One Is One	2	3	-
1973	Rising Sun	8	11	-
1974	Slip and Slide	43	22	--

Mel & Kim (Appleby)

Besetzung:
Kim Appleby (Gesang) * 28.8.1961 in London, GB
Melanie "Mel" Appleby (Gesang) * 11.7.1966 in London, GB
| gestorben am 18.1.1990

Entdeckt werden die Geschwister Mel und Kim Applebe in einem Londoner Tanzclub. Sie unterzeichnen daraufhin 1985 einen Plattenvertrag und treten als MEL & KIM auf. Die Plattenfirma stellt einen Kontakt zu dem Produzenten-Trio Stock, Aitken, Waterman her, die das Duo in der Folgezeit produziert.

So feiern die Schwestern im September 1986 mit Showing Out (Get Fresh At The Weekend) den ersten Nummer-eins-Erfolg in den deutschen Charts. Die Nachfolge-Single Respectable landet 1987 nicht nur in Deutschland, sondern auch in England auf Platz eins. Es folgen 1987 und 1988 weitere Hit-Erfolge, die dann durch die Krebserkrankung von Mel gebremst werden. Sie kann nur noch eingeschränkt auftreten und stirbt im Januar 1990 an einer Lungenentzündung infolge einer Chemotherapie. Schwester Kim Appleby beginnt danach eine Solokarriere.

Jahr	Titel in den Top-50 Single-Charts	DE	UK	US
1986	Showing Out (And Get Fresh At The Weekend)	1	3	-
1987	Respectable	1	1	-
1987	F.L.M. (Fun, Love, Money)	17	7	-
1988	That´s The Way It Is	18	10	--

Mel & Tim

Besetzung:
Tim McPherson (Gesang) * in Holly Springs, Mississippi | gestorben 1986
Melvin Hardin (Gesang) * in Holly Springs, Mississippi

Das US-amerikanische Soul-Duo MEL & TIM ist von 1969 bis 1974 aktiv. Ihre Chart-Erfolge beschränken sich nur auf die USA. Ihren größten Hit haben die beiden Vettern 1969 mit Backfield In Motion. Entdeckt werden sie Gene Chandler in Chicago. Der Starterfolg des Duos verkauft sie über eine Millionen Mal und bleibt der einzige Top-10-Erfolg in den Billboard-Charts. Mit Starting All Over Again aus dem Jahr 1972 erreichen Tim und Melvin noch Platz fünf in den R&B-Charts. In den Billboard-Charts reicht es nur zu Position 19. Danach können sie keinen Hit mehr landen und lösen sich 1974 auf.

Tim McPherson stirbt 1986.

Jahr	Titel in den Top-50 Single-Charts	DE	UK	US
1969	Backfield in Motion	-	-	10
1970	Good Guys Only Win In The Movie	-	-	45
1972	Starting All Over Again	-	-	19

Milli Vanilli

Besetzung:
Fab Morvan * 14.5.1966 in Paris, Frankreich
Rob Pilatus * 8.6.1964 in München | gestorben am 3.4.1998

Das von Frank Farian produzierte Disco-Pop-Duo MILLI VANILLI zählt zu den größten Mogelpackungen der Pop Geschichte. Der anfangs große Erfolg endet 1990 in einem Skandal, als bekannt wird, dass keines der Lieder von Morvan und Pilatus selbst gesungen wird. Der Part der beiden Pseudo-Sänger besteht lediglich darin, die per Playback abgespielten Stücke tänzerisch zu begleiten und dazu synchron die Lippen zu bewegen. Die Songs werden von anderen Künstlern eingesungen.
1988 hat das Duo einen Gastauftritt im ZDF, wo sie Girl You Know It´s True und Baby Don´t Forget My Number zum Besten geben. Beide Aufnahmen schießen 1988 in den nationalen- und internationalen Charts auf die Spitzenplätze. Morvan und Pilatus steigen weltweit zu Top-Stars auf.
1990 kommt dann der tiefe Fall. Das Ende von MILLI VANILLI wird auf einer Amerika-Tournee eingeläutet, als das Duo gegen den Willen von Frank Farian auftritt. Bei einem Konzert bleibt das Playback Band stehen und der Schwindel fliegt auf. Danach erklärt Produzent Frank Farian am 14. November 1990, dass die beiden gar nicht singen können und nur die Lippen bewegt haben. Der eigentliche Gesang kommt von Charles Shaw, Brad Howell, John Davis und anderen.
Insbesondere in den USA kocht der Skandal in den Medien hoch und der Grammy Award wird den Künstlern aberkannt.
Frank Farian formiert danach die Gruppe neu. Unter dem

Namen THE REAL MILLI VANILLI bringt man ein Album heraus, das aber wenig erfolgreich ist.

Jahr	Titel in den Top-50 Single-Charts	DE	UK	US
1988	Girl You Know It´s True	1	3	2
1988	Baby Don´t Forget My Number	9	16	1
1988	Blame It On The Rain	3	-	1
1989	Girl I´m Gonna Miss You	2	2	1
1990	All Or Nothing	17	-	4
1990	Keep On Running	4	-	-
1991	Too Late – True Love	25	-	-

Modern Talking

Besetzung:
Dieter Bohlen (Gesang, Keyboard) * 7.2.1954 in Berne
Thomas Anders (Gesang, Gitarre) * 1.3.1963 in März als Bernd Weidung

Das deutsche Pop-Duo MODERN TALKING gehört wohl zu den Erfolgreichsten ihrer Art und zu den Interpreten mit den meist-verkauften Tonträgern in Deutschland. Allein hier sind es 5,7 Millionen und bis zur Auflösung 2003 rund 120.000 Millionen Tonträger weltweit, allein davon über 60 Millionen in den 1980er Jahren.
1983 treffen der Komponist und Musikproduzent Dieter Bohlen und Sänger Thomas Anders erstmals aufeinander. Bohlen schreibt zunächst für Thomas Schlagertitel, die nicht sehr erfolgreich sind. So soll die Gründung eines gemeinsamen Duos für Erfolg sorgen. Outfit und die Frisur von Dieter Bohlen wäre heute sehr gewöhnungsbedürftig, passt aber in die damalige Zeit.
Die Debüt-Single You´re My Heart, Your My Soul – aufgenom-men im Oktober 1984 – erreicht im Januar 1985 die Top-Ten in Deutschland und wird für sechs Wochen Spitzenreiter und ist 15 Wochen unter den ersten zehn. International wird die Auf-nahme ebenfalls ein Erfolg. Sicherlich trägt auch das Musik-

video dazu bei, das in der damals beliebten Musiksendung „Formel Eins" ausgestrahlt wird. Mit You Can Win If You Want, Cheri Cheri Lady (beide 1985), Brother Louie und Atlantis Is Calling (beide 1986), folgen vier weitere Nummer-eins-Hits in Folge. Bis 2003 gibt es weitere acht Top-Ten-Notierungen.

1987 trennt sich das Duo aufgrund von internen Streitigkeiten. Die Hauptschuld soll die damalige Frau von Thomas Anders – Nora Belling – haben, die sich zu sehr in die inneren Belange der Band eingemischt hat.

Die Plattenfirma BMG will über die Jahre eine Best-Of-Platte von MODERN TALKING veröffentlichen, was aber am Veto von Dieter Bohlen scheitert. So schlägt er vor, 1997 ein völlig neues Album aufzunehmen und das Duo wiederzubeleben. Er nimmt Kontakt mit Thomas Anders auf und dieser willigt ein.

So kommt die beiden fast elf Jahre nach der Trennung Anfang 1998 ein zweites Mal zusammen. Das neue Album enthält sowohl alte Stücke als auch neue Remixe und erreicht Platz eins der Album-Charts. Videoclips und Auftritte werden der neuen Zeit angepasst. Es folgen weitere Alben und die Single TV Makes The Superstar mit Teilnehmern der Casting-Show DSDS (Deutschland sucht den Superstar), in deren Jury Dieter Bohlen sitzt.

Im Juni 2003 – vor Veröffentlichung eines weiteren Best-Of-Albums – trennen sich Dieter Bohlen und Thomas Anders abermals. Allerdings hatte es sich nach erneuten Streitigkeiten abgezeichnet.

2014 lehnt Dieter Bohlen ein Angebot von 20 Millionen Euro für ein erneutes Comeback ab.

Jahr	Titel in den Top-50 Single-Charts	DE	UK	US
1984	You´re My Heart, You´re My Soul	1	-	-
1985	You Can Win If You Want	1	-	-
1986	Brother Louie	1	4	-
1986	Atlantis Is Calling (S.O.S. For Love)	1	-	-
1986	Jeronimo´s Cadillac	3	-	-
1986	Give Me Peace On Earth	29	-	-
1987	Jet Airliner	7	-	-
1987	In 100 Years...	30	-	-

Jahr	Fortsetzung - Modern Talking	DE	UK	US
1998	You´re My Heart, You´re My Soul `98	7	-	-
1998	Brother Louie `98	16	-	-
1999	You Are Not Alone	7	-	-
1999	Sexy, Sexy Lover	15	-	-
2000	China In Her Eyes	8	-	-
2000	Don´t Take Away My Heart	41	-	-
2001	Win The Race	5	-	-
2001	Last Exit To Brooklyn	37	-	-
2002	Ready For The Victory	7	-	-
2002	Juliet	25	-	-
2003	TV Makes The Superstar	2	-	-

Mouth & MacNeal

Besetzung:
Mouth (Gesang) * 31.3.1937 in Haarlem, Niederlande als Willem Duyn | gestorben am 3. oder 4. Dezember 2004
Maggie MacNeal (Gesang) * 5.5.1950 in Tilburg, Niederlande als Sjoukje van´t Spijker

Das Duo MOUTH & MACNEAL zählt zu den bekanntesten Pop-Importen aus den Niederlanden. Anfang der 1970er verzeichnen sie im MIDDLE-OF-THE-ROAD-Sound Erfolge in ganz Europa.
Big Mouth (Willem Duyn) beginnt als Schlagzeuger im HOLLAND QUARTETT, wird dann Sänger bei den JAY-JAYS, Discjockey und gründet schließlich 1970 die Band SPEEDWAY.
1971 hebt er zusammen mit Maggie MacNeal das Duo MOUTH & MACNEAL aus der Taufe.
International bekannt werden sie mit dem Gassenhauer How Do You Do?, der im Frühjahr 1972 Platz fünf in der deutschen Hitparade und Platz acht in den US-Billboard-Charts belegt. In deutscher und englischer Sprachversion von Peter Petrel unter dem Namen THE WINDOWS gecovert, wird das Stück hierzu-

lande zum Top-Hit. Mit der Nachfolgesingle Hello-A steht das
Duo 1972 in Deutschland mehrere Wochen lang auf Platz eins.
Im gleichen Jahr ist You-Kou-La-Le-Lou-Pie noch ein Top 20
Hit, während sich Battering Ram im Frühjahr 1973 in Deutsch-
land nicht mehr platzieren kann.
Mit Ik zie een Ster (I See A Star) vertreten die beiden 1974 die
Niederlande beim Grand Prix Eurovision de la Chanson und
belegten Platz drei hinter dem Siegertitel Waterloo von ABBA
und Si von GIGLIOLA CINQUETTI. Kurz darauf trennt sich das
Duo. Während sich Maggie MacNeal als Solistin betätigt, grün-
det Mouth mit neuer Partnerin das Duo BIG MOUTH & LITTLE
EVE.
Willem Duyn stirbt am 3. oder 4. Dezember 2004 im Alter von
67 Jahren an einem Herzstillstand.

Jahr	Titel in den Top-50 Single-Charts	DE	UK	US
1971	How Do You Do	5	-	8
1972	Hello-A	1	-	-
1972	You-kou-la-le-lou-pie	15	-	-
1974	I See A Star	-	8	-

Duos O

Ofarim, Esther & Abi

Besetzung:
Esther Ofarim (Gesang) * 13.6.1941 in Safed, Verbundsmandat für Palästina als Esther Zaied, geschiedene Reichstadt
Abi Ofarim (Gesang, Gitarre) * 5.10.1937 in Safed, Verbundsmandat für Palästina als Abraham Reichstadt | gestorben am 4.5.2018

Das Gesangsduo ESTHER & ABI OFARIM gehört zu den ersten Künstlern aus Israel, die international Erfolg haben.
Ende der 1950er lernen sich Esther Zaied und Abraham Reichstadt kennen. Beide treten in Israel mit folkloristischen Titeln unter dem Künstlernamen OFARIM, was soviel wie Rehkitz bedeutet, auf. 1961 heiraten die beiden und nennen sich Esther und Abi Ofarim. Nach ihrem Erfolg beim Eurovision Song Contest 1963 in Großbritannien, bei dem Esther den 2. Platz belegt, wird das Paar international bekannt. Sie nehmen daraufhin Schallplatten in mehreren Sprachen auf und die beiden avancieren bald zum erfolgreichsten Gesangsduo der 1960er Jahre.
1964 nimmt das Duo bei den „Deutschen Schlager-Festspielen" in Baden-Baden teil. Ihr Titel Schönes Mädchen erreicht einen beachtlichen 4. Platz. Im selben Jahr haben sie im deutschsprachigen Raum einen Hit mit Morgen ist alles vorüber. Weitere Hits folgen, bei denen Abi ab 1966 auch selbst für die Produktion verantwortlich ist.
Ihre größten Erfolge feiern sie mit Morning Of My Life, Garden Of My Home (beide Titel geschrieben von den BEE GEES) und Cinderella Rockefella.
Bis 1969 kann das Paar noch einige gemeinsame Erfolge

feiern, dann kommt die Trennung. Am 1. März 1969 stehen die beiden letztmals gemeinsam auf der Bühne, im November 1970 ist das Paar geschieden.
Beide Künstler gehen danach eigene Wege. Abi gründet eine Promotion-Firma in München, Esther zieht sich zunächst aus dem Showgeschäft zurück, nimmt 1972 wieder eine Langspielplatte als Solistin auf und ist danach weiterhin erfolgreich.

Jahr	Titel in den Top-50 Single-Charts	DE	UK	US
1966	Noch ein Tanz	32	-	-
1966	Sing Hallelujah	30	-	-
1967	Morning Of My Life	2	-	-
1968	Cinderella Rockefella	5	1	-
1968	One More Dance	-	13	-

Oliver Onions

Besetzung:
Guido De Angelis (Gitarre) * 22.12.1944 in Rocca di Papa, Italien
Maurizio De Angelis(Gitarre) * 22.2.1947 in Rom, Italien

Die Brüder De Angelis sind zunächst Gitarristen und touren mit der Band BLACK STONES (später G&M) durch Italien. Danach lässt sich Guido an der Flöte ausbilden, während Maurizio in Kompositionen und Harmonien diplomiert. Kontakt zur Filmbranche bekommen sie durch die Arbeit mit Orchestern.
Bekannt werden die Brüder insbesondere durch die Titelmelodien der Filme mit Terence Hill und Bud Spencer. Insgesamt bringen sie es auf über 170 Filmmelodien. Für die Veröffentlichungen der Titellieder aus den Filmen verwenden sie als Pseudonym den Namen des englischen Schriftstellers OLIVER ONIONS.
Der erfolgreichste Titel ist Santa Maria, der 1980 sechs Wochen auf Platz eins der deutschen Single-Charts steht. Er ist ebenfalls in der deutschen Fassung – gesungen von Roland

Kaiser – sehr erfolgreich. Auch für Gitte Henning komponiert das Duo.

1990 löst sich das Duo auf und tritt im November 2007 erstmals wieder auf. Im Jahr 2019 kommt es in der ARD-Sendung Schlagerboom zu einem gemeinsamen Auftritt von OLIVER ONIONS und ROLAND KAISER. Dabei singen sie Santa Maria teils in italienischer und teils deutscher Sprache.

Jahr	Titel in den Top-50 Single-Charts	DE	UK	US
1973	Flying Trough The Air	4	-	-
1974	Dune Buggy	8	-	-
1977	Orzowei	1	-	-
1978	Bulldozer	2	-	-
1979	Sandokan	13	-	-
1980	Santa Maria	1	-	-

Ollie & Jerry

Besetzung:
Ollie E. Brown (Schlagzeug) * 20.4.1953 in Detroit, Michigan
Jerry Knight (Gesang) * 17.4.1952 in Los Angeles, Kalifornien | gestorben am 29.12.1996

OLLIE & JERRY sind ein kurzlebiges Duo, das mit There´s No Stopping Us nur einen Top-10-Hit in den USA und England hat. 1984 gegründet, löst sich das Duo bereits ein Jahr später wieder auf.
Beide sind vor der Gründung des Duos Studiomusiker, bevor sie 1984 in Los Angeles das Duo gründen.

Ottawan

erste Besetzung:
Patrick Jean-Baptiste (Gesang) * 6.4.1954 auf Martinique
Anette Eltice (Gesang) * 1.11.1958

aktuelle Besetzung (Stand August 2020):
Patrick Jean-Baptiste
Isabell Yaps(Gesang)

Das Pop-Duo Anette & Patrick aus Martinique springt Anfang der 1980er Jahre unter dem Namen OTTAWAN auf den Disco-Zug auf. Entdeckt werden die beiden Künstler von dem Produzententeam Daniel Vangarde und Jean Kluger aus Paris, die auch für die Hits der GIBSON BROTHERS verantwortlich zeichnen. Fünf Titel bringt das Duo zwischen 1980 und 1982 in die Charts. Mit D.I.S.C.O. (1980) und Hands Up (1981) gelingen zwei Top-10-Notierungen. 1982 trennen sich Anette und Patrick. Bis heute existiert die Formation, mit häufig wechselnden Mitgliedern.

Jahr	Titel in den Top-50 Single-Charts	DE	UK	US
1979	D.I.S.C.O.	2	2	-
1980	You´re OK	17	-	-
1981	Hands Up	2	3	-
1981	Crazy Music	26	-	-
1981	Help (Get Me Some Help)	-	-	49

Duos P

Parsons, Alan Project

Feste Besetzung:
Parsons, Alan (Keyboard, Gitarre, Tontechnik) * 20.12.1948 in London, GB
Eric Wooflson (Keyboard, Piano, Gesang) *18.3.1945 in Glasgow, Schottland | gestorben am 2.12.2009

Als Kind lernt Parsons Klavier, Gitarre und Flöte zu spielen. In den Abbey-Road-Studios in London ist er Assistenz-Toningenieur der Beatles-Alben Abbey-Road (1969) und Let It Be (1970). Er ist außerdem Toningenieur des Pink-Floyd-Albums Atom Heart Mother und schafft den endgültigen Durchbruch mit deren LP Dark Side Of The Moon (1973). Er sitzt bei Aufnahmen von PILOT, STEVE HARLEY, JOHN MILES und AL STEWART am Mischpult.
Letzterer inspiriert ihn dazu, die Seiten zu wechseln und ins Rampenlicht zu treten. So gründet er gemeinsam mit dem Schotten Eric Woolfson 1975 das ALAN PARSONS PROJECT, wobei Woolfson als kreativer Kopf die Ideen für die Lieder beisteuert. Alan und Eric sind fester Bestandteil, eine Band haben sie nie. So bilden Gaststars wie COCKNEY REBEL, ARTHUR BROWN, ALAN CLARKE (HOLLIES), TONY HADLEY (SPANDAU BALLET), Ex-Zombie COLINE BLUNSTONE oder JOHN MILES Teile der Band. So erscheint 1976 mit Gastmusikern das Album Tales Of Mystery And Imagination, das in Deutschland bis auf Platz elf in den Album-Charts kommt. In England und den USA ist es nicht erfolgreich. Erstaunlich ist, dass das Duo gerade in

England wenig erfolgreich ist. Die alte Weisheit, dass der Prophet im eigenen Lande nichts gilt, trifft hier einmal mehr zu. In Deutschland und dem deutschsprachigen Raum feiert das Duo die größten Erfolge. So erreichen sie 1979 in Deutschland mit dem Instrumentalstück Lucifer, erstmals die Top-10. Der größte Erfolg ist 1984 die Single Don´t Answer Me.

Die Zusammenarbeit von Parsons und Woolfson endet 1990 und damit der Erfolg. Parsons bringt mit Gastmusikern weitere Alben auf den Mark, die wenig erfolgreich sind.

Nach zwölf vorangegangenen Nominierungen bei den Grammy Awards, wo Parsons leer ausgeht, klappt es im 13. Anlauf. 2019 wird er für seine Arbeit als Toningenieur des Mixes Audio-Masterings ausgezeichnet. Ebenfalls 2019 ist er Gaststar bei der Konzertreihe "Night Of the Proms" Teil drei.

Woolfson verstirbt am 2. Dezember 2009 im Alter von 64 Jahren an einem Nierenkarzinom.

Jahr	Titel in den Top-50 Single-Charts	DE	UK	US
1976	(The System Of) Doctor Tarr & Prof. Fether	-	-	37
1977	I Wouldn´t Want To Be Like You	-	-	36
1979	Dammed If I do	-	-	27
1980	Lucifer	8	-	-
1980	The Gold Bug	40	-	-
1980	Games People Play	-	-	16
1981	Time	-	-	15
1982	Eye in The Sky	38	-	3
1984	Don´t Answer Me	7	-	15
1984	Prime Time	-	-	34
1985	Let´s Talk About Me	32	-	-

Paul & Paula

Besetzung:
Jill Jackson (Gesang) * 20.5.1942 in McCamney, Texas
Ray Hildebrand (Gesang, Gitarre) * 21.12.1940 in Joshua, Texas

PAUL & PAULA ist ein weiteres kurzlebiges Duo, das ganze drei Jahre hält. Jill und Ray studieren gemeinsam am „Howard Payne College" in Brownwood, Texas). Beide folgen im Herbst 1962 einem Aufruf der örtlichen Radio-Station zugunsten der „American Cancer Society" vor das Mikrofon zu treten. Sie entscheiden sich für den Song Hey Paula. Dieses Stück hat Hildebrand 1962 geschrieben. Kurz darauf erscheint das Lied unter dem Namen JILL & RAY. Nach dem Wechsel zu einer anderen Plattenfirma ändert diese den Duo-Namen in PAUL & PAULA. Der Titel Hey Paula erreicht Ende 1962 die Charts und schafft es bis auf Platz eins in den USA. Das Stück hält sich dort für drei Wochen auf der Spitzenposition. Es ist gleichzeitig der größte Erfolg für das Duo aus Texas. Die Nachfolge-Single Young Lovers erreicht noch Platz sechs der US-Billboard-Charts. Die dritte Single First Quarrel schafft es nur auf den 27. Platz. So löst sich das Duo 1965 auf.
Hildebrand und Jackson widmen sich Soloprojekten, aber beide sind damit wenig erfolgreich.

Jahr	Titel in den Top-50 Single-Charts	DE	UK	US
1962	Hey Paula	16	8	1
1963	Young Lovers	42	9	6
1963	First Quarel	-	-	27

Pepsi & Shirlie

Besetzung:
Helen "Pepsi" DeMarque-Crocket (Gesang) *10.12.1958 in London, GB
Shirley "Shirlie" Hollman (Gesang) *18.2.1962 in Bushy, GB

Helen und Shirley sind zu Beginn ihrer Karriere Background-sängerinnen bei WHAM!. Unter PEPSI & SHIRLIE nehmen sie das Album All Right Now auf, das 1987 veröffentlicht wird.
Die Vorabauskoppelung Heartache schafft es bis auf den zweiten Platz der UK-Single-Charts. Die Nachfolge-Single Goodbye Stranger kommt auf Platz neun. Danach folgen nur noch kleinere Hits.
Nach einer Pause erscheint 1991 das zweite Album mit dem Titel Change. Weder der Longplayer noch die Single-Auskoppelung Someday bringen den gewünschten Erfolg. Daraufhin kommt es zur Trennung.
Pepsi tourt mit MIKE OLDFIED und ist auf der DVD Tubular Bells II und III als Sängerin dabei. Von Shirley ist nichts mehr zu hören.

Jahr	Titel in den Top-50 Single-Charts	DE	UK	US
1987	Heartache	8	2	-
1987	Good Bye Stranger	31	9	-
1987	All Right Now (Original von Free)	-	50	-

Peter & Gordon

Besetzung:
Peter Asher (Gesang, Gitarre) * 22.6.1944 in London, GB
Gordon Waller (Gesang, Gitarre) * 4.6.1945 in Braemar, Schottland | gestorben am 17.6.2009

Hinter dem Duo PETER & GORDON verbergen sich Peter Asher und Gordon Waller. 1964 wird das britische Duo gegründet. Peter Ashers Schwester Jane ist zu dieser Zeit die Freundin von Paul McCartney. So ist es nicht verwunderlich, dass Paul ein Lennon/McCartney Stück an die beiden weiterreicht. Der Titel A

World Without Love ist 1964 Nummer eins in GB und den USA. Ihr Gesangsstil ähnelt dem der EVERLY BROTHERS. Bis 1967 produziert das Duo 21 Singles, wovon 15 die britischen und amerikanischen Charts erreichen.

Die einzigen Auftritte in Deutschland, hat das Duo im Juni 1966, als Vorband der BEATLES bei der Bravo-Beatles-Blitztournee. 1968 folgt dann die Trennung. Die Solo-Versuche von Gordon Waller schlagen fehl, während Peter Asher zunächst A&R-Manager bei der Beatles-Firma Apple ist und später erfolgreicher Manager und Produzent von JAMES TAYLOR, LINDA RONSTEDT, RANDY NEWMAN und vielen anderen wird.

Im August 2005 stehen Asher und Waller erstmals nach 38 Jahren wieder gemeinsam auf der Bühne und treten bis 2009 in mehreren Konzerten auf. Kurz darauf stirbt Gordon Waller an einem Herzanfall.

Jahr	Titel in den Top-50 Single-Charts	DE	UK	US
1964	A World Without Love	-	1	1
1964	Nobody I Know	-	10	12
1964	I Don´t Want To See You Again	-	-	16
1965	I Got Two Pieces		-	9
1965	True Love Ways	-	2	14
1965	To Know You Is To Love You	-	5	24
1965	Baby I´m Yours	-	19	-
1966	Woman	-	28	14
1966	There´s No Living Without Your Loving	-	-	50
1966	Lady Godiva	-	16	6
1966	The Knight in Rusty Armour	-	-	15
1967	Sunday For Tea	-	-	31

Peters & Lee

Besetzung:
Lennie Peters (Gesang) * 22.11.1931 in London, GB | gestorben am 10.10.1992
Dianne Lee (Gesang) * Februar 1950 in Sheffield, GB

Das britische Folk-Pop Duo PETERS & LEE besteht aus Lennie Peters und Dianne Lee.
Peters ist ein aufstrebender Boxer, der nach einem Autounfall auf einem Auge erblindet. So tritt er in den 1960er Jahren als Sänger und Pianist in den Pubs von London auf. Dabei lernt er Lee kennen, die mit einer Cousine als Tänzerin auftritt. Ab 1970 beginnen Lennie und Dianne gemeinsam Musik zu machen.
Ihren musikalischen Durchbruch haben sie nach einem Auftritt in der damals populären Talent-Show „Opportunity Knocks" und erhalten 1973 einen Plattenvertrag.
Dem Duo gelingt es, mit dem Debütalbum und der Debütsingle die Spitzenposition der englischen Charts zu belegen, was bis dahin nur den BEATLES gelungen ist. Die Single Welcome Home steht im Juli 1973 auf dem ersten Platz, das dazugehörige Album We Can Make It ist im August 1973 ganz oben.
Auch mit den nachfolgenden Alben ist das Duo erfolgreich.
Als der Erfolg ab 1976 nachlässt, trennen sich die beiden 1980. Sechs Jahre später kommt es zur Wiedervereinigung und zu gemeinsamen Auftritten, bis Peters 1992 an einer Krebserkrankung verstirbt. Durch eine Fernsehwerbung wird das Stück Welcome Home 1999 noch einmal populär.

Jahr	Titel in den Top-50 Single-Charts	DE	UK	US
1973	Welcome Home	-	1	-
1973	By Your Side	-	39	-
1974	Don´t Stay Away So Long	-	3	-
1974	Rainbow	-	17	-

Pet Shop Boys

Besetzung:
Neil Tennant (Gesang, Gitarre, Keyboard) * 10.7.1954 Tyne and Wear, GB
Chris Lowe (Keyboard, Schlagzeug, Gesang) * 4.10.1959 in Blackpool, GB

Die Jungs aus der Zoohandlung, lautet die Übersetzung für PET SHOP BOYS. Das britische Elektro-Pop-Duo, landet ab 1986 etliche internationale Hits. Tennant und Lowe schreiben und produzieren nicht nur für sich selbst, sondern auch für andere Künstler. Zudem komponieren sie Musik für Film, Theater und Ballett.
Über 100 Millionen verkaufte Tonträger sprechen eine deutliche Sprache und somit zählt das Duo zu den meist verkaufenden Musikkünstlern weltweit. Das Guinness-Buch der Rekorde listet die PET SHOP BOYS als bisher erfolgreichstes Pop-Duo in der Musikgeschichte Großbritanniens. Sie werden dreimal mit dem Brit-Award ausgezeichnet und sechsmal für den Grammy nominiert.
Ab 1986 platzieren sie 42 Singles in der der Top-30 der britischen Charts, darunter ihre weltweiten Nummer-eins-Hits Westen End Girls, It´s A Sin, Always On My Mind, Heart und Go West.
Die Geschichte beginnt 1981 in einem Elektroladen in der Londoner King´s Road, wo sich Tennant und Lowe das erste Mal begegnen. Schnell stellt man fest, die gleichen Musikinteressen zu haben. Es kommt umgehend zur Zusammenarbeit. Sie nennen sich zunächst – aus Liebe zum Londoner West End – WEST END, später folgt die Umbenennung in PET SHOP BOYS. Der Name soll eine Ableitung von Tennants Freunden sein, die in einer Zoohandlung in Ealing arbeiten. Da sich beide Musiker von Beginn an für die Schwulenbewegung einsetzen und ihr Auftreten unspektakulär und ungeschminkt ist, erreichen sie schnell Kultstatus.
Der Titel West End Girls, veröffentlicht im Oktober 1985, wird im gleichen Jahr der erste Nummer-eins-Hit für das Duo. Es folgen mit Suburbia (1986), It´s A Sin, der Coversong von Always On My Mind (beide 1987) und Heart (1988) Top-10-Hits in Serie.

Auch die Alben von 1986 bis 1988 sind überaus erfolgreich.

Nach den ersten eigenen Erfolgen arbeiten Tennant und Lowe auch mit anderen Künstlern zusammen. Darunter sind DUSTY SRINGFIELD, PATSY KENSIT und LIZA MINELLI. So verhelfen sie Springfield 1987 zu einem Comeback. Der mit ihr im Duett gesungene Titel What Have I Done To Deserve This? wird ein Riesenhit.

In den 1990er Jahren kann das Duo den Erfolg fortsetzen. Das vierte Studioalbum Behaviour entsteht 1990 in Zusammenarbeit mit HAROLD FALTERMEYER in München. Die ausgekoppelten Singles sind wenig erfolgreich. Erst 1993 steht das Duo wieder ganz oben. Die Cover-Version von Go West – im Original von VILLAGE PEOPLE – ist zumindest in Deutschland auf Platz eins. Auf den ausgekoppelten Videos agiert das Duo in eigenwilligen Kostümen und Kopfbedeckungen vor computeranimierten Hintergründen.

Es folgt 1994 eine sechswöchige Tour durch Australien, Asien und Südamerika. Im Anschluss produzieren sie weitere Künstlerinnen wie z. B. KYLIE MINOGUE.

1999 geht das Duo mit dem Album Nigtlife wieder Richtung Disco. Zur Jahrtausendwende erfolgt die Zusammenarbeit mit ROBBIE WILLIAMS und der BLOODHOUND GANG. Zwischen den Jahren 2000 bis 2009 folgt wiederum ein Stilwechsel hin zu einem Gitarrenlastigen Sound und sie geben etliche Benefizkonzerte.

Am 4. April 2011 wird bekannt, dass die PET SHOP BOYS als Vorgruppe der Boy-Group TAKE THAT touren werden. Die Tournee startet am 27. Mai in Sunderland und endet am 29. Juli im Münchener Olympia-Stadion.

Es folgen weitere Alben und die Zusammenarbeit mit JEAN MICHEL JARRE. Das vorerst letzte Album mit dem Titel Hotspot erscheint am 24. Januar 2020 (Stand Dezember 2020). Es ist das 14. Album von Tennant und Lowe.

Jahr	Titel in den Top-50 Single-Charts	DE	UK	US
1985	West End Girls	2	1	1
1986	Love Comes Quickley	17-	19	-
1986	Opportunities (Let´s Make Lots Of Money)	25	11	10
1986	Surburbia	2	8-	-

Jahr	Fortsetzung – Pet Shop Boys	DE	UK	DE
1987	It´s A Sin	1	1	9
1987	What Have I Done To Deserve This?	4	2	2
1987	Rent	10	8	--
1987	Always On My Mind	1	1	4
1988	Heart	1	1	-
1988	Domino Dancing	3	7	18
1988	Left to My Own Devices	-	9	4
1989	It´s Alright	3	5	-
1990	So Hard	3	4	-
1990	Being Boring	13	20	-
1991	Where The Streets Have No Name	7	4	-
1991	Jealousy	20	12	-
1991	DJ Culture	19	13	-
1991	Was It Worth It?	19	24	-
1993	Can You Forgive Her?	17	7	-
1993	Go West	1	2	-
1993	I Wouldn´t Normaly Do This Kind Of Thing	37	13	-
1994	Liberation	-	14	-
1994	Absoloutly Fabolous (mit Jennifer Lumley)	-	6	-
1994	Yesterday, When I Was Mad	-	13	-
1995	Paninaro `95	39	15	-
1996	Before	45	7	-
1996	Se a vida é (That´s The Way Live Is)	18	8	-
1996	Single-Bilingual	-	14	-
1997	A Red Letter Day	-	9	-
1999	Somewhere	-	9	-
1999	I Don´t Know What You Want...	23	15	-
1999	New York City Boy	16	14	-
2000	You Only Tell Me You Love Me When You´re Drunk	29	8	-

Jahr	Fortsetzung – Pet Shop Boys	DE	UK	DE
2002	Home And Dry	12	14	-
2002	I Get Along	31	18	-
2002	London	39	-	-
2003	Miracles	20	10	-
2004	Flamboyant	43	12	-
2006	I´m With Stupid	29	8	-
2006	Minimal	-	19	-
2006	Numb	-	23	-
2007	She´s Madonna	4	16	-
2009	Love Ect.	12	14	-
2009	Did You See Me Coming?	49	21	-
2009	Pet Shop Boys Christmas (EP)	35	40	-
2012	Leaving	35	44	-

Pipkins

Besetzung:
Tony Burrows (Gesang) * 14.4.1942 in Exeter, GB
Roger Greenway (Gesang) * 23.8.1938 in Bristol, GB

Bei dem Duo PIPKINS taucht wie bei so vielen Produktion Ende der 1960er und Anfang der 1970er, einmal mehr der Name Tony Burrows auf. Er ist u.a. Sänger bei den WHITE PLAINS, BROTHERHOOD OF MAN oder EDISON LIGHTHOUSE. Mit letzterer hat er den Nummer-eins-Hit Love Grows (Where My Rosmaey Goes).
Roger Greenway ist im gleichen Zeitraum Teil des erfolgreichen Komponisten-Duos Greenway/Cook. Gemeinsam mit DAVID DUNDAS beispielsweise, schreibt er 1976 den Erfolgshit Jeans On.
Burrows und Greenway tragen bei ihren Auftritten überweite und ausrangierte Hosen mit Hosenträgern. Dazu grell gestreifte Hemden.

Ihr größter Hit ist 1970 Gimme That Ding, geschrieben von Albert Hammond und Mike Hazlewood. Es ist ein Spaßlied aus der englischen TV-Kindersendung "Oliver & The Overlord". Zudem veröffentlicht das Duo zwei LPs.
Gimme That Ding bleibt aber der einzige Single-Hit und kommt in Deutschland auf Platz 24, in Großbritannien auf Position sechs und in den USA schaffen sie es auf den neunten Rang.

Proclaimers

Besetzung:
Craig Reid (Gesang, Tambourine) * 5.3.1962 in Leith, Schottland
Charlie Reid (Gesang, Gitarre) * 5.3.1962 in Leith, Schottland

Hinter den PROCLAIMERS verbergen sich die Zwillingsbrüder Charlie und Craig Reid. Ihr Kennzeichen ist der Gesangsstil mit schottischem Akzent.
1983 schließen sie sich als Duo zusammen und feiern vier Jahre danach mit dem Debüt-Album This Is The Story und dessen zweiter Single-Auskoppelung Letter From America die ersten Erfolge. 1988 feiert das Duo den größten Erfolg. Das Stück I´m Gonna Be (500 Miles) wird Titelmelodie des Films „Benny & Joon" und schafft es in den USA bis auf Platz drei. Ab Mitte der 1990er lässt der Erfolg der Brüder nach und sie nehmen sich eine Auszeit.
Erst in den 2000ern nehmen sie neue Alben auf und kommen damit wieder in die Charts. Die Alben sind erfolgreich, im Gegensatz zu den Singles.
Im Jahr 2007 feiern die Zwillingsbrüder dann ein Chart-Comeback mit Hilfe der britischen Komiker Peter Kay und Matt Lucas, die sich für eine Benefiz-Aktion den Song 500 Miles noch einmal vorgenommen und zum Hit gemacht haben.
19 Jahre nach der ersten Single feiern die Schotten den ersten Nummer-eins-Hit.

Jahr	Titel in den Top-50 Single-Charts	DE	UK	US
1987	Letter From America	-	3	-
1988	I´m Gonna Be (500 Miles)	40	11	3
1988	Sunshine On Leith	-	43	-
1989	I´m On My Way	-	43	-
1990	King Of the Road (Original Roger Miller)	-	9	-
1994	Let´s Get Married	-	21	-
1994	What Makes You Cry	-	38	-
2007	I´m Gonna Be (500 Miles) feat. Potter & Pipkin	-	1	-

Duos R

Renée & Renato

Besetzung:
Renato Pagliari (Gesang) * 28.6.1940 in Rom, Italien | gestorben am 29.7.2009
Hillary Lester (Gesang) * in GB

Das britisch-italienische Gesangs-Duo RENÉE & RENATO kann nur einen Hit vorweisen. Anfang der 1980er Jahre gegründet, steht das Duo zu Weihnachten 1982 in den britischen Single-Charts auf Platz eins. Save Your Love, so der Titel, bleibt damit eines der vielen One-Hit-Wonder.
Der Italiener Pagliari tritt in den 1970er Jahren als Tenor im Kabarett auf. Nachdem er nach England übergesiedelt ist, nimmt er dort 1975 an einem Gesangswettbewerb teil und zieht das Interesse des Songwriters Johnny Edward auf sich.
Gemeinsam mit der Clubsängerin Hilary Lester nimmt er die oben beschriebene Ballade Save Your Love auf, die insgesamt 500.000 Mal über die Ladentheken wandert. Mit der zweiten Aufnahme Just One More Kiss kann das Duo den Erfolg nicht wiederholen. Nachdem die Single Jesus Love Us All nicht mehr die Hitparaden erreicht, trennen sich die beiden.
Lester schließt sich einer Band an und zieht sich später ins Privatleben zurück.
Pagliari tritt gelegentlich im Restaurant seines Sohnes auf und stirbt 2009 im Alter von 69 Jahren an einem Gehirntumor.

Jahr	Titel in den Top-50 Single-Charts	DE	UK	US
1982	Save Your Love (Deutschland Jan. 1983)	10	1	-
1983	Just One More Kiss	-	48	-

Righeira

Besetzung:
Stefano Rota (Gesang) * 1.10.1961 in Turin, Italien
Stefano Righi (Gesang) * 9.9.1960 in Turin, Italien

Die Musik des italienischen Pop-Duos RIGHEIRA, lässt sich am besten unter Italo-Disco und Euro-Disco-Stil einordnen.
Rota und Righi gründen das Duo 1981 und feiern zwei Jahre später ihren Durchbruch. Die Aufnahme Vamos a la playa (zu deutsch etwa: Lass uns zum Strand gehen), erreicht in großen Teilen Europas die Charts. Es bleibt gleichzeitig der größte Hit. Mit der Nachfolge-Single No tengo dinero (1984) haben sie einen weiteren internationalen Erfolg. Der Titel ist mit einem Augenzwinkern zu betrachten, denn nach dem ersten Riesenerfolg dürften sie schon Geld gehabt haben. Single Nummer drei – L´estate sta finendo (1985) – wird zwar in Italien nochmals ein Nummer-eins-Hit, aber ist in den anderen Ländern nur mäßig von Erfolg gekrönt.
Produziert werden sie von den Brüdern LA BIONDA in München.
Nachdem der Erfolg nachlässt, trennt man sich 1992, wagt aber 1999 einen Neuanfang. Das Duo tritt fast ausschließlich in Italien auf und bringt 2007 mit Mondovisione das erste Album seit fast 15 Jahren heraus. 2016 trennt man sich dann ein zweites Mal.

Jahr	Titel in den Top-50 Single-Charts	DE	UK	US
1983	Vamos a la playa	3	-	-
1984	No tengo dinero	12	-	-
1985	L´Testate sta finendo	12	-	-

Righteous Brothers

Besetzung:
Bill Medley (Gesang) * 19.9.1940 in Santa Ana, Kalifornien
Bobby Hatfield (Gesang) * 10.8.1940 in Beava Dam, Wisconsin | gestorben am 5.11.2003

Das amerikanische Gesangs-Duo - THE RIGHTEOUS BRO-THERS" - sind ebenso wenig Brüder wie die WALKER BRO-THERS. Ihre großen Erfolge feiern sie überwiegend in den 1960er Jahren.

Ursprünglich heißt das Duo THE PARAMOURS und erspielt sich schnell eine Fangemeinde. Von ihren Fans wird der Sound als Righteous (zu deutsch "redlich") bezeichnet, deshalb benennt man sich vor dem ersten Plattenvertrag um.

1963 bringen Medley und Hatfield mit Little Latin Lupe Lui die erste Single auf den Markt, und werden 1964 von dem Produzenten Phil Spector unter Vertrag genommen. Zunächst einmal peppt Spector mit seinem "Wall Of Sound" den Soulgesang der redlichen Brüder auf, in dem er mit einer Vielzahl von Instrumenten von Bläsern, Geigern und Pauken angereichert wird. So entsteht 1964 der größte Erfolg des Duos, denn die Single You´ve Lost That Lovin´ Feelin´ wird weltweit ein Millionenseller. Auch die Nachfolge-Stücke Unchained Melodie und Ebb Tide erreichen hohe Chartplatzierungen.

1966 trennt sich das Duo von Spector, kann aber mit Soul And Inspiration, White Cliffs Of Dover und He weitere Hits erzielen.

Im Jahr 1968 erfolgt zunächst die Trennung, jedoch von 1974 bis 1978 arbeitet man noch einmal zusammen.

1987 feiert zumindest BILL MEDLEY ein riesiges Comeback. Gemeinsam mit JENNIFER WARNES singt er den Titelsong (I´ve Had) The Time Of My Life aus dem Erfolgsfilm "Dirty Dancing" mit Patrick Swayze.

Das die RIGHTEOUS BROTHER in neuerer Zeit wieder bekannt sind, verdanken sie dem Film „Ghots – Nachricht von Sam", in dem ihre Version von Unchained Melody verwendet wird. Das Stück kommt daraufhin 1990 in England auf Platz eins. Das Original dieser Aufnahme ist wesentlich älter als das von Medley und Hatftield. Es stammt von Yimmy Young, der 1955 damit schon auf dem ersten Platz landet.

Am 10. März, wenige Monate vor dem Tod von Bobby Hatfield am 5. November werden das Duo in die „Rock And Roll Hall Of Fame" aufgenommen.

Jahr	Titel in den Top-50 Single-Charts	DE	UK	US
1963	Little Train	-	-	49
1964	You´ve Lost That Lovin´Feelin	21	1	1
1965	Just Once in My Life	-	-	9
1965	Unchained Melody	27	14	4
1965	Hung On You	-	-	47
1965	Ebb Tide	-	48	5
1966	You´Re My Soul And Inspiration	34	15	1
1966	He	-	-	18
1966	Go Ahead And Cry	-	-	30
1966	On This Side	-	-	47
1966	The White Cliffs Of Dover	-	21	-
1966	Island in The Sun	-	24	-
1967	Melancholy Music Man	-	-	43
1969	You´ve Lost That Lovin´Feelin´ 1969	-	10	-
1974	Rock and Roll Heaven	-	-	3
1974	Give It To The People	-	-	20
1974	Dream On	-	-	32
1977	You´ve Lost that Lovin´ Feelin´ 1977	-	42	-
1990	Unchained Melody (neue Version)	6	1	13
1990	You´ve Lost That Lovin´ Feelin´ (neue V.)	-	3	-

Roxette

Besetzung:
Gun-Marie Fredrikson (Gesang, Gitarre) * 30.5.1958 in Össjö, Schweden | gestorben am 9.12.2019
Per Gessle (Gesang, Gitarre) * 12.1.1959 in Halmstad, Schweden

Das die Schweden immer wieder großartige Musiker(innen) herausbringen, ist spätestens seit ABBA kein Geheimnis mehr. In die großen Fußstapfen zu treten, ist insbesondere dem Duo ROXETTE gelungen, dass 1986 von Per Gessle und Marie Fredrikson gegründet wird. Der Name ist eine Anspielung auf einen Lied-Titel der englischen Rock-Band DR. FEELGOOD. Mit über 80 Millionen verkauften Platten zählt das Schweden-Duo zu den erfolgreichsten Pop-Acts der 1980er und 1990er Jahre.

Internationale Bekanntheit erlangen sie 1989, nachdem der US-amerikanische Student ein im Schwedenurlaub erworbenes Exemplar des Albums The Sharp an die Radiostationen in den USA weitergibt. Es enthält auch den Titel The Look, der innerhalb kürzester Zeit Nummer eins in Amerika ist. Es ist manchmal schon interessant, welche Wege Künstler nehmen, um bekannt zu werden, wobei der Zufall oftmals in die Karten spielt.

Das Duo hat von da ab etliche Top-10-Erfolge weltweit, darunter ist man vier Mal auf Platz eins in den USA. Ein Erfolg, der nur wenigen nichtamerikanischen Künstlern vergönnt ist. In Europa bringt das Schweden-Duo Alben und Singles in Serie in die Charts.

Eingängige Melodien im gitarrenbetonten Rock- und Popstil ist die Basis des Erfolgs. Gerade die Up-Tempo-Songs garantieren hohe Radioeinsätze, davon allein über vier Millionen in den USA.

Noch erfolgreicher als die Singles, sind die Alben Look Sharp! (1989) und Joyride (1991), die sich zehn- bzw. zwölf Millionen Mal verkaufen.

Die erste Welttournee findet 1991/92 statt und 1,7 Millionen Zuschauer besuchen die 107 Konzerte. Bei einer zweiten weltweiten Tour 1994 und 1995, dürfen Per und Marie sogar in Moskau und China spielen. Das ist bis dato nur wenigen europäischen Bands vergönnt.

Danach müssen ROXETTE lange Zeit pausieren, denn Marie Fredrikson erkrankt an einem Hirntumor, von dem sie sich leider nie richtig erholen kann. So folgt der erste öffentliche Auftritt nach ihrer Erkrankung im Frühjahr 2003 vor dem schwedischen Königspaar, um eine Ehrenmedaille entgegen zu nehmen. Es folgt 2005 der erste öffentliche Bühnenauftritt nach drei Jahren. Bis 2016 hat das Duo weitere Auftritte. Im April des gleichen Jahres raten Ärzte Marie Fredrikson nicht mehr auf Tour zu gehen. Es müssen bereits geplante Termine abgesagt werden. Somit findet das letzte gemeinsame Konzert am 8. Februar 2016 statt. Die Sängerin stirbt am 9.12.2019.

Jahr	Titel in den Top-50 Single-Charts	DE	UK	US
1987	It Must Have Been Love	4	3	1
1988	Dressed For Success	16	18	14
1988	Listen To Your Heart	7	6	1
1989	The Look	1	7	1
1989	Dangerus	8	6	2
1991	Joyride	1	4	1
1991	Fading Like A Flower	5	12	2
1991	The Big L.	13	21	-
1991	Spending My Time	9	22	32
1992	Church Of Your Heart	28	21	36
1992	How Do You Do	2	13	-
1992	Queen Of Rain	19	28	-
1993	Fingertips	45	-	-
1993	Almost Unreal	20	7	-
1994	Sleeping in My Car	11	14	50
1994	Crash! Boom! Bang!	31	26	-
1994	Fireworks	-	30	-
1994	Run To You	-	25	-
1994	Vulnerable	-	44	-
1995	You Don´t Understand Me	44	42	-
1999	Wish I Could Fly	26	11	-
1999	Stars	23	-	-
2001	The Centre Of The Heart	31	-	-
2002	A Thing About You	37	-	-
2006	One Wish	50	-	-
2011	She´s Got Nothing (But The Radio)	10	-	-

Duos **S**

Sam & Dave

Besetzung:
Samuel David Moore (Gesang) * 12.10.1935 in Miami, Florida
Dave Prater (Gesang) * 9.5.1937 in Ocilla, Georgia | gestorben am 9.4.1988

Samuel Moore und David Prater lernen sich 1961 in Miami kennen und treten ab 1962 als das Soul-Duo SAM & DAVE auf. Mitte der 1960er Jahre, im Zuge der großen Soul-Welle stellt sich auch der Erfolg bei dem Duo ein. Produziert werden sie ab 1966 von Isaac Hayes und David Porter. Die erste Hitnotierung ist im selben Jahr You Don´t Know Like I Know. 1967 wird Soul Man ein Nummer-zwei-Hit in den USA und ein Millionenseller. Im Januar 1968 ist I Thank You der nächste Top-10-Hit und Ende 1968 folgt mit Soul Sister Brown Sugar eine weitere Hit-Notierung. Danach verschlechtert sich die Zusammenarbeit zusehends, sodass man sich 1970 trennt. In den folgenden Jahren arbeit man jedoch immer wieder zusammen. Am 09.04.1988 kommt David Prater bei einem Autounfall ums Leben und 1992 werden Sam & Dave in die „Rock´n Roll Hall Of Fame" aufgenommen.

Jahr	Titel in den Top-50 Single-Charts	DE	UK	US
1966	You Don´t Know Like I Know	-	50	-
1966	Hold On I´m Coming	-	-	21
1967	When Somethings Wrong With My Baby	-	-	42

Jahr	Fortsetzung – Sam & Dave	DE	UK	US
1967	Southe Me	-	35	-
1967	Soul Man	23	24	2
1968	I Thank You	-	34	9
1968	You Don´t Know What You Mean To Me	-	-	48
1968	Soul Sister, Brown Sugar	-	15	41

Sandra & Andres / Rosy & Andres

Besetzung:
Sandra (Gesang) * 17.10.1950 in Bandung, Indonesien als Barbara Reemer | gestorben am 6.6.2017
Rosy (Gesang) * 23.8.1951 in Jarkarta, Indonesien als Hedy Sylvia Pereira
Andres (Gesang) * 30.10.1936 in Chimahi, Indien als Dries Holten | gestorben am 15.4.2020

Das Pop-Duo SANDRA & ANDRES ist in den 1970ern überaus erfolgreich in Holland und einigen anderen Ländern Europas.
Sie stammen aus Indonesien bzw. aus einer holländischen Kolonie in Süd Indien. Beide sind in den 1960ern zunächst als Solisten nicht sonderlich gut im Geschäft.
Mit dem Song Als het om de liefde gaat belegt das Duo 1972 Platz Nr. 9 beim Grand Prix. Die Aufnahme kommt in mehreren Sprachen auf den Markt, in Deutschland unter dem Titel Was soll ich tun.
1975 trennt sich das Duo. Dries Holten tritt mit neuer Partnerin unter dem Namen ROSY & ANDRES auf, während Sandra eine Solokarriere startet. Dries schreibt auch für andere Künstler.
Das Album Immer wieder sonntags von dem deutschen Gesangsduo CINDY & BERT stammt aus seiner Feder. Es ist mehrere Wochen in den europäischen Charts.
Mit seiner Partnerin Rosy ist er 1977 international erfolgreich. Der Titel I Believe In You.

Seals & Crofts

Besetzung:
Jim Seals (Gitarre) * 17.10.1941 in Sidney, Texas
Dash Crofts (Gitarre) * 14.8.1940 in Cisco, Texas

Schon ab Mitte der 1950er machen SEALS & CROFTS in Texas Musik in verschiedenen Formationen. 1958 heuern sie gemeinsam bei den CHAMPS an, die gerade mit Tequila ihren größten Hit haben. Als sich die Gruppe auflöst, gründet Seals die DAWNBREAKERS, die wenig erfolgreich sind.
So kommen Jim Seals und Dash Crofts Anfang der 1970er als Duo wieder zusammen. Die erste Hitnotierung datiert aus dem Herbst 1972 mit Summer Breeze. Bis 1978 sollen etliche Hits folgen. Die Musikrichtung der beiden ist ähnlich wie die von AMERICA oder CROSBY, STILLS & NASH. Der zweistimmige Gesang ist meist sparsam instrumentiert. Seals spielt Gitarre, Saxophon und Violine, während Crofts Gitarre und Mandoline spielt.
Ende der 1970er verlieren sie ihren Plattenvertrag und lösen das Duo zunächst auf.
2003 kommen beide noch einmal für ein Comeback zusammen und veröffentlichen nach mehr als 20 Jahren ein Album und sie touren 2004 bis 2005 durch die USA.

Jahr	Titel in den Top-50 Single-Charts	DE	UK	US
1972	Summer Breeze	-	-	6
1973	Hummingbird	-	-	20
1973	Diamond Girl	-	-	6
1973	We May Never Pass This Way (Again)	-	-	21
1976	Get Closer	-	-	6
1977	My Fair Share	-	-	28
1978	You´re The Love	-	-	18

Simon & Garfunkel

Besetzung:
Paul Simon (Gesang, Instrumente) * 13.10.1941 in Newwark, New Jersey
Art Garfunkel (Gesang) * 5.11.1941 in Forest Hills, New York

Die erste Single – Hey Schoolgirl – bringen SIMON & GARFUN-KEL 1957 unter dem Namen TOM & JERRY heraus. Die frühen Werke sind dem Stil der EVERLY BROTHERS zuzuordnen. Erst in den 1960er Jahren finden sie zum Folk-Rock, der sie erfolgreich macht. Paul Simon bringt Anfang der 1960er Jahre Soloaufnahmen heraus und arbeitet mit Carol King zusammen.
1964 finden sich Paul und Art wieder im Studio ein und ein Jahr später kommt mit dem Titel The Sound Of Silence der große Durchbruch weltweit. Es folgt von da ab eine feste Rollenverteilung. Während Paul Simon für die Instrumentierung zuständig ist, obliegt Art Garfunkel der Gesang. Der erste Top-10-Hit in England folgt 1966 mit Homeward Bound. Bis 1970 folgen eine Reihe von Hits und Konzerte. So erscheint 1969 die Single The Boxer und Ende Januar 1970 Bridge Over Troubled Water. Zu der Zeit machen schon Trennungsgerüchte die Runde, die Chemie stimmt bei dem Duo nicht mehr, und so geben sie im gleichen Jahr die Trennung bekannt.
Das endgültige Ende des Duos ist es nicht, denn im Juni 1972 erscheint ein Best-Of-Album und vereinzelt treten die beiden gemeinsam in Fernsehshows auf. 1975 und 1978 nimmt man jeweils eine Single auf, aber bei der Hoffnung einer Wiedervereinigung bleibt es zunächst, bis zum 19. September 1981. An besagtem Tag geben SIMON & GARFUNKEL ein Benefizkonzert, zu Gunsten des Erhalts des New-Yorker Central-Parks. Dieses Konzert sehen über 500.000 Zuschauer in dem Park. Als zum Schluss der Hit The Sounds Of Silence erklingt, wird dieser von einem Meer von brennenden Feuerzeugen begleitet.
In den 1990er Jahren gibt das Duo vereinzelte Konzerte, ansonsten verfolgen Paul und Art ihre Soloprojekte.
2003 und 2004 gehen sie gemeinsam auf US- und Europa-Tournee. Danach sind beide wieder Solo unterwegs.
Mit einem Interview für die britische Tageszeitung Telegraph im Jahr 2015 erregt Art Garfunkel Aufmerksamkeit. Darin

bezeichnet er den Split des Duos als Fehler und Paul Simon wegen dessen Entscheidung als Idioten.

Jahr	Titel in den Top-50 Single-Charts	DE	UK	US
1957	Hey, Schoolgirl (als Tom & Jerry)	-	-	49
1965	The Sound Of Silence	9	-	1
1966	Homeward Bound	-	9	9
1966	I´m A Rock	35	17	3
1966	The Daggeling Conversation	-	-	25
1966	The Hazy Shade Of Winter	-	-	13
1967	At The Zoo	-	-	16
1967	Fakin´ It	-	-	23
1968	Scarborough Fair / Canticle	-	-	11
1968	Mrs. Robinson	39	4	1
1969	Mrs. Robinson (EP)	-	9	-
1969	The Boxer	19	6	7
1970	Bridge Over Troubled Water	3	1	1
1970	Cecilia	2	-	4
1970	El Condor Pasa (If I Could)	1	-	18
1972	America	-	25	-
1975	My Little Town	-	-	9
1982	Wake Up Little Suzi (Live im Central-Park)	-	-	27
1991	A Hazy Shade Of Winter / Silent Night	- 30	-	

Sinatra, Nancy & Lee Hazlewood

Besetzung:
Nancy Sinatra (Gesang) * 8.6.1940 in Jersey City, New Jersey
Barton Lee Hazlewood (Musikproduzent, Songwriter, Sänger) * 9. Juli 1929 in Mannford, Oklahoma | gestorben am 4. August 2007

International bekannt wird LEE HAZLEWOOD in den 1960er Jahren durch seine Zusammenarbeit mit NANCY SIATRA, für die er zahlreiche "maßgeschneiderte" Songs verfasst und teilweise zusammen mit ihr interpretiert. Die bekanntesten sind These Boots Are Made For Walkin´, Lady Bird, Sand und Summer Wine.
Die US-amerikanische Sängerin Nancy Sandra Sinatra ist die Tochter des berühmten Sängers und Schauspieler FRANK SINATRA und seiner ersten Ehefrau Nancy Barbato.
Den Höhepunkt ihrer Karriere feiert sie mit einer Reihe von Pop-Hits in den späten 1960er Jahren. Ihr größter Hit ist These Boots Are Made For Walking, geschrieben von LEE HAZLE-WOOD, der u. a. von LORETTA LYNN, THE SUPREMES, BOYS NEXT DOOR, JESSICA SIMPSON, 7 SECONDS, MEGADEATH und GOVERMENT ISSUE gecovert wird.
Nancy singt im Duett mit ihrem Vater Somethin' Stupid, Nummer vier in Deutschland. 2001 wird das Stück von ROBBIE WILLIAMS & NICOLE KIDMAN neu aufgenommen wird. Zum James-Bond-Film „Man lebt nur zweimal" steuert sie den Titelsong You Only Live Twice (auch der Originaltitel des Films) bei.
Nancy Sinatra spielt außerdem die weibliche Hauptrolle in einigen Filmen, u. a. in „Speedway (1968)" mit ELVIS PRESLEY, kann sich jedoch nie als Schauspielerin durchsetzen. Der als Horrorspezialist in B-Movies bekannte Roger Corman dreht mit ihr 1966 „The Wild Angels" einen Vorläufer des späteren „Easy Rider (1966)". Nancy Sinatra kommentiert den Film 2003 nach einer Wiederaufführung in Los Angeles so: "Mit diesem Film begann meine hoffnungsvolle Filmkarriere und endete zugleich."

Jahr	Titel in den Top-50 Single-Charts	DE	UK	US
1966	These Boots Are Made For Walking	1	1	1
1966	How Does It Grab You, Darlin´	10	19	7
1966	In Your Time	-	-	46
1967	Sugar Town	-	8	5
1967	Summer Wine (mit Lee Hazlewood)	-	-	49
1967	Something Stupid (mit Frank Sinatra)	4	1	1
1967	Love Eyes	-	15	-
1967	You Only Live Twice	-	44	-
1967	Jackson (mit Lee Hazlewood)	8	14	-
1967	Lightning´s Girl	-	-	24
1967	Lady Bird (mit Lee Hazlewood)	33	47	20
1968	Some Velvet Morning (mit Lee Hazlewood)	-	-	26
1969	Highway Song	-	21	-
1971	Did You Ever (mit Lee Hazlewood)	-	2	-
2004	Let Me Kiss You	-	46	-
2005	Shot You Down (mit den Audio Bullys)	-	3	-

Soft Cell

Besetzung:
Marc Almond (Gesang) * 9.7.1957 in Southport, GB
David Ball (Instrumente) * 3.5.1955 in Blackpool, GB

Die britische Synthie-Band SOFT CELL wird 1979 von Marc Almond und David Ball gegründet.
Die ersten Stücke des Duos floppen und die Plattenfirma Phonogram Record zeigt sich unzufrieden, weil der Erfolg ausbleibt. So gibt man dem Duo eine letzte Chance. Almond und Bell entscheiden sich für den 1964er Hit Tainted Love von

Gloria Jones. Der Song schafft es in 17 Ländern auf Platz eins und verhilft dem Duo zum endgültigen Durchbruch. In ihrem Heimatland gelingt es ihnen, im folgenden Jahr, mit weiteren vier Singles – Bedsitter, Say Hello, Wave Goodbye, Torch und What – sich in den Top-5 zu platzieren. Nach der Veröffentlichung von drei Alben trennen sich ihre Wege Anfang 1984. Beide schlagen den Pfad einer Solokarriere ein. 2003 gibt das Duo wieder Konzerte und veröffentlicht ein weiteres Album. Bis 2004 touren Almond und Bell weiter, bevor sich die Wege erneut trennen. Einige Jahre später ist auf der Website von Marc Almond zu lesen, dass es keine weiteren Soft-Cell-Konzerte mehr geben würde, weil dieses ein Rückschritt wäre.

2019 äußert sich Almond erstmals zu dem Skandal-Video *Sex Dwarf aus dem Jahr 1981. Aus seiner Sicht hätte es nie an die Öffentlichkeit kommen dürfen und habe der Band sehr geschadet. Für die Grenzüberschreitungen entschuldige er sich.

* Hintergrund des Videos: Für die Videoproduktion zu "Sex Dwarf" gehen sie in London in den Rotlichtbezirk Soho und casteten Prostituierte von der Straße. Dann gehen sie ins Studio und der spätere THE CURE Regisseur Tim Pope inszenierte eine wilde Orgie. Teilweise ist das Video, auch aus heutiger Sicht, geschmacklos.

Jahr	Titel in den Top-50 Single-Charts	DE	UK	US
1981	Tainted Love	1	1	8
1981	Bedsitter	-	4	-
1982	Say Hello	29	3	-
1982	Torch	-	2	-
1982	What!	-	3	-
1982	Where The Heart Is	-	21	-
1983	Numbers / Barriers	-	25	-
1983	Soul Inside	-	16	-
1984	Down In The Subway	-	24	-
1991	Say Hello Wave goodbye `91	-	38	-
1991	Tainted Love `91	22	5	-
2003	The Night	39	-	-

Sonny & Cher

Besetzung:
Sonny (Gesang) * 16.2.1935 in Detroit, Michigan als Salvatore Bono | gestorben am 5.1.1998
Cher (Gesang) * 20.5.1946 in El Cento, Kalifornien als Cherilyn Sarkisian
SONNY & CHER heiraten 1964 und machen zur selben Zeit ihre ersten Plattenaufnahmen. Unter dem Duo-Namen CAESAR & CLEO" bringen die beiden die Singles Baby Don´t Go und Love Is Strange heraus. Ahment Erntegun Chef und Besitzer des Plattenlabels Atlantis nimmt sie unter Vertrag. Der erste Titel mit dem neuen Duo-Namen SONNY & CHER heißt Just You. Die Aufnahme wird kein großer Erfolg. Die Nachfolge-Single I Got You Babe, geschrieben von Sonny, wird ein Millionenseller. Das Stück steht im Juli 1965 in den USA und England auf Platz eins, in Deutschland auf Position drei. Bis 1972 bringt das Duo fünf weitere Hits in die Top-10. Ab 1970 funktioniert die Solo-Karriere von Cher besser als das gemeinsame Projekt. 1973 wird die Ehe des Künstlerehepaares geschieden. Die Karriere von Cher geht bis ins 21-Jahrhundert. Sonny Bono zieht es in die Politik und er kommt im Januar 1998 bei einem Skiunfall ums Leben. Die Umstände werden nie richtig geklärt.
Anmerkung: Die ausführliche Biografie von "Cher" finden Sie unter Einzelinterpretinnen in diesem Buch.

Jahr	Titel in den Top-50 Single-Charts	DE	UK	US
1964	Baby Don´t Go	-	11	8
1965	Just You	-	-	20
1965	I Got You Babe	3	1	1
1965	But You´re Mine	-	17	15
1966	What Now My Love	-	13	14
1966	Have I Stayed Too Long	-	42	49
1966	Little Man	2	4	21
1966	Living For You	-	44	-

Jahr	Fortsetzung – Sonny & Cher	DE	UK	US
1967	The Beat Goes On	24	29	6
1967	It´s The Little Things	-	-	50
1971	All I Ever Need Is You	-	8	7
1972	A Cowboy´s Work Is Never Done	48	-	8
1972	When You Say Is Love	-	-	32

Duos T

Turner, Ike & Tina

Besetzung:
Ike Turner (Piano, Gitarre, Bass) * 5.11.1931 in Clarksdale, Mississippi | gestorben am 12.12.2007
Tina Turner (Gesang) * 26.11.1939 in Brownsville, Tennessee als Anna Mae Bullock

Die große Zeit hat das R&B-Duo IKE & TINA TURNER in den 1960ern und frühen 1970ern. Die größten Erfolge feiert das Ehepaar in den USA, hat aber auch Hits in Europa. Bis Mitte der 1970er touren sie mit ihrer Band fast durchgehend.
Die Band von Ike nennt sich zunächst KINGS OF RHYTHM und dort lernt er 1956 die Gospelsängerin Anna Mae Bullock kennen. Aus der anfänglichen Backgroundsängerin wird schnell die Frontfrau. 1962 heiraten Ike & Tina und benennen sich in IKE & TINA TURNER um. Mit dem Titel A Fool In Love erreicht das Duo 1960 erstmals die R&B- und Pop-Charts. Es folgen weitere Hits und 1966 schafft das Duo mit River Deep, Mountain High erstmals den Sprung in die englische Top-10. Verantwortlich zeichnet dafür der Produzent Phil Spector. Dieser Titel ist gleichzeitig der Grundstein für die spätere Solo-Karriere von Tina Turner. In den USA dauert es bis 1970, um wieder in die Top-10 zu kommen. 1969 hat man als Vorband der ROLLING STONES gespielt und viele Cover-Songs eingebaut wie Honky Tonk Women (THE ROLLING STONES) oder Come Together (THE BEATLES). Mit ihrer Version von Proud Mary stehen sie 1970 auf Platz vier der US-Charts. Geschrieben wird der Song von John Forgety und ist ein Riesenerfolg für seine Band CREEDENCE CLEARWATER REVIVAL.
Danach kehren Ike & Tina wieder zu eigenen Songs zurück und

landen 1973 mit Nutbush City Limits einen Volltreffer. Tina hat das Lied in Erinnerung an ihre Heimatstadt Nutbush geschrieben. Es ist gleichzeitig der letzte gemeinsame Hit.

Wollte Ike schon in der Band alles kontrollieren, so tut er es auch bei seiner Frau. Tina berichtet später in ihrer Autobiografie von physischer und körperlicher Gewalt, die sie 1968 an den Rand eines Selbstmords getrieben hat. Eine Auseinandersetzung zu viel sorgte schließlich 1976 dazu, dass sie davonlief und alles, was mit IKE & TINA TURNER zu tun hat, hinter sich lässt. 1978 wird die Ehe geschieden.

Die Solokarriere von Tina führt nach einigen Fehlschlägen in den 1980ern in die Erfolgsspur zurück.

Ike Turner kämpft wie schon in den 1960ern mit Drogen und Alkohol und kann 1991 nicht an der Verleihung zur Aufnahme in die „Rock And Roll Hall" Of Fame teilnehmen, weil er eine Gefängnisstrafe absitzt. In den 2000ern verzeichnet er noch einige Erfolge als Bluesmusiker, bevor er 2007 im Alter von 76 Jahren stirbt.

Anmerkung: Die ausführliche Biografie von "Tina Turner" finden Sie unter Einzelinterpretinnen in diesem Buch.

Jahr	Titel in den Top-50 Single-Charts	DE	UK	US
1960	A Fool in Love	-	-	27
1961	It´s Gonna Work Out Fine	-		14
1961	Poor Fool	-	-	38
1962	Tra La La La La	-		50
1965	Tell Her I´m Not Home	-	48	-
1966	River Deep, Mountain High	-	3	-
1966	I Want To Take You Higher	-	-	34
1971	Proud Mary	21	-	4
1973	Nutbush City Limits	2	4	22
1974	Sweet Rhode Island Red	43	-	-

Two Of Us

Besetzung:
Ulrich Herter (Gitarre, Keyboard) * 24.3.1952 in Reutlingen
Thomas Dörr (Schlagzeug) * 24.3.1963 in Reutlingen

Herten und Dörr spielen ab Ende der 1970er in der Band von HUBERT KAH. Zu dem Zeitpunkt ist Dörr gerade einmal 16 Jahre alt. Sie steigen schnell zu den Top-Stars der NDW (Neue Deutsche Welle) auf. Die beiden gründen danach mit ihrem Freund Joachim Gaiser das Projekt KIZ. Mit dem Hit Die Sennerin vom Königssee landen sie ebenfalls einen NDW-Klassiker.
Als die Neue Deutsche Welle beginnt abzuebben, wendet sich das Duo dem peppigen Sophisti-Pop zu, der gerade aus England herüberschwappt. Mit ihrer Debüt-Single Blue Night Shadow landen sie einen Top-10-Hit im deutschsprachigen Raum. Mit den Nachfolgesingles können sie nicht mehr an den Anfangserfolg anknüpfen. Als die beiden Alben floppen, löst sich das Duo 1988 wieder auf.
Thomas Dörr spielt danach bei der deutschen Rockband CAMOUFLAGE und arbeitet heute als Koch.

Jahr	Titel in den Top-50 Single-Charts	DE	UK	US
1985	Blue Night Shadow	5	-	-
1985	Two Of Us	36	-	-
186	Generation Swing	47	-	-

Typically Tropical

Besetzung:
Jeffrey Calvert * 13.11.1954 in Wales
Max West * in Wales auch Geraint Hughes

Die beiden Toningenieure Calvert und West nutzen ihre freien Zeiten im Morgan-Studio um eigene Kompositionen aufzunehmen. Als Calvert von einem Urlaub in Barbados-Urlaub zurückkommt, schreibt einen Song über seine Urlaubserinnerungen. Im Reggae-Stil bringt das Duo unter dem Bandnamen

TYPICALLY TROPICAL das Stück Barbados heraus. Die Nummer erreicht in England im August 1975 den ersten Platz und landet in Deutschland auf Position acht. Zu den Studiomusikern auf dem Lied gehört auch Gitarrist Chris Spedding. Die Nachfolge-Singles sind nicht erfolgreich und können sich nicht in den Charts platzieren.

Als Songwriter hat Calvert 1978 mit dem Sarah-Brightman-Song I Lost My Heart To A Starship Trouper einen weiteren Top-10-Erfolg. Bis in die 1990er produziert er viele Aufnahmen in seinem eigenen Tonstudio.

1999 verarbeiten die VENGABOYS das Lied Barbados in ihrem Hit We Going To Ibiza und landen damit ebenfalls einen Nummer-eins-Hit in den britischen Charts.

Gemeinsam mit Max West produziert Jeffrey Calvert 1975 das zweite Studioalbum Sad Wing Of Destiny von JUDAS PRIEST, das 1976 erscheint.

Duos **W**

Waterloo & Robinson

Besetzung:
Hans Kreuzmayr (Gesang) * 27.11.1945 in Altheim, Österreich
Josef Krassnitzer (Gesang) * 15.4.1947 in Straßburg, Österreich

Das österreichische Pop-Duo WATERLOO & ROBINSON besteht aus Hans Kreuzmayr (Waterloo) und Sepp Krassnitzer (Robinson).
Die beiden lernen sich 1969 kennen, als Kreuzmayr für seine Boutique einen Mitarbeiter für die Auslagen-Gestaltung sucht.
1971 werden sie mit Du kannst sehen (ein Lied über ein blindes Mädchen) Sieger der Show-Chance. Ab Juni 1974 belegt das Duo mit Baby Blue und Hollywood bis zum Ende des Jahres abwechselnd die Plätze 1 und 2 der Ö3-Hitparade. Hollywood ist zudem ein Hit im deutschsprachigen Raum für das Duo.
1976 vertreten sie Österreich mit My Little World beim Eurovision Song Contest, wo sie auf dem 5. Platz landen.
Mittlerweile verlagert sich der Erfolg immer mehr nach Deutschland. Mit dem Titel Do You Remember Marianne erreichen sie 1979 in Deutschland in kurzer Zeit Goldstatus, in Österreich bleibt die Aufnahme relativ unbeachtet. Das Duo ist Dauergast in der ZDF-Hitparade und in der Disco mit Ilja Richter. Die ausbleibenden Erfolge in Österreich führen zu Unstimmigkeiten. 1981 trennt sich das Pop-Duo, tritt aber ab 1991 wieder gemeinsam auf und bringt neue CDs heraus.

Jahr	Titel in den Top-50 Single-Charts	DE	UK	US
1974	Das war Hollywood von gestern	26	-	-
1976	My Little World	7	-	-
1976	Meine kleine Welt	23	-	-
1979	Ich denk´ noch oft an Marianne	44	-	-

Wham!

Besetzung:
George Michael (Gesang) * 25.6.1963 in Finchley, GB als Georgios Kyriacos Panagiotou| gestorben am 29.3.2016
Andrew Ridgeley (Gesang) * 26.1.1963 in Windlesham, GB

Fünf Jahre reichen dem Pop-Duo WHAM! zehn Top-10-Hits zu landen und über 25-Millionen Tonträger zu verkaufen.
1981 gründen George Michael und Andrew Ridgeley das Pop-Duo. Zu den kommerziell erfolgreichsten Titeln zählen Wake Me Up Before You Go-Go und der Weihnachtsklassiker Last Christmas, der in der Vorweihnachtszeit eine starke Radio-Resonanz erfährt. Zur Formation zählen auch die Background-sängerinnen Dee C Lee, Pepsi Demacque und Shirlie Holliman, die aber nicht zur offiziellen Besetzung gezählt werden.
Im Frühjahr 1985 gelingt es dem Duo, als erste westliche Band in der Volksrepublik China aufzutreten.
Die meisten Songs von WHAM! schreibt George Michael im Alleingang und veröffentlicht schon während der Wham!-Zeit Soloaufnahmen. Damit legt er den Grundstein für seine erfolg-reiche Solokarriere. Seine erste Soloaufnahme Careless Whi-sper, an deren Komposition auch Ridgeley beteiligt ist, unter-scheidet sich kaum von den Wham!-Songs und kommt in den USA unter WHAM! Featuring GEORGE MICHAEL heraus.
Im Februar 1986 geben Michael und Ridgeley offiziell die Auf-lösung bekannt. Am 28. Juni findet im Londoner Wembley-Sta-dion vor 72.000 Fans das mit "The Final" betitelte Abschieds-konzert statt. In über zweieinhalbstündigen Konzert treten ELTON JOHN und Simon LeBon von DURAN DURAN auf. Das

Konzert gilt als eines der in Großbritannien am schnellsten ausverkauften Konzerte der Musikgeschichte. Innerhalb von drei Minuten sind alle Tickets vergriffen.

Die beiden Musiker sind auch nach dem Ende der Band freundschaftlich verbunden.

Die Solokarrieren der beiden verlaufen recht unterschiedlich. Während die von Ridgeley nie so richtig losgeht, ist die Michael weltweit einer der erfolgreichsten Künstler. Er stirbt 2016 im Alter von 53 Jahren.

Jahr	Titel in den Top-50 Single-Charts	DE	UK	US
1982	Wham! Rap (Enjoy What You Do)	17	8	-
1982	Young Guns (Go For It)	20	3	-
1983	Bad Boys	12	2	-
1983	Club Tropicana	13	4	-
1983	Club Fantastic Megamix	-	15	-
1984	Wake Me Up Before You Go-Go	2	1	1
1984	Freedom	14	1	3
1984	Last Christmas	2	2	11
1984	Everything She Wants	8	-	1
1985	I´m Your man	7	1	3
1986	The Edge Of Heaven	4	1	10
1986	Where Did Your Heart Go	-	-	50

Duos Y

Yazoo (in den USA Yaz)

Besetzung:
Alison Moyet (Gesang) * 18.6.1961 in Billericay, GB
Vince Clarke (Synthesizer) *3 .6.1960 in South Woodford, GB

Hinter dem Synthie-Pop-Duo YAZOO stecken Alison Moyet und Vince Clarke, der seinerzeit in der Band DEPECHE MODE nicht so recht glücklich ist, insbesondere weil Dave Gahan seine Songwriter-Qualitäten nicht sonderlich schätzt.
Nach drei veröffentlichten Singles und dem fast fertigen Debüt-Album Speak And Spell, steigt Clarke am Ende der ersten Europa-Tournee bei DEPECHE MODE aus und gründet mit Alison Moyet das Duo YAZOO, deren Namen Moyet vorschlägt. Es ist der Name eines amerikanischen Blues- und Jazz-Labels. Es ist der Grund, weshalb sie in den USA unter dem Namen Yaz laufen. Clarke und Moyet kennen sich aus der Schulzeit. Zunächst ist nur Only You als gemeinsame Single geplant, aber die künstlerische Zusammenarbeit klappt so gut, dass sie von einer Plattenfirma unter Vertrag genommen werden. Im März 1982 wird die Single veröffentlicht und verkauft sich über 700.000 Mal. Das Stück erreicht in den Charts die vorderen Plätze. 1983 wird der Song von den FLYING PICKETTS gecovert und erreicht in dieser Version Platz eins in England und Deutschland. Auch die Nachfolge-Single von YAZOO – mit dem Titel Don´t Go – erreicht internationale Spitzenplätze.
Kurz nach der Veröffentlichung des zweiten Albums, You And Me Both, löst sich das Duo wegen künstlerischen Differenzen auf.
Vince Clarke gründet danach mit dem Sänger Fergal Sharkey und dem Toningenieur Eric Radcliffe die Formation THE

ASSEMBLY und 1985 gemeinsam mit Andy Bell das Duo ERASURE.

Alison Moyet beginnt 1984 eine überaus erfolgreiche Solokarriere.

Im Frühjahr 2008, 25 Jahre nach Auflösung von YAZOO, gehen Clarke und Moyet auf eine Wiedervereinigungstournee durch Europa und geben auch zwei Konzerte in Deutschland. Gleichzeitig erscheint eine 4-Disc-Box mit remasterten Alben und unveröffentlichten Songs und Interviews.

2010 ist man nochmals auf Tournee und 2011 tritt das Duo auf einem Festival in London auf.

Jahr	Titel in den Top-50 Single-Charts	DE	UK	US
1982	Only You	-	2	-
1982	Don´t Go	4	3	-
1982	The Other Side Of Love	35	13	-
1983	Nobody´s Diary	18	3	-
1990	Situation (Deadline Mix)	36	14	-

Duos **Z**

Zager & Evans

Besetzung:
Danny Zager (Gesang, Gitarre) * 14.2.1944 in Wymore, Nebraska
Rick Evans (Gesang, Gitarre) * 20.1.1943 in Lincoln, Nebraska | gestorben am 17.8.2019

Das Folk-Rock-Duo ZAGER & EVANS besteht zwar nur von 1969 bis 1970, aber ihr Hit In The Year 2525 ist mit über vier Millionen verkauften Tonträgern das erfolgreichste One-Hit-Wonder aller Zeiten. Die Aufnahme steht in etlichen Ländern auf Platz eins. So auch in den USA, Deutschland, England, Kanada und der Schweiz. Beide spielen ab 1961 in dem Quintett ECCENTRICS, das sich 1964 auflöst. 1968 treffen sich die beiden Musiker wieder und beschließen, zukünftig als Duo aufzutreten. Bei diesen Auftritten präsentieren sie dem Publikum ein Stück, das Zager 1964 geschrieben hat. Innerhalb von 30 Minuten hat er den Song In The Year 2525 fertig gestellt. Als sie das Publikumsinteresse an dem Stück erkennen, entschließen sie sich zu einer Plattenaufnahme. Danach erreichen sie nie wieder die Top-100.
Der Titel wird häufig gecovert, wie z.B. von VISAGE, TEN YEARS AFTER oder THE TWINS.

SÄNGERINNEN

Paula Abdul bis Lena Zavaroni

Sängerinnen – **A**

Abdul, Paula Julie (* 19. Juni 1962 in San Fernando, Kalifornien)

In der „Van Nuys Highschool" sammelt PAULA ABDUL erste Erfahrungen als Cheerleaderin und hat mit 16 Jahren ihren ersten Auftritt in der TV-Sendung "Junior High School". Nach der Schulzeit beginnt sie ein Studium für Broadcast Radio And TV am „California State Northridge College".
1984 macht sie Choreografie für das Video Torture der JACKSONS und ist im Anschluss eine gefragte Choreografin für Bühnenshows und Videoclips. Sie arbeitet u. a. für JANET JACKSON und MICK JAGGER. Im Mai 1988 tritt sie erstmals als Sängerin in Erscheinung. Ihre erste Single Knocked Out erreicht Platz 41 der Billboard-Hot-100. Ihre kommerziell erfolgreichste Aufnahme Straight Up kommt im November 1988 auf den Markt. Das wenig später veröffentlichte Album Forever Your Girl verkauft sich weltweit bis heute über 19,5 Millionen Mal. Vier der ausgekoppelten Singles erreichen Platz eins der US-Charts, insgesamt platziert Paula Abdul 13 Lieder in den Hot-100. Zwischen 2002 und 2009 ist sie Jurorin in der Fernsehsendung „American Idol". Seit 2004 bringt PAULA ABDUL ihre Schmuckkollektion unter dem Namen „Innergy" auf den Markt und ist 2007 in ihrer eigenen Reality Sendung mit dem Titel „Hey Paula!" im TV zu sehen. 2009 veröffentlicht sie für ihre MTV-Show „Rah!" den Song Boombox, die Coverversion eines zuvor unveröffentlichten Songs von KYLIE MINOGUE.
Paula Abdul ist zweimal verheiratet, doch ihre Ehen halten nicht lange.

Jahr	Titel in den Top-50 Single-Charts	DE	UK	US
1988	Knocked Out	-	45	41
1988	(It´s Just) The Way That You Love Me	-	-	3
1988	Straight Up	3	3	1
1989	Forever Your Girl	17	24	1
1989	Cold Hearted	38	24	1
1989	Opposites Attract	14	2	1
1990	Knocked Out (Pettibone Remix)	-	21	-
1991	Rush Rush	12	6	1
1991	A Promise Of A New Day	-	-	1
1991	Blowing Kisses In The wind	-	-	6
1992	Vibe Ology	-	19	16
1992	Will You Marry Me	-	-	19
1995	My Love Is For Real	-	28	28

Alice (* 28.09.1954 als Carla Bissi in Forli / Italien)

Die ein wenig introvertierte Künstlerin ALICE sagt über sich selbst: "Ich habe immer gemacht was ich für richtig hielt. Ich erforsche mich, versuche mich zu entdecken, zu entwickeln. Eine Zeit lang sah jeder in mir nur eine attraktive Frau, die am besten mit seichten Songs zu vermarkten ist. Niemand betrachtete mich als ernst zunehmende Sängerin und Komponistin".

Bereits im Alter von 17 Jahren bringt die Sängerin unter ihrem Geburtsnamen BISSI die erste Single heraus, die genauso erfolglos bleibt wie die ersten beiden Alben La mia poca grande età (1975) und Cosa resta un flore (1978). Der Durchbruch gelingt ihr, als sie mit Franco Battatio zusammenarbeitet und unter ihrem Künstlernamen ALICE auftritt.

Mit Per Elisa gewinnt die Sängerin 1981 das Sanremo-Festival und der Titel erreicht in Italien die Spitze der Charts. Die Single geht 500.000 Mal über die Ladentische. Im Zuge der Italo-Welle wird sie im deutschsprachigen Raum und den Benelux-Ländern ein gefragter Star. Den größten Erfolg in Deutschland feiert sie 1982 mit dem Stück Una notta speciale, das bis auf Platz sieben kommt. 1984 singt sie mit Stefan Waggershausen im Duett den Song Zu nah am Feuer, der ebenfalls erfolgreich ist.

Ab 1986 setzt Alice verstärkt eigene Ideen um, wobei die introvertierte Künstlerin mit jedem Album musikalische Aspekte hinzufügt. Sie lässt Folk, New Age, Hip-Hop, Dance, Electro und Rock einfließen und erweitert ihr musikalisches Spektrum kontinuierlich. Ab Ende der 1980er Jahre nimmt zwar der kommerzielle Erfolg ab, aber die musikalische Qualität zu.

Zwischen 2012 und 2016 verzeichnen ihre Alben wieder kommerziellen Erfolg in Italien.

Jahr	Titel in den Top-50 Single-Charts	DE	UK	US
1981	Per Elisa	17	-	-
1982	Una notte speciale	7	-	-
1982	Messagio	24	-	-
1984	Zu nah am Feuer (mit Stefan Waggershausen)	13	-	-

Anderson, Lynn Rene (* 26.9.1947 in Grand Forks, North Dakota | gestorben am 30.7.2015.

Die mit dem Grammy ausgezeichnete Country-Sängerin LYNN ANDERSON landet über 60 Hits in den Country-Charts und zählt neben DOLLY PARTON, LORETA LYNN und TAMMY WYNETTE zu den erfolgreichsten Country-Sängerinnen der 1970er Jahre.

Der größte Wurf gelingt ihr mit dem Crossover-Song Rose Garden, der 1970 weltweit an der Spitze der Charts steht.

Sie kommt schon früh mit der Country-Musik in Berührung, denn ihre Mutter – Liz Anderson – ist eine bekannte Songwriterin. 1966 erscheint ihre erste Single und bis 1969 hat die Sängerin sechs Titel in den Country Charts.

1969 wechselt Anderson zur Plattenfirma Columbia und feiert

kurz darauf, wie schon oben erwähnt, mit dem Stück Rose Garden ihren größten Erfolg. Der Titel Nummer ist drei in den USA und England und in Deutschland steht er sogar für vier Wochen Platz eins. Weitere Erfolge hat sie danach nur noch in den Country-Charts, darunter sind etliche Nummer-eins-Hits.

Ab Mitte der 1970er lässt der Erfolg zwar allmählich nach, aber sie produziert und veröffentlicht weiterhin fleißig Alben. Ihren letzten Chart-Erfolg hat Lynn 1983. Im Duett mit GARY MORRIS singt LYNN ANDERSON den Titel You´re Welcome Tonight, der sie noch einmal in die Top-10 bringt. In den Jahren danach bleibt sie weiterhin der Country-Musik verbunden und bringt regelmäßig Alben auf den Markt.

Nach einem Urlaub in Italien wird die Country-Sängerin mit einer Lungenentzündung in ein Krankenhaus in Nashville eingeliefert. Dort stirbt sie am 30. Juli 2015 an einem Herzinfarkt.

Aneka (* 20. November 1954 in Edinburgh, Schottland als Mary Sandeman)

Aneka - diesen Namen findet eine gewisse Mary Sandeman im Telefonbuch von Edinburgh. Die schottische Sängerin, die normalerweise Lieder in gälisch singt, wagt den Ausflug ins Pop-Geschäft und gewinnt. Mit Perücke und Kimono singt sie vom Japanese Boy und schafft mit diesem Song den Sprung an die Spitze der UK-Charts. In Deutschland kommt dieser Titel auf Platz drei. Mit Ooh Shooby Doo Doo Lang und Little Lady gelingen der Künstlerin noch zwei Hits. Es folgen zwar weitere Singles und ein Album, mit denen die Sängerin aber nicht mehr an die ersten drei Erfolge anknüpfen kann. So sie kehrt zu ihren musikalischen Wurzeln zurück und nennt sich wieder Mary Sandeman.

Jahr	Titel in den Top-50 Single-Charts	DE	UK	US
1981	Japanese Boy	3	1	-
1981	Little Lady	10	-	-
1982	Oooh Shooby Doo Doo Lang	18	-	-

Appleby, Kim (* 28.8.1961 in Stockton-on-Tees, GB)

Gemeinsam mit ihrer Schwester Melanie (siehe Duos – in diesem Buch) bildet sie in den 1980er Jahren das Duo MEL & KIM, das einige Top-10-Erfolge vorweisen kann. Eine Single erreicht sogar Platz eins. Nachdem ihre Schwester im Alter von nur 23 Jahren an einer Krebserkrankung stirbt, macht KIM APPLEBY solo weiter. Das gemeinsam geplante Debüt-Album veröffentlicht sie Ende 1990 alleine und benennt es nach sich selbst. Unterstützt wird sie dabei von ihrem Freund Craig Logan, dem ehemaligen Bassisten von BROS. Die Single-Aus-koppelungen erreichen 1990/1991 hohe Chartplatzierungen und sind international erfolgreich. Im Herbst 1993 folgt das Album Breakaway, aus dem drei Chart-Singles ausgekoppelt werden, aber das Album verkauft sich nicht so gut. Danach folgen über zehn Jahre Pause, die KIM APPLEBY für eine Show bei einem Internetsender nutzt. Außerdem tritt sie als Darstellerin einer TV-Serie auf.

2004 ist Kim auf dem Album 84 von DJ TONKA zu hören. Im Jahr 2007 folgt die Veröffentlichung einer eigenen Single und 2010 tut sie sich mit dem House-Musiker LEYTHAND zusammen und veröffentlicht mit ihm gemeinsam zwei Aufnahmen.

Jahr	Titel in den Top-50 Single-Charts	DE	UK	US
1990	Don´t Worry	8	2	-
1991	G.L.A.D.	19	10	-
1991	Mama	41	19	-
1991	If You Cared	-	44	-
1993	Light Of The World	-	41	-

Armatrading, Joan (* 9. Dezember 1950 in Basseterre, Saint Kitts)

JOAN ARMATRADING wird zwar in der Karibik geboren, zieht aber 1958 mit ihren Eltern von den Westindischen Inseln ins englische Birmingham. Im Alter von 14 Jahren schreibt Joan ihren ersten Song und trifft 1969 auf PAM NESTOR, mit der sie eine Songschreiber- und Bühnenkarriere eingeht. 1974 veröffentlichen die beiden ein von Gus Dudgeon produziertes Album mit dem Titel Whatever´s For Us. Pam ist mit dem Ergebnis nicht zufrieden und beendet die Zusammenarbeit. Joan unterschreibt wenig später einen Solo-Vertrag bei A&M-Records. Love And Affection wird 1976 der erste und einzige Top-10-Hit für die Künstlerin. In der Folgezeit veröffentlicht sie mit Me Myself I (1980) oder Drop The Pilot (1983) mit Erfolg weitere Singles. In der Hauptsache sind es aber ihre Alben, die sich gut verkaufen.

Jahr	Titel in den Top-50 Single-Charts	DE	UK	US
1976	Love And Affection	-	10	-
1980	Rosie	-	49	-
1980	Me Myself I		21	-
1981	I´m Lucky	-	46	-
1981	No Love	-	50	-
1983	Drop The Pilot	-	11	-

Arnold P.P. (* 3. Oktober 1946 in Los Angeles als Patricia Ann Cole)

Schon im Alter von vier Jahren beginnt P.P. ARNOLD zu singen und ist mit dem Trio THE IKETTES u.a. die Backing-Group von IKE & TINA TURNER. Die drei Sängerinnen touren zunächst durch die USA und kommen 1966 nach England, wo sie einen Auftritt mit den ROLLING STONES absolvieren. Mick Jagger ist so begeistert von der Sängerin, dass er ihr einen Plattenvertrag beschafft und sie zusammen mit Rolling-Stones-Manager Andrew Oldham und Mike Hurst produziert. Die erste Single ist die Cat-Stevens-Nummer The First Cut Is The Deepest. Steve Marriott und Ronnie Lane von den SMALL FACES schreiben Songs für Arnold - sie ist im Gegenzug im Background von Tin Soldier zu hören. Sie tourt mit Größen wie: JIMI HENDRIX, THE WHO, THE KINKS, DAVID BOWIE und BLIND FACE. Ihr größter Hit wird 1968 Angel Of The Morning, ein Song, der später oft gecovert wird. In den 1970ern kehrt die Sängerin in die USA zurück, arbeitet mit Barry Gibb von den BEE GEES zusammen und ist in verschiedenen Musicals zu sehen. So spielt P.P. ARNOLD 1970 neben P. J. PROBY in dem Rock-Musical Catch A Fire.

Jahr	Titel in den Top-50 Single-Charts	DE	UK	US
1967	The First Cut Is The Deepest	-	18	-
1967	The Time Has Come	-	47	-
1968	(If You Think You´re) Groovy		41	-
1968	Angel Of The Morning	-	29	-
1988	Burn It Up (& The Beatmasters)	-	14	-

Sängerinnen – **B**

Baez, Joan (* 9. Januar 1941 als Joan Chandos Báez in Staten Island, New York City)

JOAN BAEZ, die US-amerikanische Folk-Sängerin mit mexikanischen Wurzeln, ist für ihre starke, klare Sopran-Stimme und ihr politisches Engagement bekannt ist. Sie wird als "das Gewissen und die Stimme der 1960er" bezeichnet.
Joan schreibt sich zwar an der Boston University ein, konzentriert sich aber bald nur auf ihre Gesangskarriere. Diese beginnt 1959 mit einigen Auftritten im Club 47, einem Folk-Club in Cambridge, der Hochburg des US-amerikanischen Folk-Revivals. Ebenfalls 1959, erreicht sie auf dem renommierten „Newport Folk Festival" erstmals ein größeres Publikum.
Ihre erste Solo-LP erscheint 1960 unter dem Titel Joan Baez bei Vanguard Records. Das Nachfolgealbum Joan Baez Vol. 2 (1961) erhält in den USA Goldstatus, genauso wie beide Teile von Joan Baez In Concert von 1962. 1961 geht sie außerdem auf eine USA-Tournee und lernt dabei BOB DYLAN kennen, der im Vorprogramm von JOHN LEE HOOKER auftritt. Sie beginnt seine Songs zu interpretieren und stellt Bob ihrem Publikum vor. Eine Liebesbeziehung der beiden lässt nicht lange auf sich warten.
In der ersten Hälfte der 1960er steht sie mit an der Spitze der Folkbewegung. Bereits zu dieser Zeit beeinflusst ihr Stil Künstlerinnen wie JONI MITCHELL, BONNIE RAITT und JUDY COLLINS.

1969 tritt sie auf dem Woodstock-Festival auf. Die zu diesem Zeitpunkt schwangere Sängerin nutzt dieses große Forum, um die Missstände in der Welt anzuprangern.

1971 covert sie The Night They Drove Old Dixie Down von THE BAND, die damit einen Top-10-Hit in den USA haben.

1975/76 folgt mit der „Rolling Thunder Revue" ihre zweite Tournee mit BOB DYLAN. Außerdem spielt sie 1978 in seinem Film „Renaldo And Clara" mit.

2003 erscheint ihr bisher letztes Album Dark Chords On A Big Guitar, gefolgt von einer US-Tournee 2004 und einer weiteren 2005. Im März und April 2006 tourt Joan durch mehrere Städte Deutschlands.

2010 zeigt sich Baez in der Öffentlichkeit kritisch gegenüber dem neuen verschärften Einwanderungsgesetz für Mexikaner im US-Bundesstaat Arizona und nutzt dazu Konzertauftritte in ihrer Heimat, so im Juli 2010 in Salt Lake City.

Jahr	Titel in den Top-50 Single-Charts	DE	UK	US
1963	We Shall Overcome	-	26	10
1965	There But For Fortune	-	8	50
1965	It´s All Over Now, Baby Blue	-	22	-
1965	Fare Well Angelina	-	35	-
1966	Pack Up Your Sorrows	-	50	-
1971	The Night They Drove Old Dixie Down	-	6	3
1971	Let It Be	-	-	49
1975	Diamonds And Rust	-	-	35

Barry, Claudja (* 1952 auf Jamaika)

CLAUDJA BARRY verlässt ihre Heimat Jamaika als kleines Kind und zieht mit ihren Eltern nach Toronto, Kanada und wächst auch dort auf. In den frühen 1970er Jahren zieht die Künstlerin nach Berlin, um in dem Musical „Hair" mitzuspielen. Kurzzeitig gehört sie zur frühen Besetzung von BONEY M., um deren Debüt-Single Baby Do You Wanna Bump auf der Bühne zu präsentieren. Barry darf nur tanzen und die Lippen zum Play-back bewegen. Sie sieht deshalb bei dieser Gruppe keine Zukunft und verlässt die Formation nach sechs Monaten. Der Produzent Jürgen S. Korduletsch nimmt Claudja daraufhin als Solistin unter seine Fittiche und auch privat werden die beiden ein Paar. Ihr größter Hit ist (Boogie Woogie) Dancin' Shoes (1979). Trotz dieses Erfolges gelingt ihr nicht der Durchbruch im Mainstream. Ihre Erfolge beschränken sich hauptsächlich auf Disco- und Dance-Hitlisten.

Es folgen kleinere Hits wie Down By The Water (1979), You Make Me Feel The Fire (1980) und Radio Action (1981).

Darüber hinaus lässt sich die Sängerin 1983 erotisch im deut-schen Playboy ablichten.

2006 gelingt Barry ein überraschendes Comeback: I Will Stand bringt sie zurück in die Dance-Charts.

2013 macht CLAUDJA BARRY nochmals auf sich aufmerksam. Sie präsentiert ihre erste Dokumentation, die sie thematisch zurück in ihr Geburtsland führt. Mit Losing Paradise And Music setzt sich mit dem Dancehall-Genre und seinem (negativen) Einfluss auf die jamaikanische Gesellschaft auseinander.

Bassey, Shirley, DBE (* 8.1.1937 in Cardiff, Wales)

SHIRLEY BASSEY gehört zweifelsohne zu den außergewöhn-lichsten Stimmen im Showbusiness. Auch nach über 50 Jahren auf der Bühne hat sie nichts von ihrer Ausstrahlung und ihrem weltweiten Ruhm verloren. Insbesondere drei Titelsongs aus den James Bond Filmen – darunter Goldfinger - machen sie berühmt. Viele ihrer Songs erinnern an die goldenen 1920er Jahre.

Bereits in den 1950ern ist sie Stammgast in einer englischen Fernsehshow und zieht in den 1960ern nach Las Vegas.

Eine besondere Ehre wird ihr 1977 zuteil. Sie erhält einen Brit-Award als beste Solistin der letzten 50 Jahre. SHIRLEY BASSEY ruht sich aber nicht auf ihren Lorbeeren aus, sondern ist weiterhin in den Charts und auf der Bühne präsent. Nicht zu Unrecht wird sie von der britischen Königin Queen Elisabeth 1999 in den Adelsstand erhoben.

Mit dem 2009 erscheinenden Studio-Album The Performance wagt sie ein im Nachhinein gelungenes Projekt. Als Song- und

Textschreiber fungieren Künstler aus unterschiedlichsten Musikarten wie PET SHOP BOYS, KAISER CHIEFS oder MANIC STREET PREACHERS. Heraus kommt ein Album, das aus vielen Stilrichtungen besteht, und die Bereiche Pop, Easy-Listening bis Rock abdeckt. Nichts wirkt imitiert, denn alles ist im ureigenen Shirley-Bassey-Stil.

Nach über 60 Jahren Musik-Buisiness hat sich die Sängerin eines bewahrt: Ihren eigenen und unverwechselbaren Stil. Eine wahrlich einmalige Stimme, auf die das Wort Weltstar wirklich zutrifft.

Jahr	Titel in den Top-50 Single-Charts	DE	UK	US
1957	The Banana Boat Song	-	8	-
1957	Fire Down Below	-	30	-
1957	You You Romeo	-	29	-
1958	As I Love You	-	1	-
1959	Kiss Me Honey Kiss Me	-	3	-
1960	With These Hands	-	38	-
1960	As long As he Needs Me	-	2	-
1961	You´ll Never Know	-	6	-
1961	Reach For the Stars/Climb Ev´ry Mountain	-	1	-
1961	I´ll Get By	-	10	-
1962	Tonight	-	21	-
1962	Ave Maria	-	31	-
1962	Far Away	-	24	-
1962	What Now My Love?	-	5	-
1963	What Kind Of Fool am I	-	47	-
1963	I (Who Have Nothing)	-	6	-
1964	My Special Dream	-	32	-
1964	Gone	-	36	-
1965	Goldfinger	8	21	8

Jahr	Fortsetzung – Shirley Bassey	DE	UK	US
1965	No Regrets	-	39	-
1967	Big Spender	-	21	-
1970	Something	40	4	-
1971	The Fool On The Hill	-	48	-
1971	(Where do I Begin) Love Story	-	39	-
1972	For All We Know	-	6	-
1972	Diamonds Are Forever	-	38	-
1973	Never, Never, Never	48	8	48
1987	The Rhythm Devine	47	-	-
1999	World in Union	-	35	-
2007	The Living Tree	-	37	-
2007	Get The Party Started	-	47	-

Beck, Robin (* 7.11.1954 in Brooklyn, New York

Die Tochter von jüdischen Einwanderern wird zwar in Brooklyn geboren, zieht aber in jungen Jahren nach Daytona Beach in Florida. Dort wird ROBIN BECK als Musikerin entdeckt und versucht sich in diversen Bands der Gegend. Die Singles verkaufen sich am Anfang nicht so besonders gut, aber mit ihrem ersten Album Sweet Talk erzielt sie zumindest einen Achtungserfolg. Die LP ist heute eine Sammler-Rarität. Danach ist Beck zunächst als Backgroundsängerin sehr gefragt und ist bei Stücken von HUMBLE PIE, MELISSA MANCHESTER, LEO SAYER, DAVID BOWIE und CHAKA KHAN zu hören.
1988 bekommt Sie das Angebot einen Song für einen Werbespot einer Cola-Marke einzusingen. Das Lied First Time schlägt so bombastisch ein, dass man sich entschließt, das Stück als Single herauszubringen. Die Aufnahme bedeutet den Durchbruch und wird gleichzeitig zu ihrem größten Erfolg. Das Lied klettert in Deutschland, Großbritannien, der Schweiz und den

Niederlanden auf Platz eins. In den USA floppt der Titel, ebenso wie die Nachfolgesingles Save Up All Your Tears und Tears In The Rain. Zudem bleibt sie in den Staaten weitestgehend unbekannt, im Gegensatz zu Europa.

Fakt ist, dass Beck nie so richtig an ihren großen Hit First Time anknüpfen kann. Es vergehen einige Jahre, bis sie 1992 ihr drittes Album Human Instinct herausbringt. Die ausgekoppelte Single My Heart To Stay, schafft es in den deutschen Charts lediglich auf Position 55. Close To You ist die bislang letzte Aufnahme in den Charts und erreicht nur in Deutschland einen bescheidenen 79. Platz. Es erscheinen zwar in den folgenden Jahren Singles von der Sängerin, die aber weitestgehend an der öffentlichen Wahrnehmung vorbei gehen. Die Alben, die ROBIN BECK von 2004 bis 2009 aufnimmt, floppen. Erst das 2011 erscheinende Album The Great Escape, das u. a. ein Duett mit JOE LYNN TURNER und mit ihrem Ehemann JAMES CHRISTIAN enthält, der das Album auch produziert hat, findet wieder Beachtung in der Musikpresse.

Jahr	Titel in den Top-50 Single-Charts	DE	UK	US
1979	Sweet Talk	-	-	31
1988	First Time	1	1	-
1989	Save Up All Your Tears	10	-	-
1989	Tears In The Rain	22	-	-
2006	First Time	-	9	-

Benatar, Pat (* 10. Januar 1953 als Patricia Mae Andrzejewski in Greenpoint, New York City)

Zunächst studiert PAT BENATAR wie ihre Mutter Operngesang. Als sie 1979 ihre erste Platte veröffentlicht, wird sie von ihrer Plattenfirma als "die neue Rocksängerin" bezeichnet. Als ihre Idole gibt sie Robert Plant (LED ZEPPELIN), Roger Daltry (THE WHO) und Paul Rogers (FREE) an. Zu ihren Rock-Requisiten gehören Lederjacke und Stilettos. Der Grundsatz von Pat: "Jeder Song muss meiner Philosophie entsprechen, sonst kann ich damit nichts anfangen". Für ihr Debütalbum schreiben Chinn/Chapman die Songs. Crimes Of Passion bringt der

Sängerin 1980 einen Grammy für das beste Album des Jahres ein. Mit Hit Me With Your Best Shot (1980), Love Is A Batterfield (1983), We Belong (1984) und Invinsible (1985) ist die Sängerin viermal in der Top-10 vertreten. In dem Film „Union City" sieht man sie als Schauspielerin und 1989 spielt Pat in der ABC-TV-Serie Torn Between Two Fathers eine Hauptrolle. 1990 zieht die Künstlerin Bilanz: Mehr als 30-Millionen verkaufte Platten, alle neun LPs vergoldet und sieben davon mit Platin ausgezeichnet.

PAT BENATAR tourt bis heute durch die Vereinigten Staaten und bringt 2003 das Album GO heraus.

Jahr	Titel in den Top-50 Single-Charts	DE	UK	US
1979	Heartbreaker	-	-	23
1980	We Live For Love	-	-	27
1980	You Better Run	-	-	42
1980	Hit Me With Your Best Shot	-		9
1981	Treat Me Right	-	-	18
1981	Fire And Ice	-	-	17
1981	Promises in The Dark	-	-	38
1982	Shadows Of The Night	-	50	13
1983	Little Too Late	-	-	20
1983	Looking For A Stranger	-	-	39
1983	Love Is A Batterfield	3	17	5
1984	We Belong	9	22	5
1985	Ooh Ooh Song	-	-	36
1985	Invincible	31	-	10
1985	Sex As A Weapon	-	-	28
1988	All Fired Up	-	19	-19
1988	Don´t walk Away	-	42	-
1993	Somebody´s Baby	-	48	-

Bianco, Bonnie (* 19.8.1963 in Greensburg, Pennsylvania als Lory Lynn Bianco)

Kleine Person, aber gewaltige Stimme trifft auf die Sängerin, Songwriterin und Schauspielerin BONNIE BIANCO zu.
Gemeinsam mit ihrer Schwester Holly Ann sammelt sie erste Erfahrungen im Showgeschäft und startet Anfang der 1980er ihre Solokarriere und wird von den Produzenten Guido und Maurizio de Angelis – als OLIVER ONIONS – bekannt, entdeckt.
Als Anordnung – sehr zu ihrem Leidwesen – muss sie den Künstlernamen BONNIE BIANCO annehmen.
Ihr Debüt-Album erscheint 1983 in Deutschland und Italien. Im selben Jahr bietet man ihr die Hauptrolle in dem TV-Mehrteiler "Cinderella´80" an. Der dazugehörige Soundtrack sorgt für den langersehnten Durchbruch für die Künstlerin. Da sie italienische Wurzeln hat, nimmt sie auf dem Nachfolgealbum Un America a Roma, auch einige Stücke in Italienisch auf. Nebenher ist sie Stammgast in der Cabarett-Show "Al paradise".
Als 1985 der Vertrag mit den de Angelis-Brüdern ausläuft, macht Bianco sich auf die Suche nach einem neuen Team.
1987 wird Cinderella im deutschen TV ausgestrahlt und löst einen regelrechten Bonnie-Bianco-Hype aus. Die Single Stay, im Duett mit PIERRE COSSO, ist innerhalb kürzester Zeit an der Spitze der deutschen Charts. Mit der Aufnahme Miss You So landet sie im selben Jahr einen weiteren Top-10-Erfolg in Deutschland und in Österreich. Ihre letzte Single-Chart-Notierung, A Cry In The Night, kommt zwar in Österreich bis auf Platz eins, in Deutschland aber nur bis Position 41.
In den 1990er Jahren bestehen die Veröffentlichungen nur aus altem Songmaterial. 1997 nimmt Bianco das Stück Send A Sing To My Heart im Duett mit CHRIS NORMAN auf. Anders als geplant erscheint die Aufnahme nicht als Single, sondern nur auf einem Album von Norman. So gründet sie Ende der 1990er Jahre ihr eigenes Plattenlabel und veröffentlicht dort 2001 das erste selbst geschriebene und produzierte Album On My Own, But Never Alone...
Unter dem alten Namen BONNIE BIANCO erscheint 2007 eine Doppel-CD mit den größten Erfolgen, einem unveröffentlichten Titel, Remixen und in spanisch gesungenen Songs. Im Oktober

2012 kommt die selbst verlegte CD Jesus Paid It All mit christlicher Musik auf den Markt.

Jahr	Titel in den Top-50 Single-Charts	DE	UK	US
1987	Stay (mit Pierre Cosso)	1	-	-
1987	Miss You So	9	-	-
1989	A Cry In The Night	41	-	-

Black, Cilla (* 27.5.1943 in Liverpool, GB als Priscilla Maria Veronica White | gestorben am 1.8.2015)

Am Anfang von CILLA BLACK steht die Geschichte vom Garderobenmädchen zum Star. Sie nimmt die Oberbekleidung der Gäste im berühmten „Cavern Club" in Liverpool - der Stadt aus der die Beatles kommen und der Wiege des Mersey-Beats - in Empfang und wird dort später selbst zum Star. Im Juli 1961 soll sie mit dem Jazzer KENNY BALL zusammen auftreten, bekommt kalte Füße und sagt den Auftritt ab. Brian Epstein, der Manager der Beatles, erkennt ihr Talent und managt sie. Ihre erste Aufnahme 1963 mit dem Titel Love On The Loved, eine Lennon/McCartney Komposition, wird noch nicht der große Hit. Ein Jahr später ist Cilla zum ersten Mal in den Top-10. Im Februar 1964 steht sie mit dem Dione-Wawrick-Titel Anyone Who Had A Heart an der Spitze der UK-Charts und drei Monate später gelingt ihr mit You´re My World das gleiche ein zweites Mal. Bis 1971 ist die Sängerin weitere zehn Mal unter den Top-10, was zu der Zeit nur wenigen Interpretinnen gelingt. Die Sängerin stirbt am 1. August 2015 in ihrem Ferienhaus in Spanien.

Am 16. Januar 2017 wird eine Bronzestatue von Cilla Black in Liverpool enthüllt. Die etwa zwei Meter große Statue steht in der Matthew Street, wo sich der originale Eingang zum „Cavern Club" befand. Gestiftet wird die Statue von den drei Söhnen der Sängerin.

Jahr	Titel in den Top-50 Single-Charts	DE	UK	US
1963	Love Of The Loved	-	35	-
1964	Anyone Who Had A Heart	37	1	-
1964	You´re My World	-	1	26
1964	It´s For You	-	7	-
1965	You´ve Lost That Lovin´ Felin´	-	2	-
1966	Love´s Just A Broken Heart	-	5	-
1966	Alfie	-	5	-
1966	A Fool Am I	-	13	-
1967	What Good Am I	-	24	-
1967	I Only Live To Love You	-	26	-
1968	Step Inside Love	-	8	-
1968	Where Is Tomorrow	-	39	-
1969	Surround Yourself With Sorrow	-	3	-
1969	Conversations	-	7	-
1969	If I Tought You´d Ever Change Your Mind	-	3	-
1971	Something Tells Me	-	3	-
1974	Baby We Can´t Go Wrong	-	36	-
2014	Anyone Who Had A Heart	-	41	-

Boone, Debbie (* 22.9.1956 in Hackensack, New Jersey als Dabroah Ann Boone)

Berühmte Eltern zu haben kann auf dem Weg zur Karriere Fluch oder Segen sein. Für die Sängerin, Film-, Fernseh- und Theater-Schauspielerin hat es keine Rolle gespielt. DEBBIE BOONE ist die Tochter des bekannten Sängers PAT BOONE und hat 1977 mit You Light Up My Life in den USA ihren einzigen Nummer-eins-Hit. Für ihre Version des Songs erhält sie 1978 einen "Grammy" als Best New Artist. Das Stück verkauft sich über fünf Millionen Mal und ist zehn Wochen lang auf dem ersten Platz der US-Pop-Charts.

In den 1980er Jahren ändert Debbie ihren Musikstil Richtung Country-Music und christliche Musik. In den Country-Charts landet die Künstlerin etliche Hits.

Jahr	Titel in den Top-50 Single-Charts	DE	UK	US
1977	You Light Up My Life	-	48	1
1978	California	-	-	50

Boyer, Jaqueline (* 23.4.1941 in Paris, Frankreich als Eliane Ducos)
Ähnlich wie bei DEBBIE BOONE, steht auch bei JAQUELINE BOYER berühmte Eltern nicht im Weg. Ihre Mutter ist die in Frankreich große Sängerin Lucienne Boyer, ihr Vater René Ducos, ebenfalls ein bekannter Sänger, ist nach der Scheidung von ihrer Mutter einige Jahre mit EDITH PIAF verheiratet.
Der Durchbruch gelingt Jaqueline 1960, als sie mit dem Lied Tom Pilibi den Eurovision Song Contest gewinnt. In Deutschland erlangt die Chanson-Sängerin große Bekanntheit, weil sie viele ihrer Hits auch in Deutsch singt.
Der Grand-Prix-Sieg öffnet ihr die Türen in den USA. Sie tritt in verschiedenen Fernsehshows bei PAT BOONE, ED SULLIVAN und PERRY COMO auf.
Zurück in Europa geht die Künstlerin mit JAQUES BREL und GEORGENS BRASSENS auf Tournee. In Deutschland feiert die Sängerin 1963 ihren größten Schlagererfolg. Der Titel Mitsou, geschrieben von CHRISTIAN BRUHN, kommt bis auf Platz acht.
Ein schwerer Autounfall, den sie 1966 erleidet, stoppt zunächst ihre Karriere. Erst 1968 ist Boyer wieder zurück und hat bis 1969 vier weitere Charterfolge. In Frankreich folgen Auftritte im Pariser Olympia mit CHARLES TRENET und CHARLES AZNA-VOUR. Auch nach Deutschland, ins Londoner Palladium, Japan und New York führen diese Auftritte. Sie amerikanisiert ihre Show engagiert ein neues Musiker-Team und ändert ihren Namen in BARBARA BENTON. Unter diesem Pseudonym nimmt sie mehrere Platten auf.
Nach vielen Jahren kehrt sie nach Frankreich zurück und nimmt wieder ihren alten Namen an. In Erinnerung an ihre Mutter stellt sie eine Show mit dem Titel Parlez-moi d´amour auf die

Beine. Es ist der Titel eines Liedes, der ihre Mutter einst berühmt gemacht hat. Sie geht mit der Show in Kanada und anschließend in Frankreich auf Tour.

Jahr	Titel in den Top-50 Single-Charts	DE	UK	US
1960	Tom Pilibi	21	33	-
1960	Grüß´ mir die Liebe	43	-	-
1963	Mitsou	8	-	-
1968	Oh, chérie, je t´aime	34	-	-
1968	Mein Herz sagt oui	36	-	-
1969	Mucho amore	10-	-	-
1969	Very Good Cést si bon	34	-	-

Branigan, Laura (* 3.7.1952 in Brewster, New York | gestorben am 26.8.2004)

Die Sängerin, Songwriterin und Schauspielerin LAURA BRANIGAN feiert musikalisch in den 1980ern ihre größten Erfolge. Mit den Titeln Gloria und Self Control ist sie auf den vorderen Plätzen der Charts.
Mitte der 1970er studiert sie an New Yorker „American Academy Of Arts" und singt für kurze Zeit in der Folk-Band MEADOW. Ende der 1970er ist sie Backgroundsängerin für LEONHARD COHEN. Danach startet sie ihre Solo-Karriere und arbeitet mit Jack White zusammen. Der Titel Gloria – im Original von dem Italiener UMBERTO TOZZI – wird ihr erster großer Erfolg. Das Stück stammt von dem Italiener RAF. LAURA BRANIGAN singt 1994 im Duett mit DAVID HASSELHOFF für die US-Fernseh-Serie „Baywatch".
Nebenher ist sie als Schauspielerin und Musical-Darstellerin ebenfalls erfolgreich.
Nach dem Tod ihres Mannes 1996, zieht sie sich bis 1999 fast vollständig aus dem Musikgeschäft zurück.
Sie stirbt am 26. August 2004 infolge eines gerissenen Aneurysmas an einer Hirnblutung.

Jahr	Titel in den Top-50 Single-Charts	DE	UK	US
1982	Gloria	-	6	2
1983	Solitaire	-	-	7
1983	How Am I Supposed To Live Without You	-	-	12
1984	Self Control	1	5	4
1984	The Lucky One	33	-	20
1985	Spanish Eddie	36	-	40
1987	Shattered Glass	43	-	48
1987	Power Of Love	-	-	26

Brightman, Sarah (* 14.8.1960 in Berkhamsted, GB)

Bereits im Alter von drei Jahren beginnt die britische Sängerin und Schauspielerin SARAH BRIGHTMAN mit dem Ballettunterricht. 1984 heiratet die ausgebildete Sopranistin den Musical-Komponisten ANDREW LLOYD WEBBER. In der Erstaufführung vom Webbers Musical „Phantom der Oper" im Jahr 1986 singt Sarah die Rolle der Christine Daaé.
Ein weiterer Höhepunkt ihrer Karriere ist das Duett mit ANDREA BOCELLI. Das Stück Time To Say Goodbye entwickelt sich zum Top-Hit und steht 1997 in England auf dem zweiten Platz der UK-Charts. 2008 singt sie im Duett mit KISS-Sänger PAUL STANLEY I Will Be With You.
Das gesangliche und musikalische Werk von Sarah zeichnet sich durch große Vielfalt der Stilrichtungen aus. Es umfasst hauptsächlich Crossover und Classical-Pop. So ist sie beispielsweise als Sängerin der Gruppe GREGORIAN zu hören, die Pop- und Rockmusik im gregorianischen Stil machen.

Jahr	Titel in den Top-50 Single-Charts	DE	UK	US
1978	I Lost My Heart To A Starship Trouper	26	6	-
1985	Pie Jesu	-	3	-
1986	Phantom Of The Opera	-	7	-
1986	All I Ask Of You (mit Cliff Richard)	-	3	-

Jahr	Fortsetzung – Sarah Brightman	DE	UK	US
1986	The Music Of The Night (mit M. Craford)	-	7	-
1992	Amigos para Siempre	-	11	-
1995	A Question	15	-	-
1996	Time To Say Goodbye (mit A. Bocelli)	1	2	-
1997	Who Wants To Live Forever	-	45	-

Brooks, Elkie (* 25.2.1945 in Salford, GB als Elaine Bookbinder)

Die britische Sängerin ELKIE BROOKS ist zunächst Mitglied in der R&B-Gruppe VINEGAR JOE, bevor sie eine Solo-Karriere startet. Ihre Solo-Charterfolge beschränken sich fast ausschließlich auf Großbritannien.
Ihr Debüt gibt 1964 mit dem Etta-James-Titel Something´s Got A Hold On Me.
Den größten Teil der 1960er Jahre verbringt sie in der Jazz-Szene und tritt der kurzlebigen Jazz-Rock-Band DADA bei, in der ihr späterer Ehemann PETE GAGE spielt. Gemeinsam mit ihm und ROBERT PALMER gründet Brooks wenig später VINIGAR JOE. Nach drei Alben kommt es 1974 zur Auflösung der Band.
Das Solo-Debüt-Album Rich Man´s Woman von 1975 wird zwar von den Kritikern gelobt, ist aber kommerziell kein Erfolg. Der gelingt erst mit dem Nachfolgealbum Two Days Away, produziert von Jerry Leiber/Mike Stoller. Es folgen weitere Hit-Alben. Auch ihre Singles verkaufen sich, zumindest in Großbritannien, ebenfalls recht gut. Elkie Brooks ist über die Jahre eine gefragte Live-Interpretin. 1994 kehrt sie mit Nothin´ But The Blues noch einmal zu ihren musikalischen Wurzeln zurück.

Jahr	Titel in den Top-50 Single-Charts	DE	UK	US
1977	Pearl´s A Singer	-	8	-
1977	Sunshine After The Rain	-	10	-
1978	Lilac Wine	-	16	-

Jahr	Fortsetzung – Elkie Brooks	DE	UK	US
1978	Only Love Can Break Your Heart	-	43	-
1978	Don´t Cry Loud	-	12	-
1979	The Runaway	-	50	-
1981	Fool If You Think It´s Over	-	17	-
1982	Nights in White Satin	-	33	-
1982	Our Love	-	43	-
1986	No More Fool	-	5	-

Bush, Kate, CBE (* 30.7.1958 in Bexleyheath, GB als Catherine Bush)

KATE BUSH ist eine vielseitige Künstlerin. Sie ist Sängerin, Pianistin, Songwriterin und Musikproduzentin. Ihre größten Hits sind Wuthering Heights, Babooshka und Running Up That Hill.
Ihre Musik, die Einflüsse aus klassischer Musik, Artrock, Glam und Jazz besteht, hat außerdem irisch-keltische Quellen. Ihre Werke in den 1980er Jahren, werden der damaligen New-Wave-Welle und New-Romantik zugeordnet.
Kate Bush schreibt ihre Songs selbst und spielt außer Piano, Violine und Gitarre, Didgeridoo, Balalaika und Clavichord.
Im Jahr 1966 fängt sie an, Klavier zu spielen, und nimmt ab 1969 Geigenunterricht und Gesangsstunden. Ab 1970 verfasst Kate ihre ersten Gedichte, von denen eines, viele Jahre später, zur Hit-Single The Man With The Child In His Eyes wird.
Ihr älterer Bruder John macht Kate mit dem Pink-Floyd-Gitarristen DAVID GILMOUR bekannt, der ihr Talent erkennt und sie fördert. Ab 1977 sammelt sie erste Bühnenerfahrung mit Coversongs in kleinen Pubs. Ein Jahr später ist es dann soweit. Die Promo-Aufnahme von Wuthring Heights wird an die Radio-Stationen verteilt und der Erfolg stellt sich ein. Am 20. Januar 1978 erscheint die Single und am 17. Februar das Album. Sie tritt in der beliebten britischen TV-Sendung "Top Of The Pops" auf und die Single steht am 7. März 1978 auf Platz eins der UK- Charts.
Bis 2012 ist Kate Bush in den Hitparaden präsent.

Am 21. März 2014 kündigt sie auf ihrer Homepage ihre erste Konzertreihe seit 1979 an. Von August bis Oktober 2014 finden in London 22 Konzerte mit dem Titel Before The Dawn statt. Diese sind innerhalb von 15 Minuten ausverkauft.

Im November 2016 wird ein Mitschnitt der Auftritte veröffentlicht. Kate Bush lebt heute mit ihrem Partner, dem Gitarristen Danny McIntosh und dem gemeinsamen Sohn Albert in der Nähe von London.

Jahr	Titel in den Top-50 Single-Charts	DE	UK	US
1978	Wuthring Heights	11	1	-
1978	The Man With The Child In His Eyes	-	6	-
1978	Hammer Horror	-	14	-
1979	Wow	-	43	-
1980	Breathing	-	16	-
1980	Babooshka	14	5	-
1980	Army Dreamers	-	16	-
1980	December Will Be Magic Again	-	29	-
1981	Sat In Your Lap	-	11	-
1982	The Dreaming	-	48	-
1985	Running Up That Hill	3	3	-
1985	Cloudbusting	20	20	-
1986	Hounds Of Love	-	18	-
1986	The Big Sky	-	37	-
1986	Experiment IV	50	23	-
1989	The Sensual World	29	12	-
1989	This Woman´s World	-	25	-
1990	Love And Anger	-	38	-
1991	Rocket Man	36	12	-
1993	Rubberband Girl	-	12	-
1993	Moments Of Plesure	-	26	-

Jahr	Fortsetzung – Kate Bush	DE	UK	US
1994	The Red Shoes	-	21	-
1994	The Man I Love (feat. Larry Adler)	-	27	-
1994	And So Is LOve	-	26	-
2005	King Of The Mountain	42	4	-
2012	Running Up This Hill – 2012 Remix	-	6	-

Sängerinnen – C

Cara, Irene (* 18.03.1959 in New York City, New York, als Irene T. Escalera)

IRENE CARA kommt über die Schauspielerei zum Erfolg als Sängerin. Als Kind tritt sie im spanischsprachigen Radio und Fernsehen auf. Im Alter von acht Jahren spielt Irene im Brodway-Musical „Maggy Flynn" und mit zehn singt sie zusammen mit ROBERTA FLACK und SAMMY DAVIS JR. zu Ehren von DUKE ELLINGTON. Verstärkt im TV zu sehen ist Irene ab ihrem 16. Lebensjahr.

Der endgültige Durchbruch gelingt ihr mit ihrer Rolle in dem Spielfilm "Fame – der Weg zum Ruhm". Sie singt außerdem das Titellied, das im Juli 1982 in den UK-Charts auf Position eins steht und in den US-Amerikanischen Billboard-Charts bis auf den vierten Platz klettert. Ähnlich erfolgreich ist Cara 1983 mit Flashdance... What A Feeling, dem Titelsong des Spielfilms „Flashdance".

Nach 1983 kommt es zu Schwierigkeiten mit ihrer Plattenfirma, was zur Folge hat, dass Cara ihre Gesangskarriere erst 1987 fortsetzen kann.

2001 kehrt sie als Gast von DJ BOBO mit What A Feeling zurück in die Charts.

Mitte 2005 ist die Künstlerin mit ihrer Band HOT CARAMEL an der dritten Staffel der US-TV-Serie "Hit Me Baby One More Time" beteiligt. Sie stellt noch einmal Flashdance... What A Feeling vor und gewinnt.

Jahr	Titel in den Top-50 Single-Charts	DE	UK	US
1980	Fame	-	1	4
1980	Out Here On My Own	-	-	19

Jahr	Fortsetzung – Irene Cara	DE	UK	US
1981	Anyone Can See	-	-	42
1983	Flashdance... What A Feeling	3	2	1
1983	Why Me	17	-	13
1983	The Dream (Hold On Your Dream)	-	-	37
1984	Breakdance	-	-	8
2001	What A Feeling (mit DJ Bobo)	3	-	-

Carey, Mariah (* 27. März 1970 in Huntington, Long Island, New York)

Schon als Zweijährige soll MARIAH CAREY, so die Legende, ihrer Mutter, einer Opernsängerin, bei Textproblemen auf die Sprünge geholfen haben. Kein Wunder, dass aus der kleinen Mariah eine der erfolgreichsten Sängerinnen der Gegenwart geworden ist. 19 Nummer-eins-Hits in den USA, mehr als 200 Millionen verkaufte Tonträger und fünf Grammys dokumentieren den Erfolg. Ihre musikalische Spannbreite umfasst Pop-, Hip-Hop und R&B. Sie ist außerdem Songschreiberin, Produzentin und Schauspielerin.

Schon früh gibt es von der Mutter Gesangsunterricht. Während ihrer Schulzeit, die sie mit 16 beendet, versucht sich Mariah als Backgroundsängerin. Sie jobbt kurzzeitig als Kellnerin und schreibt mit einem Freund ihres Bruders die ersten Songs. Sie verschicken davon Demobänder, von denen ein Tape beim Columbia-Manager Jimmy Mottola landet. Er ist von der wandlungsfähigen und technischen Stimme derart begeistert, dass er ab 1988 die Karrie von Mariah Carey in die Hand nimmt.

Mottola stellt ihr drei Produzenten an die Seite und schickt sie für ein Jahr ins Studio. Anschließend folgt ein Auftritt vor dem Kongress der US-Schallplattenhändler und diverse TV-Auftritte. Der kalkulierte Erfolg setzt ein.

Die ersten drei Singles landen auf der Pool-Position in den US-Charts und das Album Mariah Carey geht sechs Millionen Mal über die Ladentheken. Auch die folgenden Aufnahmen liegen in ähnlicher Größenordnung. Die Schattenseiten des Erfolges lassen nicht lange auf sich warten. Sie wird als billiger Abklatsch von WHITNEY HOUSTON bezeichnet und die Fachzeitschrift Melody Maker bedenkt ihre dritte CD Music Box wenig schmeichelhaft. Allerdings sprechen 32 Millionen Exemplare dafür, dass sie richtig liegt. Die Cover-Version des Nilson-Hits Without You, ist 1994 in Deutschland der erfolgreichste Song des Jahres.

Für 2000 kündigt Mariah an, ins Schauspielfach zu wechseln. Aus Angst vor Verletzungen im Film "All That Glitters", lässt sie ihren Körper für zehn Millionen Dollar versichern.

Im Juli 2001 erscheint die Single Loverboy. Der Erfolg hinterlässt allerdings seine Spuren, denn Mariah Carey erleidet einen Nervenzusammenbruch, der einen Klinikaufenthalt mit sich bringt. Sie wechselt danach musikalisch in die Hip-Hop-Szene, lernt aber weiterhin die Schattenseiten des Musikgeschäfts kennen, denn einige ihrer Songs floppen. Die Plattenfirma Virgin kündigt nach nur einem Jahr den Vertrag und die Pop-Diva fällt trotz hoher Abfindung in ein depressives Jammertal.

2002 erhält sie einen neuen Plattenvertrag bei Universal Records und es geht wieder leicht aufwärts bei Mariah. So landet sie 2008 mit Touch My Body ihren 18. Nummer-eins-Hit. Damit liegt sie knapp hinter den Beatles, die es auf 20 bringen. Das im Mai 2014 erscheinende Album Me. I am Mariah... The Elusive Chateuse, bleibt hinter sämtlichen Erwartungen zurück. Es folgt eine kurze Tour durch etliche asiatische Länder, Australien und Neuseeland.

Privat folgen Partnerschaften, die meist nur ein paar Monate dauern. Zum Jahreswechsel 2016/17 folgt eine mit Pannen übersäte Fernsehübertragung, die auch vor Mariah Carey nicht halt macht.

Die Charterfolge sind ab 2006 nur noch auf den unteren Plätzen der Charts angesiedelt.

Jahr	Titel in den Top-50 Single-Charts	DE	UK	US
1990	Vision Of Love	17	9	1
1990	Love Takes Time	-	37	1
1990	Someday	-	38	1
1991	I Don´t Wanna Cry	-	-	1
1991	Emotions	39	-	1

Jahr	Fortsetzung – Mariah Carey	DE	UK	US
1992	Make It Happen	-	17-	5
1992	I´ll Be There	33	2	1
1993	Dream Lover	39	9	1
1993	Hero	41	7	1
1994	Without You	1	1	3
1994	Anytime You Need A Friend	41	8	12
1994	All I Want For Christmas Is You	11	2	14
1995	Fantasy	17	4	1
1995	One Sweet Day	25	6	1
1995	Open Arms	-	4	-
1996	Always Be My Baby	-	3	1
1997	Honey	38	3	1
1997	Butterfly	-	22	-
1998	My All	30	4	1
1998	Sweetheart	14	-	-
1998	When You Believe	8	4	15
1999	I Still Believe	-	16	4
1999	Heartbreaker	9	5	1
2000	Thank God I Found You	28	10	1
2000	Against All Odds (mit Westlife)	29	1	-
2001	Loverboy	-	12	2
2001	Never Too Far	-	32	-
2002	Through The Rain	36	8	-
2003	Boy (I Need You)	-	17	-
2003	I Know What You Want	9	3	3
2005	It´s Like That	14	4	16

Jahr	Fortsetzung – Mariah Carey	DE	UK	US
2005	We Belong Together	11	2	1
2005	Shake It Off	-	9	2
2005	Get Your Number	27	-	-
2005	Don´t Forget About Us	41	11	1
2006	Say Somethin´	-	27	-
2008	Touch My Body	7	5	1
2008	Bye Bye	-	30	19
2009	Obsessed	-	-	7
2009	I Want To Know What Love Is	37	19	-
2013	Beautiful	-	22	15

Carlisle, Belinda (* 17. August 1958 in Hollywood, Kalifornien)

BELINDA CARLISLE beginnt ihre musikalische Karriere 1977 als Schlagzeugerin bei der Punkband GERMS. 1978 wird sie Mitglied der GO-GO´S. Als sich die Band 1985 erstmals auflöst, startet die Sängerin 1986 eine Solo-Karriere. Im Gegensatz zu der Musik der GO-GO´S, die stark von Punk und Rock beeinflusst ist, kommt sie Solo eher mit Pop-Musik daher.
Ist 1986 ihre erste Single Mad About You nur in den USA unter den ersten zehn, schafft sie ein Jahr später mit Haven Is A Place On Earth den internationalen Durchbruch. Die Aufnahme ist in den USA und Großbritannien auf Position eins und in Deutschland auf dem dritten Platz. Es ist gleichzeitig der größte Hit fürdie Sängerin. Aus dem Album Heaven On Earth, werden 1988 zwei weitere Singles ausgekoppelt. I Get Weak erreicht den zweiten Platz in den USA, während der Titel Circles in The Sand die Top-Ten in Deutschland, Großbritannien und den USA stürmt. Mit dem nächsten Album Runaway Horses knüpft Belinda in Europa nahtlos an den Erfolg des Vorgängers an, während es in den USA hinter den Erwartungen zurückbleibt.

Die vorab ausgekoppelte single Leave A Light ist ebenfalls ein Erfolg.

Anfang 1990 ist die Sängerin in Europa erfolgreicher als im Mutterland USA.

Ende des selben Jahres finden die GO-GO´S erneut zusammen, um auf Greatest Hits-Tournee zu gehen. Anlass ist eine Anti-Pelz-Kampagne mit der sie die Tierschutzorganisation PETA unterstützen.

Ab 1991 lässt der Erfolg als Solokünstlerin langsam nach, obwohl sie weiterhin gute Alben produziert. Erfolgreich ist sie aber Mitte der 1990er überwiegend in England und Australien.

Nach dem Erdbeben in Los Angeles im Januar 1994, ziehen Carlisle und Ehemann Manson samt Sohn nach Südfrankreich.

Mitte 1994 gibt es eine weitere kurze Wiedervereinigung der GO-GO'S. Die Band löst sich aber schon nach der Promotion-Tournee wieder auf.

1996 ist Belinda Carlisle in Zusammenarbeit Brian Wilson (BEACH BOYS), Susanna Hoffs (BANGLES) und Per Gessle (RO-XETTE) noch einmal erfolgreich. Die Single-Auskoppelungen in Too Deep und Always Breaking My Heart erreichen noch einmal die Top-Ten in Großbritannien.

Es erscheinen im neuen Jahrhundert weitere Alben, aber die Zeit der großen Erfolge ist für BELINDA CARLISLE vorbei.

Im August 2011 wird die Band GO-GO'S (in der Besetzung Belinda Carlisle, Charlotte Caffey, Gina Schock, Kathy Valentine und Jane Wiedlin) auf dem „Hollywood Walk of Fame" mit einem Stern der Kategorie Musikaufnahmen geehrt. Der Stern befindet sich bei der Adresse 6652 Hollywood Boulevard vor dem ehemaligen Nachtklub „The Masque", wo die Band 1978 ihren ersten Auftritt hat. Im Mai 2018 wird ein Musical über das Wirken der GO-GO'S angekündigt; die Premiere erfolgt in San Francisco, das Soft-Opening in New York am 26. Juli 2018. Das Musical ist unter Mitwirkung von Belinda Carlisle entstanden.

Jahr	Titel in den Top-50 Single-Charts	DE	UK	US
1986	Mad About You	-	-	3
1987	Heaven Is a Place On Earth	3	1	1
1988	I Get Weak	38	10	2

Jahr	Fortsetzung – Belinda Carlisle	DE	UK	US
1988	Circle in The Sand	9	4	7
1988	World Without You	-	34	-
1989	Leave A Light On	15	4	11
1989	La Luna	16	38	-
1990	Summer Rain	-	23	30
1990	Runaway Horses	-	40	-
1990	Vision Of You	-	41	-
1990	(We Want) The Same Thing	-	6	-
1991	Live Your Life Be Free	-	12	-
1991	Do You Feel Like I Feel	-	29	-
1992	Half The World	-	35	-
1992	Little Black Book	-	28	-
1993	Big Scary Animal	-	12	-
1993	Lay Down Your Arms	-	27	-
1996	In Too Deep	6	6	-
1996	Always Breaking My Heart	-	8	-
1996	Love In The Key Of C	-	20	-
1997	California	-	31	-

Carnes, Kim (* 20. Juli 1945 in Pasadena, Kalifornien)

Ein Augenpaar macht die US-amerikanische Musikerin und Komponistin KIM CARNES weltberühmt. 1981 landet sie mit einer Coverversion von Bette Davis Eyes einen Welthit. Wie die wenigsten wissen, stammt das Original von JACKIE DESHAN-NON und ist auf deren LP New Arrangement aus dem Jahr 1975.
Kim Carnes ist von 1962 bis 1970 Mitglied der Folk-Band NEW CHRISTY MINSTRELS, in welcher im Laufe der Zeit Musiker wie

KENNY ROGERS, JOHN DENVER, BARRY MCGUIRE, GENE CLARK (THE BYRDS) und LARRY RAMOS (THE ASSOCIATION) spielen. Zudem versucht sie sich 1967, allerdings erfolglos, im Filmgeschäft.

1971 veröffentlicht sie ihr Debüt-Album Rest On Me, das neben eigenen Kompositionen auch To Love Somebody von den BEE GEES enthält. Die LP floppt allerdings.

Dagegen ist als Songwriterin sehr gefragt. So schreibt sie gemeinsam mit ihrem Ehemann Dave Ellington Songs für DAVID CASSIDY, B. W. STEVENSON oder FRANK SINATRA.

1975 unterzeichnet Kim einen Plattenvertrag bei A&M. Die beiden Alben Kim Carnes (1975) und Sallin (1976) sind Achtungserfolge.

Die 1976er Komposition Love Comes From Unexpected Places von Carnes wird ein Jahr später von BARBRA STREISAND für deren Album Streisand Superman aufgenommen. Außerdem gewinnt Carnes mit ihrer eigenen Version den ersten Preis beim American Song Festival. Streisand ist so angetan von Carnes' Fähigkeiten, dass sie 1978 einen weiteren Song aus ihrer Feder Stay Away aufnimmt.

1980 stellen sich die ersten Chart-Erfolge für Carnes ein. So hat sie mit More Love einen Top-10-Hit und Don´t Fall In Love With A Dreamer (im Duett mit KENNY ROGERS), beschert Kim den endgültigen Durchbruch in den USA. Der internationale Erfolg stellt sich ein Jahr später mit ihrem größten Hit ein. Der Titel Bette Davis Eyes ist in über 30 Ländern auf Platz eins, darunter USA, Deutschland und Schweiz. Auch das dazugehörige Album – Mistaken Identity – ist erfolgreich und verkauft sich allein in den USA über ein Millionen Mal. Bis Mitte der 1980er Jahre folgen weitere Top-40-Hits in den USA. International kann sie nicht an den großen Erfolg von Bette Davis Eyes anknüpfen.

1988 wendet sie sich der Country-Music zu und hat fünf Jahre später mit Gypsy Honeymoon wieder einen kleinen Hit in Deutschland und 2004 erscheint nach einigen Jahren Pause das Album Chasin' Wild Trains.

Derzeit lebt Carnes in Nashville, Tennessee. Stars wie Tim McGraw, Reba McEntire, Vince Gill, Lila McCann, Pam Tillis und Kevin Sharp haben Lieder von ihr aufgenommen.

Jahr	Titel in den Top-50 Single-Charts	DE	UK	US
1978	You´re A Part Of Me	-	-	36
1980	Don´t Fall In Love With A Dreamer	-	-	4
1980	More Love	-	-	10
1980	Cry Like A Baby	-	-	44
1981	Bette Davis Eyes	1	10	1
1981	Draw Of The Cards	35	49	28
1982	Voyeur	45	-	29
1982	Does It Make You	-	-	36
1983	Invisible Hands	-	-	40
1984	What About Me?	-	-	15
1985	Crazy In The Night (Barking At Airplanes)	-	-	15

Carrà, Raffaella (* 18. Juni 1943 als Raffaella Roberta Pelloni in Bologna, Italien)

Eine vielseitige Künstlerin ist RAFFAELLA CARRÁ. Die Italienerin ist Schauspielerin, Sängerin und Moderatorin. Ihre Karriere im Filmgeschäft liegt überwiegend in den 1960er Jahren, ihre Gesangskarriere in den 1970ern. Seit den 1980ern zählt sie zu den beliebtesten und bestbezahlten Fernsehstars in Italien.
Ihre Ausbildung beginnt sie im Alter von vier Jahren mit klassischem Ballettunterricht. Sie erhält Gesangsunterricht und wechselt mit 15 zum modernen Tanz.
1960 startet sie unter ihrem richtigen Namen die Schauspielkarriere, zunächst in wenig anspruchsvollen Filmen, was sich aber schnell ändern soll. Ihre Partner heißen dann JEAN MARAIS, CURD JÜRGENS, MAURICE CHEVALIER, MICHEL PICCOLI und MARCELLO MASTROIANNI.
1962 hat sie ihren ersten Fernsehauftritt und steigt in den Folgejahren zu einer der beliebtesten Künstlerin Italiens auf.
Mit ihrer ersten eigenen Fernsehshow, von 1970 bis 1972 erreicht Raffaella Carrà stets ein Millionenpublikum. Parallel erscheint 1970 ihre erste Schallplatte Raffaella. In den Folge-

jahren moderiert sie, führt Interviews, agiert als Schauspielerin, tanzt, singt und gibt weltweit Konzerte. Ihren international größten musikalischen Erfolg feiert sie 1977 mit A far l'amore comincia tu (Liebelei).

Ihre Haupttätigkeit liegt aber weiterhin beim Fernsehen. So moderiert sie von 1996 bis 2002 bei der RAI die erfolgreiche Lotterieshow „Carràmba che sorpresa".

2011 kommentiert Carrà für das italienische Fernsehen die Übertragung des Eurovision Song Contest 2011 in Düsseldorf und gibt im Finale die italienische Wertung durch.

Seit 2013 betreut sie als Mentorin das Team Carrà bei der Castingshow „The Voice of Italy".

Jahr	Titel in den Top-50 Single-Charts	DE	UK	US
1977	A far l´amore comincia tu (Liebelei)	4	-	-
1978	Tanti auguri	45	-	-
1978	Do It Again	-	9	-
2011	Far l´amore (mit Bob Sinclair)	46	-	-

Carola (* 8. September 1966 in Hägersten bei Stockholm als Carola Maria Häggkvist)

CAROLA erlangt in Europa erste Bekanntheit mit dem Popsong Främling (Fremder), mit dem sie 1983 Platz drei beim „Eurovision Song Contest" belegt. Das Album Främling ist bis heute das bestverkaufte Album aller Zeiten in Schweden.

Carola fängt schon als Kind mit dem Singen an. Sie hat Gesangunterricht genommen und bei vielen Wettbewerben mitgemacht. Im Alter von elf Jahren gewinnt sie einen Wettbewerb für Kinder. Ein Erfolg, den Carola mehrere Jahre hintereinander wiederholen kann. Im Anschluss daran werden ihr viele Fernsehauftritte ermöglicht. Zur Zeit des großen Durchbruchs 1983 besucht sie das Musikgymnasium „Adlof Fredrik" in Stockholm. 1986 veröffentlicht die Sängerin das englischsprachige Album Runaway, das von den BEE GEES produziert wird.

Einen großen Erfolg beschert ihr 1995 eine Rolle im Musical „Sound Of Music" in dem sie gemeinsam mit TOMMY KÖBERG auftritt. 1999 veröffentlicht die Künstlerin das Weihnachtsalbum Jul i Betlehem, das zum bestverkauften Album des Jahres in Schweden wird und jedes Jahr zu Weihnachten erneut in die Charts einsteigt. Im Jahr 2003 erscheint, zu ihrem zwanzigjährigen Bühnenjubiläum, das Album Guld, platina och Passion, das Platz eins der schwedischen Album-Charts erreicht.

2006 vertritt Carola Schweden nochmals beim „Eurovision Song Contest" mit ihrem Song Invinsible. In der schwedischen Vorausscheidung gewinnt sie mit 437.000 Telefonanrufen für sie. Das sind rund 70.000 mehr Stimmen als der Zweitplatzierte. CAROLA vertritt ihr Land im Finale in Athen. Sie belegt dort einen hervorragenden fünften Platz.

Im Herbst 2014 nimmt sie an der fünften Staffel von „Så mycket bättre teil". Das Konzept stammt aus Holland und läuft in Deutschland unter dem Titel: "Sing meinen Song – Das Tauschkonzert".

Catch, C.C. (* 31. Juli 1964 in Oss, Niederlande als Caroline Catharina Müller)

Die gebürtige Niederländerin C.C. CATCH zieht 1979 mit ihrer Familie nach Bünde in Ost-Westfalen, besucht dort die Hauptschule und beginnt eine Lehre als Schneiderin.

Ihr Vater erkennt früh ihr Potenzial als Sängerin. Caroline nimmt an mehreren Talent-Wettbewerben teil und wird kurze Zeit später Mitglied der deutschen Girl Group OPTIMAL. 1985 wird sie bei einem Talentwettbewerb in der Nähe von Hamburg, an dem sie mit ihrer Band teilnimmt, vom deutschen Komponisten und Musikproduzenten DIETER BOHLEN entdeckt. Er verpasst ihr den Künstlernamen C.C. CATCH.

1985 erscheint die Debüt-Single I Can Lose My Heart Tonight, die zum Erfolg wird. Beide arbeiten bis 1989 erfolgreich zusammen und trennen sich dann im Streit. So entbrennt anschließend u. a. ein langer Namensrechtsstreit um den Künstlernamen, den Dieter Bohlen für sich beansprucht. Letztlich wird dieser per Gerichtsbeschluss der Künstlerin und nicht dem Produzenten zugesprochen. Sie zieht vorerst nach England und arbeitet mit verschiedenen Produzenten zusammen. 1998 kommt sie nach Deutschland zurück, bringt die Single Megamix '98 heraus und tritt in der TV-Sendung „Top Of The Pops" auf. 2003 nimmt sie an der ProSieben-Show Comeback teil. Im selben erreicht ihre Single Shake Your Head die Top 12 der Verkaufscharts in Spanien und entwickelt sich zu einem Sommerhit im Süden Europas.

In Zusammenarbeit mit dem spanischen Musikproduzenten Juan Martinez erscheint im September 2010 die Single Unborn Love.

2015 wagt C.C. CATCH den Sprung über den großen Teich. So tritt sie in San Francisco, Dallas und New York City auf und hat 2016 das erste große Konzert in Toronto, Kanada. 2017 folgt eine Konzerttour durch Südamerika (Argentinien, Peru, Chile, Brasilien, Bolivien).

Jahr	Titel in den Top-50 Single-Charts	DE	UK	US
1985	I Can Loose My Heart Tonight	34	-	-
1985	`Cause You´re Young	9	-	-
1986	Strangers By Night	7	-	-
1986	Heartbreak Hotel	8	-	-
1986	Heaven And Hell	13	-	-
1987	Are You man Enough	20	-	-
1987	Soul Survivor	17	-	-
1988	House Of Mystic Lights	22	-	-
1988	Back Seat Of Your Cadillac	8	-	-
1988	Nothing But A Heartache	39	-	-
1989	Big Time	26	-	-

Chapman, Tracy (* 30. März 1964 in Cleveland, Ohio)

Wie so viele Singer/Songwriter kommt TRACY CHAPMAN aus der Arbeiterklasse. 44 Millionen Tonträger hat sie im Laufe ihrer Karriere verkauft, davon allein über 15 Millionen in den USA.

Das Folk-Legende BOB DYLAN ihr großes Idol ist, hört man aus ihren Texten heraus. Ihre sozialkritischen Lieder behandeln oft die Trostlosigkeit im Alltag und die Kehrseite des "American Dream".

Nach dem College erhält Tracy ein Stipendium und studiert Anthropologie und Afrikanistik. In dieser Zeit produziert sie ihre ersten Demobänder, die über einen Kommilitonen bei Elektra Records landen. Die Plattenfirma nimmt die Künstlerin 1987 unter Vertrag. Ihr Debüt-Album Tracy Chapman steht 1988 in Deutschland, England, in den USA und vielen anderen Ländern auf Platz eins und wird gleichzeitig ihr erfolgreichstes Album.

Ein Grund für den Erfolg ist die Teilnahme am Open Air Festival im Londoner Wembley Stadion, das 1988 anlässlich des siebzigsten Geburtstag von Nelson Mandelas (damals noch inhaftiert) stattfindet. Nur mit einer Gitarre auf der riesigen Bühne wirkt sie etwas verloren.

Ihre Songtexte, die von Armut, Unrecht, Rassenhass und Existenzangst handeln, stoßen bei den jungen Leuten auf offene Ohren.

So ist es kein Wunder, dass die Songs Talkin´ Bout A Revolution und Baby Can I Hold You ihre Plattenverkäufe anheizen. Sicherlich auch, weil Tracy Chapman ihre Folk-Songs sehr emotional und authentisch vorträgt.

Ihr zweites Album Crossroads wird nicht so erfolgreich wie ihr Erstlingswerk. Auch die Single-Auskoppelungen werden keine Megaseller mehr.

Vier Grammys und nahezu 40 Millionen verkaufte Tonträger (Stand 2008) sprechen letztlich für sich.

Jahr	Titel in den Top-50 Single-Charts	DE	UK	US
1988	Fast Car	-	4	6
1988	Baby Can I Hold You	-		48
1989	Crossroads	38	-	-
1996	Give Me One Reason	-	-	3

Charles, Tina (* 10. März 1954 in London als Tina Hoskins)

Das Markenzeichen von TINA CHARLES ist ihre kraftvolle, hohe Soulstimme.

Die Sängerin beginnt ihre Karriere als Teenager Ende der 1960er gemeinsam mit Martin Jay. Sie gründen ihre erste Band NOTHERN LIGHT, ohne größeren Erfolg zu haben. Anfang der 1970er versucht Tina sich als Solosängerin und erhält einen Plattenvertrag bei CBS. Der Erfolg lässt weiterhin auf sich warten. 1975 gründet Tina wiederum mit Martin die Band 5000 VOLTS. Mit I´m On Fire hat die Formation ihren ersten großen Hit. Der temperamentvolle Song erreicht u. a. Platz vier in England, Position 26 in USA und wird Nummer eins in Deutschland. Kurz vor Antritt einer geplanten Deutschlandtour überwirft sich Tina mit der Plattenfirma und verlässt die Band. Sie wird durch die Sängerin Linda Kelly ersetzt, kehrt aber, nachdem die Rechte mit den Plattenfirmen geklärt sind, zur Band zurück. Tina als Solistin und die Gruppe 5000 VOLTS sind bei zwei verschiedenen Plattenfirmen unter Vertrag. Deshalb kommt die Single I´m On Fire in Deutschland unter Airbus mit dem Zusatz 5000 Volts heraus.

Kurz danach beginnt Tina Charles ihre erfolgreiche Solokarriere. Der aus Bangalore stammende und in England arbeitende Produzent Biddu nimmt sich künstlerisch ihrer an. Biddu, bekannt für seinen melodiösen, weichen und philly-inspirierten Discosound, hat u. a. Kung Fu Fighting mit CARL DOUGLAS zum Welterfolg gemacht. Zwar erreicht Tinas erste Solosingle You Set My Heart On Fire nur wenig Aufmerksamkeit, doch schon mit dem zweiten Titel landet sie einen Millionenseller. 1976 wird I Love To Love zu einer der großen Disco-Hymnen der 1970er Jahre. In Deutschland erhält TINA CHARLES 1976 den "Goldenen Bravo Otto" der Jugendzeitschrift BRAVO. Von den nachfolgenden Singles sind besonders Dance Little Lady Dance und I'll Go Where The Music Takes Me erfolgreich.

Die weiteren Aufnahmen können nicht mehr an diese Erfolge anknüpfen. Obwohl Tina als eine der besten Stimmen der Disco-Ära bezeichnet wird, ist ihr Ruhm nur von kurzer Dauer. Im August 2006 taucht sie plötzlich in den US-Billboard-Dance-Charts auf Platz Nummer fünf auf. Unter SANNY X featuring TINA CHARLES und dem Titel Higher ist das Duo erfolgreich.

Im Juli 2007 ist sie der Gast bei The Producers im Jazz Cafe Camden, als Zugabe singt sie mit TREVOR HORN, CHRIS BRAIDE, LOL CÉME und ASH LOAN das Stück Slave To The Rhythm. Im März 2008 erscheint eine neue CD von Tina unter dem eigenen Label ZakAlex Records. Listen 2 The Music ist mit weltbekannten Titeln eingespielt.

Jahr	Titel in den Top-50 Single-Charts	DE	UK	US
1975	I´m On Fire (mit 5000 Volts)	1	4	26
1975	I Love To Love	6	1	-
1976	Love Me Like A Lover	13	31	-
1976	Dance Little Lady Dance	8	6	-
1976	Dr. Love	20	4	-
1977	Rendezvous	-	27	-
1977	Fallin´ In Love in Summertime	39	-	-
1977	Love Bug / Sweets For My Sweet (Medley)	-	26	-
1978	I´ll Go Where The Music Takes Me	-	27	-
1987	I Love To Love (Remix)	5	-	-
1987	Dance Little Lady Dance `87	20	-	-
2006	Higher (Sanny X feat. Tina Charles)	-	-	5

Cher (* 20. Mai 1946 in El Centro, Kalifornien als Cherilyn Sarkisian)

Wer von 1965 bis 2018 Charterfolge feiert, über 55 Jahre auf der Bühne steht, erfolgreich im Film- und Fernsehgeschäft ist und sich in der Modebranche behauptet, darf sich zu Recht zu den popkulturellen Medienikonen zählen. Ist sie schon gemeinsam mit ihrem Ex-Mann Sonny Bono Mitte der 1960er ganz oben, stellt sie diesen Erfolg als Solokünstlerin noch in den Schatten. Mit 250 Millionen verkauften Tonträgern zählt Cher zu den erfolgreichsten Sängerinnen.
Ihre Mutter ist eine Cherokee-Indianerin, ihr Vater Armenier. Die Kindheit verläuft nicht harmonisch, denn ihre Eltern trennen sich früh und sie wächst bei Adoptiveltern auf. So lernt sie

schnell, sich zu behaupten. "Die Erfahrungen in meiner Jugend haben mich sehr geprägt. Ich musste schon früh lernen, wie man sich unter widrigen Umständen behauptet. Wer weiß, ob ich jemals so erfolgreich geworden wäre, wenn ich eine rosarote Kindheit erlebt hätte", erinnert sich Cher.

Musik hilft ihr, die Alltagssorgen in den Hintergrund zu drängen. Mit 16 Jahren lernt sie den Musikproduzenten Sonny Bono kennen, den sie zwei Jahre später heiratet. Cher singt zunächst im Background der RONETTES und den RIGHTEOUS BROTHERS.

Im Jahr 1964 wird dann das Duo SONNY & CHER gegründet. Es werden zwei Studio-Alben produziert und das Duo hat 1965 mit I Got You Babe den ersten Nummer-eins-Hit. Die am Anfang schüchterne Cher steht immer mehr im Vordergrund und wird selbstbewusster. So wandelt sie nebenher schon früh auf Solopfaden und ist Ende der Sechziger ganz oben.

Anfang der 1970er fängt es in der Ehe des Duos an zu kriseln und 1974 wird die Ehe geschieden. Cher startet nun so richtig durch und egal, was sie anpackt, es wird zum Erfolg.

Ab Mitte der 1970er Jahre widmet sich die Künstlerin zunehmend der Schauspielerei und in den Achtzigern steht die Karriere als ernstzunehmende Schauspielerin im Vordergrund. Dafür muss sie musikalisch kürzer treten. 1988 erreicht die Schauspielkarriere ihren Höhepunkt, denn Cher erhält für ihre Darstellung im Film "Mondsüchtig" einen Oskar.

Cher steigt zum Megastar auf, die Modebranche und Zeitschriften reißen sich um sie und ihre Alben verkaufen sich weiterhin recht ordentlich. Allein die Alben Cher (1987) und Heart Of Stone verkaufen sich weltweit über 20 Millionen Mal.

1998 ist ihre Single Believe an der Spitze der Charts. Drei Jahre später folgt ihre Farewell-Tournee rund um den Globus.

Das neue Jahrtausend steht im Zeichen von exquisiten TV-Auftritten und grandiosen Las Vegas-Shows. Danach folgt eine musikalische Auszeit, denn erst 2012 ist Cher erneut im Studio, um ein weiteres Album aufzunehmen, das 2013 unter dem Titel Closer To The Truth erscheint und Platz drei in den Billboard-Charts erreicht.

Im Herbst 2017 nimmt Cher an den Dreharbeiten zur ABBA-Musical-Fortsetzung „Mamma Mia! Here We Go Again" teil, die im Juli 2018 in die Kinos kommt. Für den September und Oktober 2018 sind zwölf Konzerte in Neuseeland und Australien geplant. Die „Here We Go Again" Tour beginnt am 21. September 2018 in Auckland, Neuseeland und wird bis weit in das

Jahr 2019 verlängert. Im gleichen Jahr finden, nach fünfzehn-jähriger Pause, auch fünf Konzerte auf deutschen Boden statt. Die Stationen sind Berlin. München, Köln, Mannheim und Hamburg.

Jahr	Titel in den Top-50 Single-Charts	DE	UK	US
1965	All I Really Want To Do	-	9	15
1965	Where Do You Go	-	-	25
1966	Bang Bang (M Bay Shot Me down)	17	3	2
1966	Alfie	-	-	32
1966	I Feel Something In The Air	-	43	-
1966	Sunny	-	32	-
1967	You Better Sit Down Kids	-	-	9
1971	Gypsys, Tramps & Thieves	25	4	1
1972	The Way Of Love	-	-	7
1972	Living In A House Devided	-	-	22
1972	Don´t Hide Your Love	-	-	46
1973	Half-Breed	29	-	1
1973	Dark Lady	-	36	1
1974	Train Of Thought	-	-	27
1974	I Saw A Man And Dance With His Wife	-	-	42
1979	Take Me Home	-	-	8
1979	Wasn´t It Good	-	-	49
1987	I Found Someone	-	5	10
1988	We All Sleep Alone	-	47	14
1989	After All	-	-	6
1989	If I Could Turn Back Time	16	6	3
1989	Just Like Jesse James	38	11	8
1989	Heart Of Stone	-	43	20
1991	The Shoop Shoop Song (It´s In His Kiss)	3	1	33
1991	Love And Understanding	20	10	17

Jahr	Fortsetzung – Cher	DE	UK	US
1991	Save Up all Your Tears	-	37	37
1991	Love Hurts	-	43	-
1992	Could´ve Been You	-	31	-
1992	Oh No Not My Baby	-	33	-
1993	Many Rivers To Cross (Live)	-	37	-
1993	I Got You Babe	-	35	-
1995	Love Can Build A Bridge	-	1	-
1995	Walking In Memphis	-	11	-
1996	One By One	-	7	-
1996	Not Enough Love In The World	-	31	-
1996	The Sun Ain´t Gonna Shine Anymore	-	26	-
1998	Believe	1	1	1
1999	Strong Enough	3	5	-
1999	All Or Nothing	44	12	-
1999	Dov´è l´amore	31	21	-
2001	The Music´s No Good Without You	27	8	-
2002	Alive Again	27	-	-
2013	I Hope You find It	49	25	-

Cherry, Neneh (* 10. März 1964 in Stockholm, Schweden als Neneh Marianne Karlsson)

Hip-Hop beeinflusst, Soul, Rock und auch Weltmusik, so lässt sich die Musik von NENEH CHERRY am besten umschreiben. Mit ihren kommerziellen Aufnahmen Buffalo Stance (1988), Manchild (1989), I´ve Got You Under My Skin (1990), 7 Seconds (1994) und Woman (1996) ist sie international erfolgreich.
Ihr vier Jahre jüngere Halbbruder EAGLE-EYE CHERRY ist ebenfalls ein erfolgreicher Sänger. Weil ihr Stiefvater Don Cherry, ein bekannter Jazz-Musiker, in der ganzen Welt unter-

wegs ist, hat die Familie New York als regelmäßigen Aufenthaltsort. Dort geht Neneh sporadisch zur Schule, die sie 1980 abbricht und nach London übersiedelt. Dort beginnt sie ihre musikalische Laufbahn zunächst in der Punk-Rock-Band THE CHERRY. Danach ist sie Mitglied der Gruppen THE SLITS und RIP RIG & PANIC, bevor sie mit Stop The War einem Protest-Song gegen den Falklandkrieg ihre Solokarriere startet.

Mit ihrem Ehemann, dem Produzenten Cameron McVey, nimmt sie 1988 ihr Debüt-Album Raw Like Sushi auf. Die Single Auskopplung Buffalo Stance wird zu ihrem ersten großen Hit. Ihr zweiter beachtlicher Erfolg ist 1990 die Aufnahme I've Got You Under My Skin, ihrem Beitrag zur AIDS-Benefiz-Compilation Red Hot And Blue.

1992 veröffentlicht sie ihr zweites Album, Homebrew, auf dem auch Michael Stipe (R.E.M.) zu hören ist. Im darauf folgenden Jahr übersiedelt sie für kurze Zeit nach New York, 1995 mietete sie ein Haus in der Nähe von Málaga (Spanien), wo sie bis 1999 mit ihrer Familie lebt.

Ihr drittes Album Man erscheint 1996 und ist Rock und Soul orientiert. Das Stück 7 Seconds im Duett mit YOUSSOU N'DOUR, das im Jahr 1994 erstmals veröffentlicht wird und auf dem Album Man enthalten ist, wird ihr bis dahin größter Erfolg. Das Lied erreicht in vier Ländern die Spitze der Charts.

Danach folgt zunächst eine lange Pause. Im Februar 2014 erscheint mit Blank Projekt das erste Soloalbum seit 18 Jahren. Am 1. August 2018 veröffentlicht sie eine neue Single mit dem Titel Kong.

NENEH CHERRY ist Mutter von drei Töchtern und lebt mit ihrem Ehemann Cameron McVey heute teils in London und teils in Schweden.

Jahr	Titel in den Top-50 Single-Charts	DE	UK	US
1988	Buffalo Stance	2	3	3
1989	Manchild	2	5	-
1989	Kisses On The Wind	23	20	8
1989	Inna City Mama	-	31	-
1990	I Got You Under My Skin	23	25	-
1992	Money Love	-	23	-

Jahr	Fortsetzung – Neneh Cherry	DE	UK	US
1993	Buddy X	-	15	43
1994	7 Seconds	3	3	-
1996	Woman	-	9	-
1997	Kootchi	-	38	-

Cinquetti, Gigliola (* 20. Dezember 1947 in Verona, Italien)

Die italiensche Sängerin GIGIOLA CINQUETTI könnte sich Miss Song-Contest nennen. Sie nimmt zwölfmal am Sanremo-Festival teil und gewinnt dort zwei Mal. Sie ist neun Mal im Wettbewerb Canzonissima vertreten, den sie einmal gewinnt, dreimal an Un disco per l'estate sowie zweimal am Eurovision Song Contest, den sie 1964 als erste italienische Teilnehmerin gewinnt. Mit 15 Jahren beginnt die Sängerin ihre Karriere logischerweise bei einem Musik-Festival. Mit dem Lied Non ho l'età (per amarti) von Mario Panzeri, Nisa und Gene Colonnello präsentiert Cinquetti sich 1964 bei dem Sanremo-Festival und kurz darauf mit dem gleichen Stück beim Eurovsion Song Contest, der damals Grand Prix Eurovision de la Chanson heißt. Sie bringt viele Singles, auch in deutscher Sprache heraus, die ebenfalls erfolgreich sind.

Im gleichen Zeitraum spielt sie in einigen Musik-Spielfilmen mit. Bei Fernsehproduktionen ist sie auch präsent.

1966 setzt sie die Siegesserie beim Sanremo-Festival fort. Sie gewinnt mit Dio, come ti amo (zusammen mit DOMENICO MODUGNO). Bis 1985 ist sie, zumindest in Italien, in den Charts vertreten. Anfang der 1970er Jahre bringt Gigiola zwei Alben mit italienischer Volksmusik heraus.

Mit dem Album Pensieri di donna präsentiert Cinquetti sich 1978 endgültig in der Rolle als entwachsene, gereifte Frau, erzielt aber damit keinen Erfolg. Sie widmet sich daraufhin für einige Jahre dem Fernsehen, ehe sie 1985 und 1989 noch einmal zum Sanremo-Festival zurückkehrt.

1991 moderiert sie zusammen mit TOTO CUTUGNO den Eurovision Song Contest in Rom und ist 1995 ein letztes Mal unter den Teilnehmern des Sanremo-Festivals.

Sie legt 2014 das autobiographische Buch „In viaggio con lei"
vor und im Jahr darauf erscheint am 20. Dezember, zum
Geburtstag der Sängerin ein neues Album.

Jahr	Titel in den Top-50 Single-Charts	DE	UK	US
1964	Non ho l´età (per amarti)	3	17	-
1964	Oh, warum	31	-	-
1974	Go (Before You Break My Heart)		8	-
1974	Si	13	-	-
1974	Ja	45	-	-

Clark, Petula (*15. 11. 1932 in Epsom, GB als Petula Sally
Olwen Clark)

Schon mit sieben Jahren singt die britische Sängerin PETULA
CLARK im Kinderchor und bald darauf im englischen Rundfunk.
In dieser Zeit avanciert sie zum Kinderstar und hat bis 1950
schon in 20 Filmen mitgespielt. In England wird sie zum Weltstar und unternimmt Tourneen in alle Erdteile.
1962 wird Petula in Deutschland bekannt und beliebt. Mit
ihrem Schlagertitel Monsieur erringt sie den ersten Platz in der
Hitparade. Von ihrem Welterfolg Downtown (1964), den sie
auch in deutscher Sprache singt, werden über drei Millionen
Platten verkauft.
1961 heiratet die Sängerin den französischen Journalisten
Claude Wolff und bekommt kurz darauf rasch nacheinander
zwei Töchter, ein Sohn folgt 1972. Nachdem sie nach Frankreich übersiedelt, erhält sie 1965 dort eine eigene Fernsehsendung und tritt mehrfach im Pariser Olympia auf. Später wohnt
sie einige Zeit in den USA und dreht dort mehrere Filme mit
namhaften Schauspielern wie z. B. PETER O'TOOLE. Die
Sängerin steht erfolgreich in den Show-Casinos von Las Vegas
und am Broadway in New York auf der Bühne.
Gelegentlich sieht man sie noch in Fernsehshows. 1998 erhält
sie die Auszeichnung „Commander Of The British Empire". Auf
der Liste der 100 Greatest Women of Rock ´n Roll hält PETULA
CLARK Platz 85.

Sie lebt heute, nach über 56 Jahren Ehe von ihrem Mann Claude Wolff getrennt, in Genf und London.

Jahr	Titel in den Top-50 Single-Charts	DE	UK	US
1954	The Little Showmaker	-	7	-
1955	Majorca		12	-
1955	Suddenly There´s A Valley	-	7	-
1957	With All My Heart	-	4	-
1957	Alone (Why Must I Be Alone)	-	8	-
1958	Baby Lover	-	12	-
1961	Sailor	-	1	-
1961	Romeo	-	3	-
1961	My Friend The Sea	-	7	-
1962	I´m Counting On You	-	44	-
1962	Ya Ya Twist	-	14	-
1963	Casanova	-	39	-
1964	Downtown	1	2	1
1965	I Know A Place	35	18	3
1965	You´d Better Come Home	-	44	22
1965	Round Every Corner	-	43	21
1965	You´Re The One	-	23	-
1965	My Love	13	4	1
1966	I Sign Of The Time	-	49	11
1966	I Couldn´t live Without Your Love	-	6	9
1966	Who am I	-	-	21
1966	Colour My World	-	-	16
1967	This Is My Song	16	1	3
1967	Don´t Sleep in The Subway	-	12	5
1967	The Cat in The Window (The Bird in The Sky)	-	-	26
1967	The Other Man´s Grass (Is Always Greener)	-	20	31
1968	Kiss Me Goodbye	36	50	15

Jahr	Fortsetzung – Petula Clark	DE	UK	US
1968	Don´t Give Up	-	-	37
1971	The Song Of My Live	-	32	-
1972	I Don´t Know How To Love Him	-	47	-
1988	Downtown `88	13	10	-
	Deutschsprachige Veröffentlichungen			
1962	Monsieur	1	-	-
1963	Casanova baciami	2	-	-
1963	Cheerio	6	-	-
1964	Mille mille grazie	9	-	-
1964	Warum muß man auseinandergeh´n	17	-	-
1964	Alles ist nun vorbei	37	-	-
1966	Es steht in den Sternen	35	-	-
1966	Kann ich dir vertrauen	17	-	-
1966	Verzeih´ die dummen Tränen	21	-	-
1966	So wunderbar verliebt zu sein	28	-	-
1967	Love – so heißt mein Song	23	-	-
1967	Alle Leute wollen in den Himmel	28	-	-

Cline, Patsy (* 8. 9. 1932 als Virginia Patterson Hensley in Winchester, Virginia | gestorben am 5. März 1963)

PATSY CLINE ist nur ein kurzer Ruhm vergönnt, denn auf dem Höhepunkt ihrer Karriere kommt sie 1963, im Alter von nur 30 Jahren, bei einem Flugzeugabsturz ums Leben.
Patsy interessiert sich schon früh für die Musik und hat mit zwölf Jahren ihre ersten öffentlichen Auftritte.
Weil erste Plattenaufnahmen 1948 scheitern, schließt sie sich der Gruppe BILL PEER & His MELODY BOYS an.
1954 kehrt sie nach Nashville zurück und nimmt nach dem Gewinn eines Talentwettbewerbes ihre erste Schallplatte auf.
Ihr erster Plattenvertrag lässt Patsy kaum künstlerische Freiheit

und ist zudem schlecht dotiert. Aufgrund des miserablen Song-materials floppen die ersten Singles. Der Durchbruch kommt 1957 mit dem Lied Walkin´ After Midnight. Die Aufnahme kann sich in den Country- und den Pop-Charts platzieren. Als 1960 ihr Plattenvertrag mit Four Star Label ausläuft, orientiert sich die Sängerin Richtung Pop und hat Erfolg.

Mit dem von den jungen Songwritern Hank Cochran und Harlan Howard geschriebenen I Fall To Pieces, erreicht sie 1961 Platz eins der Country-Charts und Platz 15 der Pop-Hitparade. Auch ein schwerer Autounfall kann ihre Karriere nicht stoppen.

Mit dem vom zu diesem Zeitpunkt unbekannten WILLIE NELSON geschriebenen Crazy gelingt erneut ein Crossover-Hit, der sie endgültig zum Star macht. Es folgt eine Serie weiterer Top-10-Hits.

Auf dem Höhepunkt ihrer Karriere stürzt am 5. März 1963 das Kleinflugzeug, mit dem die 30-Jährige von einem Konzert nach Nashville zurückkehren will, in einem Gewittersturm ab. Ihr Tod macht sie noch populärer. Postum erscheinen weitere Alben und Singles, die sich durchweg hervorragend verkaufen und häufig mit Gold oder Platin ausgezeichnet werden. Darunter befindet sich das Album Greatest Hits, das sich mehr als zehn Millionen Mal in den USA verkauft.

1973 wird sie als erste Frau in die „Country Music Hall of Fame" aufgenommen und erhält 1995 einen Grammy für ihr Lebenswerk.

Clines Wohnhaus in Winchester, in dem sie von 1948 bis 1953 mit ihrer Mutter und ihren Geschwistern lebt, ist seit 2011 als Patsy-Cline-House der Öffentlichkeit zugänglich.

Jahr	Titel in den Top-50 Single-Charts	DE	UK	US
1957	Walkin´ After Midnight	-	-	17
1961	I Fall To Pieces	-	-	12
1961	Crazy	-	14	9
1962	She´s Got You	-	43	14
1962	Heartaches	31	-	-

Cogan, Alma (* 19. 5. 1932 in Stepney, London, GB | gestorben am 26. 10. 1966)

Die ersten Titel die ALMA COGAN 1952 aufnimmt, sind im Schlagerbereich angesiedelt. Der erste Song ist To Be Worthy Of You. Danach singt sie zahlreiche Versionen von US-Hits der frühen 1950er Jahre. Ihren ersten Nummer-eins-Hit hat Alma mit dem Titel Dreamboat. Davor hat sie schon zwei Top-10-Hits aufzuweisen.
Sie ist die einzige Künstlerin dieser Zeit, die bis 1960 18 Mal in der Liste der meistgespielten englischen Songs auftaucht.
Zwischen 1953 und 1958 erreichen 14 ihrer Singles Top-20-Platzierungen in den britischen Charts.
In der Biografie ihrer Schwester wird sie als „The Girl With The Laugh In Her Voice" (Das Mädchen, mit dem Lachen in der Stimme) bezeichnet.
Alma Cogan hat Auftritte in Skandinavien und Japan. In Deutschland kann sie einige Schlagererfolge vorweisen. Mit der im Oktober 1964 veröffentlichten deutschen Fassung des Klassikers Tennessee Waltz erreicht sie einen zehnten Platz. Mit So fängt es immer an sowie Ruf mich an, wenn du Zeit hast, kommt sie auf mittlere Chart-Notierungen.
1966 stellen die Ärzte bei ihr eine Krebserkrankung fest. Sie kann nicht mehr auftreten, schreibt aber noch einige Titel unter dem Pseudonym Al Western. Alma Cogan stirbt im Oktober 1966 im Alter von 34 Jahren an ihrer Krankheit.

Jahr	Titel in den Top-50 Single-Charts	DE	UK	US
1954	Bell Bottom Blues	-	4	-
1954	Little Things Mean A Lot		11	-
1954	I Can´t Tell A Waltz From A Tango	-	6	-
1955	Dreamboat	-	1	-
1955	The Banjo´s Back in Town	-	17	-
1955	Never Do A Tango With The Eskimo	-	6	-
1955	Twenty Tiny Fingers	-	17	-
1956	Willie Can	-	13	-
1956	The Birds And The Bees	-	25	-

Jahr	Fortsetzung – Alma Cogan	DE	UK	US
1956	In The Middle Of The House	-	20	-
1957	You, Me And Us	-	18	-
1957	Whatever Lola Wants	-	26	-
1958	The Story Of My Life	-	25	-
1958	Sugartime	-	16	-
1959	Last Night On The Back Porch	-	27	-
1959	We Got Love	-	26	-
1960	Dream Talk	-	48	-
1960	The Train Of Love	-	27	-
1961	Cowboy Jimmy Joe	-	37	-
1964	Tennessee Waltz (deutsche Aufnahme)	-	10	-
1965	Hill Billy Joe	39	-	-

Cole, Natalie Maria (*6. Februar 1950 in Los Angeles, Kalifornien | gestorben am 31. Dezember 2015)

Für ein Kind ist es nicht immer leicht, in die Fußstapfen eines erfolgreichen Elternteils zu treten. Der Vater von Natalie ist der berühmte Jazzsänger NAT KING COLE. Sie hat dieses aber gut gemeistert und ihren eigenen Weg gefunden. In ihrer mehr als 40-Jährigen Karriere hat die NATALIE COLE allein in den USA 13,5 Millionen Alben verkauft. Sie gehört damit zu den erfolgreichsten Sängerinnen in den Genres R&B, Jazz sowie Soul und erhält neun Grammys.
In den Anfangsjahren wird sie von mehren Medien als „New Queen Of Soul" bezeichnet und als Nachfolgerin von Soul-Legende ARETHA FRANKLIN gehandelt. Cole ist außerdem nach Franklin die zweite Sängerin überhaupt, die acht Mal in Folge die Auszeichnung als beste weibliche R&B Gesangsleistung bei den Grammys erhalten hat.
Die Künstlerin nimmt Alben im Bereich Soul, Jazz, Pop und Dance auf. Auch die Singles von ihr sind oben in den Charts,

darunter der Titel Unforgettable (1991), ein nachträglich zusammengesetztes Duett mit ihrem verstorbenen Vater.

Im Jahr 2000 veröffentlicht Cole ihre Autobiografie "Angel on My Shoulder", in der sie auch von ihrer schweren Drogenabhängigkeit berichtet. Laut eigenen Angaben nimmt sie LSD, Heroin und Crack. Nach einer erfolglosen Entziehungskur überwindet sie ihre jahrelange Drogen- und Alkoholabhängigkeit durch kalten Entzug.

Am 17. Februar 2007 tritt Cole bei einem Konzert von PRINCE als Sängerin auf. 2008 wird bei Cole Hepatitis C diagnostiziert. Trotz ihrer gesundheitlichen Probleme veröffentlicht sie 2008 eine CD mit Standards des „Great American Songbooks", die im darauffolgenden Jahr mit dem Grammy ausgezeichnet wird.

Im Dezember 2015 muss Cole wegen ihrer Erkrankung mehrere geplante Auftritte absagen. Sie stirbt am Abend des 31. Dezember 2015 an Herzversagen.

Jahr	Titel in den Top-50 Single-Charts	DE	UK	US
1975	This Will Be	-	32	6
1975	Inseparable		-	32
1976	Sophistcated Lady	-	-	25
1976	Mr. Melody	-	-	49
1977	I Got Love On My Mind	-	-	5
1977	Our Love	-	-	10
1980	Someone That I Used To Love	-	-	21
1987	Jump Start	-	44	13
1987	I Live For Your Love	-	-	13
1988	Pink Cadillac	5	5	5
1988	Everlasting	38	28	-
1988	Jump Start (Dance Mix)	-	36	-
1989	Miss You Like Crazy	22	2	7
1990	Wild Woman	-	16	34
1991	Unforgettable `78	-	19	14

Collins, Judy (* 1. Mai 1939 in Seattle, Washington als Judith Marjorie Collins)

Die US-amerikanische Folksängerin und Songschreiberin lernt als Kind klassisches Klavier. Ihr Konzertdebüt feiert JUDY COLLINS im Alter von 13 Jahren mit Mozarts Konzert für zwei Pianos.

Wenig später erwacht ihr Interesse für die Musik von WOODY GUTHRIE und PETE SEEGER. Judy singt in New Yorks Greenwich Village in Clubs und begleitet sich selbst auf der Gitarre. Ihr erstes Album erscheint 1961 unter dem Titel A Maid Of Constant Sorrow.

Anfangs spielt und singt sie klassische Folksongs und Stücke erfolgreicher Kollegen wie TOM PAXTON, PHIL OCHS und BOB DYLAN. Sie nimmt eigene Versionen bekannter Songs auf, wie Dylans Mr. Tambourine Man oder Turn! Turn! Turn! von Pete Seeger. Nebenher spielt sie Stücke von bis dato relativ unbekannten Songschreibern wie LEONARD COHEN, dessen Lied Suzanne sie erstmals veröffentlicht.

Mit ihrem Album Wildflowers (1967) beginnt Judy Collins, eigene Lieder aufzunehmen. Das Album gewinnt einen Grammy und das Stück Both Sides Now (geschrieben von JONI MITCHELL) gelangt auf Platz acht der Billboard-Hot-100.

Stephen Stills (von CROSBY, STILLS & NASH), mit dem sie derzeit liiert ist, spielt auf ihrem 1968er Album Who Knows Where The Time Goes, Gitarre.

Mit eigenen Liedern wie My Father und Born To The Breed, ist sie in den 1970ern Jahren erfolgreich. Mit Stücken anderer Songschreiber, darunter Amazing Grace und Send In The Clowns hat die Sängerin ebenfalls Erfolg. 1979 posiert sie nackt für ihr Album Hard Times For Lovers.

Im Jahr 1987 veröffentlicht Judy mit „Trust Your Heart" Sie schreibt zwei Romane, bleibt aber der Musik weiterhin treu und bringt Alben heraus.

1993 singt sie bei der Amtseinführung von Bill Clinton. Die Clintons benennen nach eigenen Angaben ihre Tochter Chelsea nach dem Collins-Lied Chelsea Morning.

Inzwischen ist JUDY COLLINS UNICEF-Botschafterin und kämpft gegen den Einsatz von Landminen. Seit dem Suizid ihres Sohnes Clark Taylor im Jahr 1992 setzt sie sich auch für die Vorbeugung von Suizid ein. 2015 wird sie in die "American Academy of Arts and Sciences" gewählt.

Jahr	Titel in den Top-50 Single-Charts	DE	UK	US
1968	Both Sides Now	-	14	8
1970	Amazing Grace	22	5	15
1973	Cook With Honey	-	-	32
1975	Send In The Clowns	-	6	19

Coolidge, Rita (* 1. Mai 1945 in Lafayette, Tennessee)

Die US-amerikanische Country- und Pop-Musikerin indianischer Abstammung, hat ihre erfolgreichste Phase in den 1970er Jahren, während ihrer Ehe mit KRIS KRISTOFFERSON.
Zweimal werden die beiden als bestes Country-Duo mit dem Grammy ausgezeichnet. 1983 singt sie den James-Bond-Song All Time High, aus dem Film „Octopussy".
Die Tochter eines Predigers singt schon als Kind im Kirchenchor und lebt als Studentin eine Zeitlang in London. Ende der 1960er Jahre beginnt Rita ihre Karriere als Folk- und Rock-Sängerin im Background von Stars wie JOE COCKER, STEPHEN STILLS und ERIC CLAPTON. Sie begleitet Cocker 1970 bei seiner Tour Mad Dogs & Englishmen, die auf dem gleichnamigen Album festgehalten wird.
1970 unterschreibt Coolidge bei A&M einen Plattenvertrag und bringt 1971 ihre erste LP mit dem Titel Rita Coolidge auf den Markt, die überwiegend Cover-Songs enthält.
Ungefähr zur gleichen Zeit gründet sie eine eigene Band, die DIXIE FLYERS und lernt in diesem Zeitraum ihren späteren Ehemann KRIS KRISTOFFERSON kennen. Gemeinsam können sie einige Erfolge vorweisen. Zweimal werden Kristofferson und Coolidge als bestes Country-Duo des Jahres ausgezeichnet.
1980 wird die Ehe der beiden im verflixten siebten Jahr geschieden. Die Sängerin startet ihre Solokarriere, die ebenso erfolgreich ist. So nimmt sie 1984 den Sound-Track für den Kino-Welterfolg "Splash" die Ballade Love Came For Me auf.

Danach zieht sie sich mehr oder weniger aus dem Musikgeschäft zurück.

1990 feiert sie mit dem Album Fire Me Back ein Comeback, das
allerdings bescheiden ausfällt. Es folgen wieder regelmäßig
CDs und ist vor allem in Japan erfolgreich.

2006 wirkt die Sängerin in dem Film "The Trail Of Tears: Che-
rokee Legacy" mit. Sie selbst stammt von den Cherokee-India-
nern ab und so ist ihr die Rolle auf den Leib geschrieben.

2016 veröffentlicht Coolidge ihre Autobiografie "Delta Lady: A
Memoir".

Jahr	Titel in den Top-50 Single-Charts	DE	UK	US
1973	A Song I´d Like To Sing	-	-	49
1977	(Your Love Has Lifted Me) Higher & Higher	-	48	2
1977	We´re All Alone	-	6	7
1978	The Way You Do Things You Do	-	-	20
1978	Words	-	25	-
1978	You	-	-	25
1979	I´d Rather Leave While I´m In Love	-	-	38
1980	Fool That I am	-	-	46
1983	All Time High	13	-	36

Covington, Julie (* 11. September 1947 in London, GB)

Die britische Sängerin und Schauspielerin JULIE COVINGTON
studiert zunächst am Homerton College in Cambridge.

Der Start ihrer Karriere beginnt 1967 mit einem Auftritt in der
Fernsehshow von David Frost, der ihr einen Plattenvertrag einbringt.

1971 erscheint Covingtons erstes kommerziell veröffentlichtes
Album. Ihr Debüt als Bühnenschauspielerin folgt ein Jahr
später und 1976 feiert sie ihren internationalen Durchbruch mit
der Hauptrolle in der Fernsehserie "Rock Follies", zusammen
mit ihren Kolleginnen Rula Lenska und Charlotte Cornwell. Die

Musik zu der Serie kommt von Roxy-Music-Mitglied ANDY MACKAY.

Daraufhin bieten ihr Andrew Lloyd Webber und Tim Rice an, bei der originalen Studioaufnahme ihres Musicals Evita die Titelrolle zu singen. Mit der Singleauskopplung Don't Cry For Me Argentina landet Covington einen internationalen Nummer-eins-Hit und gleichzeitig ihren größten Erfolg.

Eine Mitwirkung in dem Bühnenmusical lehnt sie ab, weil ihr die Rolle aus politischen Gründen nicht zusagt.

Ende 1977 feiert Julie Covington mit Only Women Bleed – eine Coverversion des Titels von ALICE COOPER – einen weiteren Chart-Erfolg.

Ende der 1970er Jahre kehrt sie zurück auf die Theaterbühne.

Jahr	Titel in den Top-50 Single-Charts	DE	UK	US
1977	Don´t Cry For Me Argentina	4	1	-
1977	O.K.? (Mit C. Cornwell & S. Jones-Davis)	-	10	-
1977	Only Women Bleed	-	12	-

Crawford, Randy (* 18. Februar 1952 in Macon, Georgia als Veronica Crawford)

Neben ELLA FITZGERALD, NINA SIMONE, ARETHA FRANKLIN und DEE DEE BRIDGEWATER zählt RANDY CRAWFORD zu den erfolgreichsten Interpretinnen im Bereich Jazz und Soul. Sie ähnelt nicht nur von der Stimme her, sondern auch vom Aussehen der großen Soul-Legende ARETHA FRANKIN.

Entdeckt wird Randy, als sie im Kirchenchor durch ihre ausdrucksstarke Stimme auffällt. Bereits als Jugendliche bekommt sie mit den internationalen Bühnen Kontakt, weil sie ihren Vater auf seinen Tourneen durch die USA und Europa begleitet. Schon bei ihren ersten Auftritten in Clubs sorgt sie für Aufsehen.

Den Durchbruch schafft sie mit der Band THE CRUSADERS und dem Soundtrack zum Film "Sharky's Machine", aus dem der erfolgreiche Song Street Life entstammt, der 1979 ihr erster Top-10-Hit wird.

Zu den Höhepunkten ihrer Karriere zählt der gemeinsame Auftritt mit AL JARREAU 1981 auf dem Montreux Jazz Festival und das Duett mit dem italienischen Star ZUCCHERO im Moskauer Kreml 1990.

Mit ihrer warmen und variantenreichen Stimme hat die Sängerin in über drei Jahrzehnten weltweit viele Anhänger gewonnen.

Ihre größten Erfolge feiert sie in den 1980er Jahren nicht in den USA, sondern in Europa, insbesondere in Großbritannien.

RANDY CRAWFORD engagiert sich zudem als UNICEF-Botschafterin.

Jahr	Titel in den Top-50 Single-Charts	DE	UK	US
1979	Street Life (With The Crusaders)	-	5	36
1980	One Day I´ll Fly Away	-	2	-
1981	You Might Need Somebody	-	11	-
1981	Rainy Night In Georgia	-	18	-
1981	Secret Combination	-	48	-
1982	One Hello	-	48	-
1983	Give Peace A Chance	18	-	-
1986	Almaz	-	4	-
1992	Diamante	20	11	44

Crow, Sheryl (* 11. Februar 1962 in Kennett, Missouri als Sheryl Suzanne Crow)

Rocksängerin, Gitarristin, Bassistin, Pianistin und Songschreiberin. Das sind die vielfältigen Talente von CHERYL CROW.

Die Musik ist ihr in die Wiege gelegt, denn ihre Eltern spielen in einer Jazzband Klavier und Trompete. In diesem musikalischen Umfeld liegt es nahe, dass Sheryl an der University Of Missouri-Kansas City Musik studiert. Danach arbeitet sie als Musiklehrerin mit behinderten Kindern.

Erste Erfahrungen als Sängerin sammelt sie in diversen Amateurbands.

So hört sie ein Mitarbeiter einer Werbeagentur, der ihr spontan anbietet, einige Radio-Werbespots zu singen. Crow nimmt das Angebot an, und hat wenig später in ein paar Stunden mehr verdient als in einem Monat als Lehrerin. Sie zieht nach Los Angeles und versucht, im Showgeschäft Fuß zu fassen, zunächst einmal ohne Erfolg.

Der Beginn ihrer Karriere ist 1987, als Michael Jackson sie als Background-Sängerin für seine erste Welttournee engagiert. Es folgen weitere Engagements im Background für DON HENLEY und BOB DYLAN.

In Zusammenarbeit mit dem Musikproduzenten Bill Bottrell und ihrem damaligen Freund Kevin Gilbert entsteht die Hit-Single All I Wanna Do, die im Spätsommer 1994 weltweit erfolgreich ist.

Mit dem Erfolg kommen auch die Schattenseiten. Es kommt zum Zerwürfnis mit Bottrell und der Trennung von Gilbert, weil sie den gemeinsamen Erfolg für sich beansprucht.

Im Frühjahr 1994 tourt Crow im Vorprogramm von CROWDED HOUSE durch die USA und erhält mehrere Grammys, u. a. als beste Newcomerin.

In den Folgejahren veröffentlicht die Sängerin weitere Alben und tourt regelmäßig um die Welt. Sie produziert ihre Musik zunehmend selbst und erweist sich dabei äußerst talentiert und musikalisch vielseitig.

So ist sie seit Mitte der 1990er-Jahre regelmäßiger Gast bei Konzerten der ROLLING STONES und arbeitet 1999 mit PRINCE zusammen.

Es folgt 2005 ein Auftritt beim Live-8-Konzert im Pariser Schloss Versailles. Klassischer Soul prägt das im Juli 2010 erscheinende Album 100 Miles From Memphis.

Anfang Juni 2012 wird bekannt, dass Crow unter einem Hirntumor leidet, der von Ärzten als gutartig diagnostiziert wird.

Obwohl Crow in erster Linie Sängerin ist, spielt sie diverse Instrumente, vorzugsweise Westerngitarren von Gibson. Ihr zu Ehren bringt die Firma die Sheryl-Crow-Signature-Gitarre heraus.

Jahr	Titel in den Top-50 Single-Charts	DE	UK	US
1994	All I Wanna Do	10	4	2
1995	Strong Enough	-	33	5
1995	Can´t Cry Anymore	-	33	36
1995	Run Baby Run	-	24	-
1995	What Can I Do For You	-	43	-
1996	If Is Make You Happy	-	9	10
1996	Every Day Is A Winding Road	-	12	11
1997	Hard To Make A Stand	-	22	-
1997	A Change Would do You Good	-	8	-
1997	Home	-	25	-
1997	Tomorrow Never Dies (James Bond 007)	-	12	-
1998	My Favorite Mistake	-	9	20
1998	There Goes The Neightborhood	-	19	-
1999	Anything But Down	-	19	49
1999	Sweet Child O´Mine	-	30	-
2002	Soak Up The Sun	-	16	17
2002	Steve McQueen	-	44	-
2003	The First Cut Is The Deepest	-	37	14
2006	Always On Your Side	-	-	33
2008	Love Is Free	49	-	-

Sängerinnen – **D**

Dana (* 30. August 1950 in London, GB als Dana Rosemary Scallon, geborene Brown)

DANA feiert 1970 als Sängerin ihren größten Erfolg mit dem Sieg beim Eurovsion Song Contest und steigt später in die Politik ein. Sie wird zwar in London geboren, wächst aber im nordirischen Derry auf.

1970 tritt sie beim Grandprix Eurovision de la Chanson – so heißt der Wettbewerb damals – mit dem Lied All Kinds Of Everything in Amsterdam für die Republik Irland an und holt den ersten Sieg für dieses Land. Bis Mitte der 1970er kann DANA weitere Chart-Erfolge nachweisen und bringt einige Stücke in Deutsch heraus. Nebenher arbeitet sie als Radio- und Fernsehmoderatorin.

Dana, sehr christlich geprägt, zieht in den 1980er Jahren mit ihrem Ehemann Damien Scallon in die USA, wo sie religiös geprägte Fernsehsendungen moderiert. 1997 kehrt sie nach Irland zurück, und kandidiert als parteilose Unabhängige für das Amt des Präsidenten von Irland, unterliegt aber Mary Robinson. Von 1999 bis 2004 ist sie für Irland Mitglied des Europäischen Parlaments.

Jahr	Titel in den Top-50 Single-Charts	DE	UK	US
1970	All Kinds Of Everything	4	1	-
1971	Who Put The Lights Out	-	14	-
1975	Please Tell Him That I Said Hello	-	8	-
1975	Spiel nicht mit mir und meinem Glück	27	-	-

Jahr	Fortsetzung – Dana	DE	UK	US
1975	It´s Gonna Be A Could Could Christmas	-	4	-
1976	Never Gonna Fall In Love Again	-	31	-
1976	Fairytale	-	21	13
1979	Something´s Cookin´ in The Kitchen	-	44	-

Davis, Billie (* 22. Dezember 1944 in Woking, GB als Carol Hedges)

Die britische Sängerin BILLIE DAVIS feiert in den 1960er Jahren ihre großen Erfolge. Ihr größter Hit ist 1963 die Aufnahme Tell Him.

1963 ist das Jahr, das die Pop-Musik durch den kometenhaften Aufstieg der BEATLES nachhaltig verändert. Ihre Karriere wird zunächst durch einen Autounfall unterbrochen, bei dem sie sich Kopfverletzungen und einen Kieferbruch zuzieht. Mit im Wagen sitzt der Ex-Bassist der SHADOWS, Jet Harris.

1966 setzt Davis die Karriere fort und bringt gutes Songmaterial heraus. Sie kann aber nicht mehr die Charts erreichen. Sie nimmt den Song Angel Of The Morning, geschrieben von CHIP TAYLOR auf und wird dabei von KIKI DEE und P.P. ARNOLD unterstützt. Letztere nimmt den Song 1968 noch einmal selbst auf und hat damit den größeren Erfolg. Im Oktober 1968 hat BILLIE DAVIS ihren letzten Charterfolg mit der Soul-Version I Want You To Be My Baby, das ursprünglich aus dem Jahr 1952 stammt und von LOUIS JORDAN aufgenommen wird.

Sie produziert bis in die 1980er Jahre weiterhin Aufnahmen, die insbesondere beim spanischsprachigen Publikum ihren Anklang findet.

2006 kommt es für eine Konzertreihe zur Wiedervereinigung mit JET HARRIS.

Jahr	Titel in den Top-50 Single-Charts	DE	UK	US
1962	Will I What (als Mike Sarne & Billie Davis)	-	18	-
1963	Tell Him	-	10	-

Jahr	Fortsetzung – Billie Davis	DE	UK	US
1963	He´s The One	-	40	-
1968	I Want You To Be My Baby	-	33	-

Dayne, Taylor (* 07. März 1962 in Baldwin, New York als Leslie Wunderman)

Die US-amerikanische Pop- und Dance-Sängerin TAYLOR DAYNE ist ab Ende der 1980er erfolgreich. Sie beginnt nach der Highschool professionell zu singen und absolviert eine klassische Gesangsausbildung an der „Manhattan School of Music". Zunächst ist sie Sängerin der Bands FELONY und NEXT. Später leiht sie sich Geld von ihrem Vater, um das Stück Tell It To My Heart zu produzieren. Dieses bringt ihr nicht nur einen Plattenvertrag bei Arista ein, sondern wird einer ihrer größten Hits. Die Aufnahme landet auf Anhieb in den Top-5 vieler Länder und erreicht in Deutschland Platz eins. Mit den Single-Auskopplungen aus dem Album Tell It To My Heart - Prove Your Love und I Will Always Love You kann die Sängerin sich in den internationalen Charts platzieren.
1989 veröffentlicht sie ihr zweites Album Can't Fight Fate. Obwohl es hinter den Verkaufserwartungen zurückbleibt, kann Taylor sich in den USA mit Love Will Lead You Back ihre einzige dortige Nummer-eins-Position in den Billboard-Hot-100 sichern. Mit den Singles With Every Beat Of My Heart und I'll Be Your Shelter erreicht sie ebenfalls Plätze im Top-5-Bereich. Danach wird es zunächst ruhig um die Sängerin.
1993 veröffentlicht sie das Album Soul Dancing und kann sich mit Can't Get Enough Of Your Love auf Nummer 20 der US-Charts platzieren. In den folgenden Jahren tritt Taylor Dayne als Schauspielerin im US-Fernsehen auf und ist u. a. auf den Soundtracks zu den Filmen "Shadow" und "Der Fluch des Khan" (1994) sowie "The Lizzie McGuire Movie" (2003) vertreten.
1998 kommt das Album Naked Without You heraus, mit dem sie sich nicht mehr in den US-Album-Charts platziert.

Nach fast zehn Jahren Pause erscheint im Februar 2008 das Album Satisfied. Produzenten sind u. a. Rick Nowels und Don Was.

TAYLOR DAYNE ist auch als Komponistin tätig. Das von TINA TURNER gesungene Stück Whatever You Want kommt auch in die deutschen Charts. Zudem ist sie bis heute im Dancebereich erfolgreich. 2010 nimmt sie das Stück Facing A Miracle für die achten „Gay Games" in Köln auf, das sie bei der Eröffnungsfeier am 31. Juli präsentiert. Am 22. Juni 2011 kommt ihre Single Floor On Fire auf den Markt.

Im Februar 2019 erscheinen Daynes Memoiren „Tell It To My Heart: How I Lost My S#*T, Conquered My Fear, And Found My Voice".

Jahr	Titel in den Top-50 Single-Charts	DE	UK	US
1987	Tell It To My Heart	1	3	7
1998	Prove Your Love	4	8	7
1988	I´ll Always Love You	38	41	3
1988	Don´t Rush Me	33	-	2
1989	With Everey Beat Of My Heart	-	-	5
1990	Love Will Lead You Back	-	-	1
1990	I´ll Be Your Shelter	-	43	4
1990	Heart Of Stone	-	-	12
1993	Can´t Get Enough Of Your Love	-	14	20
1993	Send Me A Lover	-	-	50
1994	I´ll Wait	-	29	-
1996	Tell It To My Heart (Remix)	-	23	-

Dean, Hazell (* 27. Oktober 1952 in Chelmsford, GB als Hazel Dean Poole)

Die britische Sängerin, Songschreiberin und Produzentin HAZELL DEAN beginnt ihre Karriere in den 1970er Jahren. Ihre erste Single erscheint 1975 und ein Jahr später tritt sie mit der

Ballade I Couldn't Live Without You For A Day bei der Vorentscheidung zum Eurovision Song Contest an. Es reicht nur zu Platz acht unter zwölf Teilnehmern. Der zweite Versuch 1984 scheitert wieder im Vorentscheid.

Ein Jahr zuvor ist die Sängerin erstmals in England mit Serchin unter den ersten zehn.

Als sich die Hitfabrik Stock Aitken Waterman ihrer annimmt, landet Dean mit der Single Whatever I Do (Wherever I Go), 1984 ihren größten Hit. Danach folgen bis 1987 weitere, aber nur kleine Charterfolge in Großbritannien.

Erst 1988 kann HAZELL DEAN mit dem Coversong Who´s Leaving Who an ihre Anfangserfolge anknüpfen. Es ist gleichzeitig ihr größter Hit in Deutschland. Im Original ist diese Aufnahme von Country-Sängerin ANNE MURRAY.

Es erscheinen in den folgenden Jahren immer wieder Singles von ihr, allerdings ohne großen kommerziellen Erfolg. In den USA gelingen lediglich in den Dance-Charts einige Hits.

Später verlegt sie sich überwiegend auf das Komponieren und Produzieren.

Jahr	Titel in den Top-50 Single-Charts	DE	UK	US
1983	Searchin´ (I Gotta find A Man)	38	6	-
1984	Whatever I Do (Wherever I Go)	22	4	-
1984	Back In My Arms (Once again)	44	41	-
1985	No Fool (For Love)	-	41	-
1988	Who´s Leaving Who	15	4	-
1988	Maybe (We Should Call It A Day)	34	15	-
1989	Love Pains	-	48	-

Dee, Kiki (* 6. März 1947 in Keighley bei Bradford, GB als Pauline Matthews)

1963 erscheint die erste Single von KIKI DEE mit dem Titel Early Night, gefolgt 1964 von der Jackie DeShannon / Sharon Sheely Komposition Don't Put Your Heart in His Hands. Im Februar des gleichen Jahres tritt sie erstmals in der britischen

Musikshow „Ready Steady Go" auf. In der Folgezeit covert sie vor allem aktuelle amerikanische Soul-Hits. Gemeinsam mit MADELINE BELL und LESLEY DUNCAN unterstützt sie DUSTY SPRINGFIELD bei Live-Auftritten und Plattenaufnahmen. Springfield, ein Fan von Dee, ist im Gegenzug auf einigen ihrer Aufnahmen im Background zu hören.

Im Januar 1965 nimmt sie mit dem Stück Aspetta domani usto am Sanremo-Festival teil und erreicht das Finale. Diesen Titel nimmt Kiki daraufhin auch auf Deutsch und Spanisch auf. Es folgten weitere Aufnahmen auf Italienisch, Deutsch und Französisch.

1968 erscheint ihr Debütalbum I'm Kiki Dee. Sie ist 1969 die erste europäische und nach DEBBIE DEAN und CHRIS CLARK die dritte weiße Künstlerin, die bei Motown Records unter Vertrag genommen wird. Dort veröffentlicht sie im Mai 1970 ihr zweites Album Great Expectations.

1966 hat Dee ihre erste Filmrolle in dem britischen Musikfilm „Dateline Diamonds". Im selben Jahr singt sie den gleichnamigen Titelsong zur britischen Komödie Doctor in Clover. Viele von Dees Aufnahmen aus der zweiten Hälfte der 1960er Jahre werden zu Klassikern des Northern-Soul-Genres. Vor allem Excuse Me (1967), On A Magic Carpet Ride (1968) und Why Don't I Run Away from You (1966) sind erfolgreich. Von Letzterem nimmt sie eine deutsche Version auf. Nein, ich weiß nicht mehr, was ich tu, lautet der Titel.

Kommerzieller Erfolg stellt sich erst ein, als sie zu Elton Johns Label „Rocket Records" wechselt. So erreicht sie 1973 mit der Ballade Amoureuse Platz 13 in den britischen Charts. Gleiches gelingt ihr ein Jahr später mit I´ve Got The Music in Me.

Ihren größten Erfolg hat KIKI DEE nicht als Solokünstlerin, sondern im Duett mit ELTON JOHN. Das Stück Don´t Go Breaking My Heart, wird 1976 in England und den USA Nummer eins.

Ab 1984 versucht Dee als Schauspielerin Fuß zu fassen und ist in mehreren Musicals zu sehen.

Ein weiteres Duett mit ELTON JOHN ist 1993 ihre Version des Klassikers True Love, der einst mit GRACE KELLY und BING CROSBY zum Evergreen wird. Kiki und Elton schaffen es damit bis auf Platz zwei in Großbritannien.

Seit 1995 arbeitet sie musikalisch mit dem Gitarristen, Komponisten und Produzenten Carmelo Luggeri zusammen; die beiden haben inzwischen drei CDs veröffentlicht.

Jahr	Titel in den Top-50 Single-Charts	DE	UK	US
1973	Amoureuse	-	13	-
1974	I´ve Got The Music In Me	-	19	12
1975	You Don´t Know (How Glad I am)	-	13	-
1976	Loving And Free	-	13	-
1977	First Time in The Morning	-	32	-
1977	Chicago	-	28	-
1981	Star	-	13	-
1976	Don´t Go Breaking My Heart (& E. John)	5	1	1
1993	True Love (mit Elton John)	38	2	36

De Paul, Lynsey (* 11. Juni 1948 in London, GB als Lyndsey Monckton Rubin | gestorben am 1. Oktober 2014)

Großer Schlapphut und schwarzer Flügel sind die Markenzeichen der britischen Sängerin und Songschreiberin LYNSEY DE PAUL.
Als Texterin von Storm In A Teacup, gesungen von den FORT-UNES, hat sie 1972 ihren ersten Chart-Erfolg in Großbritannien. Im gleichen erscheint der von ihr selbst interpretierte Hit Sugar Me. Die Nummer belegt Platz eins in Belgien, den Niederlanden und Spanien.
Der nächste Erfolg ist 1973 der Titel Dancin´ On A Saturday Night, den sie gemeinsam mit BARRY BLUE komponiert hat und der von Blue gesungen wird.
Es folgen weitere Hits wie Won't Somebody Dance With Me (1973) und No Honestly (1975). In ihrem 1976 aufgenommenen Song If I Don't Get You The Next One Will verarbeitet sie das Ende ihrer Affäre mit RINGO STARR.
1977 nimmt sie gemeinsam mit MIKE MORAN den Titel Rock Bottom auf, den die beiden zusammen geschrieben und komponiert haben. Lynsey und Mike nehmen mit diesem Stück im gleichen Jahr am Eurovision Song Contest teil und belegen den zweiten Platz. Der Song erreicht in Deutschland, Frank-

reich, den Niederlanden, Österreich und der Schweiz vordere Positionen in den Single-Charts.

Insgesamt schreibt Lynsey zwischen 1972 und 1977 14 Songs, die in die britischen Charts kommen. Neben ihrer Musikkarriere betätigt sie sich als Schauspielerin im Fernsehserien und in Musicals.

In den 1980er Jahren produziert sie zwei Klassik-Alben mit Musik von Händel und Bach.

LYNSEY DE PAUL stirbt am 1. Oktober 2014 im Alter von 66 Jahren in einem Londoner Krankenhaus an den Folgen einer Hirnblutung.

Jahr	Titel in den Top-50 Single-Charts	DE	UK	US
1972	Sugar Me	16	5	-
1973	Getting A Drag	46	18	-
1973	Won´t Somebody Dance With Me	-	14	-
1974	Ooh I Do	-	25	-
1974	No Honestly	-	7	-
1975	My Man And Me	-	40	-
1977	Rock Bottom (im Duett mit Mike Moran)	4	19	-

De Shannon, Jackie (* 21. August 1944 in Hazel, Kentucky als Sharon Lee Myers)

JACKIE DE SHANNON zählt zu den ersten weiblichen Song-schreibern der Rock `n´ Roll Ära, die seit den 1960er Jahren einige Hits verfasst hat.

Da die Schallplattenfirma Zweifel daran hat, dass sie unter ihrem richtigen Namen Erfolg hat, nennt sie sich zunächst JACKIE DEE und danach in JACKIE DE SHANNON, der Name ihrer irischen Vorfahren Shannon.

Im Alter von sechs Jahren singt sie im örtlichen Radiosender Country-Songs.

Ihre ersten Plattenaufnahmen sind wenig erfolgreich, ihre Country-Songs finden allerdings Gehör bei Rock And Roll Legende EDDIE COCHRAN. Dieser arrangiert ein Treffen mit der Sängerin und Songschreiberin SHARON SHEELEY. Die beiden sind ab 1960 ein Songwriter-Team, die erfolgreich Singles für BRENDA LEE und die FLEETWOODS produzieren.

Der Durchbruch kommt mit den Stücken Needles And Pins und When You Walk in The Room, von denen es die Nummer Needles And Pins in Kanada 1963 auf Platz eins steht. Beide Songs sind später Hits für THE SEARCHERS.

In den folgenden Jahren konzentriert sich ihre Arbeit vor allem auf das Schreiben neuer Songs. Sie lernt in dieser Zeit Künstler wie ELVIS PRESLEY kennen und freundet sich mit den EVERLY BROTHERS sowie RICKY NELSON an.

Als die BEATLES im Februar 1964 ihre erste USA-Tournee antreten, ist Jackie Teil des Tour-Programms (George Harrison spielt mit ihr zusammen Gitarre) und erreicht dadurch weltweite Bekanntheit.

1965 hält sie sich für längere Zeit in England auf, wo sie gemeinsam mit JIMMY PAGE, die Hit-Singles Dream Boy, Don't Turn Your Back On Me und mehrere Songs für MARIANNE FAITHFULL schreibt.

Zurück in den USA nimmt sie im März 1965 What The World Needs Now Is Love auf und hat damit ihren ersten Top-Ten-Hit in den USA.

Auf den nächsten Erfolg muss Jackie dann vier Jahre warten. 1969 hat sie mit der Single Put a Little Love In Your Heart einen Hit. De Shannon kann danach zwar selbst keine Top-Ten-Erfolge mehr erzielen, ihre Kompositionen werden aber durch die Interpretationen anderer Künstler immer wieder zu Hits. So stammt auch der Kim-Carnes-Hit Bette Davis Eyes aus ihrer Feder.

Weitere Hits werden die Versionen von Breakaway (TRACEY ULLMAN – 1983), Put a Little Love in Your Heart (ANNIE LENNOX und AL GREEN – 1988), sowie DOLLY PARTON (1993) und When You Walk In The Room (PAM TILLIS – 1994).

Jahr	Titel in den Top-50 Single-Charts	DE	UK	US
1965	What The World Needs Now Is Love	-	-	7
1969	Put A Little Love In Your Heart	-	-	4
1969	Love Will Find A Way	-	-	40

Desireless (* 25. Dezember 1952 in Paris, Frankreich als Claudie Fritsch-Mentrop)

DESIRELESS landet 1987 einen Überraschungserfolg. Ihre Aufnahme Voyage, Voyage schießt europaweit an die Spitze der Charts und verkauft sich fast drei Millionen Mal. Bevor Claudie zur Musik findet, interessiert sie sich für die Mode und entwirft 1975 mit ihrem Freund Claude Sabbah eine Kollektion namens „Poivre et sel".
Nach einer Reise durch Indien beginnt sie 1980 mit dem Singen in Jazz-, New-Wave- und R&B-Gruppen. 1983/84, trifft sie mit dem Komponisten Jean Michel Rivat zusammen. Die ersten Singles sind nicht so erfolgreich. Voyage, Voyage bleibt aber eines der vielen One-Hit-Wonder. In Deutschland ist der Titel auf dem ersten Platz, ebenso wie in Österreich und Nummer zwei in Frankreich.

Dickson, Barbara Ruth, OBE (* 27. September 1947 in Dunfermline, Schottland)

Die britische Sängerin, Musikerin und Schauspielerin BARBARA DICKSON beginnt ihre Gesangskarriere 1964 in Folk-Clubs. Die erste kommerzielle Aufnahme entsteht 1968, dass Start-Album Do Right Woman kommt zwei Jahre später auf den Markt.
Ab 1976 ist Dickson in den britischen Popcharts zu finden. Sie etabliert sich mit ihrer eindrucksvollen Stimme als Pop- und Balladen-Interpretin. Mit Answer Me – komponiert von Gerhard Winkler und 1953 ein Nummer-eins-Hit in GB – kommt sie 1976 auf Platz neun der Hitparade. Es ist ihr Erster von zwei Top-10-Hits. Ihr bekanntester Solohit, January – February, stammt aus dem Jahr 1980 und ist auch international erfolgreich. Zusammen mit ELAINE PAIGE singt Dickson außerdem I Know Him so Well, dass aus dem Musical „Chess" stammt. 1985 kommt der Song bis auf Platz eins den britischen Charts und ist bis heute laut „Guinness Book of Records", das meistverkaufte weibliche Duett. Auch in den Album-Charts ist Barbara Dickson erfolgreich.
Des Weiteren singt sie in mehreren Musicals. In den 1990er Jahren ist sie vor allem als Schauspielerin tätig.

Jahr	Titel in den Top-50 Single-Charts	DE	UK	US
1976	Answer Me	-	9	-
1977	Another Suitcase In Another Hall		18	-
1980	Caravan Song	-	41	-
1980	January- Febuary	12	11	-
1980	In The Night	-	48	-
1984	I Know Him So Well (mit Elaine Page)	22	1	-

Dion, Céline (* 30. März 1968 in Charlemagne, Québec, Kanada als Céline Marie Claudette Dion)

Die kanadische Sängerin CELINE DION ist mit über 250 Millionen verkauften Tonträgern (davon rund 195 Millionen Alben) eine der weltweit erfolgreichsten Popsängerinnen.
Céline wächst in einem französischsprachigen Dorf in Kanada mit ihren Eltern und 14 Geschwistern auf. Im Alter von fünf Jahren macht sie mit ihrer Familie Hausmusik. Mit 13 trifft sie den Produzenten und späteren Ehemann René Angélil, den sie 1994 heiratet. Da ist sie bereits ein Superstar. Um ihre ersten beiden Alben zu finanzieren, verpfändet er sogar sein Haus. 1983 ist Céline die erste Kanadierin, die in Frankreich eine Goldene Schallplatte erhält.
1990 kommt für Dion der endgültige Durchbruch. Die Singleauskoppelungen aus dem Album Unison kommen in die US-Charts. Mit dem Titelstück des Disney-Thrillers "Die Schöne und das Biest" kommt der internationale Durchbruch.
1997 läuft der Blockbuster "Titanic" in den Lichtspielhäusern an. Der Titelsong My Heart Will Go On steht in Deutschland, England, USA und vielen anderen Ländern auf dem ersten Platz der Charts und wird mit einem Oscar prämiert.
Anfang 1999 kommt für die Künstlerin die Schocknachricht, dass ihr Mann an Krebs erkrankt ist. Céline sagt bereits bestätigte Konzerttermine ab und zieht sich zunächst aus dem Musikbusiness zurück. Ihr Leben im Rampenlicht und die damit verbundenen persönlichen Erfahrungen, schreibt sie ein Jahr später in der Autobiografie "Mein Leben, mein Traum" nieder.

Kurz vor Weihnachten 1999 erscheint ihr Best-Of-Album mit dem Titel All The Way ... A Decade Of Song, das die Beliebtheit der Sängerin bestätigt. Schon nach zwei Wochen wird das Album mit Platin ausgezeichnet. Weltweit kommt Dion auf Plattenverkäufe von 140 Millionen Alben.

Im März unterschreibt Céline Dion einen Dreijahresvertrag für ein Engagement im „Caesar's Palace" in Las Vegas und erfüllt sich damit einen Kindheitstraum. Es wird eine Theatershow, die mit Spezialeffekten ausstaffiert ist.

Eines der Konzerte erscheint 2004 als CD unter dem Titel A New Day - Live in Las Vegas.

2011 geht die Kanadierin auf große Welttournee, ehr sie abermals einen Dreijahresvertrag in Las Vegas unterschreibt, dem weitere folgen. Erst im Sommer 2019 beendet Céline Dion ihr Las-Vegas-Engagement.

Jahr	Titel in den Top-50 Single-Charts	DE	UK	US
1990	If There was (Any Other Way)	-	-	35
1990	Where Does My Heart Beat Now	-	-	4
1991	Beauty And The Beast	-	9	9
1992	If You Asked Me To	-	-	4
1992	Love Can Move Mountains	-	46	36
1993	The Power Of Love	-	4	1
1994	Misled	-	15	23
1994	Think Twice	19	1	-
1994	Only One Road	-	8	-
1995	Pour que tu m´aimes	39	7	-
1996	Falling Into You	-	10	-
1996	Because You Loved Me	13	5	1
1996	It´s All Coming Back To Me Now	-	3	2
1996	All By Myself	-	6	4
1997	Call The Man	-	11	-
1997	Tell Him	25	3	-
1997	The Reason	-	11	-

Jahr	Fortsetzung – Celine Dion	DE	UK	US
1997	My Heart Will Go On	1	1	1
1998	Immorality	2	5	-
1998	I´m Your Angel	14	3	1
1999	Treat Her Like A Lady	-	29	-
1999	That´s The Way It Is	8	12	6
2000	Face	-	19	-
2002	A New Day Has Come	6	7	22
2002	I´m Alive	4	17	-
2002	Goodbye´s (The Saddest Word)	-	38	-
2003	I Drove All Night	22	-	45
2003	One Heart	-	27	-
2007	Taking Chances	25	40	-
2013	Loved Me Back To Live	38	14	-

Dore, Charlie (* 1956 in London, GB)

CHARLIE DORE wird in London geboren und wächst dort auf. Sie besucht die Schauspielschule und wirkt dann in ein paar Fernsehserien mit.
1977 gründet sie „Charlie Dore's Prairie Oyster Band" und tingelt damit durch die Pubs von London. So wird eine Platten-Firma auf die junge Sängerin aufmerksam.
Doch bevor es zu einem Vertrag kommt, bricht die Band auseinander und Charlie steht plötzlich alleine da. Deshalb fliegt sie für die Aufnahmen zu ihrem Debütalbum extra nach Nashville, Tennessee. Als Single koppelt sie Pilot Of The Airwaves aus, (die Bitte an alle Radio-Discjockeys, doch ihre Lieblingsmusik zu spielen). Nicht zuletzt deshalb läuft dieser Song rund um die Uhr im Radio, verkauft sich aber nicht so gut. Die Aufnahme erreicht in Deutschland Platz 37 und in den USA Position 13.
So versucht Charlie Dore es ein zweites Mal, doch die Nachfolge-Single Fear Of Flying landet nur unter "ferner liefen". Als

auch ein zweites Album zum Flop wird, konzentriert sie sich wieder auf die Schauspielerei und ist in einer britischen TV-Comedy-Serie zu sehen. Bis heute ist sie eine gefragte Song-schreiberin. Aus ihrer Feder stammen z. B. SHEENA EASTONS Top Ten-Hit Strut (1984), der Nummer Eins-Hit Ain't No Doubt von JIMMY NAIL (1992) und TINA TURNERS 2000er-Hit Twenty Four Seven.

Dore, Valerie (* 28. Mai 1963 in Mailand, Italien als Monica Stucchi

VALERIE DORE hat in den 1980er Jahren ein paar Hits, die sie nicht selbst singt, sondern diese in der Öffentlichkeit per Play-back mimt. Gesungen werden die Stücke des einzigen Studio-Albums The Legend von der Sängerin DORA CAROFIGLIO, damals Sängerin der Gruppe NOVECENTO und später von SIMONA ZANINI. Erst danach singt Stucchi mit mäßigem Erfolg selbst Lieder ein.

So sind Carofilgo und Stacchi persönlich verknüpft, denn mit 15 Jahren singt Dora mit Freunden amerikanische Volkslieder in Mailänder Bars. Im Jahr 1984 schafft sie den Durchbruch, aller-dings nur als Stimme für die Mimin Monica Stucchi, die als VALERI DORE auftritt. Alles ein bisschen verwirrend aber es funktioniert, ähnlich wie bei MILLI VANILLI.

1985 beginnt dann Monica Stucchi alias Valerie Dore selbst die Titel einzusingen und ist mit der Single Get Closer in Deutsch-land und der Schweiz erfolgreich. Ihr Musikstil wird als Roman-tic Dance bezeichnet. Mit ihrer dritten Single It´s so Easy, die 1985 erscheint, hat die Sängerin dann den Gipfel des Erfolges erreicht. Die vierte Single Lancelot erreicht nur in der Schweiz die Top-Ten.

1987 kommt es zum Zerwürfnis mit ihrem Produzenten Roberto Gaspari, was gleichzeitig das Ende der Karriere bedeutet.

Da auch Nachfolgeprojekte scheitern, beendet Valerie Dore 1991 zunächst ihre Karriere und tritt erst 2007 mit "ihren" Hits im italienschen Fernsehen auf.

Jahr	Titel in den Top-50 Single-Charts	DE	UK	US
1984	The Night	5	-	-
1985	Get Closer	12	-	-
1986	Lancelot	36	-	-

Driscoll Julie (* 8. Juni 1947 in London, GB verheiratete Tippetts)

Unter ihrem Geburtsnamen wird JULIE DRISCOLL Ende der 1960er Jahre als Sängerin an der Seite von BRIAN AUGER international bekannt.

Mit 15 Jahren beginnt Julie als Sängerin in Bars und Clubs. Sie arbeitet hauptberuflich als Sekretärin für den Produzenten Giorgio Gomelsky und hat so Kontakt zur Gruppe THE STEAM-PACKET, in der u. a. BRIAN AUGER und ROD STEWART spielen. Weil eine weibliche Sängerin für die Band gesucht wird, stellt Gomelsky der Gruppe Driscoll vor und sie bekommt den Job. Nach der Auflösung der Formation wird sie Leadsängerin der neu gegründeten Band BRIAN AUGER & THE TRINITY.

1969 verlässt Driscoll die Gruppe und wechselt zum Jazz. Sie heiratet den Jazzpianisten Keith Tippetts und tritt seitdem unter ihrem neuen Namen Julie Tippetts auf.

Sie wirkt in mehreren Bands mit und ist später in der A-cappella-Gruppe VOICE aktiv.

Seit 2002 arbeitet sie mit Martin Archer zusammen, mit dem sie (Stand 2015) fünf CDs als Duo veröffentlicht hat.

Sängerinnen – E

E., Sheila (* 12. Dezember 1957 in Oakland, Kalifornien als Sheila Cecilia Escovedo)

Durch die Zusammenarbeit und kurze Partnerschaft mit dem Musiker PRINCE erreicht die US-amerikanische Sängerin, Schlagzeugerin und Perkussionistin SHEILA E. in den 1980er Jahren Bekanntheit. Mit dem 1985 erschienenen Titel A Love Bizarre hat sie ihren größten kommerziellen Erfolg. Musik wird ihr schon in die Wiege gelegt, denn ihr Vater Pedro "Pete" Escovedo ist u. a. bei CARLOS SANTANA und LIONEL RICHIE Schlagzeuger und Perkussionist.
Mit 18 Jahren ist sie mit Santana verlobt, aber da dieser schon verheiratet ist, beendet Sheila die Beziehung. Mit Prince ist sie ebenfalls verlobt, und auch hier folgt die Trennung von ihrer Seite aus. Beide Verlobungen bleiben damals geheim, erst in ihrer Autobiografie "The Beat Of My Own Drum", gibt sie es bekannt.
Im Alter von fünf Jahren lernt sie Congas zu spielen und mit 15 schließt sie sich der Band ATZTECA an. Dort singt sie und spielt Perkussion. Mitte der 1970er Jahre ist sie in der Begleitband von DIANA ROSS, GEORGE DUKE, HERBIE HANCOCK, LIONEL RICHIE und MARVIN GAYE.
PRINCE lädt sie 1984 ein, auf seinem siebten Album bei dem Song Pop Life Schlagzeug zu spielen, und schlägt Sheila vor, eine Solokarriere zu starten. Von ihm stammt auch der Vor-schlag sich SHEILA E. zu nenen.
Am 4. Juni 1984 erscheint das Debüt-Album von ihr – unter dem Titel The Glamorous Life – das in den USA Goldstatus erreicht, international aber kaum eine Rolle spielt. Alle Songs auf dem Album stammen von Prince, allerdings unter seinem

Pseudonym "Jamie Starr". Sheila tritt im Vorprogramm der Prince & The Revolution-Tour vom 4. November 1984 bis 7. April 1985 auf. Die 98 Konzerte werden von etwa 1,75 Millionen Menschen besucht.

1989 macht sich der Tour-Stress bei ihr bemerkbar, denn sie hat gesundheitliche Probleme durch dass Perkussion spielen, was dem Körper Höchstleistungen abfordert. Die linke Seite ihres Nackens ist kaputt, was zu Lähmungserscheinungen in den Beinen führt und ein Lungenflügel kollabiert. Sie muss kürzer treten.

Erst 1998 nimmt sie ihr nächstes Album auf, das aber wenig erfolgreich ist.

2010 und 2011 begleitet sie PRINCE erneut auf seiner Tournee. Am 21. Mai tritt SHEILA E. das letzte Mal mit PRINCE gemeinsam auf.

Weitere Musiker, mit denen Sheila E. im Laufe ihrer Karriere zusammenarbeitet, sind u. a. BABYFACE, CYNDI LAUPER, DON WAS, GLORIA ESTEFAN, NATALIE COLE, PATTI LABELLE, STEVIE NICKS, STEVIE WONDER und TITO PUENTE.

Anlässlich der Grammy Awards 2020 findet am 28. Januar des Jahres im „Los Angeles Convention Center" in Los Angeles ein Tribut-Konzert für PRINCE unter dem Motto "Let's Go Crazy: The Grammy Salute To Prince" statt, bei dem auch SHEILA E. mitwirkt. Das Konzert wird am vierten Todestag von PRINCE am 21. April 2020 im US-Fernsehen ausgestrahlt.

Jahr	Titel in den Top-50 Single-Charts	DE	UK	US
1984	The Glamorous Life	-	-	7
1984	The Bell Of St. Mark	-	18	34
1985	A Love Bizarre	4	-	11

Easton, Sheena (*27. April 1959 in Belshill, Schottland als Sheena Shirley Orr)

SHEENA EASTON heiratet 1979 Sandi Easton. Die Ehe hält nur acht Monate, doch sie behält den Nachnamen. Seit 1992 besitzt sie außerdem die US-Staatsbürgerschaft. Sie adoptiert

1994 einen Jungen (Jake) und 1996 ein Mädchen (Skylar). Auch ihre drei weiteren Ehen gehen nach nur wenigen Monaten in die Brüche. Sheena ist als Produzentin von Sammlerpuppen und als Geschäftsfrau überaus erfolgreich und zählt zu einer der reichsten Frauen, die aus Schottland stammen.

Die Künstlerin schafft mit der BBC produzierten Sendung "The Big Time" den Durchbruch in England. Zuvor absolviert sie die "Royal Scottish Academy of Music and Drama". 1981 singt sie den gleichnamigen Titelsong zu dem James Bond Film „In tödlicher Mission (Originaltitel: For Your Eyes Only)". Ihr größter Erfolg ist 1980 der Song Morning Train (9 To 5). Dieses Stück steht u. a. für zwei Wochen auf Platz eins der US-Charts. Ihre musikalischen Höhepunkte sind die Alben A Private Heaven (1984) und The Lover In Me (1988), für die jeweils PRINCE einige Songs komponiert. Außerdem singt sie ein paar Lieder mit ihm im Duett. Beide komponieren für das 1989er Album Be Yourself von PATTI LABELLE den Titel Love '89. 1981 und 1984 kann SHEENA EASTON eine Grammy-Auszeichnung verbuchen und 2004 wird sie in der „Las Vegas Casino Legends Hall Of Fame" geehrt. Musikalisch wird es ab dem Jahr 2000 stiller um die Sängerin. 2008 tritt sie erstmalig wieder außerhalb der USA auf.

Als Schauspielerin ist sie in Deutschland vor allem durch die Gastrolle in „Miami Vice" an der Seite von Don Johnson bekannt geworden.

Jahr	Titel in den Top-50 Single-Charts	DE	UK	US
1980	Modern Girl	-	8	18
1980	Morning Train (9 To 5)	-	3	1
1980	One Man Woman	-	14	-
1981	Take My Time	-	44	-
1981	When He Shines	-	12	30
1981	For Your Eyes Only	5	8	4
1981	Just Another Broken Heart	-	33	-
1981	You Could Have Been With Me	-	-	15
1982	Machinery	-	38	-
1983	We´ve Got Tonight (mit Kenny Rogers)	-	28	6

Jahr	Fortsetzung – Sheena Easton	DE	UK	US
1983	Telefone (Long Distance Love Affair)	-	-	9
1983	Almost Over You	-	-	25
1984	Strut	21	-	7
1984	Sugar Walls	-	-	9
1985	Do It For Love	-	-	29
1987	U Got The Look	-	11	2
1988	The Lover In Me	26	15	2
1989	The Arms Of Orion (mit Prince)	-	27	36
1991	What Comes Naturally	-	-	19

Elliman, Yvonne Marianne (* 29. Dezember 1951 in Honolulu, Hawaii)

YVONNE ELLIMAN ist in Honolulu auf Hawaii geboren und aufgewachsen, der Vater ist irischer Abstammung und die Mutter hat japanische Wurzeln. So beginnt der Lebenslauf der Sängerin und Schauspielerin Yvonne Elliman.
Ab 1969 ist London ihr neues Zuhause. Dort arbeitet sie Barund Clubsängerin. Bei einem ihrer Auftritte wird sie entdeckt und als Backgroundsängerin für ERIC CLAPTON verpflichtet. So ist Yvonne beispielsweise auf der Clapton-Aufnahme I Shot The Sheriff zu hören. Sie erhält einen Plattenvertrag und ist neben TONY ASTHON auf dem 1971er Soloalbum Gemini Suite von JON LORD (DEEP PURPLE) dabei.
Nebenher tritt sie in einem Folk-Club auf und wird dort von den Musical-Produzenten Andrew Lloyd Webber und Tim Rice gesehen, die gerade die Besetzung für ihre Rock-Oper Jesus Christ Superstar zusammenstellen. Elliman wird für die Rolle der "Maria Magdalena" engagiert.
Als das Musical erstmals auf dem Broadway aufgeführt wird, spielt sie diese Rolle ebenso, wie in der späteren Verfilmung von Norman Jewison. 1974 wird sie für diese Arbeit als erste Hauptdarstellerin, die von einer Pazifik-Insel stammt, für den Golden Globe Award nominiert.

Ab 1972 veröffentlicht sie insgesamt sechs Solo-Alben, allerdings mit durchschnittlichem Erfolg.

Ihr größter Hit ist 1977 der Bee-Gees-Song If I Can´t Have You. Yvonne nimmt dieses Stück für das Soundtrack-Album zum Film Saturday Night Fever auf.

Als Schauspielerin ist sie Ende der 1970er Jahre in zwei Episoden der Fernsehserie „Hawaii Fünf-Null" zu sehen. Danach verabschiedet sich YVONNE ELLIMAN von der Bühne und zieht sich ins Privatleben zurück.

In den 1990er Jahren erscheinen einige Kompilationen ihrer besten Lieder und 2004 kehrt sie mit einem neuen Album zurück in die Musikszene.

Jahr	Titel in den Top-50 Single-Charts	DE	UK	US
1971	I Don´t Know How To Love Him	-	-	28
1976	Love Me	-	6	14
1977	Hello Stranger	-	26	15
1977	I Can´t Get You Out Of My Mind	-	17	-
1978	If I Can´t Have You	-	4	1
1979	Love Pains	-	-	34

Enya (* 17. Mai 1961 in Gaoth Dobhair, Irland als   Eithne Pádraigín Ní Bhraonáin

Die irische New-Age-Musikerin ENYA verkauft bis 2008 weltweit über 70 Millionen Alben.

Enya (was etwa kleines Feuer bedeutet), wächst mit ihren acht Geschwistern bis zu ihrem dritten Lebensjahr in einer rein irischsprachigen Umgebung auf.

Im Alter von elf Jahren beginnt sie Klavier zu spielen, hauptsächlich klassische Musik. Nach dem Ende ihrer Ausbildung tritt sie der Band CLANNAD bei. Es ist die Gruppe ihrer Familie.

1982 verlässt ENYA die Formation und zieht in die Nähe von Dublin.

Bei CLANNAD spielt sie mit drei Geschwistern und ihren beiden Onkeln. Mitte der 1980er Jahre beginnt die Sängerin und Songwriterin dann ihre Solokarriere. Der internationale Durchbruch gelingt ihr 1988 mit der Single Orinoco Flow (Sail Away), die in Großbritannien Platz eins belegt und in Deutschland auf Position zwei steht.

Der Song Only Time wird im Spielfilm „Sweet November" zur musikalischen Untermalung einer Schlüsselszene verwendet und ist zunächst wenig erfolgreich. International bekannt wird das Stück durch die Terroranschläge am 11. September 2001, als er zur Unterlegmusik der Fernsehübertragung genommen wird. Der Titel erreicht dadurch die Top-Ten der US-Charts. In Deutschland ist die Nachfrage nach Only Time so groß, dass der Song hier auf dem ersten Platz landet. In Großbritannien ist die Nummer nicht so gefragt.

Enya erhält 2001 den "Echo" für die erfolgreichste internationale Single auf dem deutschen Markt und eine weitere Nominierung für das beste Album. Die Einnahmen durch das Lied spendet Enya den Hinterbliebenen der Anschlagsopfer und den New Yorker Feuerwehrleuten.

Im Januar 2002 veröffentlicht Enya das Stück May It Be, das Titellied des ersten Teils der Filmreihe "Der Herr der Ringe". Während die Single in Großbritannien nur die Top-50 erreicht, steigt die Single in Deutschland direkt auf Platz eins ein.

In ihren Musik-Videos zeigt Enya ihre ausgeprägte Naturverbundenheit. Insbesondere der Bezug zum Meer ist sehr stark.

Mit einem Abstand von sieben Jahren zum Vorgänger erscheint im November 2015 das Album Dark Side Island, mit dem sie sich musikalisch an ihr erstes Werk Watermark annähert. Somit schließt sich der Kreis.

Jahr	Titel in den Top-50 Single-Charts	DE	UK	US
1988	Orinoco Flow (Sail Away)	2	1	24
1988	Evening Falls	-	20	1
1989	Storms in Africa (Part II)	-	41	-
1991	Caribbean Blue	50	13	-
1992	Book Of Days	-	10	-
1992	The Celts	-	29	-
1995	Anywhere Is	44	7	-

Jahr	Fortsetzung – Enya	DE	UK	US
1996	On My Way Home	-	26	-
1997	Only If	-	43	-
2000	Only Time	1	32	10
Jahr	Fortsetzung – Enya	DE	UK	US
2002	May It Be	1	50	-
2005	Amarantine	47	-	-

Estefan, Gloria (* 1. September 1957 in Havanna, Kuba als Gloria María Milagrosa Fajardo García)

Die Musik der Sängerin und Schauspielerin GLORIA ESTEFAN hat ihre Wurzeln sowohl in der englischsprachigen Popmusik als auch in lateinamerikanischen Rhythmen.
Auf einer Hochzeitsfeier lernt sie ihren späteren Mann, den kubanischen Landsmann Emilio Estefan junior, kennen und heiratet ihn 1978. Auf der selben Feier trifft sie auf seine Band, die MIAMI LATIN BOYS. Ein Jahr später wird diese Formation in MIAMI SOUND MACHINE umbenannt.
Die ersten Alben enthalten englische und spanische Titel, finden aber wenig Beachtung.
Erst nach dem Wechsel zu der Plattenfirma CBS international und dem Album Miami Sound Maschine, steigt die Popularität der Gruppe.
Größere Bekanntheit erlangen sie im Sommer 1984, als sie sich dem englischsprachigen Disco-Pop zuwenden. Die Single Dr. Beat wurde der erste Erfolg der Gruppe und steigt – zumindest in Europa in die Top-10 ein.
1985 kommt das Album Primitive Love auf den Markt, aus dem die US-Top-Ten Hits Conga, Bad Boy und Words Get In The Way ausgekoppelt werden. Mit letzterem Titel beweisen Gloria und die Gruppe, dass sie sowohl mit Balladen als auch mit Pop-Songs erfolgreich sein können.
Für den Film "Top Gun" singt Estefan das Stück Hot Summer Nights.

1989 tritt GLORIA ESTEFAN dann erstmals als Solointerpretin auf – sie wird aber bis heute von der MIAMI SOUND MACHINE in wechselnder Besetzung bei ihren Konzerten begleitet.

Am 20. März 1990 wird die Sängerin bei einem Verkehrsunfall schwer verletzt und erholt sich nur langsam von den Unfallfolgen. Ihre Erfahrung verarbeitet sie anschließend in dem Album Into The Light (1991), von dem der US-Nummer-eins-Hit Coming Out Of The Dark ausgekoppelt wird.

Das Album Mi Tierra, das 1993 auf den Markt kommt, enthält rein spanische Titel und wird der absolute Durchbruch. Es verkauft sich weltweit über acht Millionen Mal. Daneben widmet sie sich weiterhin mit Erfolg dem englischsprachigen Pop.

Den ersten Kinoauftritt hat die Künstlerin zusammen mit MERYL STREEP in "Musik Of Heart" im Jahr 1999.

Gloria ist in den Vereinigten Staaten zu einer wichtigen Pionierin lateinamerikanischer Musik geworden. Alle Liedtexte werden für das amerikanische Publikum ins Englische übersetzt, in Abriendo Puertas werden zudem alle Rhythmen und Lieder den Hörern auf Englisch erklärt.

Die Sängerin fördert junge Talente, ein Beispiel dafür ist die brasilianische Musikgruppe SÓ PRA CONTRAIAR. Durch die Zusammenarbeit wird diese Gruppe im lateinamerikanischen Raum sehr bekannt und der Leadsänger ALEXANDRE PIRES ist mittlerweile ein erfolgreicher Solokünstler.

Im November 2015 bekommt GLORIA ESTEFAN von US-Präsident Barack Obama die "Presidential Medal of Freedom" verliehen.

Jahr	Titel in den Top-50 Single-Charts	DE	UK	US
1984	Dr. Beat	7	6	-
1985	Conga!	-	-	10
1986	Bad Boy	6	16	8
1986	Words Get In The Way	-	-	5
1986	Falling in Love (Uh-Oh)	-	-	25
1987	Rhythm Is Gonna Get You	-	16	5
1987	Betcha Say That	-	-	36
1987	Can´t Stay Away From You	-	7	6

Jahr	Fortsetzung – Gloria Estefan	DE	UK	US
1988	Anything For You	-	10	1
1988	1-2-3	-	9	3
1989	Don´t Wana Loose You	41	6	1
1989	Oye mi canto (Hear My Voice	28	16	48
1989	Back On Your Feet	46	23	11
1990	Here We Are	-	23	6
1990	Cuts Both Ways	-	49	44
1991	Coming Out Of The Dark	45	25	1
1991	Seal Our Fate	-	24	-
1991	Remeber Me With Love	-	22	-
1991	Can´t Forget You	-	-	43
1991	Live For Loving You	-	33	22
1992	Always Tomorrow	-	24	-
1992	Miami Hitmix	-	8	-
1993	I See You Smile	-	48	48
1993	Go Away	-	13	-
1993	Mi Tierra	-	36	-
1993	Con los anos queme quedin	-	40	-
1994	Turn The Beat Around	-	21	13
1994	Hold Me, Thrill Me, Kiss Me	-	11	-
1995	Everlasting Love	-	19	28
1996	Reach	-	15	42
1996	You´ll Be Mine (Party Time)	-	18	-
1996	I´m not Giving You Up	-	28	40
1998	Heaven´s What I Feel	-	17	27
1998	Oye Gloria!	-	33	-
1998	Don´Let This Moment end	-	28	-
1999	Music Of My Heart (mit `N Sync)	-	34	2
2005	Doctor Pressure	31	3	-

Everett, Betty (* 23. November 1939 in Greenwood (Mississippi | gestorben am 19. August 2001)

Wie bei so vielen afroamerikanischen Soulsängerinnen steht am Anfang der musikalischen Karriere die Mitgliedschaft in einem Gospelchor. Im Alter von neun Jahren beginnt BETTY EVERETT eine Ausbildung zur Pianistin und siedelt 1957 nach Chicago um. Sie erhält im gleichen Jahr einen Plattenvertrag, aber die ersten Singles sind erfolglos, weil die Plattenfirmen nur regional agieren.

Mit dem Wechsel zum Label Vee-Jay 1963 stellt sich der Erfolg ein, denn die Plattenfirma operiert US-weit. Gleich die zweite Single-Veröffentlichung You´re No Good kommt bis auf Platz 51 in den US-Billboard-Charts.

Der größte Solo-Erfolg wird ein Jahr später die Nummer Shoop Shoop Song. Der Titel steigt bei den Hot-100 bis auf Position sechs und in den R&B-Charts sogar bis an die Spitze.

Im Duett mit JERRY BUTLER hat sie im gleichen Jahr die höchste Platzierung in den Billboard-Charts. Der Song Let It Be Me kommt in den USA auf Platz fünf.

Die nächsten drei Singles bei Vee-Jay floppen und so wechselt Everett zum Platten-Label ABC Records, hat aber da keine neuen Erfolge. Es folgt die nächste Plattenfirma, die ihr mit There´ll Come A Time noch einmal einen Platz in den Top-30 beschert. Danach hat sie nur Hits in den R&B-Charts.

1964 und 1991 wird BETTY EVERETT mit dem „BMI Pop Awards" ausgezeichnet, ebenfalls 1964 erhält sie den „BMI R&B Award".

In den 1990er Jahren tritt sie mehrfach in Fernseh- und Radio-Shows auf, u. a. mit ihrem Duett-Partner JERRY BUTLER.

In ihren letzten Lebensjahren wohnt sie zusammen mit ihrer Schwester in Beloit, Wisconsin. Dort stirbt sie 2001 im Alter von 61 Jahren.

Jahr	Titel in den Top-50 Single-Charts	DE	UK	US
1964	The Shoop Shoop Song	-	-	6
1964	Let It Be Me (mit Jerry Butler)	-	-	5
1969	There´ll Come A Time	-	-	26

Sängerinnen – **F**

Faithfull, Marianne (* 29. Dezember 1946 in Hampstead, London, GB als Marian Evelyn Faithfull)

Die musikalische Karriere von MARIANNE FAITHFULL beginnt, als sie den Produzenten Andrew Loog Oldham kennen lernt. Er macht Marianne mit den ROLLING STONES bekannt. Sie nimmt die Jagger/Richards-Nummer As Tears Go By auf und erreicht mit diesem Titel im August 1964 Platz neun in den britischen Hitparaden. 1965 hat die Sängerin drei weitere Singles in den UK-Charts. Ab 1966 ist sie fast vier Jahre mit dem Rolling Stones-Boss MICK JAGGER liiert und verlegt sich in diesem Zeitraum mehr auf die Schauspielerei. Alkohol- und Drogenprobleme und ein Selbstmordversuch werfen sie in den 1970ern immer wieder zurück. 1980 ist MARIANNE FAITHFULL musikalisch wieder da. Ihr Titel The Ballad Of Lucy Jordan ist in Deutschland im Februar 1980 auf Platz fünf. Obwohl neben der Musik aber ihre Theater- und Filmkarriere im Vordergrund steht, liefert sie parallel hervorragende Alben ab.

Jahr	Titel in den Top-50 Single-Charts	DE	UK	US
1964	As Tears Go By	-	9	22
1965	Come Stay With Me	-	4	26
1965	This Little Bird	-	6	32
1965	Summer Nights	-	10	24
1967	Is This What I Get For Loving You	-	43	-
1979	The Ballad Of Lucy Jordan	5	48	-
1980	Broken English	36	-	-

Fältskog, Agnetha (* 5. April 1950 in Jönköping, Schweden als Agneta Åse Fältskog

Die schwedische Sängerin und Komponistin AGNETHA FÄLTS-KOG ist von 1972 bis 1982 Mitglied bei einer der erfolgreichsten Popgruppen aller Zeiten: ABBA.
Im Alter von sechs Jahren steht sie das erste Mal - vom Vater organisiert - auf einer Bühne. Sie lernt Klavierspielen und komponiert schon früh eigene Lieder. Mit 15 verlässt sie die Schule und arbeitet in einem Jonköpinger Autowerk als Telefonistin. Nebenher tritt sie ab 1966 als Sängerin bei einer Band namens "Bernt Enghardt's Orkestra" auf, wo sie u. a. ihre eigenen, selbst komponierten Lieder singt.
Der Talentsucher Karl-Gerhard Lundkvist ("Little Gerhard") hört 1967 ihr Stück jag var så kär (Ich war so verliebt). Er fördert Agnetha und besorgt ihr den ersten Plattenvertrag. Im Januar 1968 steigt dieser Song in der schwedischen Hitparade zur Nummer eins auf. Innerhalb von Schweden wird Angnetha schnell bekannt und erfolgreich. Im selben Jahr nimmt sie mit dem Produzenten Dieter Zimmermann, mit dem sie kurzzeitig verlobt ist, in Berlin einige - weitestgehend erfolglose - deutschsprachige Titel auf.
Zurück in Schweden trifft Agnetha 1969 bei der Fernsehaufzeichnung einer Musikveranstaltung BJÖRN ULVAEUS, einen in Schweden bekannten Musiker der HOOTENANNY SINGERS. Ulvaeus und Fältskog heiraten am 6. Juli 1971. Am Ende desselben Jahres steht sie in der schwedischen Fassung von „Jesus Christ Superstar" als „Maria Magdalena" auf der Bühne, bekanntermaßen folgt dann die Erfolgsstory und einmalige Karriere von ABBA.
Nach dem Aus der Gruppe 1982, versucht sie sich als Solo-Interpretin und bringt hervorragende Songs auf den Markt, kann damit aber nicht an die großen Erfolge mit ABBA anknüpfen.
2013 singt sie im Duett mit GARY BARLOW (Ex-Take-That), der Agnetha sogar dazu überreden kann - nach 25 Jahren - für ein Konzert Live mit ihm aufzutreten.

Jahr	Titel in den Top-50 Single-Charts	DE	UK	US
1982	Never Again (mit Tomas Ledin)	37	-	-
1983	The Heat Is On	28	35	-
1983	Wrap Your Arms Around Me	30	44	-
1985	I Won´t Let You Go	24	-	-
2004	If I Thought You´d ever Changes Your...	-	11	-
2004	When You walk In The Room	-	34	-

Fernandez, Luisa (* 14. August 1961 in Vigo, Spanien)

LUISA FERNANDEZ wird in Spanien geboren, wächst aber in der Nähe von Hamburg auf. 1977 wird sie bei einem Talentwettbewerb in einer Diskothek in Alveslohe (Kreis Segeberg) entdeckt. Sie bekommt einen Plattenvertrag und das von John David Parker produzierte Debütalbum Discodarling wird gleich ein Riesenerfolg. Die Single Lay Love On You ist im März 1978 Platz sieben in Deutschland, Nummer fünf in Österreich und auf Position 15 in der Schweiz. In Belgien erreicht sie sogar Goldstatus. Im selben Jahr nimmt sie davon die deutsche Version Ein Mann wie du auf, die aber in der Fassung von Tina York etwas Erfolgreicher wird. Eine zweite Hit-Single ist Give Love A Second Chance, die auf Platz elf in Deutschland landet und Nummer 15 in Österreich wird. 1979 erscheint das zweite Album Spanish Dancer. Nach dem Abebben der Discowelle hört man eine Weile nur wenig von ihr, bis sie den deutschen Sänger und Produzenten PETER KENT kennen lernt. 1986 nehmen sie die gemeinsame Single Solo por ti auf und landen auf Platz eins der österreichischen Hitparade. I dem deutschen Nachbarland kann das – zu diesem Zeitpunkt – liierte Paar die größten Erfolge verbuchen. Con Esperanza, Dos horas mas, La luna lila (Purple Moon), Quizás, quizás, quizás und Y tu sind alle in den Top-20. 1997 beendet Luisa die Zusammenarbeit mit PETER KENT.

Jahr	Titel in den Top-50 Single-Charts	DE	UK	US
1978	Lay Love On You	7	-	-
1978	Give Love A Second Chance	11	-	-
1986	Solo por ti (mit Peter Kent)	18	-	-

Flack, Roberta (* 10. Februar 1937 in Black Mountain, North Carolina)

Die amerikanische Soulsängerin, Pianistin und Songschreiberin ROBERTA FLACK ist untrennbar mit dem Stück Killing Me Softly With His Song verbunden.
Sie ist studierte Musikpädagogin und bereitet sich auf eine klassische Pianistenkarriere vor. Nebenher spielt sie in Washingtoner Nachtclubs. Der Durchbruch im Popbereich kommt 1971 mit der 1969 aufgenommenen Ballade The First Time Ever I Saw Your Face, die der Schauspieler und Filmemacher CLINT EASTWOOD für seinen Film "Sadistico" auswählt. Der Song wird 1972 Nummer eins in den USA und 1973 mit dem Grammy-Award ausgezeichnet.
Ihr nächster Spitzenreiter kommt 1974 mit dem Titel Killing Me Softly With His Song auf den Markt und wird, wie schon oben beschrieben, ihr größter Erfolg. Die Aufnahme Feel Like Makin´ Love wird ihr dritter und letzter Nummer-eins-Hit in den USA. Weitere Hits hat Roberta im Duett mit DONNY HATHAWAY und PEABO BRYSON.
Ihr 1963 geborener Sohn Bernard Wright ist ebenfalls Musiker.

Jahr	Titel in den Top-50 Single-Charts	DE	UK	US
1971	You´ve Got A Friend (& Donny Hathaway)	-	-	29
1972	The First Time Ever I Saw Your Face	-	14	1
1972	Where Is The Love? (& Donny Hathaway)	-	14	1
1973	Killing Me Softly With His Song	30	6	1
1974	Feel Like Makin´ Love	-	34	1
1975	Feelin´ That Glow	-	16	5

Jahr	Fortsetzung – Roberta Flack	DE	UK	US
1978	The Closer I Get To You	-	42	2
1978	I Ever See You	-	-	24
1980	You Are	-	-	47
1980	Back Together Again	-	3	-
1980	Don´t Make Me Wait	-	44	-
1982	I´m The One	-	-	42
1983	Tonight I Celebrate My Love (& P. Bryson)	-	2	16
1991	See The Night To Music	-	-	6
1996	Killing Me Solftly With His Song	38	-	-

Fox, Samatha (* 15. April 1966 in London, GB als Samantha "Sam" Karen Patricia Fox

Bekannt wird die britische Pop-Sängerin, Schauspielerin und das Fotomodell SAMANTHA FOX im Alter von 16 Jahren. Sie präsentiert sich in der britischen Boulevardzeitung "The Sun" als das Mädchen von Seite 3 oben ohne. So wird sie in den folgenden Jahren eines der bekanntesten Pin-Up-Girls in Großbritannien, auch wegen ihrer natürlichen Oberweite. 1983 lässt sich Samatha ihre Brüste für 500.000 Dollar versichern.
Ab 1986 ist sie als Sängerin erfolgreich. Ihre erste Single Touch Me (I Want Your Body) landet im Frühjahr 1986 ganz vorn in den internationalen Hitparaden. In der Schweiz ist die Aufnahme sogar auf Platz eins. Zwei weitere Top-10-Hits kommen in Deutschland, Großbritannien und den USA bis 1989 dazu. Seitdem folgen in unregelmäßigen Abständen, Alben.
2009 nimmt SAMANTHA FOX an der neunten Staffel der britischen Fernsehshow "I'm a Celebrity...Get Me Out of Here!" teil. Im Sommer 2016 beteiligt sie sich an der 18. Ausgabe von „Celebrity Big Brother".
2015 muss Samatha einen Schicksalsschlag hinnehmen, denn ihre Managerin und Lebensgefährtin Myra Stratton stirbt. Die beiden waren seit 2003 ein Paar. Seit Januar 2018 ist Samatha Fox wieder in einer Beziehung.

Jahr	Titel in den Top-50 Single-Charts	DE	UK	US
1986	Touch Me (I Want Your Body)	4	3	4
1986	Hold Tight	5	10	-
1986	I´m All You Need	-	26	-
1987	Nothing´s Gonna Stop Me Now	6	8	-
1987	I Surrender (To The Spirit Of The Night)	21	25	-
1987	I Promise You (Get Ready)	40	-	-
1987	True Devotion	32	-	-
1988	Naughty Girls (Need Love Too)	21	31	3
1988	I Wanna Have Some Fun	-	-	8
1988	Love House	25	32	-
1989	I Only Want To Be With You	25	16	31
1998	Santa Maria	-	31	-

Francis, Connie (*12. Dezember 1937 in Newark, New Jersey als Concetta Rosa Maria Franconero)

Die US-amerikanische Pop- und Schlagersängerin CONNIE FRANCIS feiert ihre große Erfolge bis in die zweite Hälfte der 1960er Jahre. Viele ihrer Hits bringt sie auch in deutscher Sprache heraus. Als Livekünstlerin ist sie heute noch (Stand Dezember 2020) aktiv.
Die ersten Jahre verbringt die Sängerin mit italienischen Wurzeln in Brooklyn, ehe die Eltern nach Newark übersiedeln.
Im Alter von drei Jahren ist sie auf Nachbarschaftsfesten und Talentwettbewerben auf der Bühne. Nach der Highschool tritt Connie weiterhin bei Feiern und Wettbewerben auf.
1954 wandelt sie ihren Geburtsnamen in CONNIE FRANCIS um und bewirbt sich bei Plattenfirmen. Die Großen der Branche lehnen ab, weil sie für untalentiert gehalten wird.
So bietet MGM-Records ihr einen Vertrag an, aber nur, weil der zuständige Manager Harry A. Myerson den Titel Freddy für ein gelungenes Geburtstagsgeschenk für seinen Sohn hält.

Kommerziell floppt die Nummer, ebenso wie die nächsten acht Solo-Singles.

Der erste Charterfolg ist ein Duett mit MARVIN RAINWATER, der aber zu spät kommt, denn der Vertrag mit MGM läuft aus und Connie will schon ein Medizin-Studium beginnen. Der Beharrlichkeit ihres Vaters ist es zu verdanken, dass sie doch zu Starruhm gelangt. Mit der 1923 geschriebenen Nummer Who´s Sorry Now? kommt der Durchbruch. Connie mag den Song überhaupt nicht, nimmt ihn aber letztlich doch auf. Am 1. Januar 1958 spielt Moderator Dick Clark die Nummer in der damals angesagten Sendung "American Bandstand". Bis Jahresmitte 1958 sind über 1 Millionen Exemplare verkauft und der Song ist Nummer eins in England und auf Platz vier in den USA.

Umgehend bietet ihr MGM-Records einen neuen Vertrag an, den sie trotz anderer lukrativerer Angebote unterzeichnet, denn MGM bot ihr Dank des Verhandlungsgeschickes ihres Managers einmalige Arbeitsbedingungen.

Die Folgesingles floppen und erst als NEIL SEDAKA und HOWARD GREENFIELD für sie die Nummer Stupid Cupid schreiben, geht die Post ab und sie ist plötzlich ein internationaler Star, der Hit auf Hit in den Charts platziert. Sie bringt Alben in italienischer Sprache heraus und singt auf Deutsch.

Sie wechselt zwar musikalisch ins Erwachsen-Genre, nimmt aber weiterhin Singles für den Teenagermarkt auf.

CONNIE FRANCIS wirkt in vier Spielfilmen mit, sieht sich aber nie als ernsthafte Schauspielerin und lehnt weitere Angebote ab.

Sie gehört zu den weinigen amerikanischen Künstlerinnen, die regelmäßig Alben in verschiedenen Sprachen aufnehmen.

Den ersten Nummer-eins-Hit in den USA hat Francis 1960 mit der Nummer Everybody's Somebody's Fool. Die deutsche Fassung unter dem Titel Die Liebe ist ein seltsames Spiel, wird zur erfolgreichsten Single des Jahres in Deutschland.

Im Laufe der folgenden Jahre baut sie ihr Aufnahmeportfolio auf insgesamt fünfzehn Sprachen aus: Deutsch, Englisch, Französisch, Griechisch, Hawaiisch, Hebräisch, Italienisch, Japanisch, Jiddisch, Latein, Neapolitanisch, Niederländisch, Portugiesisch, Schwedisch und Spanisch.

Bis 1964 erreichen ihre Singles die Top 40, danach sind sie nur noch in den hinteren Rängen der Hot 100 anzutreffen oder verfehlen den Einzug dort. Sie ist aber weiterhin eine gefragte Live-Künstlerin in den Showtempeln von Las Vegas und New York City und gastiert in wichtigen internationalen Konzerthäusern wie dem „London Palladium" oder dem „Olympia" in Paris.

1970 zieht sich die Sängerin weitestgehend ins Privatleben zurück. Aber schon 1973 ist sie wieder im Aufnahmestudio und nimmt zwei neue Singles auf.

Ein Jahr später, am 8. November 1974 kommt es in einem Motel in New York für sie zu einer Tragödie. Nach einem Konzert wird sie im Motelzimmer brutal vergewaltigt und erstickt beinahe unter dem Gewicht einer schweren Matratze, die der Angreifer auf sie geworfen hat. Da das Türschloss defekt war, verklagt sie die Motelkette auf Schadensersatz und bekommt 2,5 Millionen Dollar zugesprochen, mit denen sie eine Opferhilfe gründet.

Ein weiterer Schicksalsschlag ereilt die Sängerin 1977. Durch eine fehlgeschlagene Nasenoperation verliert sie die Stimme, die sie erst durch Gesangsunterricht wiederfindet. Trotzdem kehrt sie 1978 ins Aufnahmestudio zurück.

Trotz weiterer negativer Ereignisse setzt sie ihre Karriere fort und schreibt 1984 ihre Autobiografie Who´s sorry Now?

Als Live-Künstlerin bleibt sie weiterhin aktiv, aber die Charterfolge sind ab 1965 spärlich.

Jahr	Titel in den Top-50 Single-Charts	DE	UK	US
1957	Who´s Sorry Now	-	1	4
1958	Look Up Your Heart	-	11	36
1958	Stupid Cupid	-	1	17
1958	Fallin´	-	20	30
1958	I Get By	-	19	-
1958	You Always Hurt The One You Love	-	13	-
1958	My Happiness	10	4	2
1959	If I Didn´t Care	-	-	22
1959	Lipstick On Your Collar	-	3	5
1959	Frankie	-	-	9
1959	You Gonna Miss Me	-	18	34

Jahr	Fortsetzung – Connie Francis	DE	UK	US
1959	Among My Souvenirs	-	11	7
1959	God Bless America	-	-	36
1960	Mama	-	2	8
1960	Teddy	-	-	17
1960	Jelous Of You (Tango dellagelosia)	-	-	19
1960	Valentino	-	27	-
1960	Everybody´s Somebody´s Fool	26	5	1
1960	Die Liebe ist ein seltsames Spiel	3	-	-
1960	My Heart Has A Mind Of His Own	-	3	1
1960	Many Tears Ago	-	12	7
1960	Ich komm nie mehr von dir los	39	-	-
1960	Where The Boys Are	-	5	4
1960	No One	-	-	34
1961	Breakin´ in A Brand New Broken Heart	-	12	7
1961	Schöner fremder Mann	3	-	-
1961	Together	-	6	6
1961	Einmal komm ich wieder	16	-	-
1961	Hollywood	-	-	42
1961	Dreamboat	-	-	14
1961	When The Boy In Your Arms (Is the Boy..)	-	-	10
1961	Eine Insel für zwei	7	-	-
1961	Baby´s First Christmas	-	30	26
1962	Don´t Break The Heart That Loves You	2	39	1
1962	Paradiso	2	-	-
1962	Lili Marleen	9	-	-
1962	Second Hand Love	-	-	7
1962	Vacation	-	10	9
1962	I Was Such A Fool (To Fall in Love With You)	-	-	24

Jahr	Fortsetzung – Connie Francis	DE	UK	US
1962	Wenn du gehst	2	-	-
1962	I´m Gonna Be Warm This Winter	-	48	18
1963	Follow The Boys	-	-	17
1963	You´Re The Only One Can Hurt Me	-	-	23
1963	Barcarole in der Nacht	1	-	-
1963	Drowin´ My Sorrows	-	-	36
1963	Whatever Happend To Rosemarie	-	-	28
1963	Die Nacht ist mein	3	-	-
1964	Nino	12	-	-
1964	Blue Winter	-	-	24
1964	Be Anything (But Be Mine)	-	-	25
1964	Napoli	12	-	-
1964	Looking For Love / Ich wär´ gerne verliebt	22	-	45
1964	Don´t Ever Leave Me	-	-	42
1964	Abends in der Mondscheinallee	23	-	-
1964	Who´s Heart Are You Breaking Tonight	-	-	43
1965	For Mama	-	-	48
1965	Du musst bleiben, Angelino	10	-	-
1965	My Child	-	26	-
1965	Hast du Heimweh/Weekend Boy	29	-	-
1965	Mein Herz wird warten	24	-	-
1965	Jealous Heart	-	44	47
1966	Laß mich geh´n	24	-	-
1966	Meine Reise ist zu Ende	24	-	-
1966	Es ist schön, dass es dich gibt	24	-	-
1967	Keine Liebe ohne Tränen	30	-	-
1992	Go, Connie, Go	23	-	-
1992	Jive Connie	2	-	-

Franklin, Aretha Louise (* 25. März 1942 in Memphis, Tennessee | gestorben am 16. August 2018)

Die amerikanische Soulsängerin, Songwriterin und Pianistin ARETHA FRANKLIN hat ein breites musikalisches Spektrum. Es umfasst R&B, Gospel, Jazz, Pop und Dance. In der zweiten Hälfte der 1960er Jahre steigt sie zur ungekrönten "Queen Of Soul" auf.
Sie wächst mit ihren vier Geschwistern in der Industriemetropole Detroit, Michigan auf. Schon früh kommt sie durch ihren Vater mit der Musik in Berührung. Sie singt mit ihren beiden Schwestern Carolyn und Erma im Chor der „New Bethel Baptist Church" ihres Vaters Cecil Franklin, einem bekannten Baptistenprediger in den USA. Im Alter von 18 Jahren entdeckt sie neben dem Gospelgesang die Popmusik. Für das Label Columbia-Records spielt Aretha 1960 ihre erste Pop-Single ein. Die Aufnahme bleibt zwar ohne Erfolg, bringt ihr aber eine neue Karriere als Club-Sängerin ein. Mit dem Wechsel zur Plattenfirma Atlantic schafft Aretha 1967 mit ihrer ersten Single für das neue Label den Durchbruch. Der Titel I Never Loved A Man (The Way I Love You) verkauft sich über 1 Millionen Mal. Mit dem Song Respect wird ARETHA FRANKLIN im gleichen Jahr endgültig zu einer der Ikonen der Soul-Musik und das Stück wird in ihrer Interpretation zu einer Hymne der afroamerikanischen Bevölkerung der USA.

Wichtige Daten:
- 1956 nimmt sie ihre erste LP auf.
- 1987 wird Aretha Franklin als erste Frau in die „Rock And Roll Hall Of Fame aufgenommen".
- 1990 gewinnt die Sängerin den Grammy "Living Legends Award"
- 2005 gründet sie ihr eigenes Plattenlabel "Aretha Records"

Aretha leidet nach einem Zwischenfall im Jahr 1984 unter extremer Flugangst und tritt seit Mitte der 1980er ausschließlich in Nordamerika auf. Ihr letzter Europatrip findet 1983 statt. Ihre Autobiografie „From These Roots" kommt 1999 auf den Markt.

ARETHA FRANKLIN stirbt am 16.08.2018 an Bauchspeicheldrüsenkrebs.

Jahr	Titel in den Top-50 Single-Charts	DE	UK	US
1961	Rock-A-Bye Your Baby With A Dixie Melody	-	-	37
1967	I Never Loved A Man, The Way I Love You	-	-	9
1967	Respect	23	10	1
1967	Baby I Love You	-	-	4
1967	(You Make Me Feel) Like A Natural Woman	-	-	8
1967	Chain Of Fools	36	37	
1968	Since You´ve Been Gone	-	47	5
1968	Ain´t No Way	-	-	16
1968	Think	32	26	7
1968	I Say A Little Prayer	29	4	10
1968	The House That Jack Built	34	-	6
1968	See Saw	-	-	11
1968	My Song	-	-	31
1969	I Can´t See Myself Leaving You	-	-	28
1969	Share Your Love With Me	-	-	13
1969	Eleanor Righby	-	-	17
1970	Call Me	-	-	13
1970	Son Of A Preacher man	-	-	47
1970	Spirit in The Dark	-	-	23
1970	Don´t Play That Song	-	13	11
1970	Border Song (Holy Moses)	-	-	37
1970	You And Me	-	-	37
1971	You´Re All I Need To Get Bye	-	-	19
1971	Brige Over Trouble Water/Brandnew Me	-	-	6
1971	Spanisch Harlem	6	14	2
1971	Rock Steady	44	-	9

Jahr	Fortsetzung - Aretha Franklin	DE	UK	US
1972	Day Dreaming	-	-	5
1972	All The King´s Horses	-	-	26
1973	Masters Of Eyes (The Deepness of Your Eyes)	-	-	33
1973	Angel	-	37	20
1973	Until You Come Back To Me	-	26	3
1974	I´m In Love	-	-	19
1974	I´m Nothing Like The Real Thing	-	-	45
1974	Without Love	-	-	45
1976	Something He Can Feel	-	-	28
1980	What A Fool Believes	-	46	-
1981	Love All The Hurt Away	-	49	46
1982	Jump To It	-	42	24
1985	Freeway Of Love	-	-	3
1985	Who´s Zoomin´ Who	42	11	7
1985	Sisters Are Doin´ It For Themselves	22	9	18
1986	Another Night	-	-	22
1986	Jumpin´ Jack Flash	42	-	21
1987	I Knew You Were Waiting (For Me) With George Michael	5	1	1
1989	Tough The Storm	-	41	16
1994	A Deeper Love	-	5	-
1994	Willing To Forgive	-	17	26
1998	A Rose Is Still A Rose	-	22	26

Frida (* 15. November 1945 in Bjørkåsen, Norwegen als Anni-Frid Synni "Frida" Lyngstad)

ANNI-FRID hat wie alle Mitglieder von Schwedens erfolgreichster Pop-Gruppe eine Karriere vor ABBA.

Im September 1967 bestreitet sie ihren ersten Fernsehauftritt in einer schwedischen Fernsehshow. Danach folgen mehrere Solo-Alben, die wenig erfolgreich sind. 1969 nimmt sie mit dem Titel Härlig är vår jord am schwedischen Ausscheidungswettbewerb für den Grand Prix d'Eurovision teil und belegt Platz vier. Sie wird daraufhin von EMI Schweden unter Vertrag genommen und zieht nach Stockholm. Frida geht auf eine siebenmonatige Tournee, auf der der sie 1968 in einem Restaurant in Malmö den Musiker BENNY ANDERSON kennenlernt. Es folgt die Erfolgsgeschichte von und mit ABBA (siehe Pop-History Band 1).

Ihren größten internationalen Erfolg außerhalb von ABBA hat sie 1982 unter dem Namen FRIDA mit dem von PHIL COLLINS produzierten Album Something's Going On. Es enthält u. a. die Singles I Know There's Something Going On und To Turn The Stone, sowie Here We'll Stay, ein Duett mit Collins. Die LP, die im Frühjahr 1982 aufgenommen wird, verkauft sich weltweit 1,5 Millionen Mal. Mit ihrem zweiten Album, das in Paris, produziert wird, kann sie nicht an den Erfolg des Ersten anknüpfen.

ANNI-FRID tritt danach nur sporadisch auf und nimmt gelegentlich Lieder mit verschiedenen Duett-Partnern auf, zieht sich aber weitestgehend aus dem Musikgeschäft zurück. Sie betätigt sich hauptsächlich für wohltätige Zwecke und engagiert sich insbesondere für den Umweltschutz.

So gründet die Umweltstiftung "Artister för miljö" ('Künstler für die Umwelt').

Jahr	Titel in den Top-50 Single-Charts	DE	UK	US
1982	I Know There´s Something Going On	5	43	13
1982	Turn To Stone	39	-	-
1983	Time	-	45	-

Sängerinnen – **G**

Gall, France (* 9. Oktober 1947 als Isabelle Geneviève Marie Anne Gall in Paris | gestorben 7. Januar 2018)

Die französische Sängerin FRANCE GALL arbeitet nach ihrem erfolgreichen Karriere-Start in Frankreich, von 1966 bis 1972 in Deutschland. Schon ihre Familie ist stark in der Musik verwurzelt. Ihr Vater ROBERT GALL schreibt u. a. Chansons für CHARLES AZNAVOUR und ÉDITH PIAF. Unterstützt von ihren Eltern nimmt sie schon im Alter von 15 Jahren ihr erstes Album auf. Die erste Single Ne sois pas si bête ist ein voller Erfolg. Die frühe Karriere wird durch die Bekanntschaft mit dem Sänger und Songschreiber SERGE GAINSBOURG gefördert.
1965 nimmt die Sängerin mit Gainsbourgs Lied Poupée de cire, poupée de son für Luxemburg am Eurovision Song Contest teil und belegt damit den ersten Platz. Nachdem sie mit Les sucettes einen weiteren erfolgreichen Titel aufnimmt, endet ihre Zusammenarbeit mit Gainsbourg. Das zweideutige Lied Les sucettes handelt oberflächlich gesehen von zuckrigen Dauerlutschern – bei genauerer Interpretation wird deutlich, dass der Text Oralverkehr beschreibt. Später beteuert die Sängerin - hätte sie in ihrer damaligen Naivität von der wahren Bedeutung des Stücks gewusst - hätte sie es nie gesungen.
FRANCE GALL verlässt Frankreich und siedelt nach Deutschland über. Für die deutsche Version von A Banda wird ihr 1968 eine goldene Schallplatte verliehen. Im gleichen Jahr nimmt sie mit Der Computer Nr. 3 am deutschen Schlager-Wettbewerb teil und belegt den dritten Platz. Im Folgejahr wird sie erneut dritte beim deutschen Schlager-Wettbewerb. Der Titel Ein bisschen Goethe, ein bisschen Bonaparte gelangt zudem bis auf Platz 14 der Charts und wird damit zu ihrer bis dahin höchsten deutsch-

sprachigen Hitparaden-Notierung. Sie interpretiert u. a. Stücke von HORST BUCHHOLZ und GIORGIO MORODER.

Zu ihren größten Hits in deutscher Sprache zählen Singles wie Kilimandscharo, Wassermann und Fisch, oder Das war eine schöne Party. Aufgrund ihrer Popularität erhält sie 1969 und 1971 den „Bronzenen" sowie 1970 den "Silbernen Bravo Otto" der Jugendzeitschrift BRAVO.

1988 landet die Sängerin nach über 15 Jahren Funkstille bei uns ausgerechnet auf Französisch ihren größten Hit in Deutschland. Der Titel Ella elle l'a ("Ella, sie hat's") - eine Hommage an die Jazz-Sängerin ELLA FITZGERALD - hält sich vier Wochen lang auf Platz eins. An diesen Erfolg kann sie danach nicht mehr anknüpfen.

Es folgen persönliche Schicksalsschläge. Ihr Mann, der Liedermacher Michel Berger, stirbt am 02.08.1992 mit 44 Jahren an Herzschwäche und ihre Tochter Pauline 1997 im Alter von 19 Jahren an der Stoffwechselerkrankung Mukoviszidose. So zieht sich FRANCE GALL aus der Öffentlichkeit zurück und lebt, nach diversen Aufenthalten im Senegal, zuletzt wieder in Paris, wo sie sich für ehemalige obdachlose Frauen engagiert. 1994 wird sie zum Ritter der französischen Ehrenlegion "Chevalier de la Légion d'Honneur" ernannt.

Im Juni 2013 bringt die französische Sängerin JENIFER BARTOLI J das Album Ma déclaration heraus, das sie als Hommage an die große Sängerin verstanden wissen wollte und in dem sie zwölf Titel von Gall covert. Diese reagiert verärgert und es kommt zu Auseinandersetzungen. Sicherlich auch, weil sich France von ihren Songs aus den 1960ern distanziert.

Am 7. Januar 2018 erliegt sie einer zwei Jahre zuvor erneut ausgebrochenen Krebserkrankung.

Jahr	Titel in den Top-50 Single-Charts	DE	UK	US
1965	Poupée de cire, poupée de son	2	-	-
1965	Don´t Answer Me	6	-	-
1965	Et des Baisers	34	-	-
1968	A Banda (Zwei Apfelsinen im Haar)	16	-	-
1968	Computer Nr. 3	24	-	-
1968	Merci, Herr Marquis	39	-	-

Jahr	Fortsetzung – France Gall	DE	UK	US
1969	Ein bißchen Goethe, ein bißchen Bonaparte	14	-	-
1969	Links vom Rhein und rechts vom Rhein	32	-	-
1987	Barbacar	14	-	-
1988	Ella, Elle l´a	1	-	-

Gaynor, Gloria (* 07. September 1949 in Newark, New Jersey als Gloria Fowles)

Die US-amerikanische Disco-Sängerin GLORIA GAYNOR singt in den 1960er Jahren bei der Jazz-Popband SOUL SATIFIRES, bis sie 1965 ihre erste Solo-Single She'll Be Sorry/Let Me Go Baby herausbringt. Dieser Song ist eher mäßig erfolgreich.
Ihren ersten wirklichen Erfolg feiert die Sängerin mit dem Album Never Can Say Goodbye im Jahr 1975. Gaynor ist die erste Sängerin, die ein eigenes Disco-Musik-Album aufgenommen hat und die erste, die damit an die Spitze der Billboard-Magazin-Charts kommt.
Nach einer Durststrecke von drei Jahren meldet sich Gloria Gaynor 1978 wieder in den Hitparaden zurück. Mit ihrem Superhit I Will Survive katapultiert sie sich in vielen internationalen Charts auf die Spitzenplätze. Das Stück ist ursprünglich nur als B-Seite gedacht und fehlt noch heute bei fast keiner hochkarätigen Dance-Veranstaltung. Das Lied ist immer noch ein Symbol der Schwulenbewegung.
An diesen großen Erfolg kann GLORIA GAYNOR nie mehr anknüpfen.
Erst 1984 ist sie mit ihrem Titel I Am What I Am wieder in den Charts.
Nach 18 Jahren Pause hat sie 2002 ein neues Album herausgebracht, auf dem sie sich reifer zeigt, aber gleichzeitig eine jugendhafte Leichtigkeit versprüht. Dieser Stil kommt an und die beiden Singles Just Keep Thinking About You und I Never Knew klettern in den Dance-Charts auf die oberen Plätze.
Im Jahre 2005, genau 40 Jahre nach dem Erscheinen ihrer ersten Single, bekommt sie endlich, was sie verdient. Die

Sängerin wird mit ihrem Lebenswerk in die "Dance Music Hall Of Fame" in der Kategorie Künstler aufgenommen.

Am 8. Mai 2007 besucht sie in Deutschland „das Landstuhl Regional Medical Center" und gibt einen Auftritt vor Mitarbeitern und Patienten, und im Februar 2011 wird sie für ihr Lebenswerk mit der "Goldenen Kamera" ausgezeichnet.

Jahr	Titel in den Top-50 Single-Charts	DE	UK	US
1974	Never Can Say Goodbye	13	2	9
1975	Reach Out I´ll Be There	5	14	-
1975	Walk On Bye	17	-	-
1975	All I Need Is Your Sweet Lovin´	-	44	-
1975	How High Is The Moon	29	33	-
1978	I Will Survive	7	1	1
1979	Let Me Know (I Have A Right)	-	32	42
1990	I Will Survive (Remix)	42	-	-
1993	I Will Survive (Phil Kelsey Remix)	-	5	-

Gentry, Bobbie (* 27. Juli 1942 im Chickasaw County, Mississippi als Roberta Lee Streeter)

Der Geburtsort der US-amerikanischen Country-Sängerin BOBBIE GENTRY ist ein kleines und beschauliches Städtchen im Kreis Houston. Bekannt wird sie durch ihren größten kommerziellen Erfolg Ode To Billie Joe.

Das sie in ihrer Geburtsstadt musikalisch wenige Möglichkeiten hat, ist der Sängerin klar. So zieht Roberta im Alter von 13 Jahren nach Los Angeles und besucht das „Los Angeles Conservatory of Music". Nebenher sammelt sie in der lokalen Club-Szene erste Erfahrungen als Sängerin und schließt sich verschiedenen Theatergruppen an. Außerdem arbeitet Bobbie eine Zeitlang als Tänzerin in Las Vegas. In dieser Zeit nimmt sie den Künstlernamen GENTRY an (in Anlehnung an den Film Ruby Gentry).

Den ersten Plattenvertrag erhält sie 1967 und bereits die erste Single wird zum Hit. In dem Stück Ode To Billie Joe, werden die Begleitumstände eines Selbstmordes geschildert. Das Lied bringt ihr drei Grammys und weitere Auszeichnungen ein. Die Aufnahme hält sich für vier Wochen an der Spitze der US-Charts. Nach dem Anfangserfolg folgen zunächst kleinere Hits, bis BOBBIE GENTRY mit I'll Never Fall in Love Again nochmals ein Nummer-eins-Hit in Großbritannien gelingt.

Anfang der 1980er Jahre zieht sich die Sängerin komplett aus dem Musikgeschäft zurück und widmet sich anderen Geschäftstätigkeiten. Sie soll inzwischen Musik-Business verabscheut haben und lehnt bis heute Anfragen nach Interviews ab.

Jahr	Titel in den Top-50 Single-Charts	DE	UK	US
1967	Ode To Billie Joe	25	13	1
1969	Let It Be Me (mit Glen Campbell)	-	-	36
1969	I´ll Never Fall in Love Again	27	1	-
1969	Fancy	-	-	31
1969	All I Have To Do Is Dream (m. Glen Campbell)	-	3	27
1970	Raindrops Keep Fallin´ On My Head	-	40	-

Gore, Lesley (* 2. Mai 1946 in New York City, New York als Lesle Sue Goldenstein | gestorben am 16. Februar 2015)

Die ersten vier Jahre ihrer Kindheit verbringt die US-Amerikanische Sängerin und Songschreiberin LESLEY GORE im New Yorker Bezirk Brooklyn.

Bevor sie den Gesang für sich entdeckt, spielt sie mit ihrem Bruder intensiv Klavier. Während ihres Studiums tritt Lesley mit einer siebenköpfigen Studentenband in Hotels auf. Dort wird sie von dem Produzenten QUINCY JONES entdeckt, der mit ihr eine Reihe von Probeaufnahmen macht. Darunter ist der Titel It´s My Party. Dieser Song wird 1963 gleichzeitig ihr größter Hit. Im gleichen Jahr hat sie drei weitere Top-10-Notierungen, darunter ihr zweiter großer Erfolg You Don´t Own Me. Bis

Ende der 1960er hat die Sängerin noch ein paar kleinere Hits, aber ihre Plattenkarriere ist weitestgehend beendet.

1975 kommt es nochmals zu einer Zusammenarbeit mit ihrem ehemaligen Produzenten QUINCY JONES, als das Album Immortality aufgenommen wird. In Deutschland werden nur ihre deutschsprachigen Platten verkauft, die aber nicht in den Hitlisten auftauchen.

Lesley Gore tritt auch als Songwriterin in Erscheinung. So beispielsweise für IRENE CARA. Sie schreibt gemeinsam mit ihrem Bruder Michael Titel für den Film „Fame".

Ab 1972 tritt Lesley Gore verstärkt in Night-Clubs auf und in den 1990er Jahren ist sie auf Oldie-Konzerten zu sehen.

Seit vielen Jahren in einer lesbischen Beziehung mit der Schmuckdesignerin Lois Sasson lebend, setzt sie sich für die Rechte gleichgeschlechtlicher Beziehungen ein.

Mit 68 Jahren erliegt Lesley Gore 2015 in einem New Yorker Krankenhaus den Folgen einer Lungenkrebserkrankung.

Jahr	Titel in den Top-50 Single-Charts	DE	UK	US
1963	It´s My Party	-	9	1
1963	Judy´s Turn To Cry	-	-	5
1963	Don´t Own Me	-	-	2
1964	That´s The Way Boys Are	-	-	12
1964	I Don´t Wanna Be A Looser	-	-	37
1964	Maybe I Know	-	20	14
1964	Look Of Love	-	-	27
1965	Sunshine, Lollipops And Rainbows	-	-	13
1965	My Town, My Guy And Me	-	-	32
1966	Young Love	-	-	50
1967	California Nights	-	-	16

Grant, Amy Lee (* 25. November 1960 in Augusta, Georgia)

Es kommt selten vor, dass eine Sängerin ihren Anfangserfolg mit christlicher Popmusik erringt und damit den Sprung Mainstream-Popmusik-Markt schafft.
Der US-amerikanischen Sängerin und Liedermacherin AMY GRANT ist dieses gelungen.
Die Auszeichnungen und verkauften Platten sprechen eine deutliche Sprache. Sechs Grammys, 22 Dove-Awards und mehr als 30 Millionen verkaufte Tonträger stehen zu Buche.
Im Alter von 15 Jahren unterschreibt sie ihren ersten Plattenvertrag und veröffentlicht 1977 ihr erstes Album, das hauptsächlich von ihr komponiert wird.
Kaum hat Amy den Thron als Königin des christlichen Pop erklommen, beginnt sie Richtung ein wenig zu ändern, um ein größeres Publikum zu erreichen. The Next Time I Fall wird im Herbst 1986 ihr erster Nummer-eins-Hit in den USA.
Das Album Lead Me On aus dem Frühsommer 1988 wird von Kritikern als stärkstes Album betrachtet. Es entsteht, nachdem es in der Ehe mit Gary Chapman zu erheblichen Spannungen kommt und sie zum ersten Mal Mutter wird.
Als sie 1991 ihr Album Heart in Motion auf ein Mainstream-Pop-Publikum ausrichtet, sind ihre ehemaligen Anhänger empört. Das Stück Baby Baby, das Amy für ihre älteste Tochter Millie schreibt, hält sich für drei Wochen an der Spitze der US-Charts und wird zu ihrem bisher größten Hit. In den deutschen Charts ist die Aufnahme ebenfalls in der Top-10.
Das die Ehe von Amy Grant endgültig vor dem Aus steht, offenbart sich 1997 mit dem Stück Behind The Eyes. Die dunkle Stimmung bewahrheitet sich kurz darauf, denn es folgt die Trennung von Gary Chapman, womit sie ihre ehemaligen Anhänger christlicher Musik endgültig verärgert.
Obwohl sie weiterhin Alben produziert, ist ihr Leben nun mehr auf Familie ausgerichtet.
Am 16. Oktober 2007 erscheint ihre Biografie unter dem Titel "Mosaic: Pieces of My Life So Far".
Ein Jahr später veröffentlicht ihre Plattenfirma eine Jubiläumsausgabe ihres hochgelobten Albums Led Me On, mit Live-Aufnahmen und neu eingespielten Versionen einiger Songs.
Momentan (Stand Dezember 2020) arbeitet Amy Grant an einem neuen Album. Alle Erlöse aus dem Verkauf des Songs

She Colors My Day gehen zu 100 Prozent an den "Women's Cancer Research Fund", der Entertainment Industry Foundation.

Amy Grant ist ein langjähriges Mitglied der Gospel-Music-Association (GMA), welche die alljährlichen „Dove Awards" verleiht und die „Gospel Music Hall of Fame betreibt".

Jahr	Titel in den Top-50 Single-Charts	DE	UK	US
1985	Find A Way	-		29
1986	The Next Time I Fall (mit PeterSetera)	-	-	1
1991	Baby Baby	8	2	1
1991	Every Heartbeat	37	25	2
1991	That´s What Love Is For	-	-	7
1991	Good For Me	-	-	8
1992	I Will Remember You	-	-	20
1994	Lucky One	-	-	18
1994	Say You´ll Be Mine	-	41	-
1994	House Of Love	-	46	37
1995	Big Yellow Taxi	-	20	37

Sängerinnen – H

Hamilton, Lesley (* in Saarbrücken als Barbara Gabriele Hector)

Seit ihrem zwölften Lebensjahr macht LESLEY HAMILTON Musik und ist mit verschiedenen Bands aufgetreten. Von 1974 bis 1985 tourt sie durch die ganze Welt und nimmt 15 Singles und drei Langspielplatten auf. Weil der Produzent ihren bürgerlichen Namen Gabi Hektor nicht passend findet, verpasst er ihr den Künstlernamen LESLEY HAMILTON.
Die erfolgreichste Aufnahme von Lesley ist No Hollywood Movie. Der Song hält sich in Deutschland 19 Wochen in den Charts und schafft es bis auf Platz acht. In Österreich und der Schweiz ist das Stück ebenfalls hoch platziert.
Mit 36 Jahren steigt sie aus dem Musikgeschäft aus und ist zunächst in der Werbung, Dekoration und als Verkäuferin tätig, ehe sie 1995 die Malerei für sich entdeckt und sich auf Großraummalerei spezialisiert.

Hardy, Françoise Madeleine (* 17. Januar 1944 in Paris, Frankreich)

Die französische Sängerin, Texterin, Komponistin und Schauspielerin FRANCOISE HARDY unterschreibt ihren ersten Plattenvertrag 1961 und im April 1962, kurz nach bestandenem Abitur, kommt die erste Platte mit dem Titel Oh oh cherie auf den Markt. Erfolgreich wird allerdings die B-Seite, Tous les garçons et les filles (deutsche Version: Peter und Lou), ein zartes Chanson über Jungs und Mädchen ihres Alters, die auf der

Suche nach der Liebe sind. Innerhalb kurzer Zeit werden mehr als zwei Millionen Stück davon verkauft.

Es folgen eine Reihe von Hits, die größtenteils von ihr selbst getextet und komponiert sind. Sie spielt ihre Songs auch auf Englisch, Italienisch, Deutsch, Spanisch und Portugiesisch ein.

Besonders in Deutschland erreicht die, häufig in Jeans und Lederjacke gekleidete, langhaarige Französin große Aufmerksamkeit. Das Chanson Frag den Abendwind berührt die romantische Seite der deutschen Teenager. Die Leser der Jugendzeitschrift Bravo wählen Françoise Hardy 1966 zur zweit beliebtesten Sängerin (Silberner Bravo Otto). Eine Tournee durch Deutschland ist die Folge, auf der ich auch ihren Auftritt genossen habe. Danach war ich schon ein bisschen verliebt in diese zarte Person.

Ihre große Popularität hält sich in Frankreich bis weit in die 1970er und 1980er Jahre, obwohl sie wegen ihrer Bühnenangst nach 1968 nur noch selten vor einem großen Publikum auftritt. 1981 heiratet sie ihren langjährigen Freund und Künstlerkollegen JAQUES DUTRONC. Schon 1973 kommt ihr gemeinsamer Sohn Thomas zur Welt.

Die Künstlerin lebt heute bei Paris. Wegen einer Krebserkrankung hat sie die Musik aufgegeben und sich auf das Schreiben von Büchern verlegt. Sie ist häufig in Diskussionsrunden im französischen Fernsehen und Rundfunk präsent, insbesondere um ihre Bücher vorzustellen.

Jahr	Titel in den Top-50 Single-Charts	DE	UK	US
1962	Tous le garçons et les filles	20	-	-
1963	Peter und Lou	20	-	-
1964	Wer du bist	32	-	-
1965	Frag den Abendwind	7	-	-
1966	Dan bist du verliebt	39	-	-
1966	Ich bin nun mal ein Mädchen	24	-	-
1969	Souvenirs der ersten großen Liebe	31	-	-

Harry, Deborah Ann "Debbie" (* 1. Juli 1945 in Miami, Florida als Angela Trimble)

Bekannt wird die US-amerikanische Sängerin und Songwriterin DEBBIE HARRY als Frontfrau der New-Wave-Band BLONDIE.
Ihre Mutter, eine Konzertpianistin gibt die kleine Debbie im Alter von drei Monaten zur Adoption frei. Sie wächst bei den Harrys auf. Die Adoptiveltern sind sehr konservativ und wollen ein passives Mädchen. Debbie ist aber das Gegenteil und will unbedingt Künstlerin werden. So widersetzt sich allem, was ihre Eltern vorleben.
So zieht sie Mitte der 1960er Jahre nach New York. Dort kann Debbie endlich ihr Leben führen, frei von allen Zwängen.
Sie lernt hier ihren späteren Lebensgefährten CHRIS STEIN kennen, mit dem sie 15 Jahre leiert ist und in der Band BLONDIE zusammenarbeitet. Dort entwickelt Harry ihre Bühnenpersönlichkeit als starke, selbstbestimmte Frau. Sie ist mit ANDY WARHOL befreundet und arbeitet mit ihm häufig zusammen. Sie bekennt sich öffentlich zu ihrer Bi-Sexualität.
Von 1974–1981 hat Debbie Harry die große Erfolgszeit mit der Gruppe BLONDIE (siehe Pop-History Band 1).
Des Blondie-Images ein wenig überdrüssig, veröffentlicht die Sängerin 1981 ihr erstes Solo-Album Koo Koo unter dem Namen DEBBIE HARRY. Es findet aber kaum Beachtung. Das zweite Album folgt im Herbst 1986, das die Hit-Single French Kissin´ In The USA enthält.
Mitte der 1990er beginnt Debbie regelmäßig mit der Band JAZZ PASSANGERS zu spielen.
Auch als Schauspielerin tritt Harry immer mal wieder in Erscheinung.
Seit 1997 ist die Band BLONDIE zurück und existiert bis heute (Stand Dezember 2020).

Jahr	Titel in den Top-50 Single-Charts	DE	UK	US
1981	Backfired	-	32	43
1986	French Kissin´ in The USA	28	8	-
1987	Free To Fall	-	46	-
1987	In Love With Love	-	45	-
1989	I Want That Man	-	13	-

Jahr	Fortsetzung – Debbie Harry	DE	UK	US
1990	Well, Did You Evah! (With Iggy Pop)	-	42	-
1993	I Can See Clearly	-	23	-
1993	Strike Me Pink	-	46	-

Haza, Ofra (* 19. November 1957 in Tel Aviv, Israel als Bat-Sheva Ofra Haza | gestorben am 23. Februar 2000)

OFRA HAZA wächst mit ihren neun Geschwistern in einem der ärmsten Vororte von Tel Aviv auf. Als sie 12 Jahre alt ist, entdeckt ein Organisator einer Theatergruppe ihr Gesangstalent. Wegen ihrer Herkunft als jemenitisch-jüdischer Einwanderer hat sie gegen viele Widerstände anzukämpfen. Trotzdem nimmt Ofra in den 1970ern und 1980ern zahlreiche Alben auf.
1979 spielt sie die Hauptrolle in dem israelischen Spielfilm "Der Weg nach oben", vielleicht bezeichnend für ihr Leben.
1983 vertritt sie Israel beim "Eurovion Song Contest" und belegt mit dem Titel Chai den zweiten Platz. Das ist der Auftakt zu ihrer internationalen Karriere. Im Frühjahr 1988 gelingt ihr mit Im Nin´alu ein weltweiter Charterfolg. Ofra wird zum Synonym für orientalische und israelische Popmusik. So singt sie mit der Gruppe SISTERS OF MERCY deren Hit Temple Of Love.
1994 tritt Haza bei der Friedensnobelpreisverleihung an Itzchak Rabin, Schimon Peres und Jassir Arafat auf.
Im Jahr 1997 zieht sich OFRA HAZA aus dem Showgeschäft zurück, um sich um ihren Mann und ihren gemeinsamen Adoptivsohn zu kümmern.
Im Winter 1999/2000 wird Haza bewusstlos mit Symptomen einer scheinbar schweren Grippe in das Sheba Medical Center in Ramat Gan eingeliefert. Am 23. Februar 2000 verstirbt die Sängerin an Organversagen als Folge einer HIV-Infektion. Darüber, wie es zu der Erkrankung gekommen ist, gibt es viele Gerüchte und Spekulationen.
Posthum erscheint am 21. März 2008 das Album Forever Ofra Haza – Her Greatest Songs Remixed. Auf diesem Album sind Songs wie Im Nin'alu, Galbi oder Ya Ba Ye als exklusive

Remixes enthalten und ein bislang unveröffentlichter Track, The Poem.

Jahr	Titel in den Top-50 Single-Charts	DE	UK	US
1988	Im Nin´alu	1	15	-
1988	Galbi	20	-	-

Hopkin, Mary (* 3. Mai 1950 in Pontardawe, Glamorgan, Wales)

Entdeckt wird die damals 18-jährige MARY HOPKIN 1968 bei der Talentshow "Opportunity Knocks" von dem damaligen Fotomodell Twiggy, einer guten Freundin von PAUL MCCART-NEY. Diese hat Mary Paul weiter empfohlen. Die gebürtige Waliserin kommt im September 1968 mit Those Were The Days auf den ersten Platz in England und Deutschland sowie auf Position zwei in den USA. Produziert wird diese Aufnahme von McCartney, geschrieben von Gene Raskin. Die Melodie basiert auf dem russischen Volkslied Darogui Dlimmoyo. Der Titel verkauft sich über acht Millionen Mal. 1969 folgt der nächste Top-10-Hit. Paul McCartney schreibt für Mary den Song Goodbye. Die Aufnahme steigt in England bis auf den zweiten Platz und ist in Deutschland und den USA in der Top-20. Zwei weitere Top-10-Platzierungen folgen, wobei der letzte Knock Knock Who´s There, beim Grand Prix 1970 in Amsterdam den zweiten Platz belegt. 1971 heiratet Mary den bekannten britischen Produzenten TONY VISCONTI und singt in den 1970ern nur ab und zu im Background, z. B. für RALPH MCTELL, DAVID BOWIE oder THIN LIZZY.
Die frühen 1980er Jahre werden für MARY HOPKIN eine vielbeschäftigte Zeit. Nach dem Scheitern ihrer Ehe wirkt sie am "Weihnachts-Musical" Rock Nativity im Hexagon Theatre in Reading mit, wo sie den Part der Jungfrau Maria singt. Sie trifft in dieser Zeit den Plattenproduzenten Mike Hurst und gründet mit ihm und Mike de Albuquerque vom ELECTRIC LIGHT ORCHESTRA die Gruppe SUNDANCE. Allerdings veröffentlicht die Formation nur eine Single mit dem Titel What's Love. 1984 wirkt sie an einem neuen Projekt, einer Formation namens

OASIS mit (nicht zu verwechseln mit der Rock-Gruppe gleichen Namens). Die Gruppe besteht aus PETER SKELLERN, JULIAN LLOYD-WEBBER, MITCH DALTON, BILL LOVELADY und MARY HOPKIN. Nach vielversprechendem Beginn zerbricht die Gruppe, als Lloyd-Webber wegen eines Soloprojektes aussteigt und Hopkin während einer Tournee in Cardiff erkrankt. Die Auftritte müssen trotz Tausender bereits verkaufter Karten abgesagt werden.

Ende 1989 bringt die Sängerin ihr erstes Album seit 1971 heraus. Es heißt Spirit und erscheint beim Trax-Label. 1990 tritt sie bei einer Wohltätigkeitsshow in Henley - u. a. mit den Deep-Purple-Musikern JON LORD und IAN PAICE - auf. Ebenso wirken Ex-Beatle GEORGE HARRISON und seine Frau mit. Die CD Back To Bach, die 1992 erscheint, enthält eigene Texte von MARY HOPKIN.

Jahr	Titel in den Top-50 Single-Charts	DE	UK	US
1968	Those Where The Days	1	1	2
1969	Goodbye	15	2	13
1970	Temma Harbour	-	6	39
1970	Knock, Knock Who´s There	12	2	-
1970	Think About Your Children	-	19	-
1971	Let My Name Be Sorrow	-	46	-
1976	If You Love Me	-	32	-

Houston, Thelma (* 7. Mai 1946 als Thelma Jackson in Leland, Mississippi)

Die Sängerin und Schauspielerin THELMA HOUSTON wird zunächst Mitglied der Gospel-Gruppe ART REYNOLD SINGERS und macht mit dieser Formation 1966 erste Schallplattenaufnahmen für das Label Capitol. Der Songwriter und Arrangeur Jimmy Webb entdeckt sie 1969 und produziert im gleichen Jahr ihre Debüt-LP. Sie singt u. a. im Duett mit JERRY BUTLER und bleibt trotz etlicher LP-Veröffentlichungen eine unterbewertete Künstlerin. Als Schauspielerin ist sie u. a. in den Filmen "Death

Scream, Norman ... Is That You?" und "The Seventh Dwarf" zu sehen. Der größte musikalische Erfolg gelingt Thelma 1976 mit dem Song Don´t Leave Me This Way.

2007 erscheint ihr bislang letztes Album A Woman's Touch, das ausschließlich Lieder beinhaltet, die im Original von männlichen Interpreten aufgenommen wurden.

Die Sängerin tritt nach wie vor regelmäßig auf. So präsentiert sie 2016 ihr Programm "Thelma Houston: Motown, Memories & Me!".

Sie ist nicht verwandt mit WHITNEY HOUSTON, wie in einigen Quellen behauptet wird.

Jahr	Titel in den Top-50 Single-Charts	DE	UK	US
1977	Don´t Leave Me This Way	5	13	1
1981	If You Feel It	-	48	-
1984	You Used To Hold Me So Tight	-	49	-
1995	Don´t Leave Me This Way (Re-Recording)	-	35	-

Houston, Whitney Elisabeth (* 9. August 1963 in Newark, New Jersey | gestorben am 11. Februar 2012)

Die US-Sängerin, Schauspielerin und Filmproduzentin WHIT-NEY HOUSTON entstammt einer musikalischen Familie. Ihre Mutter ist die Sängerin CISSY HOUSTON, die 1969 in der Begleitgruppe von ELVIS PRESLEY – den SWEET INSPIRATI-ONS – engagiert ist. Ihre Cousinen sind die Sängerinnen DEE DEE WARWICK und DIONNE WARWICK und ihre Patentante ist die Sängerin ARETHA FRANKLIN. Mit geschätzten 200 Millionen verkauften Platten gehört sie zu den drei erfolgreichsten Inter-pretinnen, neben MADONNA und MARIAH CAREY.

Erste Schallplattenaufnahmen macht Whitney Houston 1977 mit 14 Jahren, als sie für Life's A Party, der MICHAEL ZAGER BAND, die Solostimme einsingt. Parallel dazu verfolgt sie eine recht erfolgreiche Modelkarriere und schafft es in die Zeitschrif-ten wie „Vogue" und als eines der ersten farbigen Models auf den Titel von „Seventeen".

Das Debütalbum Whitney Houston aus dem Jahr 1985 sowie drei der daraus veröffentlichten Singles gelangen an die Spitze der US-amerikanischen Charts. Weiterhin erhält sie für Saving All My Love For You ihren ersten von insgesamt sechs Grammys als beste Popsängerin. Sie macht ihr Album durch 13 Millionen verkaufter Exemplare in den USA, für lange Zeit zum erfolgreichsten Debütalbum, das je eine Künstlerin auf den Markt bringt. In der 1990ern ist die Sängerin weiterhin überaus erfolgreich.

Bis heute hat WHITNEY HOUSTON eine Vielzahl von Preisen gewonnen und hat über 130 Millionen Alben und 50 Millionen Singleplatten verkauft.

Das Privatleben der Künstlerin verläuft dagegen nicht so gut. 1992 heiratet sie den R&B-Sänger BOBBY BROWN. Aus dieser Ehe stammt die gemeinsame Tochter Bobbi Kristina (1993–2015). Im September 2006 reicht Whitney Houstons Anwältin einen Antrag auf Ehescheidung ein. Am 24. April 2007 wird die Scheidung rechtskräftig. Für ihre Tochter hat Whitney das alleinige Sorgerecht.

Seit etwa Ende der 1990er leidet Houston unter verschiedenen Formen von Drogenabhängigkeit, weshalb sie in den 2000er Jahren mehrere Entziehungskuren absolviert. Im Mai 2011 begibt sie sich erneut in eine Entzugsklinik. Neun Monate später, am 11. Februar 2012, stirbt WHITNEY HOUSTON im Alter von nur 48 Jahren im "Beverly Hilton"-Hotel in Beverly Hills. Ihr früher Tod überschattet die am folgenden Abend stattfindende Verleihung der Grammy Awards 2012 am selben Ort. Die Platzierungen der US-R&B-Charts sind hier nicht aufgelistet.

Jahr	Titel in den Top-50 Single-Charts	DE	UK	US
1984	Hold Me	-	44	46
1985	You Give Me Love	-	-	3
1985	Saving All My Love For You	18	1	1
1985	How Will I Know	26	5	1
1986	Greatest Love Of All	30	8	1
1986	I Wanna Dance With Somebody	1	1	1
1987	Didn´t We Almost Have It All	20	14	1

Jahr	Fortsetzung – Whitney Houston	DE	UK	US
1987	So Emotional	-	5	1
1987	Where Do Broken Hearts Go	-	14	1
1987	Love Will Save The Day	37	10	9
1988	One Moment in Time	1	1	5
1988	I Know Him So Well	46	-	-
1990	I´m Your Baby Tonight	5	5	1
1990	All The Man That I Need	37	13	1
1991	The Star Spangled Banner	-	-	6
1991	Miracle	-	-	9
1991	My Name Is Not Susan	-	29	20
1992	I Will Always Love You	1	1	1
1992	I´m Every Woman	13	4	4
1992	I Have Nothing	39	3	4
1993	Run To You	-	15	31
1993	Queen Of The Night	-	14	-
1995	Exhale (Shop Shoop)	26	11	1
1996	Count On Me (With CeCe Winans)	-	12	8
1996	Why Does It Hurt So Bad	-	-	26
1996	I Believe In You And Me	-	16	4
1996	Step By Step	8	13	15
1998	When You Believe (With Mariah Carey)	8	4	15
1998	Heartbreak-Hotel (& Fait Evans & K. Price)	-	25	2
1999	It´s Not Right But It´s Okay	14	3	4
1999	My Love Is Your Love	2	2	4
1999	I Learned It From The Best	48	19	27
2000	If I Told You That (feat. George Michael)	-	9	-
2000	Could I Have This Kiss Forever (& E. Iglesias)	5	7	-
2002	Whatchulookinat	47	13	-

Jahr	Fortsetzung – Whitney Houston	DE	UK	US
2009	I Look To You	41	-	-
2009	Million Dollar Bill	-	5	-

Sängerinnen – J

Jackson, Janet Damita Jo (* 16. Mai 1966 in Gary, Indiana)

JANET JACKSON ist das jüngste von zehn Geschwistern, aber auch das vielseitigste musikalische Talent. Sie ist Sängerin, Songwriterin, Musikproduzentin, Tänzerin und Schauspielerin. Sie ist die Einzige aus dem Jackson-Clan die ihrem Bruder MICHAEL, halbwegs das Wasser reichen kann. Ihre fünf älteren Brüder sind schon in den frühen 1970ern als JACKSON 5 erfolgreich, ihr Bruder MICHAEL der ungekrönte „King Of Pop". Mit mehr als 160 Millionen verkauften Tonträgern zählt Janet zu den erfolgreichsten Sängerinnen. Dazu trägt auch ihre erotische Ausstrahlung bei.
Sie findet wie ihr Bruder MICHAEL JACKSON schon früh ins Showgeschäft, als Sängerin und Schauspielerin.
Die ersten Singles zwischen 1982 und 1986 finden nur den Weg in die R&B-Charts, aber im Januar 1986 ist es soweit. Der Song What Have You Done For Me Lately, ist der endgültige Durchbruch. Die Aufnahme belegt in Deutschland Platz acht, steht in Großbritannien auf dem Dritten und in den USA auf dem vierten Platz. Ihre Ausstrahlung und die außergewöhnliche Stimme locken auf ihrer 1990er Tour über zwei Millionen Fans in die Konzerthallen.
Danach legt Janet Jackson zunächst einmal eine musikalische Pause ein, um sich verstärkt für das Eintreten der Menschenrechte und den Kampf gegen Aids zu kümmern. Erst 1993 kommt mit Janet das nächste Album auf den Markt. Zwischenzeitlich hat sie auch ihre schauspielerischen Fähigkeiten in dem Streifen "Poetic Justice" bewiesen.

Janet schafft spielend die musikalische Weiterentwicklung und die Anpassung an neue Trends. In den darauffolgenden Single-Hits wirkt sie wesentlich reifer. Zudem trifft sie genau den Nerv der Zeit und beweist auf der sich anschließenden Welttournee, dass sie zu den Großen im Musikgeschäft zählt. Im neuen Jahrtausend setzt Janet ihre erfolgreiche Arbeit nahtlos fort.

Eine geplante Europa-Tournee muss sie wegen der Anschläge vom 11. September absagen. Das tut aber dem Erfolg ihres neuen Albums All For You keinen Abbruch. Mit dem Titel-Track steht sie in über 20 Ländern an der Spitze der Charts.

Den schlagzeilenträchtigsten Auftritt legt sie am 1. Februar 2004 hin, als Justin Timberlake bei einem Duett unbeabsichtigt eine Brust von Janet freilegt. Dieser ist unter "Nippelgate" in die Geschichtsbücher eingegangen.

Die folgenden Touren 2006 und 2008 werden wieder Volltreffer.

Im Juni 2009 schockt der Tod ihres Bruders MICHAEL JACKSON die Pop-Welt. Janet ist so davon betroffen, dass sie sieben Jahre braucht, um seinen tragischen Tod zu verarbeiten.

Erst im Herbst 2015 meldet sie sich mit dem Album Unbreakable zurück und landet wieder einen Volltreffer, obwohl kommerzieller Erfolg für Janet Jackson längst keine Rolle mehr spielt.

Jahr	Titel in den Top-50 Single-Charts	DE	UK	US
1986	What Have You Done For Me Lately	8	3	4
1986	Nasty	9	19	3
1986	When I Think Of You	36	10	1
1986	Control	-	42	5
1987	Let´s Waite Awhilel	34	3	2
1987	The Plesure Principle	-	24	14
1989	Miss You Much	16	22	1
1989	Rhythm Nation	-	23	2
1990	Escapade	17	17	1
1990	Alright	43	20	4
1990	Come Back To Me	-	20	2

Jahr	Fortsetzung – Janet Jackson	DE	UK	US
1990	Black Cat	34	15	1
1990	Love Will Never Do (Without You)	-	34	1
1993	That´s The Way Loves Go	9	2	1
1993	Again	29	6	1
1994	Because Of Love	-	19	10
1994	Any Time, Any Place	-	13	2
1994	You Want This	-	14	8
1995	Whoops Now	11	9	-
1995	Runaway	39	6	3
1996	Twenty Foreplay	-	22	-
1997	Got `Ti It´s Gone	17	6	-
1997	Together Again	2	4	1
1998	I Get Lonely	-	5	3
1998	Every Time	-	46	-
2000	Doesn´t Really Matter	23	5	1
2001	All For You	16	3	1
2001	Someone To Call My Lover	-	11	3
2001	Son Of A Gun (I Betcha This Song...)	-	13	28
2004	Just A Little While	-	15	45
2004	All Nite (Don´t Stop)	48	-	-
2006	Call On Me	45	43	25
2007	Feedback	40	-	19

Jackson, Wanda Lavonne (* 20. Oktober 1937 in Maud, Oklahoma)

Schon als Kind lernt die US-amerikanische Rockabilly- und Country-Sängerin Klavier und Gitarre spielen. Sie wächst in Kalifornien auf und gewinnt mit 15 Jahren einen Talentwettbewerb. Bevor sie professionell in das Musikgeschäft einsteigt, macht sie zunächst ihren Highschool-Abschluss. 1955 und 1956 geht sie auf Tournee, u. a. mit ELVIS PRESLEY. Dieser rät ihr, von Country auf Rockabilly umzusteigen. Wanda Jackson ist die erste Frau, die "wilde" Musik wie ihre männlichen Kollegen macht. Für das prüde Amerika zu wild, was begründet, warum sie ihre größten Erfolge außerhalb der USA feiert. Für die große Fangemeinde im Ausland singt sie auf Deutsch, Niederländisch und Japanisch. Ihr größter Hit ist bis heute Let´s Have A Party. Diese Aufnahme ist allerdings nur in den USA und England in die Charts. In Deutschland kommt sie dagegen eher mit ihren sanften Songs an. Der Titel Santo Domingo (1965), schafft es bei uns bis auf Platz fünf und wird in Österreich sogar Spitzenreiter. Ihre deutschen Titel sind keine Cover ihrer oder anderer angelsächsischer Lieder, sondern expliziert für den deutschen Markt produziert.

Wanda singt und spielt neben Rock 'n' Roll und Country zeitweilig auch Gospelmusik.

Sie nimmt im Laufe ihrer Karriere mehr als 50 Alben auf und geht mit über 70 Jahren (Stand Dezember 2020) noch auf Tournee.

WANDA JACKSON erhält zahlreiche Ehrungen, u. a. wird sie in die Oklahoma Music Hall of Fame, die Rockabilly Hall Of Fame und die International Gospel Music Hall Of Fame aufgenommen.

Ein vielbeachtetes Comeback feiert die Sängerin 2011 mit dem Album The Party Ain't Over, das von Jack White produziert wird. Das Album enthält Coverversionen von Rock 'n' Roll-Klassikern wie Rip It Up, Shakin' All Over oder Nervous Breakdown, daneben aber auch Lieder von BOB DYLAN (Thunder On The Mountain) und von Amy Winehouse (You Know That I'm No Good).

Jahr	Titel in den Top-50 Single-Charts	DE	UK	US
1960	Let´s Have A Party	-	32	37
1961	Mean Mean Man	-	40	-
1961	Right Or Wrong	-	-	29
1961	In The Middle Of A Heartache	-		27
1965	Santo Domingo	5	-	-

Jahr	Fortsetzung – Wanda Jackson	DE	UK	US
1965	Morgen, ja Morgen	36	-	-
1966	Doch dann kam Johnny	26	-	-
1967	Wenn der Abschied kommt	32	-	-

Jeanette (* 10. Oktober 1951 in London, GB als Jeanette Anne Dimech)

JEANETTE kommt zwar in London zur Welt, ist aber eine spanische Sängerin.
Ihre Eltern, die Import-Export-Geschäft betreiben, leben zunächst in England, bevor sie in die USA übersiedeln. So wächst die Interpretin in Chicago und Los Angeles auf. Nach der Scheidung der Eltern kehrt sie mit ihrer Mutter in das spanische Barcelona zurück.
Sie lernt Mitte der 1960er Gitarre spielen und beginnt eigene Lieder zu komponieren. Sie orientiert sich an der amerikanischen Folk-Musik und sieht BOB DYLAN, THE BYRDS sowie den schottischen Sänger DONOVAN als ihre Vorbilder. Jeanette schließt sich als Sägerin der Studentenband PIC-NIC an, die sich aber Ende der 1960er auflöst.
Sie zieht mit ihrem Ehemann, dem ungarischen Musiker Laszlo Christof, nach Wien und startet Anfang der 1970er eine Solokarriere.
Nach kleineren Erfolgen hat sie mit der Nummer Porque te vas (Warum gehst du?) Den größten Erfolg. Das Stück kommt zwar schon 1974 auf den Markt, wird aber durch den Film "Züchte Raben..." zum Hit. In Deutschland schafft es das Lied sogar bis auf Platz eins. Da es danach keinen ähnlichen Erfolg mehr gibt, ist die Aufnahme ein weiteres One-Hit-Wonder.

Jett, Joan (* 22. September 1958 in Philadelphia, Pennsylvania als Joan Marie Larkin)

JOAN JETT, die US-amerikanische Rocksängerin und Gitarristin zieht als Jugendliche mit ihren Eltern nach Hollywood, Kalifornien. Ihre Highschoolzeit verbringt Joan in Wheaton, Maryland.

Als Sängerin, Gitarristin und Songschreiberin in der Hard-Rock-Frauen-Band THE RUNAWYS, erntet sie erstmals Aufmerksamkeit. Nach deren Auflösung im Jahr 1980 startet sie eine Solokarriere und feiert Erfolge mit ihrer neuen Band BLACKHEARTS. Mit der Aufnahme I Love Rock´n Roll (im Original von den ARROWS) steht sie sieben Wochen auf Platz eins in den USA.

Der US-amerikanische Gitarrenhersteller Gibson hat ein Signature-Modell ihrer E-Gitarre Gibson Melody Maker aufgelegt.

2015 wird JOAN JETT mit ihrer Band THE BLACKHEARTS in die „Rock and Roll Hall Of Fame" aufgenommen.

Jahr	Titel in den Top-50 Single-Charts	DE	UK	US
1982	I Love Rock´n Roll	6	4	1
1992	Crimson And Clover	19	-	7
1982	Do You Wanna Touch Me (Oh Yeah)	31	-	20
1982	Fake Friends	-	-	35
1983	Everyday People	-	-	37
1987	Light Of Day	-	-	33
1988	I Hate Myself For Loving You	-	46	8
1988	Little Liar (Baby Tush Mix)	-	-	19
1990	Dirty Deeds	-	-	36

Jones, Grace Beverly (Pseudonym Grace Mendoza) (* 19. Mai 1948 in Spanish Town bei Kingston, Jamaika)

GRACE JONES ist Sängerin, Schauspielerin, Model und Performancekünstlerin, oder besser gesagt schon eine Kunstfigur. Ihre extravagante Kleidung, dass gestylte, androgyne und unterkühlte Image, ist Bestandteil ihrer Auftritte. Grace wächst mit ihren vier Geschwistern bei der Großmutter in strengen religiösen, teilweise von Gewalt geprägten Verhältnissen auf. In der ersten Hälfte der 1960er holen die Eltern, nach Amerika ausgewandert, Grace und ihre Geschwister nach. Dort tritt sie einer Theaterklasse bei und kehrt nicht mehr nach Hause zurück.

In der ersten Hälfte der 1970er arbeitet sie in Paris und macht 1977 ihre erste Plattenaufnahme mit dem Titel I Need A Man, die nicht erfolgreich ist.

Von den Disco-Alben bleibt vor allem die lange Coverversion von ÉDITH PIAFS La vie en rose (1977) in Erinnerung, in der sich Jones einer radikalen Wandlung unterzieht. Weg von der Disco-Welle, die aber auch so langsam abebbt, hin zu einem Stilmix aus Reggae, New Wave und elektronischen Elementen.

So stellen sich ab 1980 die ersten Chart-Erfolge ein. So kommt Private Life 1980 in Großbritannien auf Platz 17. Den größten Erfolg feiert Grace als Sängerin 1985 mit Slave To The Rhythm. Die Aufnahme schafft es in Deutschland auf Platz vier und in England auf die 12. Position.

1985 spielt GRACE JONES die Rolle der „May Day" in dem James-Bond-Streifen "Im Angesicht des Todes". An der Seite von Christopher Waken ist sie die Gegenspielerin von James Bond.

Grace spielt danach in weiteren Filmproduktionen mit und liefert weiterhin erfolgreiche Alben ab.

Auch im neuen Jahrtausend ist sie als Sängerin präsent, so 2002 im Duett mit LUCIANO PAVAROTTI auf dem Benefiz-Konzert Pavarotti & Friends für Angola.

Mit ihrem 2002 erscheinenden Album Hurricane schafft sie in Deutschland den Sprung in die Top-20 der Album-Charts. Zu Ehren des 60-jährigen Thronjubiläums der englischen Königin Elisabeth II, singt Grace 2012 Slave To The Rhythm und lässt während des gesamten Auftritts einen Hula-Hoop-Reifen um ihre Hüften kreisen.

Am 18. Mai 2016, es ist der Vorabend ihres 68. Geburtstags, gibt Grace Jones ein Konzert im Kölner E-Werk.

Jahr	Titel in den Top-50 Single-Charts	DE	UK	US
1980	Private Life	-	17	-
1981	Pull Up To the Bumper	26	-	-
1981	I´ve Seen That Face Before	16	-	-
1982	The Apple Streching/Nipple To The Bottle	-	50	-
1985	Slave To The Rhythm	4	12	-
1986	Pull Up The Bumper/La vien en Rose (Remix)	-	12	-
1986	Love Is A Drug	-	35	-
1986	I´m Not Perfect (But I´m Perfect For You)	-	39	-

Joplin, Janis Lyn (* 19. Januar 1943 in Port Arthur, Texas | gestorben am 4. Oktober 1970)

Ihre musikalische Karriere beginnt JANIS JOPLIN mit Club-Auf-tritten in Austin, Texas. Sie singt Stücke von BESSIE SMITH, ODETTA und LEADBELLY. Ab 1966 wird sie Mitglied der Blues-Rock-Gruppe BIG BROTHER & THE HOLDING COMPANY und bringt es mit der Band auf einige Chart-Notierungen. 1968 trennt sich Janis von der Gruppe und gründet ihre eigene Formation die KOZMIC BLUES BAND. Sie ist eine eindrucksvolle Rock-Interpretin mit einer charismatischen Ausstrahlung. Ihr Lebensweg dient als Vorlage zu dem Film „The Rose" mit BETTE MIDDLER in der Hauptrolle. Ihren größten Erfolg Me And Bobby McGee erlebt die Künstlerin nicht mehr. Diese Auf-nahme steht im Januar 1971 auf Platz eins in den USA und ist Nummer acht in Deutschland. JANIS JOPLIN zahlt ihrem Leben auf der Überholspur Tribut. Sie stirbt am 04.10.1970 an einer Überdosis Heroin, gerade einmal 27 Jahre alt und gehört zum Klub 27, der eine traurige Bedeutung hat. Eine Reihe von Künstlern sterben wie Joplin im Alter von 27 Jahren wie: BRIAN JONES, JIMI HENDRIX, JIM MORRISON und KURT COBAIN.

Kurz vor ihrem Tod hat Janis Joplin am 1. Oktober 1970 in Beverly Hills ihr Testament unterzeichnet. Wunschgemäß vertranken 200 Freunde auf einer Party das hinterlassene Bargeld von 1500 Dollar. Der Verbleib ihres sonstigen Vermögens ist klar geregelt, wobei im Wesentlichen Eltern und Geschwister bedacht werden. Insbesondere für die Auszahlungen an Joplins jüngeren Bruder Michael, dem eine gute Ausbildung ermöglicht werden soll, hat Anwalt Bob Gordon strenge Anweisungen.

Ihren einzigen Nummer-eins-Hit hat Janis Joplin in den US-Hot-100 mit Me And Bobby McGee.

Jahr	Titel in den Top-50 Single-Charts	DE	UK	US
1969	Kozmic Blues	-	-	41
1971	Me And Bobby McGee	8	-	1
1971	Cry Baby	-	-	42

Sängerinnen – **K**

Khan, Chaka (* 23. März 1953 in Great Lakes, Illinois als Yvette Marie Stevens)

Die Wahl des Namens Chaka der US-amerikanischen Sängerin CHAKA KHAN geht wahrscheinlich auf die historische Figur des „Shaka Zulu" zurück. Sie war verheiratet mit dem Bassisten Hassan Khan und wird daher CHAKA KHAN genannt.
Sie beginnt Mitte der 1970er ihre musikalische Karriere als Sängerin der Funkband RUFUS und kann mit der Hilfe von STEVIE WONDER und dem Titel Tell Me Something Good 1974 in den Pop- und Funkcharts Fuß fassen. Während der späten 1970er und frühen 1980er Jahre hat die Band als RUFUS featuring CHAKA KHAN eine Reihe von Hits, darunter Sweet Thing, Ain't Nobody, Do You Love What You Feel? und Everlasting Love. 1978 veröffentlichen sie ihren Erfolgshit I'm Every Woman.
1984 hat Chaka ihren größten Erfolg mit einer Solo-Single. Der von PRINCE geschriebene Soul-Song I Feel For You wird ein Millionenseller und erreicht in den USA Platz drei der Pop-Charts und ist Spitzenreiter in den R&B-Hitparade. Gastmusiker in diesem Song sind STEVIE WONDER (Mundharmonika) und MELLE MEL (Rap).
2002 hat die Sängerin einen Gastauftritt in dem Stück All Good der Hip-Hop-Band DE LA SOUL.
Am 3. Dezember 2004 erhält sie den Ehrendoktortitel des „Berklee College of Music".
Nach längerer Pause ohne neues Material erfolgt 2007 die Veröffentlichung ihres Albums Funk This, welches von Jimmy Jam & Terry Lewis sowie James "Big Jim" Wright produziert wird

und mit dem sie in den USA die höchsten Chartplatzierungen seit ihrem Debüt von 1978 erreicht. Auf dem Album befinden sich neue und gecoverte Songs, darunter Pack'd My Bags von RUFUS und Sign 'O' The Times von PRINCE.

Jahr	Titel in den Top-50 Single-Charts	DE	UK	US
1978	I´m Every Woman	-	11	21
1983	Ain´t Nobody (With Rufus)	-	8	22
1984	I Feel For You	4	1	3
1985	This I The Night	47	14	-
1985	Eye To Eye	-	16	-
1989	I´m Every Woman (Remix)	-	8	-
1989	Ain´t Nobody (With Rufus) – Remix	9	6	-
1989	I Feel For You (Remix)	-	45	-
1992	Love You All My Lifetime	-	49	-
2008	Lucky Star	13	-	-
2011	One Love	11	-	-

King, Carole (* 9. Februar 1942 als Carol Joan Klein in Manhattan, New York)

CAROL KING ist Sängerin, Pianistin und vor allem Songschreiberin. Gemeinsam mit GERRY GOFFIN zählt sie bis heute zu den erfolgreichsten Songschreiber-Duos. Mit über 100 Songs ist sie in den Billboard-Single-Charts vertreten.
Im Alter von vier Jahren nimmt Carol Klavierunterricht und während ihrer Schulzeit beginnt sie mit dem Komponieren von Liedern.
Auf der High School ist sie eine Zeit lang mit NEIL SEDAKA zusammen, der den Hit Oh! Carol nach ihr benennt.
Während ihrer Zeit am College, das auch PAUL SIMON besucht, lernt sie ihren ersten Ehemann GERRY GOFFIN kennen. Die beiden heirateten am 30. August 1959. Carol komponiert und Gerry schreibt die Texte. So u. a. für THE

EVERLY BROTHERS, THE DRIFTERS, THE BYRDS, DUSTY SPRINGFIELD und ARETHA FRANKLIN. Ihren ersten Nummer-eins-Hit hatte die 18-jährige Carole mit dem Lied Will You Love Me Tomorrow, geschrieben für THE SHIRELLES. Weitere Top-Five-Hits sind The Loco-Motion (LITTLE EVA), Take Good Care of My Baby (BOBBY VEE), One Fine Day (THE CHIFFONS) und Up On The Roof (THE DRIFTERS).

In den frühem 1960ern gibt es Veröffentlichungen von King als Sängerin.

Ende der 1960er trennen sich Goffin und King. Sie geht nach Los Angeles, wo sie mit ihrem zweiten Mann Charley Larkey lebt.

1971 erscheint mit Tapestry eines der erfolgreichsten Alben der Pop-Musik, obwohl sich Carol mehr als Songwriterin sieht und nicht als Sängerin.

Das mit vier Grammys ausgezeichnete Album verkauft sich weltweit über 25 Millionen Mal und bleibt 25 Jahre lang das bestverkaufte Album einer Solosängerin. Auf Tapestry befinden sich Klassiker wie So Far Away, I Feel The Earth Move, It's Too Late, You've Got A Friend und Natural Woman. Die ausgekoppelte Single It's Too Late hält sich 1971 fünf Wochen auf Platz eins der US-Singlecharts. Es folgen bis Ende der 1970er Jahre weitere erfolgreiche Alben.

Nach der Trennung von Larkey und dem plötzlichen Drogentod ihres dritten Mannes, zieht Carol King sich Anfang der 1980 aus dem Musikgeschäft zurück und engagiert sich in der Friedensbewegung. Für Umweltschutzprojekte macht sie sich ebenfalls stark.

Nach einer längeren musikalischen Pause bringt sie seit Ende der 1980er Jahre in unregelmäßigen Abständen Neuerscheinungen auf den Markt.

Im Sommer 2004 geht Carole King nach mehr als zehn Jahren Bühnenpause in den USA wieder auf Konzertreise und Ende des Jahres 2006 tourt sie erstmals durch Australien und Neuseeland.

Im April 2012 erscheint ihre Autobiografie „A Natural Woman" und am 3. Dezember 2012 bekommt sie ihren Stern auf dem „Hollywood Walk of Fame".

Jahr	Titel in den Top-50 Single-Charts	DE	UK	US
1962	It Might As Well Rain Until September	-	3	22
1971	It´s Too Late/I Feel The Earth Move	-	6	1
1971	So Far Away/Smackwater Jack	-	-	14
1972	Sweet Seasons	-	-	9
1972	Been To Canaan	-	-	24
1973	Believe In Humanity/You Light up My Live	-	-	28
1973	Corazon	-	-	37
1974	Jazzman	-	-	2
1974	Nightingale	-	-	9
1976	Only Love Is Real	-	-	28
1977	Hard Rock Cafe	-	-	30
1980	One Fine Day	-	-	12
1982	One To One	-	-	45

Kinney, Fern (* 11. Juli 1949 in Jackson, Mississippi)

Die US-amerikanische Pop- und R&B-Sängerin FERN KINNEY beginnt ihre Musikkarriere Mitte der 1960er Jahre. Als Ersatz für die Sängerin PATSY MCCLUNE wird sie Mitglied des Mädchentrios THE POPPIES. Auf dem Höhepunkt der Girl-Group-Welle hat die Formation mit dem Titel Lullaby Of Love einen Hit in den US-Charts. 1968, immer noch Bestandteil der Band, nimmt sie ihre erste Solo-Single auf, allerdings wenig erfolgreich.
Anfang der 1970er Jahre arbeitet Fern als Background-Sängerin für verschieden Künstler, nimmt aber weiterhin Platten auf.
Mitte des Jahrzehnts zieht sich Kinney aus dem Musikgeschäft zurück und bestreitet als Hausfrau ihr Privatleben. Schon 1979 entschließt sie sich, ein Comeback zu wagen, und nimmt eine eigene Version von KING FLOYDS Groove Me auf. Den Soulsong verwandelt die Sängerin in eine Disconummer und erreicht Platz sechs der Billboard-Club-Play-Charts. Nach dem

gleichen Muster ist die Nachfolge-Single gestrickt. Together We Are Beautiful, im Original von KEN LEARY aus dem Jahr 1977, wird mit einem langsamen, drückenden Discobeat unterlegt.

Die Single verfehlt zwar in ihrem Heimatland die Charts, steht aber im März 1980 für eine Woche auf Platz eins der britischen Hitliste.

In den folgenden Jahren veröffentlicht Kinney einige Singles im Discostil. Der Trend hat aber seinen Zenit überschritten und Kinney schafft es nicht, ihren Erfolg zu wiederholen. So widmet sie sich wieder ihrem Job als Backgroundsängerin und bleibt ein klassisches One-Hit-Wonder.

Sängerinnen – L

LaBelle, Pattie (* 24. Mai 1944 in Philadelphia, Pennsylvania als Patricia Louise Holt)

Mit 14 Jahren beginnt die amerikanische R&B- und Soulsängerin in der Kirche zu singen. 1958 gründet PATTIE LABELLE mit ihren drei Freundinnen CINDY BIRDSONG, NONA HENDRYX und SARAH DASH die Gruppe THE ORDETTES. Vier Jahre später erhalten sie einen Plattenvertrag, wobei aus Patricia Holt "Patti LaBelle" wird und sie den Gruppennamen in THE BLUEBELLS ändern.
Im gleichen Jahr hat die Formation mit I Sold My Heart To The Junkman ihren ersten Top-40-Hit. Sie treten im legendären New Yorker "Apollo Theater" auf und werden eine der angesagtesten Gesangsgruppen ihrer Zeit. Zu ihren Hits gehörten Danny Boy, Down The Aisle (The Wedding Song), You'll Never Walk Alone und Somewhere Over the Rainbow.
Nachdem Cindy Birdsong zu den SUPREMES gewechselt ist, gehen die BLUEBELLES 1970 nach England, kehren aber ein Jahr später mit dem neuen Gruppennamen LABELLE in die USA zurück.
1976 löst sich die Band auf und ein Jahr danach bringt Patti ihr erstes Solo-Album auf den Markt. 1986 kommt ihr erfolgreichstes Album heraus – Winner In You – mit dem von Burt Bacharach komponierten Nummer-1-Hit On My Own. Für den Bond-Film „Lizenz zum Töten" singt sie den Song If You Asked Me To.
1992 gewinnt die Sängerin ihren ersten Grammy Award, dem ein zweiter folgen soll. Die Ehre, ein Stern auf dem „Hollywood Walk of Fame" zu bekommen, wird ihr ebenfalls zuteil.

Einige ihrer Songs werden von jungen Pop-Künstlern gecovert. Insbesondere Lady Marmalade wird beispielsweise von CHRISTINA AGUILERA, PINK, MÝA und LIL' KIM gesungen.
Im Juli 2019 wird in ihrer Geburtsstadt Philadelphia der „Patti LaBelle Way" eingeweiht.

Jahr	Titel in den Top-50 Single-Charts	DE	UK	US
1962	I Sold My Heart To The Junkman	-	-	15
1963	Down The Aisle (The Wedding Song)	-	-	37
1964	You´ll Never Walk Alone	-	-	34
1974	Lady Marmalade	17	17	1
1983	If Only You Knew	-	-	46
1985	Stir It Up	-	-	41
1985	New Atitude	-	-	17
1986	On My Own	18	2	1
1986	Oh, People	32	26	29
1994	The Right Kinda Lover	-	-	50

Lady Lily (* 17. Juli 1956 in Obernburg am Main als Erika Goetz)

Bei dem Namen Erika Goetz wird es bei den Fans der Volksmusik und des Schlagers klingeln. Richtig! Bekannt geworden ist sie gemeinsam mit ihrer Schwester Gitti. Als GITTI und ERIKA sind die beiden mit volkstümlichen Schlagern erfolgreich. Wenn ich jetzt den Titel Heidi einstreue, geht sicherlich auch dem Letzten ein Licht auf. Entdeckt werden sie 1972 von Dieter Thomas Heck und von Christian Bruhn, dem Ex-Mann von KATJA EBSTEIN, betreut. Zwischen Erika und Christian Bruhn funkt es privat und die beiden heiraten 1976. Ein Jahr später erfolgt der musikalische Durchbruch. Mit dem Titellied der Fernsehserie "Heidi", das sich weltweit fast 40 Millionen Mal verkauft, gehören sie plötzlich zu den Stars der volkstümlichen Musik. Die Geschwister trennen sich Ende der 1970er und Gitti tritt mit neuer Partnerin auf. Ab 1991 treten die Schwestern wieder in Originalbesetzung auf.

Von 1985 bis 1987 ist Erika Bruhn unter dem Künstlernamen LADY LILY unterwegs. Die Musik ist das völlige Gegenteil und wer es nicht weiß, würde dahinter nie Erika Bruhn vermuten. Ihre zwei größten Hits sind Patrik Pacard (Titellied der gleichnamigen ZDF-Weihnachtsserie) und Non è vero (Soundtrack zur Weihnachtsserie Oliver Maass).

Jahr	Titel in den Top-50 Single-Charts	DE	UK	US
1985	Patrik Pacard	11	-	-
1986	Non è vero	7	-	-

Landers, Audrey (* 18. Juli 1956 in Philadelphia, Pennsylvania als Audrey Hamburg)

AUDREY LANDERS wird zunächst einmal als Schauspielerin bekannt. Sie spielt von 1980 bis 1984 die Rolle der Afton Cooper in der erfolgreichen Fernsehserie "Dallas". Außerdem ist sie Sängerin, Komponistin und Liedertexterin.

Obwohl sie durch das Fernsehen bekannt wird, steht am Anfang die Karriere als Sängerin.

Ihr größter Erfolg ist 1983 Manuel Goodbye, der die Top 10 in Deutschland und Platz drei in Frankreich erreicht. Allerdings kann Audrey, in Deutschland produziert, nicht die wichtigen Märkte wie Großbritannien oder die USA erobern.

In den 1990er-Jahren folgt die Zusammenarbeit mit deutschen Künstlern wie BERNHARD BRINK, mit dem sie 1997 das Duett Heute habe ich an dich gedacht, aufnimmt, das aber kein großer Erfolg wird.

Seit Mai 1988 ist Audrey mit Donald Berkowitz verheiratet und ist Mutter von Zwillingen. Zusammen mit ihrem Sohn Daniel Landers tritt Audrey seit 2004 wieder öfter im deutschen Fernsehen auf. Im September 2004 erscheint die Single Weil wir alle die gleiche Sonne sehen, im Duett mit Daniel und im August 2005 kommt das Album Spuren eines Sommers mit ausschließlich deutschsprachigen Schlagern auf den Markt.

Jahr	Titel in den Top-50 Single-Charts	DE	UK	US
1983	Manuel Goodbye	10	-	-
1983	Little River	28	-	-
1984	Playa Blanca	38	-	-

LaSalle, Denise (* 16. Juli 1939 in Leflore County, Mississippi als Ora Denise Allen | gestorben am 8. Januar 2018)

Wie so viele Blues- und Soul-Sängerinnen singt Denise zunächst im Kirchenchor. Mit 15 Jahren schreibt sie Geschichten und als Heranwachsende zieht sie nach Chicago und beginnt Lieder zu schreiben. Gleichzeitig singt Denise im Gospel-Chor THE SCARED FIVE. Den Künstlernamen LaSalle gibt sie sich, weil er französisch klingt. Ihre erste Aufnahme A Love Reputation kommt 1967 auf den Markt.
Danach ist sie auf vielen Gebieten erfolgreich. Neben Sängerin, Songwriterin und Produzentin, ist sie Besitzerin eines Labels und eines Nachtclubs.
1971/72 hat sie ihren ersten eigenen größeren Hit mit dem Song Trapped By A Thing Called Love. Mit Now Run And Tell That und Man Sized Job folgen zwei weitere Top-10-Titel in den R&B-Charts. Zugleich widmet sie sich zunehmend der Country-Musik.
Ab 1984 nimmt sie mehrere Alben und Singles für Malaco Records in Jackson auf, mit denen sie sehr erfolgreich ist. Neun der bei Malaco aufgenommenen Alben erreichen die nationalen Charts und die Single My Toot Toot 1985 kann sich international platzieren und wird danach häufig gecovert. Denise LaSalle stirbt am 8. Januar 2018 im Alter von 78 Jahren in Nashville.

Jahr	Titel in den Top-50 Single-Charts	DE	UK	US
1971	Trapped	-	-	13
1972	Now Run And Tell	-	-	46
1985	My Toot Toot	11	6	-

Lauper, Cynthia Ann Stephanie "Cyndi" (* 22. Juni 1953 in Queens, New York City, New York)

Die Musik der 1980er Jahre ist ohne die Sängerin, Songschreiberin und Schauspielerin CYNDI LAUPER undenkbar. Time After Time, All Trough The Night, I Drove All Night und vor allem Mädchen wollen Spaß haben, sind inzwischen Klassiker und internationale Erfolge.

Ihr schrilles Bühnenoutfit kommt nicht von ungefähr, denn Cyndi verlässt früh das Elternhaus und arbeitet im Secondhand-Laden einer Freundin. Daher wohl das Interesse an extravaganter Kleidung, was sie später für ihre Bühnenauftritte nutzt. Während dieser Zeit lernt sie ihren späteren Lebenspartner und Manager kennen. Die Anfangsphase als Sängerin gestaltet sich recht schwierig. So tourt sie mit zahlreichen Cover-Bands durch die New Yorker Clubszene. Die Vielzahl ihrer Auftritte zu der Zeit, wirkt sich auf die Stimme aus und zwingt Cyndi 1977 ein Jahr zu pausieren.

Ihre erste Platte, ein Coversong von FLEETWOOD MAC, mit dem Titel You Make Lovin´ Fun, geht sie sehr kritisch um.

Um als Frau in der Lage zu sein, erfolgreichen Rock zu produzieren, kommt ihr 1979 eine Entwicklung zu Gute, die durch PAT BENATAR ausgelöst wird. Diese Geschichte macht es Cyndi leichter bei den Plattenfirmen den Fuß in die Tür zu bekommen.

Ab 1983 stellt sich dann endlich der Erfolg ein. Epic nimmt die Sängerin unter Vertrag, und Rick Chertoff produziert mit ihr das Album She's So Unusual, das in Zusammenarbeit mit den HOOTERS eingespielt wird.

Mit dem Erfolg wächst Laupers Selbstbewusstsein. Ihr oft belächelter Kleidungsstil prägt die Mode der 1980er Jahre nunmehr entscheidend mit. Die Singles Girls Just Want To Have Fun und Time After Time – Letzteres geschrieben zusammen mit The Hooters-Keyboarder Rob Hyman, der im Studio auch die Zweitstimme übernimmt – erreichen hohe Chartplatzierungen. Ihre Musikvideos werden als stilprägend für die Branche angesehen. So gehört sie zu den ersten MTV-Stars. Mit der Single She Bop löst Cyndi einen landesweiten Skandal aus, weil sie in dem immer noch prüden Amerika über Masturbation singt.

Lauper ist im Januar 1985 bei dem Projekt „USA For Africa" dabei und bringt 1986 mit True Colors ihr zweites Album auf den Markt. Sie wirkt darauf musikalisch gereifter. Die gleichnamige Single-Auskoppelung landet in den USA auf dem ersten Platz, das Album bleibt aber hinter den Erwartungen zurück.

1988 steht CYNDI LAUPER für ihr Hollywood-Debüt in dem Film "Vibes – Die übersinnliche Jagd nach der glühenden Pyramide" vor der Kamera. Von Kritikern wird ihr Auftritt zerrissen.

Das 1989 erscheinende Album A Night To Remember, bleibt wieder hinter den Erwartungen zurück. Zwar schreibt sie die meisten Titel selbst, wird aber von der Plattenfirma in ein Korsett gezwängt.

Danach hört man musikalisch bis 1993 recht wenig von ihr, obwohl Cyndi weiterhin Auftritte absolviert. 1990 dreht sie ihren zweiten Spielfilm „Moon Over Miami", der wiederum schlechte Kritiken erhält, aber sie lernt am Set David Thornton kennen, den sie 1991 heiratet. Mit einem Best Of Album bringt sie sich 1994 wieder in Erinnerung und beginnt in der Zeit sich intensiv für die Rechte von Homosexuellen einzusetzen.

Man sieht sie vermehrt in Film- und Fernsehproduktionen.

1997 tritt sie trotz Schwangerschaft im Vorprogramm von TINA TURNER auf.

Es folgen weitere Alben und 2003 ein neuer Plattenvertrag bei Epic. Sie bringt prompt das erfolgreiche Album A Night To Remember heraus, das den Soundtrack ihres Lebens darstellen soll.

Eine ausgedehnte Tour durch die USA, Japan und erstmals seit Jahren Australien, folgt. Im Zuge der Promotion tritt sie, zum ersten Mal seit 1996, wieder in Deutschland auf.

Auch äußerlich zeigt sie eine Wandlung. Es wäre aber keine Hinwendung zum Normalen sagt sie selbst, weil sie es immer schon gehasst hat, gewöhnlich zu sein.

Neben weiteren Veröffentlichungen von Alben steht Cyndi im Frühjahr 2006 in der Musicalfassung der Dreigroschenoper am Broadway auf der Bühne.

Im Herbst 2008 begibt sich Lauper auf eine ausgedehnte Europa-Tournee. Es ist ihre Erste, seit mehr als zehn Jahren. Stationen dieser Tournee sind u. a. Köln und Wien.

Auf einer Pressekonferenz im September 2015 kündigt CYNDI LAUPER an, ein Country-Album aufnehmen zu wollen. Im Dezember 2015 veröffentlicht sie dann den Country-Song Hard

Candy Christmas und sagt die Veröffentlichung des Albums "Detour" für das erste Halbjahr 2016 zu. Im April 2016 wird sie mit einem Stern auf dem „Walk of Fame" geehrt.

Jahr	Titel in den Top-50 Single-Charts	DE	UK	US
1983	Girls Just Want To Have Fun	6	2	2
1984	Time After Time	6	3	1
1984	She Bop	19	46	3
1984	All Trough The Night	35	-	5
1984	Money Changes Everything	-	-	27
1985	The Goonies ‚R' Good Enough	49	-	10
1986	True Colors	18	12	1
1986	Change Of Heart	-	-	3
1987	What´s Going On	-	-	12
1989	I Drove All Night	19	7	6
1992	The World Is Stone	-	15	-
1993	That´s What I Think	-	31	-
1994	Who Let In The Rain	-	32	-
1995	(Hey Now) Girls Just Want To Have Fun	-	4	-
1995	I´m Gonna Be Strong	-	37	-
1995	Come On Home	-	39	-
1997	You Don´t Know	-	27	-

Laurens, Rose (* 4. März 1953 in Paris, Frankreich als Rose Podwojny | gestorben am 30. April 2018)

Die französische Pop-Sängerin ROSE LAURENS hat mit Africa (Voodoo Master) 1983 einen Riesenhit. Es soll ihr Einziger bleiben.
Ihre musikalische Karriere startet sie unter ihrem bürgerlichen Namen als Sängerin der Progressive-Rock-Band SANDROSE. Die Band um den Gitarristen Jean-Pierre Alarcen veröffentlicht

1972 ihr einziges Album, das den Bandnamen trägt und in Frankreich als Klassiker des Genres gilt. Persönliche und musikalische Meinungsverschiedenheiten führen bereits am Ende des Jahres zur Auflösung der Band.

Sie lernt danach den Komponisten Goussaud kennen, mit dem Rose dann beruflich und privat verbandelt ist. Unter ihrem ersten Pseudonym ROSE MERRYL kommt 1976 die Solo-Single In Space auf den Markt. Den ersten kleineren Erfolg hat 1979 mit dem Titel Survivre, nachdem sie ihren Namen in ROSE LAURENS geändert hat.

Es folgt die Rolle der „Fantine" in der Erstaufführung des Erfolgsmusicals „Les Misérables" in Paris. Über ein Jahr steht sie auf der Musicalbühne und arbeitet dann an ihrem ersten Soloalbum, das 1982 unter dem Titel Déraisonnable erscheint.

Die Single-Auskopplung Africa wird in der englischen Fassung zum Riesenhit.

Mit Mamy Yoko hat die Sängerin einen Nachzieher, der aber nur die Top-40 erreicht. So ist die Nummer Africa eines der vielen One-Hit-Wonder.

1990 muss Rose Laurens einen schweren Schicksalsschlag hinnehmen, denn ihr Lebensgefährte Goussaud stirbt nach einer Krebserkrankung, nachdem ein letztes gemeinsames Album fertiggestellt worden ist.

Die Sängerin kehrt noch einmal zum Musical zurück und 2015 erscheint das letzte Soloalbum von ihr. Sie erliegt in der Nacht vom 29. auf den 30. April 2018 an den Folgen einer langen Krankheit.

Jahr	Titel in den Top-50 Single-Charts	DE	UK	US
1983	Africa (Voodoo Master)	3	-	-
1983	Mamy Yoko	37	-	-

Lear, Amanda (* 18. Juni oder November 1939 in Hongkong, Saigon oder Hanoi als Alain Maurice Louis René Tap(p)?)

Es gibt kaum eine Künstlerin, um die sich so viele Mythen ranken wie um Amanda Lear. Geburtsort, Geburtsjahr und Geschlecht der Sängerin, Malerin, Moderatorin, Autorin und

Schauspielerin liegen im Nebel und sind mit vielen Fragezeichen versehen.

Der breiten Öffentlichkeit ist sie als Disco-Queen und Muse des Malers SALVADOR DALI bekannt. In der zweiten Hälfte der 1970er Jahre ist Amanda mit Hits wie Blood and Honey, Queen Of Chinatown oder Follow Me in den Charts vertreten.

In den 1980ern und 1990ern moderiert sie Fernsehshows in Italien, Frankreich und Deutschland.

Als Orte ihrer Kindheit und Jugend werden Südfrankreich oder die französische Schweiz genannt, wo sie ihre Schulbildung und ihre Fremdsprachenkenntnisse in Internaten erworben haben soll.

Den Maler Salvador Dali lernt Amanda 1965 als Kunststudentin in London kennen und wird – wie oben erwähnt – seine Muse. Immer wieder stehen die Gerüchte um ihr Geschlecht im Vordergrund. Irgendwie kann man sich nicht des Eindrucks erwehren,dass es ein guter Promotion-Gag ist.

In der Talkshow 3 nach 9 von Radio Bremen, behauptet sie 1976 gegenüber der Moderatorin Carmen Thomas, die Story als Junge geboren zu sein, wäre die verrückte Idee eines Journalisten gewesen.

Später sagte sie, Salvador Dalí habe die Tatsache ursprünglich zu Publicity-Zwecken entwickelt. Lassen wir das einfach einmal so stehen.

Ihre Model-Karriere verdankt Amanda Lear ihrem eurasischen Aussehen und ihrer Körpergröße von 1,78 m. Ab 1965 ist sie Model für namhafte Firmen, Werbeagenturen und Zeitschriften. 1973 posiert sie für das Cover der 2. Roxy Music-LP For Your Pleasure in einem schwarzen Lederoutfit mit einem – gezeichneten – schwarzen Panther.

Kein Geringerer als David Bowie, mit dem sie eine Beziehung hat, rät ihr eine Gesangskarriere zu starten. Von 1977 bis 1983 hat sie in Südafrika, Europa, Südamerika, der Sowjetunion und Japan Erfolg mit den teilweise oben erwähnten Hits.

1977 posiert sie für den "Playboy" und im selben Jahr produziert der Musikladen von Radio Bremen ein 45-minütiges Special über Lear.

AMANDA LEAR ist nicht die erste und einzige Künstlerin, die sich von ihrer Musik später distanziert. Ursprünglich will sie Rock-Musik machen, erhält den Plattenvertrag bei Ariola aber nur unter der Voraussetzung, Disco zu singen.

Als die Discowelle Anfang der achtziger Jahre abebbt, konzentriert sich die Künstlerin auf die Malerei und verfasst nach einem Autounfall, der sie für längere Zeit an Auftritten hindert, einen Roman.

1995 startet der Fernsehsender RTL II das Erotikformat Peep! Lear moderiert vom Mai 1995 bis Mai 1996 die ersten 39 Folgen. Nachträglich bezeichnet Lear dieses als den größten Fehler ihrer Karriere. Sie habe die Moderation nur deshalb gemacht, weil sie befürchtete, vom deutschen Publikum vergessen zu werden. Auch in Italien moderiert sie eine Fernsehshow.

2005 ist Amanda mit der Single Paris By Night wieder musikalisch zurück und erreicht in Italien und Frankreich die Top-50. Ihr hauptberufliches Interesse liegt aber weiterhin auf Moderation verschiedener Fernsehformate, nun überwiegend in Frankreich.

Im Jahr 2009 verpflichtet sich Lear als Schauspielerin für das Theaterstück „Panique au Ministère" und steht mit über 300 ausverkauften Vorstellungen in Paris auf der Bühne. Von Oktober 2010 bis Ende Februar 2011 befindet sich Lear mit dem Stück auf einer Theatertournee durch Frankreich, Belgien und die Schweiz.

Während der Zeit als Modell für Salvador Dali malt Lear. Inzwischen hat sie ihren eigenen Stil entwickelt und stellt ihre Werke seit den frühen 1980er Jahren in Galerien aus.

Jahr	Titel in den Top-50 Single-Charts	DE	UK	US
1977	Blood And Honey	12	-	-
1977	Queen Of China Town	2	-	-
1978	Follwow Me	3	-	-
1978	The Sphinx	19	-	-
1979	Fashion Pack (Studio 54)	24	-	-
1979	Fabulous Lover, Love Me	25	-	-
1980	Diamonds	36	-	-

Lee, Brenda (* 11. Dezember 1944 in Atlanta, Georgia als Brenda Mae Tarpley)

Im Alter von sechs Jahren steht die amerikanische Country- und Rock´n Roll Sängerin auf der Bühne und singt Lieder von HANK WILLIAMS. Mit sieben nimmt sie den Künstlernamen BRENDA LEE an und kann ihre Familie, nach dem frühen Tod ihres Vaters, finanziell unterstützen. So ermöglicht Brenda ihren Geschwistern ein Studium.
1956 unterschreibt sie einen Plattenvertrag und hat ein Jahr später mit knapp dreizehn Jahren ihre erste Chartnotierung mit der Single One Step At A Time. Der Titel schafft es sowohl in die Pop- als auch in die Country-Charts. Mit I´m Sorry hat "Little Miss Dynamite", so ihr Spitzname, in Anspielung auf ihre Größe und ihr Temperament, ihren ersten Nummer-eins-Hit in den USA.
Brenda Lee sieht sich selbst als Country-Sängerin, die Öffentlichkeit nimmt sie eher, als Rock´n Roll und Pop-Interpretin wahr.
In der ersten Hälfte der 1960er Jahre gehört sie zu den umsatzstärksten Stars der Popmusik.
Im Februar 1963 ist sie zu Besuch in Deutschland, um mit Bert Kaempfert Plattenaufnahmen in Deutsch zu produzieren. Bei dieser Gelegenheit tritt Brenda im Hamburger *Star-Club auf.
1968 taucht die Sängerin mit dem Titel Johnny One Time letztmals in den Pop-Charts auf, ist bis 1985 durchgängig in den Country-Hitparaden vertreten.
1990 wechselt sie noch einmal die Plattenfirma, kann aber an die großen Erfolge nicht mehr anknüpfen. Die nur 1,50 Meter messende Sängerin bleibt der "ewige Teenager", hat aber für ihre Größe eine erstaunliche Stimme. Sie ist weiterhin ein gern gesehener Gast in Fernsehshows und wird 2002 in die „Rock and Roll Hall of Fame" aufgenommen.

Jahr	Titel in den Top-50 Single-Charts	DE	UK	US
1957	One Step At A Time	-	-	47
1958	Rockin´ Around The Christmas Tree	26	6	2
1959	Sweet Nothin´s	34	4	4
1959	Let´s Bump the Broomstick	-	12	-

Jahr	Fortsetzung – Brenda Lee	DE	UK	US
1960	I´m Sorry	25	12	1
1960	That´s All To Gotta Do	-	-	6
1960	I Wanna To Be Wanted	-	31	1
1960	Just A Little	-	-	40
1961	Emotions	47	45	7
1961	I´m Learning About Love	-	-	33
1961	You Can Dependend To Me	-	-	6
1961	Dum Dum	-	22	4
1961	Fool Number One	-	38	3
1961	Anybody But Me	-	-	31
1962	Break It To Me Gently	-	46	4
1962	Speak To Me Pretty	-	7	3
1962	Everybody Loves Me But You	-	-	6
1962	Here Comes That Feeling	-	5	-
1962	It Started Over Again	-	15	29
1962	Heart In Hand	-	-	15
1962	All Alone Am I	-	7	3
1963	You´re Used To Be	-	-	32
1963	She´ll Never Know	-	-	47
1963	Loosing You	-	10	6
1963	My Whole World Is Falling Down	-	-	24
1963	I Wonder	-	14	25
1963	Sweet Impossibble You	-	28	-
1963	The Grass Is Greener	-	-	17
1963	As Usual	-	5	12
1964	Kansas City	39	-	-
1964	Think	-	26	25
1964	Wiederseh´n ist wunderschön	23	-	-
1964	Alone With You	-	-	48

Jahr	Fortsetzung – Brenda Lee	DE	UK	US
1964	When You Loved Me	-	-	47
1964	Is It True?	-	17	17
1964	Ich will immer auf dich warten	15	-	-
1964	Christmas Will Be Just Another Lonely Day	-	25	-
1965	Thank´s A Lot	-	41	45
1965	Too Many Rivers	-	22	13
1965	Rusty Bells	-	-	33
1966	Coming On Strong	-	-	11
1967	Ride, Ride, Ride	-	-	37
1968	Johnny One Time	-	-	41

Lennox, Ann "Annie" OBE (* 25. Dezember 1954 in Aberdeen, Schottland)

Bekannt wird die Sängerin, Songwriterin und Oscar-Preisträgerin ANNIE LENNOX an der Seite von Dave Stuart als Sängerin des Pop-Duos EURYTHMICS (siehe in diesem Buch unter Duos).
Ab Anfang der 1990er Jahre beginnt ihre erfolgreiche Solokarriere.
Am 20. April 1992, ein Ostermontag, tritt die Sängerin gemeinsam mit DAVID BOWIE beim Tribute-Konzert für den verstorbenen Queen-Fontmann FREDDY MERCURY auf und übernimmt dabei den Gesangsteil von Mercury in dem erfolgreichen Song Under Presure.
Im April des gleichen Jahres folgt die Veröffentlichung ihres Albums Diva, das ein weltweiter Erfolg für sie als Solokünstlerin wird.
Es beinhaltet zahlreiche Hits, darunter Why und Walking on Broken Glass (beide 1992). Die fünfte Singleauskopplung aus Diva, ein Remix des Albumtracks Little Bird (1993), enthält Lovesong For A Vampiere und ist der Soundtrack des Films "Bram Stoker's Dracula". Dafür erhält Annie Lennox einen BRIT Award.

Auf ihrem zweiten Soloalbum Medusa von 1995 sind etliche Coverversionen von Künstlern wie PETULA CLARK, PAUL SIMON oder PROCOL HARUM enthalten. Von Letzterer covert sie den Klassiker A Whiter Shade Of Pale in einer hervorragenden Interpretation.

2003 folgt ein weiteres Album sowie die erste Solotour.

Am 2. Juli des Jahres tritt Annie Lennox gemeinsam STING, CARLOS SANTANA und anderen namhaften Künstlern beim Live-8-Konzert im Londoner Hyde-Park auf. In den folgenden Jahren erscheinen weitere Alben von ihr, darunter 2009 ihr ersten Greatest-Hits-Album.

ANNIE LENNOX ist seit Jahren Botschafterin der Entwicklungshilfeorganisation Oxfam.

2010 wird sie für ihr Engagement im Kampf gegen Hunger und Aids in Afrika von Queen Elisabeth zum „Officer des Order of the British Empire" (OBE) ernannt.

Der Rolling Stone listet sie 2008 auf Rang 93 der 100 besten Sängerinnen aller Zeiten.

Jahr	Titel in den Top-50 Single-Charts	DE	UK	US
1988	Put A Little Love In Your Heart	20	28	9
1992	Why	12	5	34
1992	Precious	49	23	-
1992	Walking On Broken Glasses	-	8	14
1993	Little Bird/Lovesong For A Vampire	29	3	49
1995	No More „I Love You´s"	27	2	23
1995	A Whiter Shade Of Pale	-	16	-
1995	Waiting In Vain	-	31	-
1995	Something So Right	-	44	-
2009	Shining Light	-	39	-

Little Eva (* 29. Juni 1943 in Belhaven, North Carolina als Eva Narcissus Boyd | gestorben am 10. April 2003)

The Loco-Motion ist 1962 nicht nur ein neuer Tanz, sondern gleichzeitig ein Welthit für die bis dahin unbekannte Sängerin LITTLE EVA.

Eva wächst mit 15 Geschwistern auf und zieht 1959 zu Verwandten in die Nähe von New York, um ihre Schulausbildung abzuschließen. Sie singt dort im Kirchenchor und arbeitet als Babysitter bei dem New Yorker Songwriter-Ehepaar CAROLE KING und GERRY GOFFIN. So erhält sie die Möglichkeit, als Backgroundsängerin bei Aufnahmen von Ben E. King und THE COOKIES mitzuwirken.

Little Evas erste Soloaufnahme, ist der von King und Goffin geschriebene Song The Loco-Motion. Das Stück aufgenommen im Juni 1962, ist in kürzester Zeit Spitzenreiter der Billboard-Hot-100. Auch international wird der Titel ein Erfolg.

Mit den nachfolgenden Aufnahmen kann Little Eva aber an diesen Erfolg nicht mehr anknüpfen. Ihr letzter Charterfolg ist 1963 Old Smokey Locomotion. Im gleichen Jahr ist sie mit BRIAN HYLAND auf Europa-Tournee. Sie bringt zwar bis Ende der 1960er Jahre Platten auf dem Markt, allerdings ohne Erfolg. So zieht sich LITTLE EVA 1970 aus dem Musikgeschäft zurück.

Pech für die Sängerin ist sicherlich die „Britisch Invasion", inclusive der Beatles, die ihre Popularität sinken lässt.

Im Alter von nur 59 Jahren stirbt sie und hinterlässt ihren Mann James Harris, den sie 1962 geheiratet hat, sowie zwei Töchter und einen Sohn.

Jahr	Titel in den Top-50 Single-Charts	DE	UK	US
1962	The Loco-Motion	23	2	1
1962	Keep Your Hands Off My Baby	-	30	12
1963	Let´s Turkey Trot	-	13	20
1963	Swinging On A Star	-	7	38
1963	Old Smokey Locomotion	-	-	48

Lovich, Lene (* 30. März 1949 in Detroit, Michigan, als Lili-Marlene Premilovich)

Die US-amerikanische Sängerin und Saxophonistin LENE LOVICH kommt mit 13 Jahren nach Großbritannien, das Geburtsland ihrer Mutter. Ihr Vater ist Serbe. Lene wohnt zunächst in Hull, zieht aber mit 18 Jahren in die britische Haupstadt London um. Straßenmusikerin, GoGo-Tänzerin und Schauspielerin sind ihre Stationen, bevor sie im November 1977 den einflussreichen BBC-DJ Charlie Gillet trifft. Dieser sponsert ihre erste Aufnahme, I Think We're Alone Now. Danach folgt Anfang 1979 die Single Lucky Number die in Großbritannien Platz drei erreicht. Mit knapp 30 Jahren hat Lovich damit ihren Durchbruch geschafft. Diverse Singles folgen, von denen aber nur noch Bird Song die Top-50 entert.
Ebenfalls 1979 spielt sie an der Seite von HERMAN BROOD und NINA HAGEN im Film „Cha-Cha" mit.
Sie zeigt nebenher einen großen Einsatz, wenn es um die Rechte der Tiere geht. Gemeinsam schreibt und singt sie – mit Nina Hagen – 1986 das Stück Don´t kill The Animals. Das Stück, als Single veröffentlicht, erscheint 1987 neben Titeln von THE SMITHS, U2 und anderen auf einem Benefiz-Sampler zugunsten von PETA.
Nach einer mehrjährigen Auszeit nimmt Lovich 1989 das Album March auf, das aber nur mäßigen Erfolg hat. Die vorabausgekoppelte Single Wonderland wird zumindest in den amerikanischen Clubs zum Dancehit.
Auf dem „Drop Dead" Festival 2006 tritt sie erstmals seit Jahren wieder mit ihrer kompletten Band auf und zum Herbst 2007 wird ihre erste Live-DVD veröffentlicht. Live From New York ist ein Konzertmitschnitt von 1981 im berühmten New Yorker Club "Studio 54".

Jahr	Titel in den Top-50 Single-Charts	DE	UK	US
1979	Lucky Number	-	3	-
1979	Say When	-	19	-
1979	Bird Song	44	39	-

Lulu (* 3. November 1948 in Lennoxtown, GB als Marie McDonald McLaughlin Lawrie)

LULU ist gerade 15 Jahre alt, da leitet sie ihre erste Gruppe GLEN EAGLES, die sich kurze Zeit später in LUVVERS umbenennen. Mit der Coverversion von des Songs Shout hat die Gruppe 1964 ihren ersten Top-10-Hit. Bis 1993 gelingt der Sängerin noch neunmal der Sprung in die Top-10. 1969 nimmt sie für England am Grand Prix teil und gewinnt mit Boom Bang-A-Bang den Wettbewerb. Im gleichen Jahr heiratet sie MAURICE GIBB von den BEE GEES. Die Ehe wird 1973 wieder geschieden. Mit The Man Who Sold The World - im Duett mit DAVID BOWIE - schafft Lulu fünf Jahre nach dem Grand-Prix-Sieg von 1969 wieder den Sprung in die Top-10. 1993 taucht sie dann zusammen mit TAKE THAT wieder in den Charts auf. Relight My Fire wird im Oktober des Jahres ein Nummer-eins-Hit. Anfang 1995 geht Lulu mit der Boy-Group auf Tournee.
Zwischendurch tritt sie immer wieder als Schauspielerin in verschiedenen Kinofilmen und vor allem im Fernsehen auf (u. a. als Mutter von Adrian Mole). 1967 spielt sie neben Sidney Poitier in dem Film "Herausgefordert – Junge Dornen" (To Sir, With Love) und singt auch den Titelsong. Cineasten ist sie zudem als Interpretin des James Bond-Titelsongs "Der Mann mit dem goldenen Colt" (1974) ein Begriff. Lulu arbeitet zurzeit für die BBC, wo sie auf Radio 2 eine Show am Sonntagnachmittag 15:30 bis 17:00 Uhr (Lokalzeit Großbritannien) moderiert (Stand Dezember 2020).

Jahr	Titel in den Top-50 Single-Charts	DE	UK	US
1964	Shout	-	73	-
1964	Here Comes The Night	-	50	-
1965	Leave A Little Love	-	8	-
1965	Try To Understood	-	25	-
1967	The Boat That I Row	-	6	-
1967	Let´s Pretend	-	11	-
1967	To Sir With Love	-	-	1

Jahr	Fortsetzung – Lulu	DE	UK	US
1967	Love Lovers To Love, Love	-	32	-
1967	Best Of Both Words	-	-	32
1968	Me The Peaceful Heart	-	9	-
1968	Boy	-	15	-
1968	I´m A Tiger	4	8	-
1969	Boom Bang-A-Bang	8	2	-
1969	Oh Me Oh My (I´m A Fool For You Baby)	-	47	22
1974	The Man Who Sold The World (m. David Bowie)	13	3	-
1975	Take You Mama For A Ride	-	37	-
1981	I Never Miss You (More Than I Do)	-	-	18
1981	If I Where You	-	-	44
1986	Shout (Re-Recording `86)	-	8	-
1993	Interpendence	-	11	-
1993	I´m Back For More	-	27	-
1993	Relight My Fire (mit Take That)	18	1	-
1993	How `Bout Us	-	46	-
1994	Goodbye Baby And Amen	-	40	-
1994	Every Woman Knows	-	44	-
1999	Hurt Me So Bad	-	42	-
2000	Where The Poor Boys Dance	-	24	-
2002	We´ve Got Tonight (mit Ronan Keating)	-	4	-

Lynn, Tami (* 1942 in New Orleans, Louisisana | gestorben am 26. Juni 2020)

Mit dem Song I´m Gonna Run Away From You schafft die US-amerikanische Sängerin TAMI LYNN 1971 den Sprung auf Platz vier in den britischen UK-Charts. Es bleibt gleichzeitig der einzige Hit, obwohl sie von 1965 bis zu ihrem Tod im Jahr 2020 aktiv ist.

Tami singt zunächst in Kirchen- und Schulchören Gospelmusik. Entdeckt wird sie von dem lokalen Musiker Alvin "Red" Taylor. So tourt Tami im Vorprogramm von Größen wie MILES DAVIS, JOHN COLTRANE und ELLA FITZGERALD.

Auf einem Kongress hört Jerry Wexler sie singen und nimmt 1965 mit ihr den Titel I´m Gonna Run Away From You auf. Allerdings wird die Aufnahme wird zunächst nicht veröffentlicht. Das geschieht dann 1971, als B-Seite von The Boy Next Door. Es ist nicht das erste Mal, dass sich die B-Seite als der eigentliche Hit entpuppt. 1972 folgt ein Album mit dem Titel Love Is Here And Now You´re Gone.

Danach arbeitet Tami gelegentlich als Backgroundsängerin auf Alben von DR. John, den ROLLING STONES, WILSON PICKETT oder SONNY & CHER. TAMI LYNN lebt viele Jahre in New York und zuletzt in Florida, wo sie am 26. Juni 2020 stirbt.

Sängerinnen – M

MacColl, Kirsty Anna (* 10. Oktober 1959 in Croydon, GB | gestorben am 18. Dezember 2000)

Die Mutter ist Tänzerin, ihr Vater der bekannte Folk-Music-Sänger Ewan MacColl; da liegen die Gene schon in der Wiege. Aufmerksamkeit erlangt KIRSTY MACCOLL erstmals mit der Punk-Pop-Band DRUG ADDIX. Die Plattenfirma der Gruppe hat aber weniger Interesse an der Formation, dafür umso mehr an der Sängerin. So erhält Kirsty ihren ersten Solo-Plattenvertrag. 1979 kommt ihre Debüt-Single They Don´t Know auf den Markt, das Stück wird zwar ein großer Radio-Hit, aber wegen eines Streiks der Auslieferer, erreicht die Platte nie die Läden. Die zweite Single hat nicht den erhofften Erfolg, was die Sängerin der mangelnden Unterstützung der Plattenfirma zuschreibt. So wechselt sie 1981 zum großen Label Polydor. Im gleichen Jahr hat sie mit dem witzigen Stück There's A Guy Works Down The Chip Shop Swears He's Elvis den gewünschten Erfolg. Mit der Firma Polydor ist der Erfolg auch nicht von langer Dauer, sodass sie zu ihrem alten Label zurückkehrt. Hier hält der Misserfolg an.

Lediglich mit einer Coverversion von Billy Braggs A New England, kann MacColl 1985 einen Erfolg verbuchen. Die Single erreicht Platz 7 der britischen Charts. Die von ihr aufgenommene Version des Liedes enthält zwei neue Strophen, die Bragg eigens für sie geschrieben hat. Da sie sich zum Zeitpunkt der Veröffentlichung in der Spätphase einer Schwangerschaft befindet, lösen die von ihr gesungenen Zeilen "I loved you then as I love you still; Though I put you on a pedestal, You put me on the pill" ("Ich liebte dich zu der Zeit genauso wie jetzt noch; obwohl ich dich auf ein Podest platzierte, hast Du dafür gesorgt, dass ich die Pille nahm") eine gewisse Heiterkeit beim Publikum aus.

In den USA wird sie als Songwriterin des Stücks They Don´t Know bekannt. Die von TRACY ULLMAN gesungene Version erreicht 1983 Platz zwei der britischen Charts und ist in den USA in der Top-Ten.

Es dauert danach bis zum September 1987, um wieder in den Charts aufzutauchen. Die gemeinsam mit den POGUES aufgenommene Nummer Fairytale of New York, klettert in England auf Platz zwei. Aufgrund des Erfolgs dieser Duettnummer, die sie zusammen mit Shane MacGowan singt, begleitet sie THE POGUES 1988 auf deren Europatournee. Diese Erfahrung soll ihr nach eigenen Angaben dabei geholfen haben, ihre Bühnenangst zumindest zeitweise zu besiegen.

Es folgen weitere Alben und Ende der 1980er Jahre Auftritte in der englischen Comedy-Show „French And Sounders", wo sie gemeinsam mit Ken Bishops singt.

In den 1990er Jahren setzt KIRSTY MACCOLL ihre Kompositionsarbeit fort.

Am 18. Dezember 2000 stirbt MacColl bei einem Badeunfall.

Jahr	Titel in den Top-50 Single-Charts	DE	UK	US
1981	There´s A Guy Works Down Ship Shop...	-	14	-
1984	A New England	-	7	-
1987	Fairytale Of New York	-	2	-
1989	Free World	-	43	-
1989	Days (das Original ist von The Kinks)	-	12	-
1991	Walking Down Madison	-	23	-

Madonna (* 16. August 1958 in Bay City, Michigan als Veronica Madonna Louise Ciccone)

MADONNA, die Tochter italienischer Einwanderer, ist seit den 1980er Jahren nicht nur ein Weltstar auf der Bühne, sondern auch einer der vielseitigsten Stars überhaupt. Sie ist Sängerin,

Songschreiberin, Schauspielerin, Autorin, Regisseurin, Produzentin und Designerin.

Mit mehr als 350 Millionen verkauften Tonträgern weltweit ist sie die kommerziell erfolgreichste Sängerin der Welt und in der Geschichte der amerikanischen Billboard-Charts ist sie gleichsam der beste Solo-Künstler. Sie hat wie kaum ein anderer Show-Star die Pop-Kultur so nachhaltig geprägt. Ihr wandelbares Auftreten und ihre Bühnenshows, die manchmal an die Grenzen des erlaubten gehen, haben viele andere Künstlerinnen inspiriert. Sie ist nie Mainstream, sondern in ihren Musikrichtungen wandelbar. Madonna hat in den zurückliegenden Jahren ihrer Karriere ein Imperium aufgebaut, das sie selbst führt. Allein aus Tourneen, durch Video-Clips und CDs generiert sie einen jährlichen Umsatz von einer halben Milliarde US-Dollars.

Madonna wächst unter bescheidenen Verhältnissen auf. Ihre Mutter stirbt, da ist sie sechs Jahre alt. Da ihr Vater ein strenges Regiment führt, zieht sie später zu ihrer Großmutter nach Detroit. Schon als Kind ist sie sehr ehrgeizig und nimmt Klavier- und Ballettunterricht. Mit 17 Jahren geht es sie nach New York. Mit Hilfsarbeiten und als Aktmodell verdient sich MADONNA zunächst ihren Lebensunterhalt. Die ersten musikalischen Gehversuche macht mit der Band BREAKFAST CLUB. Als Sängerin der Gruppe EMMY beginnt sie selbst Songs zu schreiben. Mit dem ersten verdienten Geld reist sie nach Paris, um sich neben Gesang in Gitarre, Keyboard und Schlagzeug ausbilden zu lassen.

Sie kehrt 1981 nach New York zurück und hat im selben Jahr mit Everybody ihre erste Hit-Single. 1983 folgt das Debüt-Album Madonna. Schon der Nachfolger schlägt ein wie eine Bombe. Es erscheint 1984 unter dem Titel Like A Virgin. Die gleichnamige Single-Auskopplung steht nach wenigen Tagen auf Platz eins in den USA. Die Popularität der Sängerin beruht auf ihrer erotischen Bühnenshow und dem Outfit bei Auftritten, mit dem sie Vorreiter für die nachfolgende Gesangselite wie beispielsweise LADY GAGA oder PINK ist.

Im Jahr 1985 heirat sie den Schauspieler SEAN PENN und spielt ihre erste Hauptrolle für die Kino-Produktion "Susan - verzweifelt gesucht", für die sie auch den Soundtrack Into The Grove liefert. Die Ehe hält aber nur bis 1989. Madonna gründet 1992 ihre eigene Schallplatten-, Verlags- und Filmgesellschaft.

Für die Hauptrolle im Musical "Evita", in dem sie die Argentinierin Evita Peron verkörpert, wird MADONNA 1996 mit dem "Golden Globe" ausgezeichnet.

Ihre weiteren Alben erreichen hohe Verkaufszahlen und werden mit Preisen bedacht.

Privat gibt es eine Veränderung, denn die Künstlerin heiratet den Regisseur GUY RITCHIE und lebt mit ihm und den drei Kindern abwechselnd in New York und London.

2000 erscheint das Album Music. Mit diesem im Gepäck, geht sie im Juni 2001 auf Welttournee, bei der sie auch in drei deutschen Städten spielt.

Neben vielen Show-Größen nimmt Madonna an dem von Sir BOB GELDORF initiierten „Live 8 Festival" teil. Weltweit verfolgen fast 2 Milliarden Menschen das gigantische Spektakel am 2. Juli 2005, das für den Schuldenerlass der ärmsten Länder Afrikas kämpft.

Überhaupt verläuft das Jahr 2010 recht erfolgreich. MADONNA ist erneut das Gesicht einer neuen Modekampagne, nimmt in New York an dem Konzert „Hope for Haiti Now: A Global Benefit for Earthquake Relief" teil und bringt am 26. März das dritte Live-Album Sticky & Sweet Tour als CD/DVD-Kombination heraus. Sie führt Regie bei dem Historiendrama „W.E", für das sie auch das Drehbuch schreibt.

Das zwölfte Studio-Album MDNA erscheint im März 2012, das vor Veröffentlichung hohe Vorbestellungszahlen erreicht. Vorab werden die Singles Give Me All Your Luvin' und Girl Gone Wild ausgekoppelt.

Im Jahr 2013 wird MADONNA für das Album MDNA und die MDNA-Tour mit Preisen überhäuft und wird 2012/13 als bestbezahlte Künstlerin im Showgeschäft gelistet. Im Januar 2014 folgt ein gemeinsamer Auftritt mit MARY LAMBERT und QUEEN LATIFAH bei der 56. Grammy-Verleihung in Los Angeles.

Das 13 Studio-Album Rebel Heart erscheint im März 2015 und erhält durchweg gute Kritiken. Es landet in Deutschland auf Rang eins. Die „Rebel-Heart-Tour" startet im September 2015 in Montreal mit weltweit 82 Konzerten. Die Tour endet im März 2017 in Sydney, Australien.

Im Dezember 2016 wird Madonna bei den Billboard Women in Music Awards zur „Frau des Jahres" gekürt und hält eine zehnminütige Rede, die sich u. a. mit den Themen Sexismus, Feminismus und Anfeindungen gegenüber Frauen im Musikbusiness auseinandersetzt.

Am 14. Juni 2019 erscheint das Album Madame X, dem am 12. September des gleichen Jahres der Tourstart in New York folgt. Es ist MADONNAS elfte Konzertreise.

Jahr	Titel in den Top-50 Single-Charts	DE	UK	US
1983	Holiday	-	2	16
1983	Lucky Star	-	14	4
1984	Borderline	-	2	10
1984	Like A Virgin	4	3	1
1985	Material Girl	13	3	1
1985	Crazy For You	26	2	1
1985	Angel	31	5	5
1985	Into The Groove	3	1	-
1985	Dress Yo Up	20	5	5
1985	Gambler	25	4	-
1986	Live To Tell	12	2	1
1986	Papa Don´t Preach	2	1	1
1986	True Blue	6	1	3
1986	Open Your Heart	17	4	1
1987	La Isla Bonita	1	1	4
1987	Causing A Commotion	14	4	2
1987	The Look Of Love	34	9	-
1989	Like A Prayer	2	1	1
1989	Express Yourself	3	5	2
1989	Cherish	16	3	2
1989	Dear Jessie	19	5	-
1990	Keep Together	-	-	8
1990	Vogue	4	1	1
1990	Hanky Panky	21	2	10

Jahr	Fortsetzung – Madonna	DE	UK	US
1990	Justify My Love	10	2	1
1991	Rescue Me	21	3	9
1991	Crazy For You	-	2	-
1992	This Used To Be My Playground	6	3	1
1992	Erotoca	13	3	3
1992	Deeper And Deeper	26	6	7
1993	Bad Girl	47	10	36
1993	Fever	-	6	-
1993	Rain	26	7	14
1994	I´ll Remember	49	7	2
1994	Secret	29	5	3
1994	Take A Bow	18	16	1
1995	Bedtime Story	-	4	42
1995	Human Nature	50	8	46
1995	You´ll See	15	5	6
1996	One More chance	-	11	-
1996	You must Love Me	-	10	18
1997	Don´t Cry For Me Argentina	3	3	8
1997	Another Suitcase In Another Hall	-	7	-
1998	Frozen	2	1	2
1998	Ray Of Light	28	2	5
1998	Drowned World/Subtitute For Love	39	10	-
1998	The Power Of Goodbye	4	4	11
1999	Nothing Really Matters	38	7	-
1999	Beautiful Stranger	13	2	19
2000	American Pie	1	1	-
2000	Don´t Tell Me	22	4	4
2001	What It Feels Like For A Girl	16	7	23
2002	Die Another Day	4	3	8

Jahr	Fortsetzung – Madonna	DE	UK	US
2003	American Life	10	2	37
2003	Hollywood	21	2	-
2003	Nothing Fails	36	-	-
2003	Love Profusion	-	11	-
2005	Hung Up	1	1	7
2006	Sorry	5	1	-
2006	Get Together	28	7	-
2006	Jump	23	9	-
2008	4 Minutes	1	1	3
2008	Give It 2 Me	8	7	-
2008	Miles Away	11	39	-
2009	Celebration	5	3	-
2012	Give Me All Your Luvin´ (feat. Nicki Minaj)	8	37	10
2014	Living For Love	40	26	-
2015	Ghosttown	34	-	-

Manchester, Melissa (* 15. Februar 1951 in New York City, New York)

Entdeckt wird MELISSA MANCHESTER von BARRY MANILOW und BETTE MIDLER. Wie viele Interpretinnen ihrer Generation, schreibt sie ihre Hits überwiegend selbst. Das Sängerinnen gute Schauspielerinnen sein können, ist in den USA häufig der Fall. Ihre Erfolge erstrecken sich über den Zeitraum von 1975 bis in die frühen 1980er. Ihre Chartplatzierungen hat sie fast nur in den USA.
Die beiden ersten Alben Home To Myself (1973) und Bright Eyes (1974) sind Achtungserfolge, bringen aber nicht den erhofften Durchbruch.
Durch den Wechsel zu einer anderen Plattenfirma und zum kommerzielleren Sound stellt sich der Erfolg ein. Mit der Ballade Midnight Blue hat Melissa 1975 ihren ersten Superhit. An

diesen Erfolg kann sie später nicht mehr anknüpfen, aber sie ist bis 1982 durchgängig in den Top-50 vertreten. Manchester nimmt zwei Stücke für Kinofilme auf, die kein großes Hitpotential haben, aber beide für den Oskar nominiert werden.

Als der Erfolg nachlässt, versucht die Sängerin mit einem Wechsel von der Plattenfirma Arista zu MCA die Karriere noch einmal anzukurbeln.

Das Jahr 1986 sieht vielversprechend aus, denn gemeinsam mit AL JARREAU singt sie das Liebesthema des Kinohits "Jenseits von Afrika", The Music Of Goodbye. Da der Titel aber nicht auf dem Soundtrack enthalten ist, und die Promotion relativ gering ausfällt, platziert sich die Ballade nur auf Platz 16 der US-amerikanischen Hitliste für leichte Kost.

So wendet sich die Künstlerin zunächst der Schauspielerei zu. Mit ihrer alten Freundin BETTE MIDLER ist sie in einer kleinen Rolle des Films "For The Boys" zu sehen, der kein großer Kassenschlager wird. Ab 1993 spielt sie für fünf Folgen die Mutter des Hauptcharakters der erfolgreichen Fernsehserie "Blossom".

Mit der CD If My Heart Had Wings, versucht MELISSA MANCHESTER ein musikalisches Comeback. Aber der Tonträger, der sehr balladenlastig ist, trifft nicht den Geschmack der Käufer. 2004 kehrt sie mit dem Album When I Look Down That Road zu ihren Wurzeln der 1970er Jahre zurück. Es wird von den Kritikern durchweg gelobt. 2007 nimmt sie zusammen mit BARRY MANILOW das Duett You've Got A Friend für sein Album Greatest Songs of the Seventies auf.

Ihre bislang letzten Studioalben You Gotta Love The Life und The Fellas erscheinen im Februar 2015 bzw. September 2017.

Jahr	Titel in den Top-50 Single-Charts	DE	UK	US
1975	Midnight Blue	-	-	6
1975	Just Too Many People	-	-	27
1976	Just You And I	-	-	27
1978	Don´t Cry Out Loud	-	-	10
1979	Pretty Girls	-	-	39
1980	Fire In The Morning	-	-	32
1982	You Should Hear How She Talks About You	-	-	5

Jahr	Fortsetzung – Melissa Manchester	DE	UK	US
1982	Nice Girls	-	-	42

Marie, Kelly (* 16. Oktober 1957 in Paisley, Schottland als Jacqueline McKinnon)

Die schottische Sängerin KELLY MARIE ist bis 1980 vorwiegend in Frankreich erfolgreich, bis sie mit Feels Like I'm in Love europaweit ihren großen Durchbruch hat - und das, nachdem die Single schon ein ganzes Jahr auf dem Markt ist.
Feels Like I'm In Love wird von RAY DORSET (MUNGO JERRY) eigentlich für Elvis Presley geschrieben, der stirbt, bevor er den Titel einspielen kann. Der Song erreicht 1980 Platz eins der britischen Charts und gilt als Vorläufer des Hi-NRG-Sounds. Danach gelingen der Sängerin noch zwei kleine Hits, bevor sie wieder in der Versenkung verschwindet.
Kelly Marie ist verheiratet und lebt mit ihrer Familie in der Nähe von London. Sie hat fünf Töchter und einen Sohn.

Jahr	Titel in den Top-50 Single-Charts	DE	UK	US
1980	Feels Like I´m In Love	5	1	-
1980	Living Just For Fun	20	21	-
1981	Hot Love	25	21	-

Marie, Teena (* 5. März 1956 in Santa Monica, Kalifornien als Mary Christine Brockert | gestorben am 26. Dezember 2010)

Die US-amerikanische R&B- und Soulsängerin TEENA MARIE ist sehr vielseitig. Neben dem Gesang spielt sie Gitarre, ist Komponistin und Produzentin.
Ihren ersten großen Hit hat sie nicht in den USA, sondern in Großbritannien. Dort steht die Künstlerin 1980 mit Behind The Groove auf Platz sechs.

Die Sängerin mit den portugiesischen Vorfahren wächst in Oak-wood, Kalifornien auf. In einer Gegend, mit überwiegend afro-amerikanischer Bevölkerung.

Ihr erstes Album mit dem Titel Wild And Peaceful (1979) produziert der Musiker RICK JAMES. Der gemeinsame Song, I´m Just A Sucker For Your Love, wird ein Hit. Da ihre Platten-firma Motown nur selten weiße Künstler unter Vertrag nimmt und auf dem Cover kein Foto von ihr existiert, wird sie wegen ihrer Stimme für eine schwarze Sängerin gehalten.

1980 Tritt TEENA MARIE im Vorprogramm von PRINCE auf. Nach ihrem vierten Album verlässt sie das Mowton-Label und es kommt im Nachhinein zu einem langen Rechtsstreit. Eine Plattenfirma darf einen Künstler nicht unter Vertrag halten, wenn es keine Veröffentlichungen gibt. So folgen etliche erfolg-reiche Alben und Singles bei Epic.

Als der kommerzielle Erfolg Ende der 1980er nachlässt, zieht sich die Sängerin aus dem Musikgeschäft zurück und widmet sich ihrer Familie.

2004 fällt TEENA MARIE in einem Hotelzimmer, während sie schläft, ein Bilderrahmen auf den Kopf. Sie zieht sich eine schwere Gehirnerschütterung zu und hat danach vorüberge-hende Anfälle. So erleidet sie einen Monat vor ihrem Tod einen dieser schweren Anfälle. Am 26. Dezember 2010 wird sie in ihrem Haus in Los Angeles von ihrer Tochter leblos aufgefun-den.

Einige ihrer Hits werden in den 1990ern von Hip-Hop-Musikern verarbeitet, oder von anderen Sängerinnen neu aufgenommen, z. B. I Need Your Lovin (2000) von SHEENA EASTON.

Im Jahr 2004 feiert Teena Marie ein Comeback mit dem Album La Dona, das Platz sechs in den Charts erreicht. Er bringt ihr im selben Jahr eine Grammy-Nominierung ein. 2008 erhält sie den Pioneer Award der "Rhythm and Blues Foundation".

Jahr	Titel in den Top-50 Single-Charts	DE	UK	US
1979	I´m A Sucker For Your Love	-	43	-
1980	Behind The Groove	-	6	-
1980	I Need Your Lovin´	-	28	37
1981	Square Biz	-	-	50
1984	Lover Girl	-	-	4

Martika (* 18. Mai 1969 in Whittier, Kalifornien als Marta Marrero)

MARTIKA hat kubanische Wurzeln und widmet sich neben dem Gesang der Schauspielerei. Im Sommer 1989 feiert sie mit dem Titel Toy Soldiers ihren größten Erfolg.
In Kalifornien aufgewachsen, steht Martika im Disney Channel vor der Kamera. 1982 spielt sie in dem Musical "Annie" eine der Waisen. Danach ist sie häufig im Kinderprogramm des TV-Senders zu sehen.
Ihre erste Single – More Than You Know – erscheint 1988 und schafft in den USA und in Großbritannien den Sprung in die Top-20.
1991 schreibt kein geringerer als der US-Musiker PRINCE einige Songs für MARTIKA. Das daraus entstandene Album Martika´s Kitchen ist kommerziell nicht sonderlich erfolgreich, aber die Singleauskopplung Love... Thy Will Be Done wird zum Favoriten bei den Radiosendern.
In den 1990er Jahren versucht sie als Schauspielerin mit wenig Erfolg Fuß zu fassen.
So gründet sie 2003 mit ihrem Ehemann, dem Musiker Michael Mozart, die Band OPPERA.

Jahr	Titel in den Top-50 Single-Charts	DE	UK	US
1988	More Than You Know	-	15	18
1989	Toy Soldiers	5	5	1
1989	I Feel The Earth Move	20	7	25
1991	Love... Thy Will Be Done	26	9	10
1991	Martika´s Kitchen	40	17	-
1992	Coloured Kitchen	-	41	-

McLean, Penny (* 4. November 1946 in Klagenfurt, Österreich als Gertrude Wirschinger)

Die österreichische Sängerin und Buchautorin PENNY MCLEAN hat eine fundierte Musikausbildung in Klavier, Flöte, Gitarre und Gesang. Mitte der 1960er Jahre macht sie eine Ausbildung als Erzieherin in München. Dort lernt sie ihren Mann kennen, den Schauspieler und Komponisten Holger Münzer, den sie 1967 heiratet.

Ab 1965 absolviert sie unter ihrem bürgerlichen Namen Gertrude Wirschinger einige Solo-Auftritte und von 1966 bis 1969 ist sie mit ihrem Ehemann als Duo HOLGER & TJORVEN in Schwabinger Clubs unterwegs.

Nach dem Scheitern der Ehe ist sie 1972 als Barbie Münzer mit Schlagern zu hören, danach mit der von ihr gegründeten Gruppe PENNY BOX. Penny arbeitet in München als Backgroundsängerin und wird dort für das Damen-Trio SILVER CONVENTION (siehe Band 1) entdeckt. Das bedeutet für die Sängerin gleichzeitig den internationalen Durchbruch. Nachdem der Erfolg der Gruppe nachlässt, gehen die einzelnen Mitglieder eigene musikalische Wege.

Gertrude Münzer legt sich das Pseudonym PENNY MCLEAN zu und feiert unter diesem Namen, zumindest im deutschsprachigen Raum, einige Erfolge.

Die 1975 erscheinende Single Lady Bump erreicht in Deutschland Platz eins und Goldstatus. Der Titel 1, 2, 3, 4... Fire! ist 1976 ein weiterer Top-Ten-Hit. Mit dem Abebben der Disco-Welle lässt der Erfolg nach.

Sie ist danach vereinzelt als Schauspielerin zu sehen, ehe sie sich ab den 1980 Jahren einen Namen als Autorin von Sachbüchern, im Bereich Numerologie und Esoterik, macht.

Sie lebt in München und vermittelt ihre Theorien in Seminaren, Kursen und Vorträgen, die sie im gesamten deutschsprachigen Raum abhält.

Jahr	Titel in den Top-50 Single-Charts	DE	UK	US
1975	Lady Bump	1	-	-
1976	1,2,3,4... Fire	3	-	-
1976	Devil Eyes	21	-	-
1977	Nobody´s Child	49	-	-
1977	Dance, Bunny Honey, Dance	26	-	-

McVie, Christine (* 12. Juli 1943 Greenodd, GB als Christine Anne Perfect)

Die ersten Erfolge feiert CHRISTINE MCVIE als Sängerin der Gruppe CHICKEN CHACK in den 1960er Jahren. Sie heiratet den Bassisten JOHN MCVIE, der bei FLEEDWOOD MAC (siehe Band 1) spielt, und wird 1970 selbst Teil der Formation. 1968 hat sie auf dem Fleetwood-Mac-Album Mr. Wonderful Keyboard gespielt, obwohl sie noch Mitglied von CHICKEN CHACK ist. Der erste Fleetwodd-Mac-Hit in den USA Over My Head (1975) stammt aus ihrer Feder.
Nachdem Christine 1970 ihr erstes Solo-Album herausbringt folgen ab 1984 weitere, die nicht an die Erfolge von FLEET-WOOD MACK anknüpfen können. Immerhin kommt die Single Got a Hold on Me 1984 in den USA auf Platz zehn und im selben Jahr ist Love Will Show Us How auf Platz 30.
1995 fasst sie den Entschluss die Gruppe zu verlassen, ist auf der Comeback-CD und der Amerika-Tour The Dance 1998 noch einmal dabei, um sich 2003 endgültig von der Band zu verabschieden.
Nachdem sie im Herbst 2013 zweimal bei Fleetwood-Mac-Auftritten als Gast dabei gewesen ist, wird Anfang 2014 verkündet, dass Christine wieder der Band beitritt.
2017 erscheint das Album Lindsey Buckingham / Christine McVie, auf dem sie mit dem Fleetwood-Mac-Mitglied LINDSEY BUCKINGHAM zusammenarbeitet.

Jahr	Titel in den Top-50 Single-Charts	DE	UK	US
1984	Got A Hold On Me	-	-	10
1984	Love Will Show Us How	-	-	30

Melanie (* 3. Februar 1947 in Astoria, New York als Melanie Anne Safka)

Im Alter von fünf Jahren macht die Tochter der Jazzsängerin Polly Safka-Bertolo ihre erste Plattenaufnahme mit dem Titel Gimme A Little Kiss - im Stile des Kinderstars Shirley Temple.
Europa entdeckt die Talente der Sängerin und Songwriterin vor den USA. Ihr Song Bobo's Party ist 1969 für mehrere Wochen hintereinander an der Spitze der französischen Charts. Im selben Jahr hat sie mit Beautiful People einen Hit in den Niederlanden und tritt beim Woodstock-Festival auf, wo sie den Platz der INCREDIBLE STRING BAND einnimmt, die sich weigert, im Regen aufzutreten.
Die damals 22-jährige Melanie hat nach eigener Aussage den Eindruck, dass sie offenbar die Einzige ist, die nicht unter Drogeneinfluss steht. Sie kennt zwar alle Künstler aus den Medien, hat aber keinen davon jemals aus der Nähe gesehen. Nicht nur deshalb tritt sie mit starkem Lampenfieber auf. Sie spielt ihre beiden Lieder Beautiful People und Birthday Of The Sun, während das Publikum in der Dunkelheit Kerzen im Takt der Musik bewegt, die zuvor ausgeteilt worden sind. Diesen Moment hält sie später im Lied Lay Down (Candles In The Rain) - zu deutsch Kerzen im Regen - fest, das es im folgenden Jahr bis auf Platz vier der US-amerikanischen Charts schafft und auch in Europa erfolgreich ist.
Ihr erster Nummer-eins-Hit in den USA ist 1971 Brand New Key und in Deutschland ist sie 1970 zudem mit dem Rolling Stones-Titel Ruby Tuesday auf Platz sechs. Der weltweit größte Hit von Melanie wird What Have They Done To My Song, der ihr drei Goldene Schallplatten einbringt.
1972 erhält sie bei einer Leserwahl den silbernen Bravo Otto der deutschen Jugendzeitschrift Bravo.
Seit ihrem Auftritt in Woodstock hat die Sängerin fast jedes Jahr ein Album veröffentlicht, die größtenteils von ihrem Ehemann Peter Schekeryk produziert werden. Die beiden haben drei Kinder, die ebenfalls im Musikgeschäft tätig sind: Leilah, Jeordie und Beau Jarred Schekeryk. Außerdem haben sie zwei Enkel.
Sie tourt fast jedes Jahr und wird dabei oft von ihrem Sohn Beau Jarred als Gitarrist begleitet.

Jahr	Titel in den Top-50 Single-Charts	DE	UK	US
1970	Lay Down (Candles in The Rain)	-	-	6
1970	Peace Will Come	47	-	32
1970	Ruby Tuesday	6	9	-
1971	What Have They Done To My Song, Ma	-	39	-
1971	Nickel Song	43	-	35
1972	Brandnew Key	23	4	1
1972	Ring My Living Bell	41	-	31
1973	Bitter Bad	-	-	36
1974	Will You Still Love Me Tomorrow	-	37	-

Millie (* 6. Oktober 1942 in Clarendon, Jamaika als Millicent Dolly May Small |gestorben am 5. Mai 2020)

MILLIE ist eine der ersten Interpretinnen aus dem westindischen Raum, die einen internationalen Hit hat. 1963 geht sie nach London und nimmt dort die Single Don't You Know auf, die erfolglos bleibt. Ihre zweite Veröffentlichung in Großbritannien ist dann eine Coverversion des Songs My Boy Lollipop, der ursprünglich 1956 von BARBIE GAYE eingespielt worden ist. Bis heute verbreitet sich die Legende, dass der junge ROD STEWART darauf die Mundharmonika spiele. In Wirklichkeit ist es Jimmy Powell von den ROCKIN` BERRIES. My Boy Lollipop, eine Mischung aus Reggae, Ska und Bluebeat, wird 1964 Nummer zwei in England und den USA und landet in Deutschland auf dem fünften Platz. MILLIE hat zwei weitere Top-50-Erfolge, danach ist sie wieder verschwunden. Von 1971 bis 1973 lebt Millie in Singapur, bevor sie nach Großbritannien zurückkehrt, wo sie bis zu ihrem Tod zu Hause ist. Sie hat eine erwachsene Tochter, geboren 1984, die Kunst und Musikindustrie studiert hat.
Sie bildet später ein Duo mit Jackie Edwards als JACKIE & MILLIE und veröffentlicht Nacktfotos in einem Herrenmagazin. Beides hat ihrer Karriere aber wenig geholfen.
MILLIE stirbt am 5. Mai 2020 nach einem Schlaganfall.

Jahr	Titel in den Top-50 Single-Charts	DE	UK	US
1964	My Boy Lollipop	5	2	2
1964	Sweet William	-	30	40
1965	Bloodshot Eyes	-	48	-

Minogue, Kylie Ann (* 28. Mai 1968 in Melbourne, Australien)

Mit 17 Jahren verlässt die australische Sängerin und Schauspielerin KYLIE MINOGUE die Schule und nimmt Schauspielunterricht. Das kleingewachsene Energiebündel spielt im Teenie-Alter in den TV-Soaps "The Hendersons", "The Sullivans" und "Neighbours" mit. 1987 singt sie im Rahmenprogramm eines Fußballspiels den 1962er Hit The Loco-Motion von LITTLE EVA. Der Titel wird von einer Plattenfirma aufpoliert und als Kylie's erste Single auf den Markt gebracht. Der Song wird die meistverkaufte australische Aufnahme in den 1980er Jahren und ermöglicht der Künstlerin einen Karrierestart nach Maß. Im Nachhinein wird sie zu einer der erfolgreichsten Sängerin der Pop-Musik-Industrie. Von der Hitschmiede STOCK/AITKEN WATERMAN wird Kylie zum Superstar aufgebaut. Bis heute kann sie 34 Top-10-Notierungen und 82 Millionen verkaufte Tonträger vorweisen.

1988 erscheint ihr erstes Album Kylie, dass sich in England so gut verkauft, wie die Alben von MADONNA. In den USA will sich der Erfolg zu Anfang nicht so recht einstellen.

1989 singt sie im Duett mit ihrem australischen Gesangs-und Schauspielkollegen JASON DONOVAN Especially For You. Es folgten Solohits wie Hand On Your Heart und Wouldn´t I Change Anything. Doch damit erreicht sie zum Ende des Jahrzehnts den Höhepunkt ihrer ersten Karriere. Ihr zweites Album Enjoy Yourself schafft es in den USA gerade noch in die Charts. Das Teenie-Image passte nicht mehr zu der mittlerweile erwachsenen Frau. In den USA verschwindet Kylie in der Versenkung, in Großbritannien feiert sie aber weiterhin Erfolge als Sängerin und Schauspielerin.

So trennt sie sich 1992 von STOCK/AITKEN/WATERMAN. Es wird musikalisch zunächst ruhig um sie.

Als Schauspielerin meldet sie sich 1994 zurück. Neben Jean Claude Van Damme spielt sie in dem 40-Millionen-Dollar-Film "Street Fighter" eine Hauptrolle und ist auch sonst nicht untätig. Sie spielt Theater, tritt in der Musical-Fassung von William Shakespeares "Der Sturm" auf und singt Background auf einem "Pet Shop Boys Album".

Danach steigt sie in die Unterwäsche-Werbung für das schwedische Modelabel H&M ein. 2000 liefert sie mit Light Years ihr nächstes Studioalbum ab - vollkommen auf Tanzbarkeit getrimmt und von Hit-Machern produziert. Der Titel Spinning Around schafft 2000 in den UK-Charts den Sprung von 0 auf Platz eins. Die Songs Your Disco Needs You und Kids (2001), Letzterer im Duett mit ROBIN WILLIAMS werden Hits.

Im selben Jahr singt sie bei der Abschlussfeier der Olympischen Sommerspiele in Sydney vor Milliarden von Fernsehzuschauern.

Die Single Can´t Get You Out Of My Head wird zum weltweiten Hit und Kylie avanciert zur Pop-Ikone. Sie wird mit zahlreichen Preisen und Auszeichnungen bedacht und ihre Platten werden mehrfach mit Gold und Platin ausgezeichnet.

Bei allem Erfolg gibt es im Frühjahr 2005 eine Horrormeldung für Kylie, denn es wird bei ihr ein bösartiger Tumor in der Brust diagnostiziert. Zur Behandlung begibt sie sich in Therapie und muss ihre Karriere vorerst unterbrechen. Während der Bewältigungsphase schreibt sie ein Kinderbuch mit dem Titel "Die Showgirl-Prinzessin", das im Frühjahr 2006 erscheint.

Nachdem sie die Krankheit überstanden hat, steht sie im November 2006 für ihre "Homecoming-Tour" wieder auf der Bühne. Im Oktober 2007 wird sie als erste Frau mit dem "Music Industry Trust Award" geehrt und im November 2007 veröffentlicht Minogue ihr zehntes Studioalbum X.

Eine weitere Auszeichnung, bekommt sie im Juli 2008. KYLIE MINOGUE wird von Prince Charles, dem britischen Thronfolger, der Orden, „OBE (Order of the British Empire)" überreicht.

Ihre bis dahin größte Tournee startet die Künstlerin im Februar 2011, die sie durch Amerika, Asien, Australien und Europa führt.

Im Jahr 2012 folgt das Studio-Album Abbey Road Sessions, welches in den legendären „Abbey Road Studios" in London entsteht. Darauf sind ihre 15 erfolgreichsten Hits neu aufgenommen und für Orchester arrangiert.

Jahr	Titel in den Top-50 Single-Charts	DE	UK	US
1987	The Loco-Motion	3	2	3
1987	I Should Be So Lucky	1	1	28
1988	Got To Be Certain	6	2	-
1988	I Still Love You (Je ne sais pas pourqoui)	14	2	-
1988	It´s No Secret	-	2	37
1989	Hand Of Your Heart	17	1	-
1989	Wouldn´t Change A Thing	24	2	-
1989	Never Too Late	45	4	-
1990	Tears On My Pillow	31	1	-
1990	Better The Devil You Know	24	2	-
1990	Step Back In Time	36	4	-
1991	What Do I Have To Do?	48	6	-
1991	Shocked	-	6	-
1991	Word Is Out	-	16	-
1991	If You Where With Me Now	-	4	-
1992	Give Me Just A Little More Time	-	2	-
1992	Finer Feelings	-	11	-
1992	What Kind Of Fool (Heard All The Before)	-	14	-
1992	Celebration	-	20	-
1994	Confide In Me	50	2	-
1994	Put Yourself In My Place	-	11	-
1995	Where Is The Feeling?	-	16	-
1997	Some Kind Of Bliss	-	22	-

Jahr	Fortsetzung – Kylie Minogue	DE	UK	US
1997	Did It Again	-	14	-
2000	Spinning Around	-	1	-
2000	On A Night Like This	-	2	-
2000	Kids	47	2	-
2000	Please Stay	-	10	-
2001	Your Disco Needs You	31	-	-
2001	Can´t Get You Out Of My Mind	1	1	7
2002	In Your Eyes	18	3	-
2002	Love At First Sight	16	2	23
2002	Come Into My World	47	8	-
2003	Slow	8	1	-
2004	Red Bloodes	16	5	-
2004	Chocolate	43	6	-
2004	I Believe In You	12	2	-
2005	Giving You Up	27	6	-
2007	2 Hearts	13	4	-
2008	I My Arms	8	10	-
2008	Wow	41	5	-
2008	The One	-	36	-
2010	All The Lovers	10	3	-
2010	Get Outta My Way	41	12	-
2010	Better Than Today	-	32	-
2012	Timebomb	-	31	-
2014	Into The Blue	31	12	-
2018	Dancing	-	38	-

Mitchell, Joni, CC (* 7. November 1943 in Fort Macleod, Alberta, Kanada als Roberta Joa Anderson)

Die Liedermacherin JONI MITCHELL ist neben ihrer Musik eine sehr gute Malerin. Geboren wird sie im kanadischen Bundesstaat Alberta, arbeitet ursprünglich in Toronto und Westkanada.

Allgemein wird Mitchell aber mit der rasch wachsenden Folk-Musik-Szene Mitte der 1960er Jahre in New York in Verbindung gebracht.

In der zweiten Hälfte der 1970er entwickelt sie musikalisch Richtung Pop und Jazz und wird zu einer der herausragenden Singer-Songwriterin. Die Künstlerin ist mehrfache Grammy-Gewinnerin und erhält die Auszeichnung "Order Of Canada", einen Doktorgrad der Musik.

Wie erwähnt, ist sie eine hervorragende Malerin. Sie gestaltet jedes Cover ihrer Alben selbst, egal ob Fotografie oder Zeichnung/Malerei.

Die unverblümte Kritik der Musikindustrie, sie hätte ihr Musikschaffen während der vergangenen Jahre aufgegeben und konzentriere sich nur noch auf ihre Arbeit als visuelle Künstlerin, entspricht nicht ganz der Wahrheit.

Mit Shine erscheint 2007 ein weiteres Studio-Album. 2014 veröffentlicht Joni Mitchell mit 71 Jahren eine Box mit vier CDs, in der sie Stücke aus 40 Jahren neu geordnet hat. Die Sammlung heißt Love Has Many Faces, Untertitel: A Quartet, A Ballet, Waiting To Be Danced. Darstellen soll die CD-Box ein Ballett in vier Akten, das bislang nicht aufgeführt worden ist.

Ende März 2015 erleidet Joni Mitchell einen Schlaganfall. Im Februar 2017 erscheint sie zur jährlichen Clive-Davis-Pre-Grammy-Gala in Los Angeles, begleitet von Cameron Crowe.

Jahr	Titel in den Top-50 Single-Charts	DE	UK	US
1970	Big Yellow Taxi	-	-	11
1972	You Turn Me On, I´m A Radio	-	-	25
1974	Help Me	-	-	39
1974	Free Man In Paris	-	-	22

Moyet, Alison (* 18. Juni 1961 in Billericay, GB als Geneviève Alison Jane Moyet)

Die britische Pop-Sängerin ALISON MOYET ist vor allem in den 1980ern erfolgreich. Die ausdrucksstarke Blues-Stimme kennzeichnet die Künstlerin. Ihre Bandbreite reicht von Punk-Rock, anspruchsvollem Pop, Chanson bis hin zum Blues.

Anfang der 1980er Jahre sucht Alison per Zeitungsinserat Partner zur Gründung eines eigenen Projekts. Sie findet ihn in Ex-Depeche-Mode-Keyboarder VINCE CLARKE. Gemeinsam gründen sie das Synthie-Pop-Projekt YAZOO. Ihre Debütsingle Only You erreicht auf Anhieb Platz zwei der UK-Charts.

Für den amerikanischen Markt erfolgt dann eine Namensänderung in YAZ. 1983 trennt sich das Duo nach kurzer Zeit, aufgrund unterschiedlicher musikalischer Auffassungen. ALISON MOYET beginnt ihre Solo-Karriere.

Mit ihrer leidenschaftlichen, souligen Alt-Stimme, produziert in gefälligem Pop-Sound, kann die Sängerin zunächst an die Yazoo-Erfolge anknüpfen. Ende 1985 erreicht die Single For You Only in Deutschland einen siebten Platz und damit Moyets höchste Platzierung in den deutschen Charts.

Danach zieht sie sich zunächst ins Privatleben zurück.

In den 1990ern kann die Sängerin im Musikgeschäft kaum mehr Fuß fassen. Ihre Kollektion mit Singles, auf der nur zwei neue Titel zu finden sind, aber alle Hits von YAZOO, stürmt wieder die Charts.

2004 erscheint das schwermütige Album Voice, welches wiederum nur im Vereinigten Königreich erfolgreich wird, dort aber eine Top-10-Platzierung und Gold-Status erreicht.

Ende Mai 2008 steht ALISON MOYET zum ersten Mal seit 25 Jahren wieder gemeinsam mit VINCE CLARKE als YAZOO auf der Bühne. Im Mai 2013 erscheint ihr Album The Minutes, das in Großbritannien auf Anhieb den fünften Platz der Charts erreicht.

Ein weiterer Erfolg in ihrer Heimat ist der Sängerin mit dem im Juni 2017 veröffentlichten Album Other gelungen, auf dem sie mit modernen Elektro-Pop-Sounds experimentiert.

Jahr	Titel in den Top-50 Single-Charts	DE	UK	US
1984	Love Resurecction	-	10	-
1984	All Cried Out	24	8	-
1984	Invisible	22	21	31
1984	That Ole Devil Called Love	29	39	2
1985	For You Only	7	-	-
1986	Is This Love	15	3	-
1986	Weak In The Presence Of Beauty	18	6	-
1986	Ordinary Girl	-	43	-
1987	Love Letters	-	4	-
1991	I Won´t Belong	-	50	-
1991	This House	-	40	-
1993	Falling	-	42	-
1994	Whispering Your Name	-	18	-
1995	Solid World	-	44	-

Murray, Morna Anne, CC, ONS (* 20. Juni 1945 in Springhill, Nova Scotia, Kanada)

Die kanadische Country-Sängerin ANNE MURRAY wächst als einziges Mädchen mit fünf Brüdern auf und beginnt als Sängerin in der Fernsehserie "Singalong Jubilee". Zu dieser Zeit arbeitet sie hauptberuflich als Sportlehrerin. Sie verkauft in ihrer 40-jährigen Karriere allein in den USA über 14 Millionen Alben. Ihre großen Erfolge feiert Anne in den Country-Charts, in den sie fünfmal auf Platz eins steht. Im Crossoverbereich hat die Sängerin in Pop-Charts 1978 mit You Needed Me einen Nummer-eins-Hit.
Bei einem kleinen unabhängigen Label nimmt die Sängerin 1968 ihr erstes Album What About Me auf. Die Plattenfirma Capitol Records wird auf Murray aufmerksam und bietet ihr daraufhin 1969 einen Vertrag an. Die erste Single – mit dem

Titel Snowbird – wird in den Pop- und Country-Charts ein Top-10-Erfolg.

Bis 1982 ist die Künstlerin durchgängig in den Charts vertreten, feiert die großen Erfolge wie erwähnt, in den Country-Hitlisten.

Für ihre Aufnahme Love Song erhält sie 1975 einen Grammy.

Im Juli 1989 eröffnet in ihrem Geburtsort Springhill das "Anne Murray Centre". Das 6.894 Quadratmeter große Museum beherbergt Memorabilien aus der gut 40-jährigen Karriere Murrays, einen Souvenirladen und Mehrzweckräume, in denen Veranstaltungen stattfinden. Das Zentrum ist von Mitte Mai bis Mitte Oktober geöffnet und hat seit 1989 über 400.000 Besucher empfangen.

Die Sängerin wird 1993 in die „Canadian Music Hall of Fame" aufgenommen und Ende der 1990er Jahre gelingt ihr mit der CD What a Wonderful World: 26 Inspirational Classics ein gelungenes Comeback in den USA.

Jahr	Titel in den Top-50 Single-Charts	DE	UK	US
1970	Snowbird	-	23	8
1970	Destiny	-	41	-
1972	Danni´s Song	-	-	7
1973	Love Song	-		12
1978	You Needed Me	-	22	1
1979	I Just Fall In Love Again	-	-	12
1979	Shadows In The Moonlight	-	-	25
1979	Broken Hearted Me	-	-	12
1979	Daydream Believer	-	-	12
1980	Lucky Me	-	-	42
1980	Could I Have This Dance	-	-	33
1993	Falling	-	42	-
1981	Blessed Are The Believers	-	-	34
1982	Another Sleepless Night	-	-	44

Myles, Alannah (* 25. Dezember 1958 in Toronto, Ontario, Kanada)

Eine weitere Sängerin und Schauspielerin aus Kanada ist ALANNAH MYLES. Ihren größten Hit hat sie 1989 mit Black Velvet. Die Aufnahme schafft es in Deutschland und England auf den zweiten Platz, in den USA sogar an die Spitze der Charts. Es folgen kleinere Hits in den 1990ern, aber an den Anfangserfolg kann sie nicht mehr anknüpfen.

Aufgewachsen ist die Künstlerin in Toronto und Buckhorn, wo ihre Familie eine Ranch besitzt. Dort erlernt sie das Reiten, verkauft ihr Pferd aber später, um sich eine Gitarre kaufen zu können. So kann sie in Clubs und Cafés auftreten.

Ihr erstes Lied mit dem Titel Ugly Little Cabbage in the Garden (zu deutsch: Hässlicher kleiner Kohl im Garten), schreibt sie für ihre Schwester, um diese zu ärgern.

Musikalisch ist Alannah von anderen kanadischen Musikern wie JONI MITCHELL und LEONARD COHEN beeindruckt und hat diese als Vorbild.

Zunächst halten ihre Eltern sie davon ab eine Musikkarriere zu starten, aber mit 18 Jahren tritt die Künstlerin im Süden Ontarios auf und lernt Christopher Ward kennen. Mit ihm gründet sie eine Band. Sie spielen zunächst Songs von ARETHA FRANKLIN, BOB SEGER und den PRETENDERS. Alannah Miles versucht, Produzenten zu gewinnen, um eigenes Songmaterial herauszubringen.

Mit dem oben schon erwähnten Titel Black Velvet legt sie das erfolgreichste Debüt einer kanadischen Sängerin hin, aber eben nur der einzige große Erfolg in den Charts.

Dafür singt sie die Titelsongs der Filme "Prinz Eisenherz" What Are We Waiting For (im Duett mit ZUCCERO) und You Love Who You Love aus dem Film gestohlene Herzen mit Sandra Bullock in der Hauptrolle. Sie nimmt Songs, gemeinsam mit anderen Künstlern auf, und wirkt in der Rockoper "Nostradamus" von Nikolo Kozev mit.

Im Sky Dome von Toronto singt Myles zur Eröffnung der kanadischen Football-Saison die Nationalhymne.

Auch als Schauspielerin macht sie sich einen Namen. 2001 ist sie in der weltweit erfolgreichen kanadischen Serie „La Femme Nikita (Staffel 5, Folge 4 All the World's a Stage)" präsent. In den Jahren 2006/2007 ist Alannah im amerikanischen Kabelfernsehen als gastgebende Moderatorin der Mysteryserie „Beyond" zu sehen.

Heute tritt ALANNAH MYLES häufig in kanadischen Clubs und auf Festivals auf und gilt als hervorragende Live-Interpretin.

Jahr	Titel in den Top-50 Single-Charts	DE	UK	US
1989	Black Velvet	2	2	1
1990	Love Is	45	-	36

Sängerinnen – N

Nannini, Gianna (* 14. Juni 1954 in Siena, Italien)

Die Sängerin und Songautorin GIANNA NANNINI, die ein abgeschlossenes Klavierstudium vorweisen kann, gibt 1976 ihr Plattendebüt. Ab 1979 ist die temperamentvolle Rockinterpretin mit brüchiger Stimme auch außerhalb ihres Landes erfolgreich. Mit Songs wie Latin Lover, Fotoromanza, Bello e impossibile oder I maschi stürmt sie die Charts. Die Sängerin schockiert mit offenen Texten (z. B. über Masturbation) und favorisiert harten Rock´n Roll. Von 1982 bis 1985 tritt sie mit ihrer eigenen Band, den PRIMADONNAS auf und schreibt 1982 die Musik zur Verfilmung von Shakespeare´s "Sommernachtstraum". Sie arbeitet mit UDO LINDENBERG zusammen und beteiligt sich 1987 in Hamburg an einer Bert Brecht / Kurt Weil Revue. Obwohl ab 1990 ihre Plattenumsätze zunächst zurückgehen, zählt sie in Italien weiterhin zur absoluten Rockelite und ist im neuen Jahrtausend wieder erfolgreich. Mit Grazie feiert Gianna 2006 ihr 30-jähriges Bühnenjubiläum und kehrt zur Rockmusik zurück. Das Album hat so großen Erfolg, dass es kurz nach der Veröffentlichung mit Platin ausgezeichnet wird. Mittlerweile hat sie mit über 400.000 verkauften Einheiten den Status der italienischen Diamant-Platte. Es ist dort die erfolgreichste CD des Jahres 2006 und steht elf Wochen an der Spitze der Charts. Im April 2007 erscheint das Album Pia come la canto io, an dem Nannini elf Jahre gearbeitet hat, und das von WILL MALONE produziert wird. Darauf findet sich eine Sammlung von Songs, die sie für eine Pop-Oper geschrieben hat. Das Orchester, mit dem Nannini durch Europa tourt, umfasst eine Rockband mit zwei Gitarristen und dem SOLIS STRING QUARTETT aus Neapel. Im November 2007 erscheint in Italien Gianna Best, eine Doppel-CD mit 26 ihrer Hits und drei bisher unveröffentlichten Titeln, für die sie im Februar 2008 eine Diamant-Platte erhält.

Jahr	Titel in den Top-50 Single-Charts	DE	UK	US
1980	America	15	-	-
1988	I Maschi	44	-	-
1990	Un´esate itliana (mit Eduardo Bennato)	2	-	-
1990	Scadolo	47	-	-

Newton, Judy Kay "Juice" (* 18. Februar 1952 in Lakehurst Naval Base, New Jersey)

Die Country- und Pop-Sängerin JUICE NEWTON feiert ihre Erfolge überwiegend in den amerikanischen Pop- und Country-Charts. In Letzterer hat sie zwischen 1976 und 1989 26 Hits. Mit Angel Of the Morning (1977) und Queen Of Hearts (1981) kann die Sängerin zwei internationale Erfolge vorweisen. 1983 wird sie mit einem Grammy ausgezeichnet.
Newton wird seit ihrer Kindheit "Juice" genannt und so ist es nicht verwunderlich, dass sie unter diesem Namen auftritt. Mit 13 beginnt sie Gitarre zu spielen und bevorzugt zunächst Rhythm & Blues, wechselt aber in den späten 1960er zur Folkmusik.
Während ihrer Collegezeit musiziert sie in kleinen Clubs und Kaffeehäusern.
Pferde und der Polosport sind neben der Musik ihre große Leidenschaft.
Mit ihrem Freund und Gitarristen OTHA YOUNG gründet sie zunächst die Rock-Formation DIXIE PEACH und ein Jahr später das Trio JUICE NEWTON & SILVER SPUR. Die Gruppe zieht nach Los Angeles und wir dort von dem Label RCA unter Vertrag genommen. Die ersten beiden Alben sind wenig erfolgreich. Auch ein Wechsel zu Capitol bringt nicht den erwünschten Erfolg. So löst sich das Trio auf und Juice macht als Solistin weiter. Sie hierbei weiterhin von Otha Young unterstützt.

Zunächst platziert sie in der zweiten Hälfte der 1970er Jahre einige Singles in den Country-Charts, ehe die Sängerin mit der LP Juice 1981 den endgültigen Durchbruch schafft. Das ausgekoppelte Stück Angel Of The Morning (im Original von MER-RILLE RUSH, 1968) ist im Februar 1981 in den USA auf Position vier und in Deutschland auf dem 23. Platz.

Aus dem Nachfolge-Album Quiet Lies (1982) werden ebenfalls einige Hit-Singles ausgekoppelt, die nur in den USA hohe Chartplatzierungen erreicht.

Ab Mitte der 1980er Jahre orientiert sich die Sängerin mehr zu Country-Musik hin, was sich im Nachhinein als guter Entschluss erweist. Sie nimmt erfolgreich Duette mit MELISSA MANCHES-TER, GLEN CAMPBELL und WILLIE NELSON auf.

Zwar gehen Ende der 1980er Jahre ihre Umsatzzahlen und Chartpositionen zurück, sie veröffentlicht weiter Alben und tourt heute noch regelmäßig durch die USA (Stand Dezember 2020).

Juice Newton ist seit 1985 mit Tom Goodspeed verheiratet. Die beiden leben mit ihren zwei Kindern Jessica und Tyler in San Diego.

Jahr	Titel in den Top-50 Single-Charts	DE	UK	US
1981	Angel f The Morning	23	43	4
1981	Queen Of Hearts	39	-	2
1981	The Sweetst Thing I´ve Ever Know	-	-	7
1982	Love´s Been A Little Bit Hard On Me	-		7
1982	Break It To Me Gently	-	-	11
1982	Heart Of The Night	-	-	25
1983	Tell Her No	-	-	27
1984	A Little Love	-	-	44

Newton-John, Olivia, AC, DBE (* 26. September 1948 in Cambridge, GB)

OLIVIA NEWTON-JOHN wird zwar in England geboren, wandert aber im Alter von fünf Jahren mit ihrer Familie nach Australien aus. Ihr Vater stammt aus Wales und ist Deutschlehrer. Olivias deutsche Mutter ist die Tochter des Physikpreisträgers Max Born.

Olivia interessiert sich schon früh fürs Singen und gewinnt mit zwölf ihren ersten Wettbewerb. In der Schule gründet sie die Girl-Group SOL FOUR und im Alter von 17 Jahren hat sie ihren ersten Auftritt in dem "Funny Things Happen Down Under" mit dem Lied Christmas Time Down Under. Olivia gewinnt kurze Zeit später einen Talentwettbewerb, der eine Reise nach England beinhaltet. Sie bekommt einen Plattenvertrag und veröffentlicht 1966 ihre Debütsingle mit dem Titel Till You Say You'll Be Mine. Bis zum musikalischen Durchbruch soll es aber noch eine Weile dauern. Die nimmt erst Anfang der 1970er Fahrt auf. Eine Liebesbeziehung mit Shadows-Gitarrist BRUCE WELCH und die Zusammenarbeit mit Sir CLIFF RICHARD bringt ihre Karriere voran.

1971 produzieren Farra und Welch für sie die Bob-Dylan-Nummer If Not For You, die auf Anhieb ein Top-10-Hit in England wird. Es ist der Start einer Traumkarriere, der sie zu den größten Stars der 1970er und 1980er werden lässt. Im Anfang ist ihre Musik eine Mischung aus Folk und typischem 1970er-Jahre-Pop. Ebenfalls 1971 hat Olivia mit Banks Of The Ohio in Deutschland ihren ersten Top-20-Hit. Zeitnah und fast akzentfrei singt Newton-John eine deutsche Version mit dem Titel Unten am Fluss, der Ohio heißt.

Im Herbst 1973 beginnt ihre große Zeit in den USA. Ihre Singles erreichen Millionenverkäufe, ebenso die Alben. In ihrer Musik ist die Sängerin sehr wandelbar. Balladen, Pop, Country, Folk und Disco gehören zu ihrem Repertoire. Kein Wunder, dass ihre Konzerte ausverkauft sind, weil sie flexibel ist und sich musikalisch immer der Zeit anpassen kann.

Feiert Olivia Newton-John in den USA große Erfolge, ist sie in Europa weitaus weniger gefragt. Ihre Mischung aus Country und Folk-Pop ist hier nicht angesagt. Das soll sich 1978 ändern, als sie das Angebot, mit JOHN TRAVOLTA in der Musical-Verfilmung "Grease" zu spielen, annimmt. Der Film wird ein Welterfolg, ebenso wie der Soundtrack.

Die Singles You're The One That I Want und Summer Nights mit Travolta sowie Hopelessly Devoted To You von Newton-John solo platzieren sich monatelang in den internationalen Charts.

Einen weiteren Musical-Film hat Olivia 1980 mit "Xanadu", der nicht beim Publikum ankommt. Der gleichnamige Titelsong, den sie gemeinsam mit dem Electric Light Orchestra aufnimmt, wird dagegen ein Riesenhit.

Der nächste Erfolg lässt nicht lange warten, denn mit Physical steht Newton-John Ende 1981 für zehn Wochen auf Platz eins der US-Charts.

In Deutschland, der Heimat ihrer Mutter ist sie hin und wieder zu Gast. So 1971, 1972 und 1978 in der Musiksendung "Disco" mit Ilja Richter und 1981 zweimal im Musikladen von Radio Bremen. Zwischen 1978 und 1982 gewinnt OLIVIA NEWTON-JOHN in der Kategorie "beste Sängerin des Jahres" und "beste Schauspielerin des Jahres" mehrere Gold-, Silber-, und Bronze-preise der Jugendzeitschriften Bravo und Pop Rocky.

In der zweiten Hälfte der 1980er wird es etwas ruhiger um die Sängerin und Schauspielerin, weil sie sich intensiv um ihre Familie kümmert.

1992 beginnt sie an ihrem Comeback zu arbeiten, u. a. mit einer Best-of-Veröffentlichung, einer Zusammenarbeit mit dem Produzenten Giorgio Moroder und einer geplanten Welt-Tour-nee. Leider gibt es im Leben Schicksalsschläge, von denen Olivia nicht verschont bleibt. In dieser Zeit stirbt ihr Vater und bei ihr wird Brustkrebs diagnostiziert. Sie geht mit der Krankheit offen um. Ihre Einstellung wird für immer verändert, sagt sie selbst.

Das Album Back With A Heart aus dem Jahre 1998 ist ihr Comeback in den Charts. Newton-John tourt regelmäßig durch die USA, veröffentlicht neue Platten und ist gelegentlich wieder in Filmen zu sehen.

Zwischen April 2014 und Dezember 2016 hat sie unter dem Titel "Summer Nights" eine eigene Show im „Flamingo" in Las Vegas.

Im Mai 2017 sagt sie eine Konzerttour wegen ausgeprägter Rückenschmerzen ab und gibt wenig später bekannt, dass bei ihr Brustkrebs-Metastasen in der Wirbelsäule diagnostiziert worden seien und dass sie sich deswegen einer Strahlentherapie unterziehen werde.

Ihre lang erwartete Autobiografie mit dem Titel "Don´t Stop Believin´" erscheint 2018 in Australien und 2019 in Deutschland.

OLIVIA NEWTON-JOHN hat im Laufe ihrer Karriere über 100 Millionen Tonträger verkauft, davon allein 14,3 Millionen Exemplare von Grease.

Jahr	Titel in den Top-50 Single-Charts	DE	UK	US
1971	If Not For You	-	7	25
1971	Banks Of The Ohio	13	6	-
1972	What Is Life	-	16	-
1972	Take Me Home Country Roads	-	15	-
1973	Let Me Be There	-	-	6
1974	Long Live Love	-	11	-
1974	If You Love Me (Let Me Know)	37	-	5
1974	Honestly I Love You	-	22	1
1975	Have You Never Been Mellow	-	-	1
1975	Please Mr. Please	-	-	3
1975	Something Better To Do	-	-	13
1975	He Ain´t Heavy... He´s My Brother	-	-	30
1976	Come On Over	-	-	23
1976	Don´t Stop Believin´	-	-	33
1977	Sam	-	6	20
1978	You´re The One That I Want	1	1	1
1978	Hopelessly Devoted To You	-	2	3
1978	Summer Nights	4	1	5
1978	A Little More Love	34	4	3
1979	Deeper Than The Night	-	-	11
1980	I Can´t Help It	-	-	12
1980	Magic	36	32	1

Jahr	Fortsetzung – Olivia Newton-John	DE	UK	US
1980	Xanadu (mit ELO)	1	1	8
1980	Suddenly (mit Cliff Richard)	-	15	20
1981	Physical	4	7	1
1982	Landslide	-	18	-
1982	Make A Move On Me	38	43	5
1982	Heart Attack	-	46	3
1982	Tied Up	-	-	38
1983	Twist To Fate	-	-	5
1984	Livin´ In Desperate Time	-	-	31
1985	Soul Kiss	-	-	20
1988	The Rumour	36	-	-
1990	Grease Megamix	42	3	-
1991	Grease – Dream mix	-	47	-
1995	Had To Be	-	22	-
1998	You´re the One That I Want (Remix)	26	4	-

Nightingale, Maxine (* 2. November 1952 in Wembley, GB)

Die britische Disco- und Soulsängerin MAXINE NIGHTINGALE nimmt 1968 ihre ersten Platten auf, muss aber sieben Jahre ihren auf den großen Erfolg warten.
In den frühen 1970er Jahren spielt sie in verschiedenen Produktionen von Hair, Jesus Christ Superstar und Godspell mit.
1975 gelingt der Sängerin mit Right Back Where We Started From der Durchbruch. Die Aufnahme wird ein Millionenseller. Das Stück stammt von dem gleichnamigen Album und schafft es in England auf Platz acht und in den USA sogar auf Position zwei.
Später wendet sich die Sängerin verstärkt dem Jazz und Rhythm & Blues zu.

Jahr	Titel in den Top-50 Single-Charts	DE	UK	US
1975	Right Back Where We Started From	38	8	2
1977	Love Hit Me	-	11	-
1979	Lead Me On	-	5	5

Sängerinnen – O

O´Connor, Hazel (* 16. Mai 1955 in Coventry, GB)

Bekannt wird die englische Sängerin, Songwriterin und Schauspielerin HAZEL O´CONNOR als Hauptdarstellerin des Musikfilms "Breaking Glass" aus dem Jahr 1980. Der gleichnamige Soundtrack dazu ist eine Komposition von ihr. Mit der Single-Auskoppelung aus diesem Album Eighth Day, erreicht sie Platz fünf der UK-Charts. 1981 Hat sie mit Will You einen weiteren Top-10-Erfolg. Bis auf ein paar kleinere Hits kam nichts mehr von Hazel. Außerdem beschränken sich ihre Erfolge nur auf das britische Königreich.
Sie veröffentlicht weitere Alben und hat mehre Rollen in englischen Fernsehproduktionen, kann aber an den Erfolg von „Breaking Glass" nicht mehr anknüpfen.
Heute lebt sie in Irland und ist nach wie vor als Musikerin und Songwriterin aktiv.

Jahr	Titel in den Top-50 Single-Charts	DE	UK	US
1980	Eighth Day	-	5	-
1980	Give Me An Inch	-	41	-
1981	D-Days	-	10	-
1981	Will You	-	8	-
1981	(Cover Plus) We´re All Grown Up	-	41	-
1981	Hanging Around	-	45	-

O´Connor, Sinéad (* 8. Dezember 1966 in Glenageary, Irland als Sinéad Marie Bernadette O'Connor)

Die irische Sängerin und Musikerin SINÉAD O'CONNOR hat als Kind kein leichtes Leben und wird nach eigenen Angaben von ihrer Mutter regelmäßig misshandelt. Nach der Scheidung der Eltern wird sie der Mutter zugesprochen (damals im katholischen Irland so üblich), zieht aber 1979 zu ihrem Vater.
Gewalt scheint sich durch ihr Leben zu ziehen. Das Internat was sie besucht ist, wie erst 1990 aufgeklärt wird, in Skandale wegen Misshandlungen und Kindesmissbrauch verwickelt. So soll sie nach eigenem Bekunden sexuell missbraucht worden sein. Diese Geschichte einmal vorweg, um zu verstehen, warum ihr Leben nie in normalen Bahnen verläuft.
Sie wird wegen Ladendiebstahls eingesperrt und der Schule verwiesen.
Mit 16 Jahren verlässt Sinéad das Internat, um Gesang und Klavier zu studieren. Ihre musikalischen Vorbilder sind ARETHA FRANKLIN und THE SMITHS. Sie arbeitet nebenher als Kellnerin und gründet ihre erste Band TON TON MACOUTE.
1983 erhält sie einen Plattenvertrag und hat 1987 mit Mandinka, ausgekoppelt aus dem Album The Lion And The Cobra, ihren ersten Hit.
Der große Durchbruch gelingt ihr als Sängerin 1990 mit ihrem zweiten Album I Do Not Want What I Haven't Got und der Single-Coverversion des Prince-Songs Nothing Compares 2 U.
Die Nummer schafft es in vielen Ländern auf Platz eins, auch in Deutschland, England und den USA. Im selben Jahr hat sie einen Auftritt bei Roger Waters' Aufführung von The Wall auf dem Potsdamer Platz in Berlin. Dort singt sie das Lied Mother.
Ihr Leben verläuft weiterhin kontrovers und sie spart nicht mit Protesten, insbesondere gegen die Kirche. Verständlich, wenn der Missbrauch durch die kirchlichen Organe im Internat an ihr stimmen. In dem Bob-Marley-Lied War, welches sie auf einer Veranstaltung singt, ersetzt sie das Wort "Racism" durch "Child Abuse" um gegen die Leugnung von Kindesmissbrauchsfällen in der katholischen Kirche zu protestieren.
Danach zieht sie sich wegen gesellschaftlicher Anfeindungen kurzzeitig aus dem Musikgeschäft zurück und beginnt in Dublin Operngesang zu studieren.

Persönliche Angriffe und Sympathiebekundungen ziehen sich wie ein roter Faden durch ihr Leben. Bei einem Auftritt 1992 wird sie vom Publikum angefeindet, ob ihrer Angriffe auf die Kirche, erfährt aber auch Trost beim Gastgeber dieser Veranstaltung, KRIS KRISTOFFERSON. Er widmet der Sängerin auf seiner CD Closer To The Bone (2009) das Lied Sister Sinéad. 1994 und 1997 erscheinen zwei weitere Alben von ihr, die aber kaum vom Publikum wahrgenommen werden.

So ist ihre nächste Station ein sechswöchiges Studium der Theologie von Bischof Michael Cox. Sie wird 1996 bei einer Zeremonie im Grand Hotel de la Grotte in Lourdes (Frankreich) zur Priesterin der orthodox-katholischen und apostolischen Kirche von Irland geweiht. Sie nimmt den Ordensnamen "Mother Bernadette Mary" an. Ihre Ordination wird von der römisch-katholischen Kirche, wen wundert es, nicht anerkannt.

Das Leben von Sinéad verläuft weiterhin wie eine Achterbahn, ebenso ihre Gefühle. Sie outet sich als homosexuell, widerruft es später und sagt, sie sei bi-sexuell und auch heterosexuell. 2003 verkündet sie, sich aus dem Musikgeschäft zurückziehen zu wollen.

Am 10. März 2004 bringt O'Connor ihr drittes Kind zur Welt. Zu dieser Zeit studiert sie Theologie am „Milltown Institute" in Dublin. 2005 ist sie im Musikgeschäft zurück, bringt Alben heraus und absolviert Auftritte mit verschieden Künstlern.

Die vierte Ehe von O´Connor, geschlossen am 8. Dezember 2011, wird bereits nach 16 Tagen geschieden. Ein Tag danach verbreitet sich die Meldung eines Selbstmordversuchs der Sängerin. Eine Tournee im April 2012 wird wegen psychischer Probleme abgebrochen und im November 2015 macht sie Suizidgedanken öffentlich. Ende desselben Monats wird sie von einem Rettungsteam aufgefunden und zur stationären Behandlung in eine Klinik in Dublin gebracht.

Ende 2017 ändert sie ihren Namen zu Magda Davitt, um sich vom "Fluch ihrer Eltern zu befreien". Im Oktober 2018 erklärt sie, dass sie zum Islam konvertiert sei und ihren Namen in Shuhada' Davitt geändert habe, was übersetzt Märtyrer heißt sowie, dass sie "nichts mehr mit Weißen zu tun haben" wolle, sofern damit Nichtmuslime gemeint seien. Eine begnadete Musikerin, der das Leben von Kindheit an nicht wohlgesonnen ist und sie kaputt gemacht hat.

Jahr	Titel in den Top-50 Single-Charts	DE	UK	US
1988	Mandinka	-	17	-
1990	Nothing Compares 2 U	1	1	1
1990	The Emperor´s New Clothes	28	31	-
1990	Three Babies	-	42	-
1992	Success Has Made A Failure Of Our Home	-	18	-
1994	You Made Me The Thief Of Your Heart	-	42	-
1994	Thank You For Hearing Me	-	13	-
2002	Troy (The Phoenix From The Flame)	-	48	-

Sängerinnen – P

Page, Elaine OBE (* 5. März 1948 in Barnet, GB als Elaine Jill Bickerstaff)

Die englische Sängerin und Schauspielerin ELAINE PAGE ist dem breiten Publikum hauptsächlich als Musical-Darstellerin bekannt.
Sie spielt die weiblichen Hauptrollen in den Musicals "Cats" und "Evita" von Andrew Lloyd Webber und Tim Rice.
In Evita gehört sie dem Londoner Originalcast an und singt dort die Rolle der Eva Perón. Ihre Interpretation der Rolle gilt bis heute für viele Musicaldarsteller als Vorbild. In „Cats", wo sie ebenfalls dem Originalensemble angehört, singt sie die Rolle der alternden Katze Grizabella. Sie prägt in dieser Rolle das Stück Memory, das wie die Hits aus „Evita" seitdem mit ihrer Stimme in Verbindung gebracht wird. Eine weitere Rolle von ELAINE PAGE ist die der Florence im Musical "Chess" von den ABBA-Musikern BJÖRN ULVAEUS und BENNY ANDERSON.
Ihre größten internationalen Chart-Erfolge sind I Know Him so Well, im Duett mit BARBARA DICKSON aus dem Musical „Chess", und der Top-Ten-Hit Memory aus dem Musical „Cats".
Darüber hinaus moderiert sie eine Radiosendung über Filmmusik und Musicals bei BBC Radio 2.
1988 bringt sie ein Album mit Coverversionen der legendären Rockband QUEEN unter dem Namen The Queen Album heraus.

Jahr	Titel in den Top-50 Single-Charts	DE	UK	US
1978	Don´t Walk Away Till I Touch You	-	46	-
1981	Memory	-	6	-
1984	I Know Him So Well (mit Barbara Dickson)	22	1	-

Paradis, Vanessa Chantal (* 22. Dezember 1972 in Saint-Maur-des-Fossés, Frankreich)

VANESSA PARADIS ist nicht nur Sängerin und Schauspielerin, sondern auch ein erfolgreiches Model.
Sie hat schon im Alter von sieben Jahren ihren ersten Auftritt im Fernsehen. Organisiert wird dieser durch ihren Onkel Didier Pain. Er ist Schauspieler und Musikproduzent. Als zehnjährige nimmt Vanessa erstmals an einem Talentwettbewerb teil.
Den internationalen Durchbruch schafft sie im Sommer 1987 mit ihrem größten Hit Joe le taxi. Es wird der erste Nummer-eins-Hit für sie in Frankreich. Der Titel steht elf Wochen an der Spitze der französischen Charts. In Deutschland und Großbritannien ist die Aufnahme unter den ersten zehn. Einen weiteren vergleichbaren Erfolg hat sie 1992 mit Be My Baby
Ihr Debüt als Filmschauspielerin feiert sie 1989 in dem Film "Weiße Hochzeit".
In den 1990er-Jahren ist Paradis Model in einer Werbekampagne für den Damenduft Chanel N° 5. Taschen und Lippenstifte von diesem Unternehmen werden von ihr ebenfalls beworben.
Privat hat Vanessa von 1992 bis 1996 eine stürmische Romanze mit LENNY KRAVITZ, der ihr drittes Album Vanessa Paradis komponiert und produziert.
Nach einer Pause von sechs Jahren erscheint im September 2007 das Studio-Album Divinidylle. Ein weiteres folgt im Mai 2013.
Zu den 69. Internationalen Filmfestspielen in Cannes sitzt sie 2016 in Wettbewerbsjury und ein Jahr später ist VANESSA PARADIS wieder in einem Film zu sehen.
Sie lebt abwechselnd in Los Angeles und im südfranzösischen Plan-de-la-Tour.

Jahr	Titel in den Top-50 Single-Charts	DE	UK	US
1987	Joe le taxi	8	3	-
1988	Marilyn et John	35	-	-
1992	Be My Baby	10	6	-

Parton, Dolly Rebecca (* 19. Januar 1946 in Sevierville, Tennessee)

Sie ist die Grand-Dame der Country-Musik und eine der erfolgreichsten dieses Genres. Gemeint ist die US-amerikanische Country-Sängerin, Songschreiberin, Multiinstrumentalistin, Schauspielerin und Unternehmerin DOLLY PARTON. Sie ist seit den 1970er Jahren eine der besten Sängerinnen und Songautorinnen im Bereich Country und Pop und hat 25 Nummereins-, 55 Top-10- und 88 Top-40-Hits allein in den Country-Charts.

1974 hat Dolly mit dem Song Jolene die Erste von vielen Top-10-Notierungen in den Pop-Charts. Mehr als 100 Millionen Alben verkauft sie im Laufe ihrer Karriere und erhält neun Grammys.

Dolly Parton schreibt die meisten ihrer Songs selbst und einige von ihnen werden erfolgreich gecovert, wie beispielsweise I Will Always Love You von WHITNEY HOUSTON. Nicht selten verarbeitet sie sozialkritische Themen, wie Armut, in der sie selbst aufwächst.

Seit den 1980er Jahren widmet sich DOLLY PARTON der Schauspielerei und ist in einigen Filmen an der Seite von Weltstars zu sehen wie Burt Reynolds, Julia Roberts oder Shirley McLaine.

Gemeinsam mit ihren zwölf Geschwistern wächst sie in einem kleinen Ort in Tennessee auf und äußert schon als Kind den Wunsch, Sängerin zu werden.

Mit elf Jahren tritt sie zum ersten Mal im Radio von Knoxville auf und mit 13 bekommt sie einen Plattenvertrag. Nachdem Dolly die Highschool 1964 abgeschlossen hat, siedelt sie nach Nashville über, dem Mekka der Country-Musik. Dort lernt die Künstlerin Carl Dean kennen, mit dem sie noch heute verheiratet ist. 1967 erhält Dolly einen Schallplattenvertrag, nimmt Tonträger und auf und absolviert Tourneen. Nach dem Wechsel des Plattenlabels startet sie eine Solo-Karriere in einer Branche, die deutlich von männlichen Kollegen dominiert wird.

Dumb Blonde, Something Fishy, Joshua, Jolene, Down from Dover, Coat Of Many Colors und Bargain Store heißen die ersten Hits der Sängerin und Songwriterin DOLLY PARTON, die sie schon Ende der 1970er Jahre zum Medienstar werden lassen.

Die Karriere geht so steil nach oben, dass sie eine eigene halbstündige TV-Musik-Show erhält.

1984 macht sie nach einigen Filmen, in denen sie mitwirkt, eine schöpferische Pause.

Dolly ändert ihr Image und Aussehen und wird Unternehmerin, indem sie 1986 Miteigentümerin von „Dollywood", ein in Pigeon Forge in Tennessee gelegener Freizeitpark, wird.

Als Darstellerin kann sie ihre Kritiker im nächsten und vierten Film 1989 erneut überzeugen. Zeitgleich schreibt sie weiter Songs.

2006 wird Parton der "Kennedy-Preis" für ihr Lebenswerk verliehen. 2011 folgt der Grammy "Lifetime Achievement Award". Im selben Jahr veröffentlicht Parton das Album Better Day, an das sich Januar 2014 ihre „Blue Smoke World Tour" anschließt.

2016 erscheint mit Pure & Simple ihr 43. Studioalbum.

Jahr	Titel in den Top-50 Single-Charts	DE	UK	US
1974	Jolene	-	7	-
1977	Here You Come Again	-	-	3
1978	Two Doors Down	-	-	19
1978	Baby I´m Your Burnin´	-	-	25
1980	Starting Over Again	-	-	36
1980	9 To 5	46	47	1
1981	But You Know I Love You	-	-	41
1983	Island In The Stream (mit Kenny Rogers)	25	7	1
1983	Save The Last Dance For Me	-	-	45
1993	Romeo	-	-	50
2005	When I Get Where I´m Going	-	-	39

Patti, Guesch (* 16. März 1946 in Paris, Frankreich als Patricia Porrasse)

Die französische Tänzerin, Sängerin und Schauspielerin GUESCH PATTI hat 1987 mit dem Stück Étienne Ihren einzigen

internationalen Hit. Die Aufnahme schafft es in Deutschland in die Top-Ten und wird in Frankreich Spitzenreiter. Das frivole Video zu dem Song sorgt nicht nur in Frankreich für einen Skandal, wird aber mehrmals ausgezeichnet.
Als Tänzerin gastiert sie u. a. in der Mailänder Scala und arbeitet Choreografen wie Roland Petit und Maurice Béjart.
Für "Die Schwächen der Frauen (Elles)" von Regisseur Luís Galvão Teles steht Guesch 1997 erstmals als Schauspielerin in einem Kinofilm vor der Kamera.

Jahr	Titel in den Top-50 Single-Charts	DE	UK	US
1987	Étienne	9	-	-
1988	Let Be Must The Queen	21	-	-

Payne, Freda Charcelia (* 19. September 1942 in Detroit, Michigan)

Die Jazz- und Soul-Sängerin FREDA PAYNE studiert zusammen mit ihrer Schwester Sherrie in Ihrer Heimatstadt Detroit Gesang. Während ihre Schwester nach dem Ausscheiden von DIANA ROSS zu den SUPREMES geht, singt Freda mit PEARL BAILEY, QUINCY JONES und DUKE ELLINGTON. 1965 macht sie ihre erste Soloaufnahme, der Erfolg stellt sich dann Anfang der 1970er ein. Das Stück Band Of Gold wird ein Millionenseller und Top-10-Hit und ist Nummer drei in USA und Spitzenreiter im Vereinigten Königreich. Ein Jahr später gelingt Freda Payne mit The Boys Home ein weiterer Hit, obwohl diese Aufnahme nur bis Platz zwölf in den USA kommt, wird es ein Millionenerfolg. In den 1980er Jahren wird es langsam ruhiger um Payne. Die von ihr moderierte Show "Today's Black Woman" hat keinen großen Erfolg. Mit der Single In Motion verabschiedet sie sich 1982 aus den R&B-Charts, wo der Titel lediglich auf Platz 63 landet.
Seit Mitte der 1990er Jahre ist Freda Payne wieder präsent in der Musikszene und veröffentlicht in unregelmäßigen Abständen Alben. Darüber hinaus versucht sie sich als Schauspielerin. So ist sie in einer kleinen Rolle in dem Kinofilm "Familie Klumps und der verrückte Professor" (2000) zu sehen.

2002 präsentiert sie mit DARLENE LOVE und MICHAEL FEIN-STEIN die Revue „Love & Payne".

Im Jahr 2011 folgt eine Single mit CLIFF RICHARD für dessen Album Soulicious, die von Lamont Dozier produziert wird. Beide treten mit diesem Titel mehrfach im britischen Fernsehen auf. Payne begleitet Richard darüber hinaus als Stargast bei seiner gleichnamigen Tournee.

Ihr bislang letztes Album Come Back To Me Love entsteht 2014 mit dem Grammy-Preisträger Bill Cunliffe, der ihren Stil mit einer Big Band wieder mehr in Richtung Jazz arrangiert.

Jahr	Titel in den Top-50 Single-Charts	DE	UK	US
1970	Band Of Gold	32	1	3
1970	Deeper And Deeper	-	33	24
1971	Cherish What Is Dear To You	-	46	44
1971	Bring The Boys Home	-	-	12

Phillips, Esther (* 23. Dezember 1935 in Galveston, Texas als Esther Mae Jones | gestorben am 7. August 1984)

ESTHER PHILLIPS, die auch als „Little Esther" auftritt, nimmt 1949 an einem Talentwettbewerb teil. JOHNNY OTIS ist von ihr so begeistert, dass er sie für seine Revue "The California Rhythm and Blues Caravan engagiert", wo sie als Little Esther auftritt. Neben Blues singt sie Jazz, Country, Soul und Disco. Sie wird oft mit NINA SIMONE verglichen, gibt aber selbst DINAH WASHINGTON als ihr Vorbild an.

In den R&B Charts gelingen ESTHER PHILLIPS über einen Zeit-raum von 33 Jahren 19 Hits.

Ihren ersten Hit hat sie 1950 mit dem Gesangsquartett THE ROBINS. Danach folgt eine Reihe von R&B-Erfolgen. Nach dem Weggang von ihrem Förderer JOHNNY OTIS geht der Erfolg zurück.

1962 wird sie von KENNY ROGERS wieder entdeckt und tritt nun unter dem Künstlernamen ESTHER PHILLIPS auf. Sie hat mit Release Me im gleichen Jahr einen Top-10-Hit in den USA.

Die BEATLES laden sie nach England ein, wo sie eine eigene TV-Show bekommt.

Mitte der 1960er gelingen ihr auf der Insel zwei kleinere Hits.

Esther kämpft in dieser Zeit mit ihrer Heroinsucht.

Der ganz große Wurf gelingt ihr 1975 mit einer Disco-Fassung des Klassikers What a Difference a Day Makes (im Original von den Dorsey Brothers). Die Aufnahme wird in ihrer Version zum Welthit. Danach nimmt sie noch einige Songs auf, ein größerer Erfolg gelingt ihr nicht mehr.

Die Sängerin stirbt 1984 an Leber- und Nierenversagen infolge ihrer Heroin- und Alkoholabhängigkeit im Alter von 48 Jahren.

Jahr	Titel in den Top-50 Single-Charts	DE	UK	US
1962	Release Me	-	-	8
1975	What A Difference A Day Make	16	6	20

Piaf, Édith (* 19. Dezember 1915 in Paris, Frankreich als Édith Giovanna Gassion | gestorben am 10. Oktober 1963)

Der "Spatz von Paris" wird sie genannt und ist eine der größten Chanson-Sängerinnen gewesen. Die nur 1,47 Meter große Sängerin EDITH PIAF feiert ihre großen Erfolge mit den Liedern La vie en rose, Milord und Non, je ne regrette rien. Ihr Gesangsstil spiegelt die Tragödien ihres Lebens wider, von denen es viele gibt.

Ab den 1940er Jahren avanciert sie zur "Königin des Chansons", wobei Edith ihren Durchbruch 1937 im Théâtre de l'A.B.C. feiert.

Mit ihrem expressiven Stil begeistert sie ein Millionenpublikum, wird weltweit gefeiert und international zu einer Legende. Vielen Kollegen wie YVES MONTAND oder CHARLES AZNA-VOUR verhilft sie zum Durchbruch.

Einer ihrer berühmtesten Hits – Non, je ne regrette rien – singt sie 1962 vor dem Pariser Eiffelturm, was in der Übersetzung so viel wie "Nein, ich bereue nichts" heißt und das Lebensmotto der Künstlerin widerspieglt.

Das Leben von Edith beginnt schon nicht optimal, denn sie wird in der Arrestzelle eines Pariser Gefängnisses geboren. Ihr

Eltern kümmern sich nicht um sie und so wächst sie die ersten Jahre ihres Lebens bei ihrer Großmutter auf. Ab ihrem siebten Lebensjahr zieht sie mit ihrem Vater im Wanderzirkus umher und singt schon früh auf Marktplätzen. Mit 15 trennt sie sich von ihm und tritt mit selbstgeschriebenen Chansontexten in Cafés, Bars und Revuetheatern von Paris auf. 1935 ist sie als Straßensängerin unterwegs, um Geld zu verdienen. Im gleichen Jahr wird sie von Loius Leplée, dem Revue-König von Paris und Besitzer des Kabarettclubs "Le Gerny`s", entdeckt, vor dem sie gesungen hat. Er gibt ihr wegen ihrer kleinen Körpergröße den Namen "La Môme piaf", was soviel bedeutet wie "der kleine Spatz". Später wird sie zum "Spatz von Paris".

Kurz danach entdeckt sie der französische Schauspieler und Chansonnier MAURICE CHEVALIER, der bei einer Vorstellung im Publikum sitzt und ihre Chansons hört. Das ist der Beginn ihrer Karriere.

EDITH PIAF lernt in dieser Zeit die Konzertpianistin Marguerite Monnot kennen, die viele ihrer Hits komponiert. Vor dem Ausbruch des Zweiten Weltkriegs wird Piaf eine bekannte Chansonsängerin. Nach dem Kriegsende setzt sie ihre erfolgreiche Laufbahn fort. Mit dem Lied "La vie en rose" schafft sie den großen internationalen Durchbruch und sie wird weltweit berühmt.

Edith singt oftmals von der menschlichen Existenz, und sie spricht mit ihren Texten Themen, wie zum Beispiel Liebe, Glück, Tod, Wiedersehen oder Abschied an. Ihre Balladen sind häufig voller Tragik und Dramatik. 1958 erscheinen ihre Memoiren "Au bal de la chance", die 1964 auch als deutsche Ausgabe unter dem Titel "Mein Leben" herauskommen.

Edith ist nicht nur Chansonsängerin, sondern spielt in Filmen mit und nimmt an Operetten teil.

Sie tourt durch Europa, die USA und durch Südamerika.

So erfolgreich sie als Sängerin ist, muss Edith Piaf privat viele Schicksalsschläge hinnehmen. Der Tod ihrer großen Liebe, der Boxweltmeister Marcel Cerdan, setzt ihr mächtig zu.

Sie kämpft gegen ihre Drogen- und Alkoholsucht und bricht mehrmals auf der Bühne zusammen und weitere gescheiterte Beziehungen setzen ihr zu.

Selten liegen Erfolg und Tragik so dicht beieinander wie bei EDITH PIAF, die am 11. Oktober 1963 im Alter von nur 47 Jahren stirbt.

Ihr Erbe sind rund 300 Chansons, davon viele unvergessliche Melodien.

Jahr	Titel in den Top-50 Single-Charts	DE	UK	US
1950	La vie en Rose (englische Version)	-	-	23
1960	Milord	1	24	-

Princess (* 27. November 1961 in London, GB als Desiree Heslop)

Die ersten musikalischen Gehversuche macht die britische Sängerin PRINCESS in den 1970er Jahren in der Band OSIBISA und arbeitet mit MAI TAI, EVELYN THOMAS und PRECIOUS WILSON zusammen.
1985 kommt es zur Zusammenarbeit mit dem erfolgreichen britischen Produzenten-Team Stock/Aitken/Waterman. Unter dem Künstlernamen PRINCESS erscheint im selben Jahr die Single Say I´m Your Number One, die weltweit mehr als eine Millionen Mal über die Ladentische geht. Es ist gleichzeitig der größte Erfolg für die Sängerin.
Das im Frühjahr 1986 erscheinende Album Priness enthält die Single-Auskopplungen After The Love Has Gone, I'll Keep On Loving You, Tell Me Tomorrow und In The Heat On A Passionate Moment.
Die ersten drei genannten Aufnahmen erreichten in Großbritannien die Top 40, aber keine dieser Singles kann den Erfolg von Say I'm Your Number One wiederholen.
Ein Produzentenwechsel ändert daran auch nichts.
Ihre letzte Chartnotierung hat sie Mitte 1987 mit der Single Red Hot.
Von 1991 bis zu ihrer Rückkehr nach England im Jahre 2003 lebt sie in den USA. Einen größeren Auftritt hat Princess noch einmal 2005. In der britischen TV-Show "Hit Me Baby One More Time" singt sie ihren größten Hit sowie eine Coverversion, des Kylie-Minogues-Hits Slow.

Jahr	Titel in den Top-50 Single-Charts	DE	UK	US
1985	Say I´m Your Number One	2	7	-
1985	After The Love Has Gone	27	28	-
1986	I´ll Keep Loving You	25	16	-
1986	Tell Me Tomorrow	-	34	-

Sängerinnen – Q

Quatro, Suzi (* 3. Juni 1950 in Detroit, Michigan als Susan Kay Quatro)

Die US-amerikanische Musikerin und Schauspielerin italienischer Herkunft, gehört in den 1970er Jahren – vor allem in Europa – zu den erfolgreichsten Rockmusikerinnen.

SUZI QUATRO wächst mit ihren beiden Schwestern und einem Bruder bei ihren Eltern Helen und Art Quatro im Detroiter Vorort Grosse Pointe auf. Ihr Vater hat eine eigene Band – „The Art Quatro Trio".

Im Alter von acht Jahren tritt Suzi das erste Mal mit ihrem Daddy auf. In der Folge nimmt sie klassischen Klavierunterricht, bis sie sich mit 14 dem Rock and Roll zuwendet. Sie nennt sich SUZI SOUL und wird die Bassistin in der Band PLEASUR SEEKERS, einer Gruppe aus Detroit, in der ihre Schwestern engagiert sind.

Wie viele der damaligen Garagenbands nimmt sie eine Single auf. Mit Never Thought You'd Leave Me/What A Way To Die erlangt sie lokalen Ruhm. Das Nachfolge-Stück, jetzt schon für das überregionale Label Mercury, wird ein kommerzieller Erfolg.

1971 benennt sich die Formation in CRADLE um, und spielt härteren Rock und ihre eigenen Stücke. Zu dieser Zeit sieht der Musikproduzent Mickie Most die Gruppe, während er eine neue Platte mit JEFF BECK in Detroit produziert. Er lädt Suzi nach England ein, um mit ihr an einer Solokarriere zu arbeiten. Ende 1971 kommt sie nach London. Zwei Jahre verbringt sie in den Studios, um Lieder zu schreiben und aufzunehmen. Die erste Solo-Single Rolling Stone wird zwar in Großbritannien ein Flop, aber in Portugal gelangt sie 1972 auf Platz eins der Hitparade. Es wird eine Band zusammengestellt, mit der SUZI QUATRO auf Tour geht.

Anfang 1973 werden von Mickie Most mit Nicky Chinn und Mike Chapman zwei neue Komponisten für seine Firma RAK verpflichtet. Beide schreiben Quatros ersten Nummer-eins-Hit Can The Can. Besonders großen Erfolg hat sie in Europa, Australien und Japan. 1974 erhält sie in Deutschland den" Goldenen Bravo Otto", 1980 den Silbernen und 1975, 1978 und 1979 den "Bronzenen Bravo Otto" der Jugendzeitschrift BRAVO.

Sie nimmt ein Cover der Elvis-Presley-Nummer All Shook Up auf, die Presley hört und sie daraufhin nach Graceland einlädt. Quatro lehnt ab, was sie bis heute bedauert und so kommentiert: "I Turned Him Down Like An Idiot Because I Was Nervous to Meet My Hero (Ich habe ihn wie einen Idioten abgelehnt, weil ich nervös war, meinen Helden zu treffen)".

Ab 1977 arbeitet sie als Schauspielerin und heiratet 1978 ihren langjährigen Freund und Gitarristen Len Tuckey.

Ende der 1970er Jahre endet die Zusammenarbeit mit dem RAK-Label. Quatro arbeitet weiterhin mit Mike Chapman zusammen. Die großen Erfolge stellen sich zwar nicht wieder ein, aber 1978 nimmt sie gemeinsam mit CHRIS NORMAN - zu der Zeit Lead-Sänger und Gitarrist von SMOKIE - das Stück Stumblin' In auf. Es ist ihr einziger Nummer-eins-Hit in den USA. Die 1980 erscheinende Single She's In Love With You wird ebenfalls ein Hit. Von diesem Stück nimmt der Schlagersänger BERNHARD BRINK - unter dem Titel Ich wär' so gern' wie du - eine deutsche Version auf.

Am 23. September 1982 wird ihre Tochter geboren, im Oktober 1984 kommt ihr Sohn zur Welt.

Andrew Lloyd Webber engagiert 1985 die Künstlerin für die Titelrolle im Musical Annie Get Your Gun. Die Premiere ist 1986 im Londoner „West End Theatre". Ihr Engagement im Musical dauert einige Jahre. 1989 geht die Sängerin auf eine erfolgreiche Tournee durch die Sowjetunion.

1992 endet die Ehe von Quatro und Tucker. Im Oktober 1993 heiratet sie den deutschen Tour-Promoter Rainer Haas.

Seit 2000 moderiert sie auf BBC 2 die Radiosendung "Rocking With Suzi Q" und am 17.02.2006 erscheint das Album Back To The Drive. 2009 nimmt SUZI QUATRO zusammen mit THE JORDANAIRES (der Backing Group von Elvis Presley) den Tri-

bute-Song Singing With Angels auf, der im Januar 2010 ver-
öffentlicht wird und im August 2011 erscheint ihr Album In The
Spotlight.
Am 19. Oktober 2016 erhält Suzi den Ehrendoktor in Anerken-
nung für ihre Verdienste um die Musik von der "Anglia Ruskin
University" in Cambridge, GB.
SUZI QUATRO lebt seit 1971 in England sowie im Hamburger
Stadtteil Sasel.

Jahr	Titel in den Top-50 Single-Charts	DE	UK	US
1973	Can The Can	1	1	-
1973	48 Crash	2	3	-
1973	Daytona Damon	2	14	-
1974	Devil Gate Drive	2	1	-
1974	Too Big	6	14	-
1974	The Wild One	5	7	-
1975	Your Mama Won´t Like Me	27	31	-
1975	I Bit More Off Than I Could Chew	34	-	-
1977	Tear Me Apart	-	27	-
1978	If You Can´t Give Me Love	5	4	45
1978	Stumblin´In (with Chris Norman)	2	41	4
1979	The Race Is On	15	43	-
1979	Don´t Change My Luck	35	-	-
1979	She´s In Love With You	8	11	41
1980	Mama´s Boy	19	34	-
1980	I´ve Been In Love	35	-	44
1980	Rock Hard	26	-	-

Sängerinnen – R

Reddy, Helen Maxine (* 25. Oktober 1941 in Melbourne, Australien | gestorben am 29. September 2020)

Die australische Sängerin, Schauspielerin und Feministin HELEN REDDY veröffentlicht 1968 ihre erste Single One Way Ticket. Ihr weltweiter Erfolg stellt sich Anfang der 1970er Jahre ein.
Ihr Nummer-eins-Hit von 1972 I Am Woman wird zu einer Hymne der Frauenbewegung. Insgesamt werden ihr rund 25 Millionen verkaufte Platten zugeschrieben, wobei die großen Charterfolge aber fast ausschließlich in den USA liegen. So besitzt sie ab 1974 die australische und amerikanische Staatsbürgerschaft.
Helen ist im australischen Rundfunk ein Kinderstar und studiert bis 1971 an der „University Of California" Parapsychologie.
Mitte 1971 Hat Helen mit I Don't Know How To Love Him (aus der Rock-Oper Jesus Christ Superstar) ihren ersten Top-20-Hit.
Dreimal schafft sie es auf Platz eins in den US-Charts mit I Am Woman (1972), Delta Dawn (1973) und Angie Baby (1974).
Für I Am Woman erhält sie eine goldene Schallplatte und einen Grammy für die beste weibliche Gesangsleistung. In den Jahren 1973 und 1974 ist sie laut dem Guardian die weltweit erfolgreichste Sängerin.
Außerdem werden zwischen 1971 und 1976 bis auf eine Ausnahme sämtliche Alben Reddys mit Gold oder Platin in den USA ausgezeichnet.
In der zweiten Hälfte der 1970er Jahre lässt der Erfolg merklich nach. Sie nimmt mit Ready Or Not (1978) und Make Love To Me (1979) Lieder im damals populären Disco-Stil auf, landet damit aber nur kleinere Hits in den amerikanischen Single-

Charts. Mit der Ballade I Can't Say Goodbye To You wird Helen 1981 letztmals auf Platz 88 notiert. Auf dem deutschen Markt kann die Künstlerin nie Fuß fassen.

Dafür laufen zwei ihrer bekanntesten Filme erfolgreich in den heimischen Kinos: Giganten am Himmel (1974) und Elliot, das Schmunzelmonster (1977).

2002 beendet Reddy ihre Karriere im Showgeschäft, verlässt die Vereinigten Staaten und zieht sich für einige Jahre auf die australische Norfolkinsel zurück. Später lebt sie in Sydney und arbeitet zeitweise als Schlaftherapeutin.

Sie veröffentlicht im Jahr 2006 Ihre Autobiografie "The Woman I Am" und schließt ein musikalisches Comeback zunächst aus, gibt aber ab 2012 wieder Konzerte.

Ab dem Frühsommer 2015 lebt Reddy im „Motion Picture & Television Country House and Hospital", einem Seniorenheim für Schauspieler und andere Künstlerpersönlichkeiten in Los Angeles. Medienberichte, sie leide an Demenz, werden von ihrem Sohn bestätigt, auf Reddys offizieller Website aber dementiert.

Am 29. September 2020 stirbt Helen Reddy knapp einen Monat vor ihrem 79. Geburtstag.

Jahr	Titel in den Top-50 Single-Charts	DE	UK	US
1971	I Don´t Know How To Love Him	-	-	13
1972	I Am A Woman	-	-	1
1973	Peaceful	-	-	12
1973	Leave Me Alone (Ruby Red Dress)	-	-	3
1974	Keep On Singing	-	-	15
1974	Angie Baby	-	5	1
1975	Emotion	-	-	22
1975	Blue Bird	-	-	35
1975	Ain´t No Way To Treat A Lady	-	-	8
1975	Somewhere In The Night	-	-	19
1976	Music Is My Life	-	-	29
1976	I Can´t Hear You No More	-	-	29
1977	You´re My World	-	-	18

Reilly, Maggie (* 15. 09. 1956 in Glasgow, Schottland)

Die schottische Sängerin MAGGIE REILLY ist die Tochter des Sängers Danny Reilly, den sie schon früh auf Konzerten begleitet.

Über ihren Freund und späteren Ehemann, den Toningenieur Chrys Lindop, lernt Maggie 1980 MIKE OLDFIELD kennen. Diese Begegnung beeinflusst ihre musikalische Karriere nachhaltig. Zunächst tritt sie als Solistin auf einer Europatournee Oldfields auf. Ihr großer Durchbruch kommt durch das dritte gemeinsame Projekt 1983. Für das Album Crises schreibt Oldfield den Song Moonlight Shadow. Getragen von Maggies klarem Sopran wird das Lied ein andauernder internationaler Erfolg. In England erreicht das Stück Platz vier der Charts, in Deutschland sogar Position zwei. To France ist ein Jahr später der nächste Hit. Anschließend arbeitet sie nur noch selten mit Oldfield zusammen, der als Sängerin vor allem seine Lebensgefährtin Anita Hegerland einsetzt.

Neben MIKE Oldfield arbeitet Reilly mit einer Vielzahl anderer berühmter Musiker zusammen.

Unter der Leitung von MIKE BATT ist sie 1986 mit ART GARFUNKEL, GEORGE HARRISON, JULIAN LENNON und CLIFF RICHARD an der Realisierung von Lewis Carrolls Gedicht "The Hunting of the Snark" in ein gleichnamiges Musical beteiligt.

Im November 1989 ist Maggie mit namhaften Künstlern wie JOE COCKER, BRIAN MAY, IAN ANDERSON, HERBIE HANKOCK, CHAKA KHAN, SANDRA, JENNIFER RUSH und CHRIS THOMPSON an dem von HAROLD FALTERMAYER produzierten Projekt "Artists United for Nature (AUN)" beteiligt, das den Benefizsong Yes We Can zugunsten des Regenwaldes einspielt. Der Song erreicht im Januar 1990 Platz 15 der deutschen-, Postition 27 der österreichischen- und den vierten Platz der Schweizer Charts.

Darüber hinaus arbeitet MAGGIE REILLY mit DAVID GILMOUR, JACK BRUCE, den SISTERS OF MERCY (Vision Thing), RALPH MCTELL UND SMOKIE (Wild Horses) zusammen.

1994 kann JULIANE WERDING, die einst die deutsche Version von Moonlight Shadow (Nacht voll Schatten) gesungen hat, Maggie für ihre Single Engel wie du und in deren Folge für das Album Du schaffst es gewinnen. Zusammen mit der ebenfalls am Album beteiligten belgischen Sängerin VIKTOR LAZLO steht

Reilly bei Werdings erfolgreicher Tournee durch zwanzig Städte auf der Bühne.

1991 nimmt die Schottin ihr Soloalbum Echoes auf, darauf enthalten ist der Airplay-Hit Everytime We Touch.

Einen weiteren Erfolg kann die Sängerin 1997 mit Listen To Your Heart verbuchen. Im September 2015 erscheint Where The Heart Lies, ein Duett mit dem dänischen Sänger BRYAN RICE, das in Skandinavien als Single veröffentlicht wird.

Jahr	Titel in den Top-50 Single-Charts	DE	UK	US
1982	Five Miles Out (mit Mike Oldfield)	41	43	-
1983	Moonlight Shadow (mit Mike Oldfield)	2	4	-
1984	To France (mit Mike Oldfield)	6	48	-
1992	Everytime We Touch	16	-	-
1997	To France (The Mixes)	19	-	-
1997	Listen To Your Heart	44	-	-

Riley, Jeannie C. (* 19. Oktober 1945 in Stamford, Texas als Jeanne Carolyn Stephenson)

Die US-amerikanische Country-Sängerin JEANNIE C. RILEY kann 1968 einen Erfolg in den Pop-Charts verbuchen. Mit dem Titel Harper Valley P.T.A. steht sie in den USA auf Platz eins der Pop- und der Country-Hitparaden.

1964 zieht sie mit ihrem Ehemann Mickey Riley nach Nashville in, dass Mekka der Countrymusik, um dort Karriere zu machen. Sie arbeitet zunächst als Sekretärin und produziert nebenher Demo-Bänder.

Der bekannte Produzent Shelby Singleton nimmt 1968 besagten Song Harper Valley P.T.A. auf. Der von Tom T. Hall geschriebene Text befasst sich mit dem heuchlerischen Treiben einer Kleinstadt, in der sich eine alleinerziehende Mutter mit der dortigen Schulbehörde anlegt.

Von der Single werden über sechs Millionen Stück verkauft und 1969 mit einem Grammy ausgezeichnet. Jeannie ist die erste Frau, die gleichzeitig die Pop- und Country-Hitlisten anführt. In den Country-Charts ist sie danach weiterhin präsent, während die Sängerin in den Pop-Charts nur kleinere Erfolge verbuchen kann.

Mitte der siebziger Jahre wechselt sie ihren Stil und beginnt, christliche Lieder und Gospels zu singen. 1977 erscheint ihre Autobiographie "From Harper Valley to the Mountain Top". Eine deutsche Übersetzung kommt 1982 unter dem Titel "Christ sein hat seinen Preis" auf den Markt.

Rogers, Clodagh auch Cloda Rogers (* 5. März 1947 in Ballymena, Nordirland)

1961, im Alter von 14 Jahren, unterschreibt CLODAGH ROGERS ihren ersten Plattenvertrag. Die Sängerin und Fernsehmoderatorin braucht bis 1969, ehe sie ihren ersten Charterfolg hat. Die Aufnahme Come Back And Shake Me kommt in den UK-Charts auf Platz drei und in Deutschland auf Position 39. Mit dem Song Goodnight Midnight ist sie im gleichen Jahr in England auf Platz vier. Keine weibliche Interpretin verkauft in dem Jahr mehr Tonträger als Clodagh.

Durch eine interne Auswertung wird sie Sängerin ausgewählt, Großbritannien beim Eurovision Song Contest zu vertreten.

Wie damals üblich stellt sie als Vertreterin bei einem Vorentscheid unter dem Titel "A Song for Europe" sechs Titel vor, von denen regionale Jurys das von John Worsley komponierte und David Myers getextete Lied Jack in The Box als Sieger auswählt.

In der Endausscheidung in Dublin erreicht sie den vierten Platz und 18 Teilnehmerländern. Die Siegertitel der einzelnen Länder sind nicht unbedingt erfolgreich, aber diese Aufnahme beschert Rogers die dritte Top-10-Notierung in Großbritannien und Irland. In Deutschland kommt der Titel auf Platz 36.

Nach der Wettbewerbsteilnahme hat sie als Sängerin nur noch mäßigen Erfolg. So arbeitet sie anschließend als Fernsehmoderatorin.

Für ihre eigene Sendung "The Clodagh Rogers Show" gewinnt sie einen Preis bei der Verleihung der "Goldenen Rose von Montreux".

Später hat sie ihre eigene Show im Londoner Westend. Außerdem singt und spielt sie in den beiden Musicals "Pump Boys and Dinettes" und "Blood Brothers" mit. Mit Letzterem geht sie zwischen 1995 und 1998 auf Tour durch Großbritannien.

Jahr	Titel in den Top-50 Single-Charts	DE	UK	US
1969	Come Back And Shake Me	39	3	-
1969	Goodnight Midnight	-	4	-
1969	Biljo	-	22	-
1970	Everybody Go Home The Party Is Over	-	47	-
1971	Jack In The Box	36	4	-
1971	Lady Love Bug	-	28	-

Ronstadt, Linda Maria (* 15. Juli 1946 in Tucson, Arizona)

LINDA RONSTADT lässt sich musikalisch unter West-Coast- und Country-Rock einordnen. Wenn man weit zurückgeht, stößt man auf ihre deutsche Wurzeln. Ihr Großvater Federico Ronstadt wird 1868 in Mexiko als Sohn eines Einwanderers aus dem niedersächsischen Hannover geboren.
Linda beginnt ihre Karriere Mitte der 1960er Jahre im Folk-Club "The Troubadour" und hat 1967 ihren ersten Top-20-Hit Different Drum, mit der Gruppe STONE PONYS. Geschrieben hat das Stück MICHAEL NESMITH von den MONKEES. Ihr erster Solohit datiert aus dem Jahre 1970 ist der Country-Rock-Song Long Long Time. Ihre Begleitband besteht aus Musikern, die später als EAGLES Welterfolge feiern.
Linda feiert ihre größten Erfolge in den 1970ern und ist bis 1990 durchgängig in den Charts vertreten.
Im Laufe ihrer Karriere ist ihr musikalisches Spektrum breit gefächert. Angefangen vom Big-Band-Sound über mexikanische Volksmusik bis hin zu einem Album mit Rock-Klassikern. Dieses kommt mit dem Titel Dedicated to the One I Love auf den Markt, welches u. a. eine Version des Queen-Klassikers We Will Rock You enthält. Sie ist als Backgroundsängerin auf diversen Neil-Young-Alben zu hören und häufig Gastsängerin bei

anderen Bands und Interpreten, beispielsweise bei den EAGLES, den CHIEFTAINS und NICOLETTE LARSON.

In gemeinsamer Zusammenarbeit mit EMMYLOU HARRIS und DOLLY PARTON entsteht 1987 das Country-Album Trio, dem 1999 das Album Trio II folgt.

Im August 2013 gibt die Sängerin bekannt, dass sie aufgrund der Parkinson-Krankheit nicht mehr singen kann und erklärt ihre Karriere für beendet. Dennoch hat sie sich nicht ganz aus der Öffentlichkeit zurückgezogen und veröffentlicht 2013 ihre Auto-Biografie mit dem Titel "Simple Dreams: A Musical Memoir".

Jahr	Titel in den Top-50 Single-Charts	DE	UK	US
1969	Different Drum (with The Stone Ponys)	-	-	13
1970	Long Long Time	-	-	25
1974	You´re No Good	-	-	1
1975	When Will You Be Loved	-	-	2
1975	I Doesn´t Matter	-	-	47
1975	Love Is A Rose	-	-	5
1975	Heat Wave	-	-	5
1975	Tracks Of My Tears	-	42	25
1976	That´ll Be The Day	-	-	11
1976	Someone To Lie Down Beside Me	-	-	42
1977	Blue Bayou	-	35	3
1977	It´s so Easy	47	6	5
1978	Poor Poor Pitiful Me	-	-	31
1978	Tumbling Dice	-	-	32
1978	Back In The U.S.A.	-	-	16
1978	Ooh Baby Baby	-	-	7
1979	Just One Look	-	-	44
1979	How Do I Make You	-	-	10
1980	Hurt So Bad	-	-	8
1980	I Can´t Let Go	-	-	31

Jahr	Fortsetzung – Linda Ronstadt	DE	UK	US
1982	Get Closer	-	-	29
1982	I Knew You When	-	-	37
1986	Somewhere Out There	-	8	2
1989	Don´t Know Much	34	2	2
1990	All My Life	-	-	11

Ross, Diana Ernestine Earle (* 26. März 1944 in Detroit, Michigan)

Die Sängerin, Schauspielerin und Musikproduzentin DIANA ROSS zählt zu den erfolgreichsten amerikanischen Gesangsstars der Musikgeschichte. Sie vereint Soul, Funk, Pop und Disco in ihrer Stimme und Musik.
In den 1960er Jahren feiert sie mit der Gesangsgruppe THE SUPREMES (siehe Pop-History Band 2) große Erfolge.
Später überzeugt sie im Filmgeschäft.
Ihre Gesangskarriere startet Diana als Chormitglied einer Baptistengemeinde und gründet Ende der 1950er Jahre das Soul-Trio PRIMETTES, aus dem später THE SUPREMES werden.
1970 steigt Diana Ross bei der Gruppe aus und beginnt eine grandiose Solokarriere, die sie zu einer mehrfachen Grammy-Gewinnerin macht.
Sie dominiert in den folgenden Jahren die Hitparaden weltweit.
Die Künstlerin steigt in wenigen Jahren zu einer schillernden Musikpersönlichkeit auf. 1971 heiratet sie ihren ersten Mann Robert Silverstin, aber die Ehe wird 1976 geschieden.
Parallel zur Solo-Karriere steigt sie ins Filmgeschäft ein.
Die Soundtracks der Filme von 1972 und 1975, von ihr gesungen, erreichen jeweils die Spitzenplätze der Charts.
1976 fügt Diana ihrer Karriere einen weiteren Erfolg zu.
Am Broadway begeistert sie mit ihrer Show "An Evening With Diana Ross". Diana lässt diese Mitschneiden und auf die Schallplatte bannen.
Ihren Durchbruch auf dem LP-Markt schafft sie Anfang 1980 mit dem Album Diana. Es kommt bis auf Platz zwei und wird mit Platin ausgezeichnet. 1981 singt sie im Duett mit LIONEL

RICHIE den Titel Endless Love, der für neun Wochen Spitzenreiter der Single-Charts ist. Sie arbeitet danach mit MICHAEL JACKSON und JULIO IGLESIAS zusammen. Überhaupt bringen sie die 1980er Jahre sie an die Spitze ihres kommerziellen Erfolges, der in den 1990ern dann deutlich abebbt. Ihre Aufnahmen schaffen es nicht einmal mehr in die Top-100.

So schafft sie sich das nächste Standbein und wird Geschäftsfrau, indem sie sich 1989 als Teilhaberin des Plattenlabels "Motown" einkauft - rund 25 Jahre - nachdem hier ihre Karriere begonnen hat. Später gründet sie ihr eigenes Label "Ross Records".

Eine große Ehre wird DIANA ROSS 1996 zuteil. Sie wird in Monte Carlo mit dem "World Music Award" für ihr Lebenswerk ausgezeichnet.

Unter dem Titel "Dreamgirls" kommt 2007 die Verfilmung der Supremes-Geschichte in die Kinos. Die Rolle von Ross wird darin von der R&B-Künstlerin BEYONCÉ KNOWLES verkörpert.

Jahr	Titel in den Top-50 Single-Charts	DE	UK	US
1970	Reach Out And Touch (Somebody´s Hand)	-	33	20
1970	Ain´t No Mountain High Enough	-	6	1
1970	Remember Me	-	7	16
1971	Reach Out I´ll Be There	-	-	29
1971	Surrender	-	10	38
1972	Doobedood´ndoobe, Doobedood´ndoobe	-	12	-
1973	Good Morning Heartache	-	-	34
1973	Touch Me In The Morning	-	9	1
1973	You´re Special Part Of Me (mit Marvin Gaye)	-	-	12
1974	All Of My Live	-	9	-
1974	You Are Everything (mit Marvin Gaye)	-	5	-
1974	Last Time I Saw Him	-	35	14
1974	My Mistake (Was To Love You) & M. Gaye	-	-	12
1974	Don´t Knock My Love (mit Marvin Gaye)	-	-	46
1976	Stop, Look, Listen (To Your Heart) & Gaye	-	25	-
1974	Love Me	-	38	-

Jahr	Fortsetzung – Diana Ross	DE	UK	US
1975	Sorry Doesn´t Always Make It Right	-	23	-
1975	Theme From Mahogany – Do You Know...	-	5	1
1976	I Tought It Took A Little Time	-	32	47
1976	Love Hangover	-	10	1
1976	One Love In My Livetime	-	-	25
1976	I´m Still Waiting	-	41	-
1977	Gettin´ Ready For Love	-	23	27
1978	Your Love Is So Good For Me	-	-	49
1978	You Got It	-	-	49
1978	Ease On Down The Road (m. M. Jackson)	-	45	41
1979	The Boss	-	40	19
1979	ist My House	-	32	-
1980	Upside Down	3	2	1
1980	My Old Piano	15	5	-
1980	I´m Coming Out	32	13	5
1980	It´s My Turn	-	16	9
1981	One More Chance	-	49	-
1981	Endless Love (mit Lionel Richie)	-	7	1
1981	Why Do Fools Fall In Love	17	4	7
1982	Mirror Mirror	-	36	8
1982	Work That Body	-	7	44
1982	It´s Never Too Late	-	41	-
1982	Muscles	-	15	10
1983	So Close	-	43	40
1983	Pictures Of Ice	39	46	31
1984	All Of You (mit Julio Iglesias)	32	43	19
1984	Swept Away	-	-	19
1984	Touch By Touch			
1985	Eaten Alive	38	-	-

Jahr	Fortsetzung – Diana Ross	DE	UK	US
1985	Chain Reaction	11	1	-
1986	Experience	-	47	1
1987	Dirty Looks	-	49	-
1989	Workin´ Overtime	-	32	-
1991	When You Tell Tell That You Love Me	-	2	-
1992	The Force Behind The Power	-	27	-
1992	One Shining Moment	-	10	-
1992	If We Hold On Together	-	11	-
1993	Heart (Don´t Change My Mind)	-	31	-
1993	Your Love	-	14	-
1994	The Best Years Of My Life	-	28	-
1994	Why Do Fools Fall in Love (Remix)	-	36	-
1995	Take Me Higher	-	32	-
1995	I´m Gone	-	36	-
1996	I Will Survive	-	14	-
1996	In The Once You Love	-	34	-
1999	Not Over You Yet	-	9	-
2005	When You Tell Me That You Love Me & Westlife	-	2	-

Rush, Jennifer (* 28. September 1960 in Queens, New York City, New York als Heidi Stern)

Die in New York geborene Sängerin JENNIFER RUSH entstammt einer musikalischen Familie. Ihr Vater singt als Tenor
an der „New York City Opera", ihre Mutter Barbara ist Pianistin.
Ihre beiden Brüder Bobby (Saxophon) und Stevie sind ebenfalls in der Musikbranche tätig. Bis zu ihrem neunten Lebensjahr lebt die Sängerin in New York City, dann zieht die Familie
nach Flensburg (Schleswig-Holstein) um, wo der Vater ein
Engagement erhält. Nach der Scheidung der Eltern entscheidet

sich Jennifer mit 15 Jahren, bei ihrer Mutter in New York zu leben. Sie beendet in den Vereinigten Staaten die High School. Jennifer nimmt 1979 unter ihrem bürgerlichen Namen Heidi Stern ein Album auf, das keinen Erfolg hat. Unter dem Künstlernamen JENNIFER RUSH kommt im Frühjahr 1984 das Stück 25 Lovers auf den Markt und wird ihre erste erfolgreiche Single. Der internationale Erfolg lässt nicht mehr lange auf sich warten. Im Januar 1985 steigt die Ballade The Power of Love in die Charts ein und wird zu einem riesigen Hit. Das Stück wird in Großbritannien die meistverkaufte Single einer Solokünstlerin in der Geschichte der britischen Plattenindustrie. Sie bringt der Künstlerin die Auszeichnung mit einer Diamant-Schallplatte und den Eintrag ins Guinness-Buch der Rekorde ein. In Deutschland hält sich die Single fast sieben Monate in den Charts. Der Titel wird später u. a. von LAURA BRANIGAN und CÉLINE DION gecovert. Es folgen mit Destiny (1985) und Flames Of Paradise (1987 im Duett mit Elton John), weitere Top-10-Notierungen. Danach wird es erst einmal etwas ruhiger um sie, bis 1995 das vielbeachtete Album Out Of My Hands erscheint. Der Titel Tears In The Rain wird als Single ausgekoppelt und kommt zumindest in Deutschland in die Charts.

Nach elf Jahren Pause geht Jennifer Rush 1999 wieder auf Deutschlandtournee, die ausverkauft ist.

Sie lebt einige Jahre in München und New York City und zieht 2006 zusammen mit ihrer Tochter Ariel nach London.

Jennifer kündigt von dort aus auf ihrer Website mehrfach ein musikalisches Comeback an und arbeitet ab 2007 in einem Londoner Studio an neuen Songs. Es dauert bis zum 5. März 2010, bis das Album endlich erscheint. In Deutschland erreicht es die Position 21 und hält sich nur fünf Wochen in den Charts. Es gelingt ihr kein Single-Hit mehr. Ein Auftritt im Jahre 2013 sorgt eher für eine Enttäuschung.

Die Sängerin bekommt im Laufe ihrer Karriere über 50 Goldene- und diverse Platin-Schallplatten verliehen. Allein in Deutschland gibt es für ihre Tonträger zweimal Gold und achtmal Platin.

Jahr	Titel in den Top-50 Single-Charts	DE	UK	US
1984	25 Lovers	25	-	-
1984	Ring Of Ice	22	14	-
1985	The Power Of Love	9	1	-
1985	Destiny	4	-	-
1986	If You´re Ever Gone Loose My Love	24	-	-
1987	I Come Undone	11	-	-
1987	Flames Of Paradise (mit Elton John)	8	-	36
1987	Heart Over Mind	25	-	-
1988	You´re My One And Only	27	-	-
1989	Till i Loved You (mit Placido Domingo)	-	24	-
1992	Never Say Never	46	-	-
1995	Tears In The Rain	45	-	-

Sängerinnen – **S**

Sabrina (* 15. März 1968 in Genua, Italien als Norma Sabrina Salerno)

Die italienische Disco-Sängerin SABRINA ist in ihrem Heimatland 1986 mit dem Titel Sexy Girl erstmals Mal in den Charts.
1987 gelingt ihr mit der Single Boys (Summertime Love) der internationale Durchbruch.
Das Markenzeichen der Sängerin ist der körperbetonte und energievolle Einsatz bei Live-Auftritten sowie in Musikvideos, welche mit sparsamer und nicht immer strapazierfähiger Kleidung unterstrichen wird.
Zusammen mit Jerry Calà spielt sie 1989 in dem Film "Fratelli d'Italia". Nach längerer Studioarbeit beginnt 1994 ein weiterer Abschnitt in der Karriere Salernos. Der Titel Rockawillie, der mit neuen Produzenten entsteht, wird zumindest ein Erfolg in Italien. Nach weiteren Veröffentlichungen kommt es 1995 zu einem Stilwechsel hin zum Rock. Es erscheint, das Rockalbum Maschio dove sei, welches in mehreren europäischen Ländern auf den Markt kommt.
2004 heiratet Sabrina ihren Lebensgefährten Enrico Monti und bringt einen Jungen zur Welt.

Jahr	Titel in den Top-50 Single-Charts	DE	UK	US
1987	Boys (Summertime Love)	2	3	-
1987	Hot Girl	19	-	-
1988	All Of Me	16	25	-

Sade Audu, CBE (* 16. Januar 1959 als Helen Folasade Adu in Ibadan, Nigeria)

SADE wird zwar in Nigeria geboren, zieht nach der Scheidung ihrer Eltern mit ihrer Mutter und ihrem älteren Bruder ins englische Colchester. Der Vater der Smooth-Jazz-, Soul- und R&B-Sängerin ist Nigerianer, die Mutter Britin.
Sie studiert zunächst in London Modedesign und arbeitet als Fotomodell, bevor sie 1980 ins Musikgeschäft wechselt.
Ihre musikalischen Anfänge startet SADE in der Gruppe ARRIVA, danach ist sie zwei Jahre lang Mitglied der Formation PRIDE. Dort lernt sie den Saxophonisten Stuart Mathewman kennen, mit dem die Sängerin einige Stücke komponiert.
Sie nimmt 1983 mit ihrer Band ein Demoband mit vier Titeln auf, das die Songs Your Love Is King und Smooth Operator enthält. Es wird zunächst von mehreren Plattenfirmen abgelehnt, weil es zu "jazzig" klingt und nicht die damals üblichen Drumcomputer verwendet werden. Sie entsprechen sie nicht dem Musikstil der damaligen Zeit.
Dann hilft der Zufall, wie so oft, etwas nach. Ihr Foto erscheint auf der Titelseite der Zeitschrift "The Face" und ihre Band hat einen erfolgreichen Auftritt im Londoner Nachtclub "Heaven". Jetzt kommt der ersehnte Plattenvertrag, denn sie wird bei Epic Records unter Vertrag genommen.
Innerhalb von sechs Wochen werden im Studio 15 Titel eingespielt, von denen neun auf das Debütalbum Diamond Life kommen. Über die Zusammenstellung des Albums behält sich Sade alle Entscheidungen, gegen den Willen der Plattenfirma vor, mit welchen Produzenten sie auch zusammenarbeitet.
Der Erfolg ihres Ansinnens gibt ihr Recht, denn vom Album werden weltweit über zehn Millionen Exemplare verkauft, davon fast vier Millionen in den USA.
SADE feiert ab Mitte der 1980er Jahre mit ihrer von Soul und Jazz inspirierten Popmusik große Erfolge.
Sie tritt 1984 beim „Montreux Jazz Festival" auf und 1985 bei „Live Aid". Ebenfalls 1985 gewinnt sie mit ihrer Band den ersten Grammy.
Ein Jahr später hat die Künstlerin ihre erste Filmrolle in "Absolute Beginners – Junge Helden" und singt darin das Stück Killer Blow.

Einen weiteren Grammy bekommt sie 1994 für den Song No Ordinary Love, der zu den Soundtracks zu dem Film "Ein unmoralisches Angebot" gehört.

Danach macht sie eine mehrjährige Pause, in der ihre Band alleine weitermacht.

2000 nehmen SADE und die Band gemeinsam das Studio-Album Lovers Rock auf und touren 2002 durch die USA.

Danach folgt wieder eine längere Pause, bis Sade 2010 mit der Single Soldier Of Love zurück ist, welche besonders in Nordamerika erfolgreich ist. Das gleichnamige Album wird u. a, in Italien, Frankreich, Spanien, Ungarn, Polen, Portugal, Schweden, Belgien, der Schweiz, Kanada und den Vereinigten Staaten von Amerika Nummer eins. Ende April 2011 startet die Sängerin eine neue Welttournee, von der ein Konzert aufgezeichnet wird und 2012 veröffentlicht wird. 2018 folgt eine weitere Songveröffentlichung und im September 2020 kündigt Sade das Erscheinen einer Vinyl-Box mit allen Alben und Stücken für Oktober 2020 an.

Jahr	Titel in den Top-50 Single-Charts	DE	UK	US
1984	Your Love Is King	-	6	-
1984	When I´m Gone To Make A Living	-	36	-
1984	Smooth Operator	11	19	5
1985	The Sweetest Taboo	28	31	5
1986	Is It A Crime	-	49	-
1986	Never As Good At First Time	-	-	20
1988	Love Is Stranger Than Pride	-	44	-
1988	Paradise	-	29	16
1992	No Ordinary Love	43	14	28
1993	Kiss Of Life	-	44	-
2000	By Your Side	-	17	-

Sainte-Marie, Buffy (* 20. Februar 1941, laut eigener Aussage in Sebago (Maine) oder in Kanada; eigentlicher Vorname: Beverly)

Beruflich und künstlerisch vielseitig ist BUFFY SAINTE-MARIE. Die Kanadierin ist Musikerin, Komponistin, darstellende Künstlerin, Lehrerin und Sozialaktivistin. Sie ist indianischer Abstammung und wird im Cree-Reservat der Cree-Indianer im Tal des Qu'Appelle River in der kanadischen Provinz Saskatchewan geboren. Später wird sie von Micmac-Indianern adoptiert und wächst in den US-Bundesstaaten Maine und Massachusetts (vor allem in Wakefield) auf. Ein Grund, warum sie Maine als Geburtsort angibt.

Buffy studiert zunächst östliche Philosophie und Pädagogik an der University of Massachusetts Amherst. Sie erwirbt einen Doktortitel in Bildender Kunst, ein Lehrerdiplom und eines in östlicher Philosophie.

Ihre Gesangskarriere beginnt 1962 im New Yorker "Gaslight Cafe" mit Eigenkompositionen. Davor spielt Buffy an Amateurbühnen Theater.

In einigen ihrer Lieder macht sie auf das Unrecht aufmerksam, dass den amerikanischen Ureinwohnern angetan wird.

Sie schreibt Stücke für eine große Anzahl von Stars. So stammt der Song Universal Soldier – gesungen von dem schottischen Sänger DONOVAN – aus ihrer Feder.

Weitere Interpreten(innen) sind u. a. CHET ATKINS, CHER, NEIL DIAMOND, ERASURE, JANIS JOPLIN, KAYNE WEST, PHIL OCHS, ELVIS PRESLEY, TAJ MAHAL, EVA CASSIDY, BARBRA STREISAND, EVIE SANDS, FIRST AID KIT und NANCY SINATRA.

Buffys Interpretation des von JONI MITCHELL geschriebenen Songs The Circle Game wird als Titelmusik in dem sozialkritischen Film "Blutige Erdbeeren" verwendet, der sich mit der Niederschlagung von Studentenprotesten Ende der 1960er Jahre in den USA befasst. Aus ihrer Feder stammt die Titelmelodie zu dem gesellschaftskritischen Spätwestern Soldier Blue von 1970 (deutscher Titel: Das Wiegenlied vom Totschlag).

Die Künstlerin begleitet sich bei ihren Liedern selbst auf der Gitarre und die ersten Alben sind Folk-orientiert.

Zwischen 1976 und 1981 erscheint Buffy regelmäßig in der Kindersendung Sesamstraße und verschafft jüngeren, hauptsächlich nordamerikanischen Fernsehzuschauern einen Eindruck von der Lebensweise der Prärie- und Pueblo-Indianer.

1982 bekommt sie einen Oskar für den Song Up Where We Belong aus dem Film "Ein Offizier und Gentlemean" mit Richard Gere in der Hauptrolle. Gesungen wird das Stück von JOE COCKER & JENNIFER WARNES.

An der Seite von Pierce Brosnan spielt Sainte-Marie im Fernsehfilm "The Broken Chain" von 1993 mit.

Als darstellende Künstlerin hat sie sich inzwischen einen Namen gemacht, denn ihre Digitalkunstwerke werden verschiedenen Orten ausgestellt.

Viele Ehrungen und Auszeichnungen hat Buffy seit 1998 erhalten, die mittlerweile auf Hawaii lebt.

Lauer, Sandra Ann (* 18. Mai 1962 in Saarbrücken, Deutschland)

Seit ihrem 12 Lebensjahr will SANDRA Sängerin werden.

Vor allem in den 1980ern kann die sie unter ihrem Vornamen große Erfolge feiern.

Entdeckt wird sie 1974 von dem Musikproduzenten George Roman, der mit ihr die Single Andy mein Freund aufnimmt, die aber erst 1976 veröffentlicht wird.

Der Erfolg bleibt zwar aus, doch bedeutet diese Veröffentlichung Sandras Einstieg als Lead-Sängerin in die Girl-Group ARABESQUE. Während das Trio in Europa nur Achtungserfolge erzielt, erreichen sie in Japan die Popularität von ABBA. Die Formation bringt in Japan 13 Alben und 30 Singles heraus. Während dieser Zeit lernt SANDRA den Komponisten und Produzenten MICHAEL CRETU kennen, den sie auch 1988 heiratet.

Nach dem Ausstieg bei ARABESQUE nimmt sie 1984 ihre erste Solo-Single unter dem Titel Japan ist weit, eine deutsche Version von ALPHAVILLES Big In Japan, auf. Produziert wird sie von Cretu. Der Erfolg kommt dann mit ihrem nächsten Song, (I'll Never Be) Maria Magdalena. Die Single wird ein großer internationaler Hit und erreicht in 21 Ländern Platz eins und ist in fünf weiteren Ländern in den Top-Ten. Sandra ist somit weltweit erfolgreich.

1986 kommt die Sängerin mit In The Heat Of The Night beim "Tokyo Song Contest" den zweiten Platz. Es folgen weitere Hits, meist vom Komponistengespann Michael Cretu/Hubert Kah geschrieben. Sandra hat mehrere Erfolge in Mexiko, Israel, Brasilien, Griechenland, Frankreich, Russland und Schweden.

1990 ist sie an Cretus Projekt „Enigma" beteiligt. Danach wird es ruhig um Sandra. Erst im Frühjahr 2002 gibt es ein erneutes Comeback. Ihr siebtes Studioalbum The Wheel Of Time auf dem sie erstmals nach sieben Jahren neues Material veröffentlicht, belegt in Deutschland für eine Woche in den Top-10 den achten Platz. Am 2. Oktober 2004 ist Sandra nach mehreren Jahren Bühnenabstinenz wieder auf den Brettern. Im Rahmen einer 1980er-Revival-Veranstaltung steht sie in Dresden vor dem Publikum.

2006 hat sie erneut mehrere Auftritte. Neben Deutschland vermehrt in osteuropäischen Ländern, wo die Musik der 1980er-Jahre immer noch erfolgreich ist. Das bislang letzte Album von Sandra erscheint am 3. Juni 2016. Dafür ruft die Sängerin im April des Jahres ihre Fans auf, per Online-Voting ihre Lieblingslieder zu wählen, um auf diese Weise die Trackliste zu bestimmen. Auf dem Tonträger befinden sich ihre 30 größten Hits und zwei neue Remixes von In The Heat Of The Night und Secrets Of Love. Das Album enthält auch die deutschsprachigen Songs Japan ist weit und Sekunden. Im Laufe ihrer Karriere verkauft sie über 30 Millionen Tonträger.

In einem Interview bei Markus Lanz am 3. Juli 2012 bestätigt Sandra, dass sie Französin ist. Ihr Vater sei Franzose, und nach damals geltendem Staatsbürgerrecht bekamen die Kinder automatisch die Staatsbürgerschaft des Vaters.

Jahr	Titel in den Top-50 Single-Charts	DE	UK	US
1985	(I´ll Never Be) Maria Magdalena	1	-	-
1985	In The Heat Of The Night	2	-	-
1986	Little Girl	14	-	-
1986	Inocent Love	11	-	-
1986	Hi! Hi! Hi!	7	-	-

Jahr	Fortsetzung – Sandra	DE	UK	US
1986	Loreen	23	-	-
1987	Midnight Man	24	-	-
1987	Everlasting Love	5	45	-
1988	Stop For A Minute	9	-	-
1988	Heaven Can Wait	12	-	-
1988	Secret Land	7	-	-
1988	We´ll Be Together (`89er Remix)	11	-	-
1989	Around My Heart	11	-	-
1990	Hiroshima	4	-	-
1990	(Life My Be) A Big	27	-	-
1990	One More Night	31	-	-
1990	Don´t Be Aggressive	17	-	-
1992	Johnny Wanna Live	37	-	-
2001	Forever	47	-	-
2006	Secrets Of Love (mit DJ Bobo)	13	-	-
2007	The Way I Am	50	-	-
2009	The Night Is Still Young	46	-	-

Schneider, Helen (* 23. Dezember 1952 in New York City, New York)

Bevor die Sängerin und Schauspielerin HELEN SCHNEIDER mit einer Blues-Band durch Neuengland tourt, hat sie ein klassisches Klavierstudium absolviert.

Ihr Deutschland-TV-Debüt hat die Künstlerin am 9. Januar 1978 in der Sendung "Session" des Saarländischen Rundfunks. Größere Bekanntheit erlangt sie bei uns durch einen Auftritt des gleichen Jahres in der Fernsehsendung "Bio's Bahnhof", mit Alfred Biolek, wo Helen das Volkslied Heideröslein als Zugabe singt. Durch eine Tournee mit UDO LINDENBERG im Jahr 1980 wird sie in Deutschland dem breiten Publikum endgültig bekannt. Mit dem Titel Rock `n´ Roll Gypsy hat Helen 1981 ihren ersten Top-10-Hit in und wird im gleichen Jahr als beste Sängerin des Jahres ausgezeichnet. Es folgen mehrere Tourneen durch unser Land und sie ist als erste westliche Künstlerin im Palast der Republik in Ost-Berlin auf der Bühne.

1987 kommt es zu einem Wandel in ihrer musikalischen Karriere. Im Theater des Westens tritt sie als Sally Bowles im Musical "Cabaret" auf. An der Seite von Hildegard Knef und Wolfgang Reichmann wird die Inszenierung zu einer herausragenden der jüngeren Geschichte des Hauses. Für HELEN SCHNEIDER ist es der Startschuss für eine erfolgreiche Musicalkarriere. Sie nimmt Schauspielunterricht und singt heute überwiegend Chansons und Lieder des Komponisten Kurt Weil.

Zwischen 2003 und 2005 tritt sie mit ihrer "One-Woman-Show" auf und bringt im Oktober 2007 das Album Like A Woman heraus, das überwiegend Interpretationen populärer amerikanischer Songwriter enthält. Sie knüpft damit wieder an das musikalische Schaffen der 1970er Jahre an.

2007 tritt Helen erstmals als Autorin von Kinderbüchern in Erscheinung.

In den folgenden Jahren ist sie überwiegend in Musicals zu sehen oder steht auf der Theaterbühne. So ist sie beispielsweise 2010 gemeinsam mit GUNTER GABRIEL in dem Musical "Hello I´m Johnny Cash" zu sehen und spielt dort June Carter, Ehefrau von Cash.

Nach mehreren, erfolgreichen Master Classes an der Stage School Hamburg unterrichtet sie seit Januar 2018 Liedinterpretation und ist Teil des Dozenten-Teams in der Abteilung Schauspiel.

Jahr	Titel in den Top-50 Single-Charts	DE	UK	US
1981	Rock `n´ Roll Gypsy	6	-	-
1981	Angry Times	26	-	-
1982	Hot Summer Nites	36	-	-

Séverine (* 10. Oktober 1948 in Paris, Frankreich als Josiane Grizeau)

Eigentlich will die Sängerin SÉVERINE Lehrerin für Französisch und Englisch werden. Ab dem 14. Lebensjahr singt sie in ihrer Freizeit in verschiedenen Amateurbands und nimmt unter dem Künstlernamen CELINE ihre erste Schallplatte auf.
Ab 1968 hat sie Auftritte im Pariser Musikclub "Golf Drouot" als ROBBIE LORR. 1969 ändert sie den Namen dann endgültig in SÉVERINE und bekommt einen Plattenvertrag. Der Erfolg stellt sich 1970 mit dem Titelsong aus dem Film "Der aus dem Regen kam" ein. Der ausschlaggebende Durchbruch erfolgt dann 1971 beim „Eurovision Song Conest", als sie mit Un banc, un abre, une rue (deutsche Original-Aufnahme Mach die Augen zu) für Monaco antritt und den ersten Platz belegt. Sie nimmt das Stück in mehreren Sprachen auf und macht es zum Millionenhit.
Danach geht sie mit großen Stars wie JOE DASSIN, SACHA DISTEL und MICHEL SARDOU auf Tournee. 1972 vertritt sie mit là où l'amour s'en va ihr Heimatland beim Chansonfestival im chilenischen Viña del Ma, was ihr einen Auftritt im Pariser Olympia einbringt.
Bis 1973 erscheinen einige Schallplatten von ihr. Danach verhindert eine juristische Auseinandersetzung mit ihrem Entdecker und Manager Georges, der bis in die 1980er Jahre dauert, eine Fortsetzung ihrer Karriere in Frankreich. So verlegt SÉVERINE ihren Gesangsschwerpunkt nach Deutschland. Hier hat sie durch den Grand-Prix-Sieg von 1971 einige Singles veröffentlicht mit Titeln wie Monsieur le General, Ja der Eiffelturm, Olala l'amour oder Was wird aus einer verlorenen Liebe, die fast alle zu Hits werden. Einige ihrer Songs gehören heute zu den Evergreens des deutschen Schlagers. Sie ist in zahlreichen Musiksendungen zu Gast, darunter mehrmals in der ZDF-Hitparade. In der DDR ist sie ebenfalls ein Star.
Nach der Geburt ihres Sohnes (1976) ist sie seltener in der Öffentlichkeit zu sehen. Ihren letzten großen Erfolg feiert sie 1981 mit der deutschen Version des Goombay-Dance-Hits Seven Tears (Sieben Tränen).
Bis 2003 erscheinen weitere Sigles von ihr, die aber nicht an die alten Erfolge anknüpfen können.

Ab 2002 gibt Séverine dreimal die Woche Gesangsunterricht in einer Musikschule in Paris, wo sie mit ihrem Sohn lebt.

Jahr	Titel in den Top-50 Single-Charts	DE	UK	US
1971	Un banc, un abre, une rue	23	9	-
1971	Mach die Augen zu (und wünsch dir...)	20	-	-
1972	Olala L´amour	19	-	-
1972	Der Duft von Paris	40	-	-
1974	Was wird aus einer verlorenen Liebe	30	-	-
1974	Vergessen heißt verloren sein	47	-	-

Shanice (* 14. Mai 1973 in Pittsburgh, Pennsylvania als Shanice Lorraine Wilson)

Die US-amerikanische R&B-Sängerin SHANICE feiert 1991 mit I Love Your Smile ihren größten Erfolg.
Mit acht Jahren spielt sie an der Seite von ELLA FITZGERALD in einer Werbung für eine US-Food-Kette. 1983, gerade einmal zehn Jahre alt, nimmt sie an der neuen US-amerikanischen Fernsehshow "Star Search" teil, in der sie gewinnt. A&M Records bietet der Sängerin einen Plattenvertrag an und bringt 1987 ihr erstes Solo-Album Discovery heraus. Es wird zwar kein großer Hit, macht sie aber bekannt.
1991 folgt der Wechsel zum Motown-Label und im Herbst desselben Jahres kommt das Album Inner Child heraus. Auf diesem ist auch I Love Your Smile, was für sie der endgültige Durchbruch bedeutet.
1993 spielt SHANICE eine Gastrolle in der TV-Sitcom "Alle unter einem Dach".
Es folgen weitere Alben und sie ist als Backgroundsängerin zu hören, beispielsweise auf dem Hit Unbreake My Heart von TONI BRAXTON.
Nach einer längeren Pause erscheint am 21. Februar 2006 das Album Every Woman Dreams, von dem die gleichnamige Single-Auskopplung schon im Juni 2005 auf den Markt kommt. In der ersten Woche werden 6000 Exemplare verkauft.

Das Album bringt sie unter ihrem eigenen Plattenlabel Imajah (benannt nach ihren Kindern) heraus.

Jahr	Titel in den Top-50 Single-Charts	DE	UK	US
1987	(Baby Tell Me) Can You Dance	-	-	50
1991	I Love Your Smile	2	2	2
1992	I´m Cryin	47	-	-
1992	Saving Forever You	-	42	4
1994	I Like	-	49-	-
1994	When I Close My Eyes	-	-	12

Shapiro, Helen (*28. September 1946 in Bethnal Green, London, GB)

Während ihrer Schulzeit wird die Sängerin und Schauspielerin HELEN SHAPIRO wegen ihrer männlichen Stimme „Nebelhorn" genannt. Mit 15 Jahren steht sie sie mit Treat Me Like A Child auf Platz drei in den britischen Charts. Mit hochtoupierten Haaren und Glocken-Cocktailkleid wird sie am Anfang ihrer Karriere auf älter getrimmt. Mit You Don´t Know und Walking Back To Happiness hat Helen 1961 die zwei Nummer-eins-Hits. Nach zwei weiteren Top-10-Erfolgen 1962 beginnt der Stern zu sinken, wohl auch weil mit Ausbruch der Beatle-Mania die Beat-Gruppen nach vorne drängen. Nachdem ihr ab 1964 kein Schallplattenerfolg mehr gelingt, wendet sich Shapiro der Bühnenarbeit zu. Sie betätigt sich im Schauspiel, Kabarett und Musical. Sie wirkt außerdem in mehreren Kino- und Fernsehproduktionen mit. In den 1980ern orientiert sich Helen mehr in Richtung Jazz. Ihre Alben Echos Of The Duke und Humph 'n' Helen werden zu beachtlichen Erfolgen. Ihr 1990 ihr erscheinendes Gospel-Album The Pearl kommt ebenfalls beim Publikum an. 1999 sorgt sie mit ihrer Bühnenshow "Simply Shapiro" für großes Aufsehen. Zu ihrem 50-jährigen Jubiläum bringt die britische Plattenfirma EMI 2011 die CD-Sammlung The Ultimate Helen Shapiro mit 90 Titeln heraus.

Ende 2012 wird Shapiros Klassiker Walkin' Back To Happiness in Deutschland für einen Werbespot ausgewählt.

Jahr	Titel in den Top-50 Single-Charts	DE	UK	US
1961	Don´t Treat Me Like A Kind	-	3	-
1961	You Don´t Know	-	1	-
1961	Walking Back To Happiness	-	1	-
1962	Tell Me What He Said	-	2	-
1962	Let´s Talk About Love	-	23	-
1962	Keep Away From Other Girls	-	40	-
1963	Queen Of Tonight	-	33	-
1963	Woe Is Me	-	35	-
1963	Look Who He Is	-	47	-
1964	Fever	-	38	-

Sharp, Dee Dee (* 9. September 1945 in Philadelphia, Pennsylvania als Dione LaRue)

Die R&B-Sängerin DEE DEE SHARP beginnt ihre Karriere 1961 als Background-Sägerin. Sie ist auf Aufnahmen von BOBBY RYDELL zu hören, und singt 1962 gemeinsam mit CHUBBY CHECKER Slow Twistin´. Als Solistin hat sie 1962 und 1963 vier Top-Ten-Hits in den USA.
Der größte Erfolg geht ihr an der Nase vorbei, denn ursprünglich soll sie den Millionenseller The Loco-Motion singen, aber LITTLE EVA ist beim Vorsingen offensichtlich erfolgreicher und bekommt den Zuschlag.
Dee Dee heiratet 1967 den berühmten Produzenten und Songwriter Kenny Gamble und nimmt Platten im Philly-Sond, sowie Soul- und Disco-Stil auf. Ihre weiteren Aufnahmen sind wenig vom Erfolg gekrönt. Dennoch tritt die Sängerin weiterhin international auf.

Jahr	Titel in den Top-50 Single-Charts	DE	UK	US
1962	Mashed Potatoe Time	-	-	2
1962	Slow Twistin´ (mit Chubby Checker)	-	-	3
1962	Gravy (For My Mashed Potatoes)	-	-	9
1962	Ride!	-	-	5
1963	Do The Bird	-	-	10
1963	Rock Me In The Cradle Of Love	-	-	43
1963	Wild!	-	-	33

Shaw, Sandie (* 26. Februar 1947 in Dagenham, GB als Sandra Ann Goodrich)

Ihre große Zeit hat SANDIE SHAW zwischen 1964 und 1969. Schon früh hat sie nur einen Wunsch; sie will als Sängerin auf die Bühne. So kämpft sie sich bei einem Konzert von ADAM FAITH bis in dessen Garderobe durch und singt ihm vor. Sandie beeindruckt ihn derart, dass er sie unter Vertrag für seine Managementfirma nimmt. Die schlanke, große und gut aussehende Künstlerin entspricht genau dem Bild der Sängerinnen der 1960er Jahre. Ihr Markenzeichen barfuß auf der Bühne zu stehen, wird zuerst für einen Reklamegag gehalten. Sandy ist aber so stark kurzsichtig, dass sie Angst hat, mit hohen Absätzen aufzutreten und zu stürzen. Ihre erste Hitnotierung ist gleich ein Nummer-eins-Hit. Mit (There´s) Always Something There To Remind Me von Bacharach/David ist im Oktober 1964 in GB an der Spitze der Charts. Weitere sieben Mal taucht die Sängerin bis 1969 in den Top-10 auf. Fast alle Hits werden von CHRIS ANDREWS geschrieben. Mit der Christian-Bruhn-Komposition Monsieur Dupont steht sie 1969 letztmalig in den Top-10.
1984 covert SANDIE SHAW zusammen mit MORRISSEY die Single Hand In Glove und kommt damit in den britischen Charts bis auf Platz 27. Nach einem Studium an der University of Oxford und an den London Universities ist Sandie aktuell als Psychoanalytikerin tätig. Bis heute veröffentlicht sie in unregel-

mäßigen Abständen Platten, die alle im Trend liegen. Mit der Sandie der 1960er will sie aber nichts mehr zu tun haben.

Jahr	Titel in den Top-50 Single-Charts	DE	UK	US
1964	(There´s) Always Something To Remind Me	-	1	-
1964	Girl Don´t Come	-	3	42
1965	I´ll Stop At Nothing	-	4	-
1965	Long Live Love	28	1	-
1965	Message Understood	-	6	-
1965	How Can You Tell	-	21	-
1966	Tomorrow	-	9	-
1966	Nothing Comes Easy	-	14	-
1966	Run	-	32	-
1966	Think Something About Me	-	32	-
1967	I Don´t Need Anything	-	50	-
1967	Puppet On A String	1	1	-
1967	Tonight In Tokyo	-	21	-
1967	You´ve Not Changed	-	18	-
1968	Today	-	27	-
1969	Monsieur Dupont	-	6	-
1969	Think It All Over	-	42	-
1984	Hand In Glove	-	27	-

Simon, Carly Elisabeth (* 25. Juni 1945 in New York City, New York)

Die Sängerin und Songwriterin CARLY SIMON entstammt einer musikalischen Familie. Der Vater ist der Pianist Richard L. Simon und Mitbegründer des Buchverlages Simon & Schuster. Ihre Schwestern sind die Opernsängerin Joanna Simon und ihre zeitweilige Gesangspartnerin Lucy Simon. Unter dem

Namen THE SIMON SISTERS haben sie Mitte der 1960er Jahre mit dem Kinderlied Winkin', Blinkin' and Nod einen Hit.

1971 startet Carly dann ihre Solokarriere mit dem Album Carly Simon, das den Top-Ten-Hit That's the Way I've Always Heard It Should Be beinhaltet. Es folgt bald die zweite LP Anticipation.

Den Durchbruch schafft die Grammy- und Oscar Gewinnerin mit dem Nummer-eins-Album No Secrets, aus dem u. a. ihr größter Hit You´re So Vain ausgekoppelt wird. Auf der Single singt MICK JAGGER im Refrain mit, und KLAUS VOORMANN spielt das Bass-Intro. Jahrzehnte lang wird gerätselt, auf wen sich der Liedertext bezieht. Nach Aussage von Carly im Jahr 2015 handelt die zweite Strophe von dem Schauspieler Warren Beatty, mit dem die Sängerin eine kurze Affäre hat.

1972 heiratet sie den Musiker JAMES TAYLOR. Die Ehe wird 1983 geschieden.

Ein weiterer Top-Ten-Hit ist 1977 das Stück Nobody Does It Better, die Titelmelodie aus dem James-Bond-Film "Der Spion der mich liebte".

1980 erleidet Carly Simon bei einer Aufführung einen Zusammenbruch und zieht sich daraufhin von der Bühne zurück. Es erscheinen aber weiterhin Aufnahmen von ihr.

Nach einer Erkrankung an Brustkrebs 1998 und der anschließenden Therapie, widmet sich die Künstlerin wieder der Musik. Es folgen von 2000 bis 2009 sechs weitere Alben, wobei das Letzte mit dem Titel Never Been Gone, Neuinterpretationen früherer Erfolge sowie einen bis dahin unveröffentlichten Track enthält.

Jahr	Titel in den Top-50 Single-Charts	DE	UK	US
1971	That´s The Way I´ve Always Heard It...	-	-	10
1971	Anticipation	-	-	13
1972	Legend In Your Own	-	-	50
1972	You´re So Vain	8	3	1
1973	The Right Thing Do Do	-	17	17
1974	Mocking Bird (mit James Taylor)	-	34	5
1974	Haven´t Got Time For The Pain	-	-	14

Jahr	Fortsetzung – Carly Simon	DE	UK	US
1975	Attitude Dancing	-	-	21
1976	It Keep´s You Runnin´	-	-	46
1977	Nobody Does It Better	-	7	2
1978	You Belong To Me	-	-	6
1978	Devoted To You (mit James Taylor)	-	-	36
1979	Vengeance	-	-	48
1980	Jesse	-	-	11
1986	Coming Around Again	21	-	10
1989	Let The River Run	-	-	49
2001	Son Of A Gun (mit J. Jackson & M. Elliott)	-	27	-

Sinitta (* 19. Oktober 1963 in Seattle, Washington, als Sinitta Renet Malone)

Die Pop-Sängerin SINITTA ist zwar in den USA geboren, feiert aber ihre großen Erfolge in Großbritannien.
Ihre Mutter, Miquel Brown, hat in den 1970ern einige Hits und spielt im Londoner Musical "Hair" die Sheila.
SINITTA selbst tritt zunächst in TV-Shows auf, aber auch in den Musicals „Cats" und „The Wiz". 1981 schließt sich eine kleine Filmkarriere an.
Ab 1983 erscheinen die ersten Singles von ihr und im April 1984 nimmt sie an der britischen Vorentscheidung zum "Eurovision Song Contest" teil. Mit ihrem Beitrag Imagination belegt sie den vierten Platz.
1986 bringt sie ihre erfolgreichste Single So Macho!/Cruising in die Charts. In Großbritannien erreicht der Titel Platz zwei.
Ab 1987 nimmt das Produzenten-Team Stock/Aitken/ Waterman die Sängerin unter ihre Fittiche.
 Die erste gemeinsame Single Toy Boy steigt im Spätsommer 1987 in England bis auf Position vier und landet in Deutschland auf dem neunten Rang. Im Frühjahr 1988 folgt Cross My Broken Heart, das in den UK-Charts Platz sechs erreicht. Der letzte

größere Erfolg von SINITTA ist Right Back Where We Started From, das Mitte 1989 in Großbritannien auf Platz vier kommt. 2010 nimmt sie an der fünften Staffel der britischen Eiskunstlaufshow "Dancing on Ice" teil und 2011 wirkt Sinitta in der elften Staffel der britischen Fernsehshow "I'm a Celebrity...Get Me Out of Here!" (In Deutschland unter Namen "Ich bin ein Star – holt mich hier raus) mit.

Jahr	Titel in den Top-50 Single-Charts	DE	UK	US
1986	So Macho! / Cruising	-	2	-
1986	Feels Like The First Time	-	45	-
1987	Toy Boy	9	4	-
1987	GTO	31	15	-
1988	Cross My Broken Heart	18	6	-
1988	Don´t Believe In Miracles	-	22	-
1989	Right Back Where We Started From	25	4	-
1989	Love On A Mountain Top	-	20	-
1990	Hitchin´ A Ride	-	24	-
1992	Shame Shame Shame	-	28	-
1993	The Supreme EP	-	49	-

Smith, Patti (* 30. Dezember 1946 in Chicago, Illinois als Patricia Lee Smith)

Sie gilt als "Godmother Of Punk", aber PATTI SMITH ist mehr. Die US-Amerikanerin ist Lyrikerin, Punk- und Rockmusikerin, Singer-Songwriterin, Fotografin und Malerin.
Sie stammt aus ärmlichen Verhältnissen; ihre Eltern stehen den Zeugen Jehovas nah. Patti beendet mit 16 Jahren die Schule und arbeitet zunächst in einer Fabrik.
Sie zieht nach New-York und lernt dort den berühmten Fotografen Robert Mapplethorpe kennen und lebt mehrere Jahre mit ihm zusammen. Von Robert stammen zahlreiche Fotogra-

fien, die teilweise für ihre späteren Plattencover verwendet werden.

Schon Ende der 1960er knüpft sie Verbindungen zu Rockmusikern, insbesondere zu der Hardrock-Band BLUE ÖYSTER CULT. Mit deren Keyboarder Allen Lanier ist sie von 1971 bis 1978 liiert. Sie liefert über Jahre die Texte für Songs der Gruppe, darunter Baby Ice Dog, Career of Evil, The Revenge of Vera Gemini (bei dem sie rezitiert und singt), Debbie Denise, Fire of Unknown Origin und Shooting Shark.

Mit Horses erscheint 1975 die LP der späteren PATTI SMITH GROUP. Die Band gilt als Vorläufer und Vorbild der englischen und amerikanischen Punk- und New-Wave-Bewegung. Patti etabliert sich zudem als Ikone der neuen Frauenbewegung.

1977 hat sie einen schweren Bühnenunfall, bei dem sie sich zwei Rückenwirbel bricht und eine Zeit aussetzen muss. Ein Jahr später veröffentlicht die Künstlerin ihr Album Esther, das als Einziges kommerziell erfolgreich ist. Die ausgekoppelte Single Because The Night entsteht in Zusammenarbeit mit BRUCE SPRINGSTEEN und erreicht 1978 in England Platz fünf.

1979 erscheint mit Wave ihre für lange Zeit letzte LP.

In den 1980er Jahren lebt Patti Smith mit ihrem Mann und den beiden gemeinsamen Kindern zurückgezogen in Detroit und arbeitet als Buchhändlerin. Nach dem Tod ihres Mannes Fred Smith (1994), kehrt Patti auf die Bühne zurück, um nach eigenem Bekunden Geld zu verdienen.

1996 erscheint das nächste Album Gone Again, dem von da ab, in regelmäßigen Abständen, weitere folgen.

Fotografien die Patti über Jahrzehnte aufgenommen hat, werden Anfang der 2000er Jahre auf Ausstellungen weltweit gezeigt.

Auf der Berlinale 2008 wird der Doku-Spielfilm Dream Of Life (2007) von Steven Sebring über das Leben der PATTI SMITH uraufgeführt, mit dem sie sich mehr als zehn Jahre beschäftigt hat.

Im Dezember 2016 nimmt sie in Stockholm in Vertretung ihres Freunds BOB DYLAN den ihm verliehenen Nobelpreis für Literatur entgegen und 2017 kauft sie das Haus des französischen Dichters Arthur Rimbaud in Roche.

Jahr	Titel in den Top-50 Single-Charts	DE	UK	US
1978	Because The Night	-	5	13
1996	E-Bew The Letter	-	4	49

Sœur Sourire (deutsch: "Schwester des Lächelns") (* 17. Oktober 1933 in Wavre bei Brüssel, Belgien als Jeanne-Paule (Jeanine) Marie Deckers | gestorben am 30. März 1985

Die belgische Nonne des Dominikanerinnenordens SOEUR SOURIRE, ist wohl die einzige Ordensschwester der Welt, die in den USA einen Nummer-eins-Hit gelandet hat.

Im Jahr 1959 tritt sie dem Orden bei und nimmt den Namen Luc-Gabrielle an, der sich aus den beiden Vornamen der Eltern zusammen setzt. Eines der wenigen privaten Dinge ist eine Gitarre, die sie aber erst im Kloster lernt zu spielen. Sie wird in der Jugendarbeit tätig, spielt dabei Gitarre und lernt, einfache Lieder zu texten und zu komponieren.

Eines dieser Stücke ist ein Stück über den Ordensgründer Dominikus, welches Sourire ihrer Oberin zum Geschenk macht. Mit Erlaubnis dieser wird ihre Komposition Dominique 1963 unter dem Pseudonym Sœur Sourire (bzw. in englischsprachigen Ländern als The Singing Nun) veröffentlicht und professionell vermarktet. Innerhalb kürzester Zeit erreicht das Lied weltweit die Spitze der Hitparaden. In den USA führte das Stück vier Wochen die Charts an. Da Deckers beim Eintritt in das Kloster das Armutsgelübde abgelegt hat, fließen die Einnahmen, die nicht vertragsgemäß an ihre Schallplattenfirma Philips gehen, an den Orden bzw. das Kloster.

Ihre Popularität führt dazu, dass im Jahr 1966 in Hollywood ein Film produziert wird, dessen Handlung durch das Leben von Jeanine Deckers inspiriert worden ist. Debbie Reynolds spielt die Hauptrolle in dem Film "Dominique – Die singende Nonne (The Singing Nun)".

Der Streifen bedeutet den endgültigen Bruch mit dem Orden. Nach längerem Streit um die Einnahmen ihrer Lieder, tritt Deckers aus dem Kloster aus und versucht, in der Musikbranche Fuß zu fassen, was aber misslingt. So zieht sie sich Anfang der 1970er komplett zurück. Die Boulevardblätter stürzen sich auf ihr Privatleben und berichten über ihre eingestandene Tablettensucht und ihre lesbische Beziehung. Zudem zermürbt ein Rechtsstreit mit dem belgischen Finanzamt wegen Steuerschulden zusätzlich die Künstlerin. Das Kloster hat zwar die Tantiemen eingestrichen, weigert sich aber, die nötigen Steuern zu zahlen. Deckers hatte vergessen, sich die Abtretung der Tantiemen quittieren zu lassen. 1980 versucht sie es erfolglos, mit einem Remake von Dominique.

Am 30. März 1985 begehen Jeanine Deckers und ihre Lebensgefährtin Annie Pécher gemeinsam Selbstmord.

Sonia (* 13. Februar 1971 in Liverpool, GB als Sonia Evans)

Die Sängerin SONIA beginnt ihre Gesangskarriere in einer Liverpooler Band. Peter Waterman vom Produzenten-Erfolgs-Trio Stock Aitken Waterman hat sie in seiner Live-Radio-Show gehört und ist von der Sängerin so begeistert, dass er sie unter Vertrag nimmt. Die erste Single You'll Never Stop Me Loving You wird im Juni 1989 ein Volltreffer. 350.000 Exemplare werden verkauft und der Song erreicht Platz eins der UK-Charts.

Weitere Singles verkaufen sich ebenfalls gut und SONIA ist 1989 an dem Projekt „Band Aid II" beteiligt. Das Mitte 1990 erscheinende Album Everybody Knows verkauft sich über 500.000 Mal und erreicht Goldstatus.

1991 trennt sich Sonia von Stock Aitken Waterman und schreibt einige Lieder selbst und hat über ihr Image volle Kontrolle.

Von ihrem zweiten Album Sonia werden drei Singles ausgekoppelt. Only Fools (Never Fall In Love) wird ihr dritter Top-10-Hit im Vereinigten Königreich und platziert sich auch in der deutschen Hitparade. Es folgen Be Young, Be Foolish, Be Happy und You To Me Are Everything, die Top-20-Positionen in den UK-Charts erreichen.

1993 vertritt sie England beim Eurovision Song Contest und belegt mit dem Lied Better the Devil You Know den zweiten Platz.

Sonia übernimmt 1994 die Rolle der Sandy im Musical "Grease" und bringt bis heute in regelmäßigen Abständen Singles und Alben auf den Markt.
2012 tritt Sonia beim Stock Aitken Waterman Reunion-Konzert "Hit Factory Live" im Londoner "The O2" u. a. an der Seite von KYLIE MINOGUE oder JASON DONOVAN auf.

Jahr	Titel in den Top-50 Single-Charts	DE	UK	US
1989	You´ll Never Stop Me Loving You	20	1	-
1989	Can´t Forget You	-	17	-
1989	Listen To Your Heart	-	10	-
1990	Counting Every Minute	-	17	-
1990	You´ve Got A Friend	-	14	-
1990	End Of The World	-	18	-
1991	Only Fool (Never Fall In Love)	-	10	-
1991	Be Young, Be Foolish, Be Happy	-	22	-
1991	You To Me Are Everything	-	13	-
1992	Boogie Nights	-	30	-
1993	Better The Devil You Know	-	15	-

Spears, Billie Jo (14. Januar 1937 in Beaumont, Texas als Billie Jean Spears | gestorben am 14. Dezember 2011)

Die Country-Sängerin BILLIE JO SPEARS ist in den USA fast ausschließlich in den Country-Charts zu finden und ist dort erfolgreich. In Europa beschränken sich ihre wenigen Hitparaden-Erfolge in den 1970ern überwiegend auf Großbritannien. Ihr größter Hit in Deutschland und England ist der Titel Blanked On The Ground aus dem Jahr 1975.
Der Songwriter Jack Rhodes schreibt für die damals 13-jährige Billie die ersten Songs, was ihr Auftritte in der Show "Lousiana Hayride" einbringt.

Nach diesen Erfahrungen im Show-Geschäft schließt die Sängerin zunächst die Schule ab, arbeitet als Sekretärin und singt in Nachtclubs.

Nachdem sie Nashville mehrmals besucht hat, wird der Produzent Peter Drake auf Billie aufmerksam und bittet sie um einige Demo-Bänder. So zieht die Sängerin 1964 von Texas nach Nashville und schließt einen Plattenvertrag ab. Die Singles floppen und so wechselt Billie Jo Spears 1968 die Plattenfirma.

Den ersten kleinen Hit verbucht sie im gleichen Jahr mit He´s Got More Love In His Little Finger. Ein Jahr später ist Billie mit Mr. Walker It´s All Over Nummer vier in den Country-Charts. Es ist eines der ersten Lieder über sexuelle Diskriminierung. Danach folgt eine Durststrecke, weil Stimmbandprobleme zu längeren Unterbrechungen führen.

1975 meldet sich Bilie Jo Spears eindrucksvoll zurück. Mit Blanked On The Ground, produziert von JOE BUTLER, ist sie auf Platz eins der Country-Charts, Nummer sechs in England und in Deutschland zumindest in der Top-40. Es folgt eine Serie von Hits, die Meisten in den US-Country-Hitparaden.

Anfang der 1980er lässt ihre Popularität nach und 1993 muss sie sich einer schweren Herzoperation unterziehen. 2005 veröffentlicht die Sängerin mit I´m So Lonesome I Could Cry noch einmal ein Album.

Billie Jo Spears stirbt am 14. Dezember 2011 im Alter von 74 Jahren an den Folgen einer Krebserkrankung.

Jahr	Titel in den Top-50 Single-Charts	DE	UK	US
1975	Blanked On The Ground	39	6	-
1976	What I´ve Got In Mind	-	4	-
1976	Sing Me An Old Fashioned Song	-	34	-
1979	I Will Survive	-	47	-

Springfield Dusty, OBE (* 16. April 1939 in Hampstead, London als Mary Isabel Catherine Bernadette O'Brien | gestorben am 2. März 1999)

DUSTY SPRINGFIELD beginnt ihre musikalische Karriere in der Formation LANA SISTERS und gründet dann Anfang der 1960er Jahre mit ihrem Bruder Tom und Tim Field das Folk-Trio THE SPRINGFIELDS. Ab Herbst 1963 arbeitet Dusty erfolgreich als Solistin. Mit I Only Want To Be With You (1976 gecovert von den BAY CITY ROLLERS) ist sie im Oktober des gleichen Jahres das erste Mal in der Top-10. Mit You Don´t Have To Say You Love Me gelingt Dusty 1966 der Sprung an die Spitze der UK-Charts und zudem auf Platz vier in den USA. 1967 nimmt sie den Titelsong The Look of Love für die James-Bond-Parodie "Casino Royale" auf. Für diesen Song ist sie 1968 für einen Oscar in der Kategorie "Bester Song" nominiert, verliert gegen Talk To The Animals.
Dusty wird zu Recht als die beste weiße Soulstimme bezeichnet und ist bis Ende der 1960er mit ihren Balladen erfolgreich. So steht sie im Juli 1968 mit I Close My Eyes And Count To Ten in England auf dem vierten Platz in den Charts.
Dann wird es zunächst ruhig um die Sängerin. 1987 taucht die-sie mit What Have I Done To Deserve This in den Top-10 von GB, USA und Deutschland wieder auf. Zusammen mit den Pet Shop Boys hat sie mit In Private 1990 letztmalig einen Top-10-Hit. Am 02.03.1999 stirbt DUSTY SPRINGFIELD an Brustkrebs. Die New York Times schreibt dazu: "Die Welt hat die beste Pop-Sängerin, die Großbritannien je hervorgebracht hat, verloren". Sie sollte an diesem Tag von der Queen geehrt werden. Zehn Tage nach ihrem Tod wird Dusty Springfield in die "Rock and Roll Hall of Fame" aufgenommen.

Jahr	Titel in den Top-50 Single-Charts	DE	UK	US
1963	I Only Want To Be With You	-	4	12
1964	Stay A While	-	13	38
1964	Whishin´ And Hopin´	-	-	6
1964	I Just Don´t Know What To Do With Myself	-	3	-
1964	All Cried Out	-	-	41

Jahr	Fortsetzung – Dusty Springfield	DE	UK	US
1964	Loosing You	-	9	-
1964	Your Hurtin´ Kind Of Love	-	37	-
1965	In The Middle Of Nowhere	-	8	-
1965	Some Of Your Lovin´	-	8	-
1966	Little By Little	-	17	-
1966	You Don´t Have To Say You Love Me	33	1	4
1966	Going Back	-	10	-
1966	All I See Is You	-	9	20
1967	I´ll Try Anything	-	13	40
1967	Give Me Time	-	24	-
1967	The Look Of Love	-	-	22
1967	What Is Gonna Be	-	-	49
1968	I Close My Eyes And Count To Ten	40	4	-
1968	Son Of A Preacher Man	38	9	10
1969	The Windmills Of Your Mind	-	-	31
1969	Am I The Same Girl	-	43	-
1969	A Brandnew Me	-	-	24
1970	How Can I Be Sure	-	36	-
1987	What Have I Done To Deserve This	4	2	2
1989	Nothing Has Been Proved	-	16	-
1989	In Private (Charteintr. in DE 1/1990)	4	14	-
1990	Reputation	29	38	-
1995	Wherever Would I Be	-	44	-

Stansfield, Lisa (* 11. April 1966 in Heywood, GB)

Mit dem Welthit All Around The World steigt die Sängerin und Schauspielerin LISA STANSFIELD in die Riege der internationalen Pop-Stars auf. Für ihre soullastigen Popsongs bekommt sie nicht zu unrecht den Titel "British Queen Of White Soul".
Lisa verkauft bislang weltweit 20 Millionen Alben.
Im Alter von vierzehn Jahren gewinnt sie einen Talentwettbewerb und darf die Kindersendung „Razzamatazz" im britischen Fernsehen moderieren.
1983 gründet Lisa Stansfield mit ihren alten Schulfreunden Ian Devaney und Andy Morris die Gruppe BLUE ZONE. Mit ihrer von R&B und Soul beeinflussten Musik ist die Band kaum erfolgreich. Deshalb wird entschieden, dass Lisa fortan im Rampenlicht stehen soll und wenig später erhält sie einen Plattenvertrag unter ihrem Geburtsnamen Stansfield. Devaney und Morris gehören aber weiterhin als Musiker, Komponisten und Produzenten zum Team um die Sängerin.
Mit This Is The Right Time (1989) hat sie ihren ersten Soloerfolg und der Nachfolge-Single All Around the World, aus dem gleichen Jahr, ihren ersten Nummer-eins-Hit. Es ist bis heute ihr größter Erfolg.
Nach ihrem Durchbruch wird Lisa mit einem BRIT Award als beste britische Nachwuchskünstlerin geehrt.
Ihr zweites Album Real Love (1991) bleibt zwar hinter den Erwartungen zurück, aber die Singleauskopplungen erreichen gute Charts-Platzierungen. So 1992 die Hit-Single Someday (I'm Coming Back) aus dem Soundtrack zum Film „Bodyguard" mit WHITNEY HOUSTON in der Hauptrolle, dem mit fast 30 Millionen verkauften Einheiten erfolgreichsten Soundtrack aller Zeiten.
Am 20. April 1992 nimmt LISA STANSFIELD an dem „Freddie-Mercury-Tribute-Concert" im Londoner Wembley-Stadion zu Ehren des an AIDS verstorbenen Sängers FREDDIE MERCURY teil.
Im Laufe der 1990er Jahre bleibt die Sängerin ihrem, von Disco und Soul geprägtem Pop-Stil treu. So kommt 1997 das erste selbstbetitelte Album Lisa Stansfield bis auf Platz zwei der britischen Album-Charts. Danach lässt der musikalische Erfolg nach. Nur die Greatest-Hits-Sammlung Biograph (2003) schafft es in ihrem Heimatland bis auf Platz drei.

Mit der romantischen Komödie „Swing" gibt Stansfield 1999 ihr Debüt auf der Kinoleinwand. Für ihre schauspielerischen Leistungen in dem Film, der die Geschichte einer Swingband aus Liverpool erzählt, wird sie von der Kritik gelobt.

Im Sommer 2005 präsentiert sich die Engländerin mit neuen Songs und Klassikern auf mehreren Konzerten live dem deutschen Publikum.

Danach ist wieder das Filmgeschäft angesagt, denn im Juni 2012 dreht Stanfield den Film "Northern Soul", der am 17. Oktober 2014 veröffentlicht wird. Währenddessen bereitet sie auch ihr musikalisches Comeback vor. So gibt sie im Herbst 2012 mehrere Konzerte in Clubs in London und Manchester. Im Mai und Juni 2013 tourt LISA STANSFIELD durch Frankreich, Holland, Deutschland, die Schweiz, Italien und England. Im Frühjahr 2018 erscheint ihr bislang letztes Album Deeper.

Jahr	Titel in den Top-50 Single-Charts	DE	UK	US
1989	This Is The Right Time	17	13	21
1989	All Around The World	2	1	3
1990	Live Together	23	10	-
1990	What Did I To You	43	25	-
1990	You Can´t Deny It	-	-	14
1991	Change	13	10	27
1991	All Woman	-	20	-
1992	Time To Make You Mine	-	14	-
1992	Set Your Loving Free	-	28	-
1992	Someday (I´m Coming Back)	-	10	-
1993	In All The Right Places	-	8	-
1993	So Natural	-	15	-
1993	Little Bit Of Heaven	-	32	-
1997	People Hold On (Bootleg Mix)	-	4	-
1997	The Real Thing	-	9	-
1997	Never, Never Gonna Give You Up	-	25	-
2001	Let´s Just Call It Love	-	48	-

Jahr	Fortsetzung – Lisa Stansfield	DE	UK	US
2005	Treat Me Like A Woman	43	-	-

Staton, Candi (* 13. März 1940 in Hanceville, Alabama als Canzetta Maria Staton)

Ihre größten Erfolge feiert die US-amerikanische Soul- und Gospelsängerin CANDI STATON in der zweiten Hälfte der 1970er. Nachdem sie ihren Stil für einige Jahre hin zur Disco-Musik geändert hat, kommt der Erfolg. 1976 landet sie mit Young Hearts Run Free einen internationalen Hit.
Aufgewachsen ist sie in einem christlichen Internat in Nashville, wo Candi im JEWEL GOSPEL TRIO singt. Ihre Vorbilder sind ARETHA FRANKLIN und MAHALIA JACKSON, mit denen sie regelmäßig tourt.
1970 erscheint ihr Debüt-Album und in den folgenden Jahren steigt Candi zu einer der erfolgreichsten Sängerinnen des Southern-Soul auf. Bis 1976 tauchen ihre Aufnahmen überwiegend in den R&B-Charts auf. Erst, wie schon oben erwähnt, mit Young Hearts Run Free erobert sie den europäischen Markt, der sich mehr auf Großbritannien beschränkt. In Deutschland ist die Sängerin nicht in den Hitparaden vertreten. Der Schwenk zur Disco-Musik, der sie bis 1982 treu bleibt, ist zu verdanken, dass Candi über die USA hinaus, erfolgreich ist. Hits hat sie mit Cover-Songs berühmter Stars wie ELVIS PRESLEY, THE BEE GEES oder TAMMY WYNETTE.
Sie geht nach Abebben der Disco-Welle zurück zu den musikalischen Wurzeln und singt Gospel. Nebenher engagiert sie sich in christlichen TV-Sendungen. Nur noch selten nimmt die Künstlerin Platten außerhalb des Gospel-Genres auf.
Erst 1999 ist sie, nach 17 Jahren, mit der Dance-CD Outside wieder mit einem weltlichen Album zurück. Die ausgekoppelte Single Love On Love ist im selben Jahr der letzte Charterfolg in Großbritannien.
CANDI STATON ist dreimal verheiratet und hat aus zwei dieser Ehen fünf Kinder.

Jahr	Titel in den Top-50 Single-Charts	DE	UK	US
1969	I´d Rather Be An Old Man´s Sweetheart	-	-	46
1970	Stand By Your Man	-	-	24
1972	In The Ghetto	-	-	48
1976	Young Hearts Run Free	-	2	20
1976	Destiny	-	-	41
1977	Nights On Broadway	-	6	-
1978	Honest I Doo Love You	-	48	-
1982	Suspicious Minds	-	31	-
1999	Love On Love	-	27	-

Stéphanie (* 1. Februar 1965 in Monaco als Stéphanie Marie Elisabeth Grimaldi, Prinzessin von Monaco)

STÉPHANIE, das jüngste der drei Kinder von Rainier III. von Monaco und Fürstin Gracia Patricia ist zunächst als Fotomodel tätig, bevor sie Mitte der 1980er eine Gesangskarriere startet.

Sie wächst in Monaco auf, dass Abitur legt sie in Paris ab und beginnt eine Ausbildung zur Modedesignerin, die sie aber vorzeitig abbricht. Sie arbeitet als Assistentin bei Dior und wird später Fotomodel.

Die Gesangskarriere beginnt 1986 mit der LP Besoin, die international Top-10 erreicht. Die Singleauskopplungen Irresistible bzw. die französische Version Ouragan und One Love to Give werden Top-10-Hits. Ihre zweite Tournee Ende der 1980er und das zweite Album Stéphanie floppen. Daraufhin beendet die Prinzessin ihre Musikkarriere vorübergehend.

1991 nimmt sie zusammen mit MICHAEL JACKSON den Song In the Closet für Jacksons Album Dangerous auf. 2006 beteiligt sie sich am französischen Benefizsong L'or de nos vies, dessen Erlöse an die AIDS-Forschung gehen.

Jahr	Titel in den Top-50 Single-Charts	DE	UK	US
1986	Irresisistible	2	-	-
1986	One Love To Give	10	-	-
1992	In The Closed (mit Michael Jackson)	15	8	6

Stevens, April (* 29. April 1936 in Niagara Falls, New York; nach anderen Angaben 1929 als Carol LoTempio)

Die US-amerikanische Sängerin APRIL STEVENS feiert die größten Erfolge gemeinsam mit ihrem Bruder NINO TEMPO (bürgerlich Antonino LoTempio) , darunter der Nummer-eins-Hit Deep Purple.

Schon ab dem Alter von acht Jahren nimmt sie erfolgreich an Gesangs- und Musikwettbewerben teil.

Um die Karriere von April und Nino zu fördern, zieht die Familie 1948 nach Los Angeles. Ihre erste Schallplattenaufnahme No No No not That wird 1950 im Schallplattenstudio von Laurel Records aufgezeichnet. Um zu vermeiden, dass ihr Name mit dem etwas anzüglichen Lied in Verbindung gebracht wird, erscheint die Platte unter ihrem neuen Künstlernamen APRIL STEVENS. Es folgen einige Aufnahmen, die aber nicht erfolgreich sind. Das ändert sich mit dem Wechsel zur Plattenfirma Imperial Records. Mit Teach Me Tiger hat April 1959 ihren ersten Chart-Erfolg. Dieser Titel wird häufig mit Marylin Monroe in Zusammenhang gebracht, die dieses Stück aber nie gesungen hat.

Der nationale und internationale Durchbruch erfolgt 1963 im Duett mit ihrem Bruder Nino und dem gemeinsamen Nummer-eins-Hit Deep Purple. Es folgen weitere Hits, aber 1966 ist der große Erfolg Geschichte. Zusammen mit ihrem Bruder nimmt die Sängerin bis in die 1990er Jahre Platten auf, die aber nicht von Erfolg gekrönt sind.

Im Oktober 1999 werden April und Nino in die "Buffalo Music Hall of Fame" aufgenommen.

Jahr	Titel in den Top-50 Single-Charts	DE	UK	US
1963	Deep Purple	-	17	1
1963	Whispering	-	20	11
1964	Stardust	-	-	32
1966	All Strung Out	-	-	26

Streisand, Barbra (* 24. April 1942 als in New York City, New York als Barbara Joan Streisand)

BARBRA STREISAND ist mit 145 Millionen verkauften Tonträgern nicht nur eine der weltweit erfolgreichsten Sängerinnen, sondern auch Schauspielerinnen und Regisseurin.
Begonnen hat sie als Musicalschauspielerin und schafft den Filmdurchbruch mit der Hauptrolle im Film "Funny Girl" (1968). Barbra wird mit Preisen als Sängerin und Schauspielerin überhäuft. Mehrmals erhält sie den Grammy Award, Emmys sowie einen Oskar für die Rolle in "Funny Girl".
Am 29. Dezember 1955 nimmt die 13-jährige zwei Lieder für ein Demoband auf. Eine der Einspielungen ist You'll Never Know.
Im Schulchor singt sie gemeinsam mit NEIL DIAMOND, den sie erst viele Jahre später persönlich kennenlernt, als sie mit ihm im Duett den Titel You Don't Bring Me Flowers aufnimmt. Beide sind bis heute befreundet.
Sie tritt schon im Teenageralter in Nachtclubs auf und spielt in Musicalproduktionen mit, weil sie ja eigentlich Schauspielerin werden will.
1961 hat BARBRA STREISAND ihren ersten TV-Auftritt in der Tonight-Show und unterzeichnet ein Jahr später einen Plattenvertrag. Es folgen weitere Fernsehauftritte und 1963 ihr zweites Album unter dem Titel The Second Barbra Streisand Album. Die ersten Schallplattenerfolge und der Hit am Broadway mit "Funny Girl" bringen ihr einen mehrjährigen Fernsehvertrag bei CBS ein. Höhepunkt dieser Shows ist die Live-Aufzeichnung eines Konzerts im New Yorker Central-Park vor 300.000 Zuschauern bei freiem Eintritt.

Ihren ersten Single-Chart-Erfolg hat Barbra 1964 mit People. Die Aufnahme kommt in den USA bis auf Platz fünf.

In den 1970er und frühen 1980er Jahren zählt sie mit ihrem unverwechselbaren, immer etwas dramatisch klingenden Gesangsstil zu den bedeutendsten Popsängerinnen, mit einem Repertoire zahlreicher Balladen, teilweise aus Filmsoundtracks. Ab dem Album Lazy Afternoon (1975) nimmt sie immer wieder Songs im damals populären Disco-Stil auf. Höhepunkt ist der Nummer-eins-Erfolg No More Tears (Enough Is Enough), einem Duett mit der Disco-Queen DONNA SUMMER.

1980 erscheint ihr kommerziell erfolgreichstes Album Guilty, produziert von den BEE GEES. Aus diesem wird der Welthit Woman in Love ausgekoppelt.

Insgesamt veröffentlicht sie, einschließlich ihrer Filmsoundtracks, über sechzig Alben, für die sie mit über 50 Goldenen, 30 Platin- und mehr als 18 Multi-Platin-Schallplatten ausgezeichnet wird. Damit rangiert sie in den All-Time-Charts an zweiter Stelle vor den BEATLES sowie den ROLLING STONES und wird nur von ELVIS PRESLEY übertroffen.

Im Sommer 2007 geht sie erstmals auf Europatournee. Die Stationen sind Zürich, Wien, Paris, Berlin, Manchester, Dublin und London. Eine weitere Tour durch Europa und Israel führt 2013 London, Amsterdam, Köln, Berlin und Tel Aviv.

BARBRA STREISAND ist seit 1998 mit dem Schauspieler James Brolin verheiratet.

Ihre Markenzeichen sind ihr leichter Silberblick und ihre große Nase. Eine Nasenoperation lehnt sie ab, da sie dadurch eine Beeinträchtigung ihrer Stimme befürchtet.

Sie engagiert sich seit 1986 mit der "Streisand Foundation" für zahlreiche Wohltätigkeitsprojekte.

Jahr	Titel in den Top-50 Single-Charts	DE	UK	US
1964	People	-	-	5
1964	Funny Girl	-	-	44
1965	Second Hand Rose	-	14	32
1970	Stoney End	-	27	6
1971	Where You Lead	-	-	40
1972	Sweet Inspiration / Where You Lead	-	-	37

Jahr	Fortsetzung – Babra Streisand	DE	UK	US
1973	The Way We Where	-	31	1
1976	Evergreen (Theme From A Star Is Born)	-	3	1
1977	My Heart Belongs To Me	-	-	4
1978	Songbird	-	-	25
1978	Prisoner (Love Theme Fr. Eyes Of Laura Mars)	-	-	21
1978	You Don´t Bring Me Flowers m. N. Diamond	-	5	1
1979	The Main Event / Fight	-	-	3
1979	No More Tears (mit Donna Summer)	31	3	1
1980	Kiss Me In The Rain	-	-	37
1980	Woman In Love	1	1	1
1980	Guilty	15	34	3
1981	What Kind Of Fool (mit Barry Gibb)	-	-	10
1981	Promises	-	-	48
1981	Comin´ In And Out Of Your Life	-	-	11
1982	Memory	30	34	-
1983	The Way He Makes Me Feel	-	-	40
1984	Left In The Dark	-	-	50
1985	Somewhere	-	-	43
1988	Till I Loved You	26	16	25
1992	Places That Belong To You	-	17	-
1993	With One Look	-	30	-
1994	As If We Never Said Goodbye	-	20	-
1996	I Finally Found Someone	-	10	8
1997	Tell Him	25	3	-
1999	If You Ever Leave Me	-	26	-

Summer, Donna (* 31.12.1948 in Boston, Massachusetts, als LaDonna Andrea Gaines | gestorben am 17. Mai 2012)

DONNA SUMMER ist ab Mitte der 1970er bis Ende der 1980er Jahre die ungekrönte Disco-Queen. Ihre Karriere beginnt sie in der Gruppe CROWN. 1967 kommt Donna nach Europa, spielt im Münchener-Ensemble des Musicals „Hair" und danach an der Volksoper in Wien in den Stücken „Porgy And Bess" und „Showboat".
Die Songschreiber und Produzenten GEORGIO MORODER und PETE BELOTTE entdecken die Sängerin. Ende 1975 hat Donna mit Love To Love You Baby einen Millionenseller. Die Aufnahme belegt Platz zwei in den USA, steht in GB auf Position vier und ist auf Rang sechs in Deutschland. Weitere Nummereins-Hits sind: Mac Arthur Park, Hot Stuff, No More Tears und Bad Girls. Allein in den USA, GB und Deutschland ist die Künstlerin 18 Mal in der Top-10 und singt 1979 zusammen mit BARBRA STREISAND den Hit No More Tears. Sie verkauft weltweit geschätzte 130 Millionen Schallplatten und ist 1977 und 1979 die erfolgreichste Musikerin in Deutschland und 1979 und 1980 ebenfalls in den USA.
Neben Moroder/Belotte arbeitet sie mit Quincy Jones und Stock/Aitken/Waterman zusammen. Nebenher ist DONNA SUMMER als Schauspielerin aktiv und hat sich zuletzt als Malerin und Lithographin einen Namen gemacht.
Von 1978 bis 1997 gewinnt sie fünf Grammys in vier verschiedenen Musikrichtungen (R&B, Rock, Gospel und Dance-Pop) und ihr Song Last Dance (1978) wird mit einem Oscar gekrönt.
Im Jahre 1992 erhält Donna Summer einen Stern auf dem "Hollywood Walk of Fame".
2011 wird ihr eine besondere Ehre zuteil, denn ihr Song I Feel Love wird für das Schallplattenverzeichnis der US-Kongressbibliothek (National Recording Registry Of The Library Of Congress) ausgewählt. Damit gehört sie zum Klangerbe der USA, das für zukünftige Generationen bewahrt werden soll.
2013 wird sie posthum in die "Rock and Roll Hall of Fame" aufgenommen und im Dezember des gleichen Jahres wird ein Remix ihres Songs MacArthur Park ihr 17. Nummer-eins-Hit in den US-amerikanischen Club-Charts (in den Single-Charts unten nicht aufgeführt).

Am 17.05.2012 stirbt Donna Summer völlig überraschend im Alter von nur 63 Jahren an Krebs.

Jahr	Titel in den Top-50 Single-Charts	DE	UK	US
1975	Lady Of The Night	40	-	-
1975	Love To Love You Baby	6	4	2
1976	Try Me, We Can Make It	42	-	-
1976	Could It Be Magic	23	3	-
1976	Winter Melody	-	27	43
1977	I Feel Love	3	1	6
1977	Down Deep Inside	25	5	-
1977	I Remember Yestersay	-	14	-
1977	Love´s Unkind	18	3	-
1977	Back In Love Again	-	29	-
1977	I Love You	-	10	37
1978	Rumor Has It	21	19	-
1978	Last Dance	-	-	3
1978	MacArthur Park	39	5	1
1979	Heaven Knows	-	34	4
1979	Hot Stuff	5	11	1
1979	Bad Girls	9	14	1
1979	Dim All The Lights	25	29	2
1979	No More Tears (m. Babra Streisand)	31	3	1
1980	On The Radio	34	32	5
1980	Sunset People	-	46	-
1980	Walk Away	-	-	36
1980	The Wanderer	-	48	3
1980	Cold Love	-	44	33
1981	Who Do You Think You´re Foolin´	-	-	40
1982	Love Is In Control (Finger On The Trigger)	-	18	10
1982	Stae Of Independence	-	14	41

Jahr	Fortsetzung – Donna Summer	DE	UK	US
1982	I Feel Love (Patrick Cowley Remix)	-	21	-
1982	The Woman In Me	-	-	33
1983	She Works Hard For Her Money	11	25	3
1983	Unconditionla Love	-	14	43
1984	There Goes My Baby	-	-	21
1989	This Time I Know It´s For Real	15	3	7
1989	I Don´t Wanna Get Hurt	25	7	-
1989	Love´s About To Change My Heart	-	20	-
1991	Breakaway	-	49	-
1994	Melody Of Love (Wanna Be Loved)	-	21	-
1995	I Feel Love (Neuaufnahme)	-	8	-
1999	I Will Go With You (Con te partirò)	-	44	-

Sylvia (* 9. Dezember 1956 in Kokomo, Indiana als Sylvia Kirby)

Im Alter von 19 Jahren beendet die Sängerin und Songschreiberin SYLVIA die Schule und zieht nach Nashville, um Country-Sängerin zu werden. Sie verfügt bis dahin über keinerlei musikalische Erfahrung und ist nie öffentlich aufgetreten. Sie erhält eine Anstellung als Sekretärin im Musikverlag des Songwriters und Produzenten TOM COLLINS. Hierdurch hat sie die Gelegenheit, Einblicke in das Musikgeschäft zu bekommen und das Songschreiben zu erlernen. Sylvia bekommt die Chance als Backupsängerin bei Aufnahmen von BARBARA MANDRELL mitzuwirken und erhält 1979 ein Plattenvertrag bei RCA.
Ihre erste Single, You Don't Miss a Thing, kann sich 1979 in den Country-Charts platzieren. Den ersten Top-10-Erfolg schafft sie 1980 mit Tumbleweed. Das Debüt-Album Drifter folgt ein Jahr später. Es werden in rascher Folge weitere Aufnahmen produziert, die fast alle hohe Platzierungen in den Country-Charts erreichen. Zudem weiß sie mit ihrem blen-

denden Aussehen das neue Medium Musik-Videos zu ihrem Vorteil einzusetzen.

Ihren größten kommerziellen Erfolg hat Sylvia 1982 mit dem Hit Nobody, mit dem sie Platz 15 in den US-Billboard-Charts erreicht.

Um sich auf das Schreiben von Songs zu konzentrieren, trennt sie sich 1987 von RCA. Abgesehen von einigen Fernsehauftritten, verschwindet sie für ein paar Jahre aus der Öffentlichkeit, bis sie 1996 als SYLVIA HUTTON ein Comeback einläutet. Inzwischen hat sie mit "Redpony" ihr eigenes Plattenlabel, wo sie mit selbst geschriebenen Songs das Album The Real Story produziert. Es ist gleichzeitig die Abkehr vom Pop hin zur traditionellen Country-Musik.

Sängerinnen – T

Terrell, Tammi (* 29. April 1945 in Philadelphia, Pennsylvania als Thomasina Winifred Montgomery | gestorben am 16.3.1970)

Die US-amerikanisch Soul- und R&B-Sängerin TAMMI TERRELL feiert ihre größten Erfolge als Gesangspartnerin von MARVIN GAYE zwischen 1967 und 1969.

Sie gewinnt als Schülerin mehrere Gesangswettbewerbe und nimmt ab 1961 ihre ersten Platten auf. Soul-Legende JAMES BROWN produziert 1963 mit ihr die Songs I Cried und If You Don't Think. Beide erscheinen auf dem Album James Brown's Original Funky Divas. Ein Jahr lang ist Tammi mit der James-Brown-Revue unterwegs, wobei sich eine Beziehung zwischen ihr und Brown entwickelt. Nachdem Brown die 17-Jährige schwer misshandelt hat, flieht sie zu ihren Eltern.

1965 wird sie von BERRY GORDIE für das Motown-Label entdeckt, der ihr den Künstlernamen TAMMI TERRELL verpasst. Sie beginnt eine innige Liebschaft mit dem Temptations-Sänger DAVID RUFFIN, der ihr gegenüber oftmals gewalttätig wird und sie an Kopf und im Gesicht verletzt. Sie beendet die Beziehung aber erst, als sie erfährt, dass Ruffin in einem anderen Bundesstaat verheiratet ist.

Sie hat bei Motown zunächst kleinere Solo-Hits, bevor in der Zusammenarbeit mit MARVIN GAYE 1967 der große Durchbruch kommt.

Nach Mary Wells und Kim Weston ist sie seine dritte Duettpartnerin. Sie ist für Gaye die ideale Duett-Partnerin, wobei sich zwischen den beiden eine private Freundschaft entwickelt, jedoch keine Liebesbeziehung.

Im Sommer 1967 gehen die beiden auf eine große, erfolgreiche Tournee.

Im Oktober desselben Jahres wird der Erfolg des Duos durch Terrells schwere Erkrankung überschattet, die gemeinsamen Auftritte finden ein abruptes Ende. Sie klagt schon länger über Kopfschmerzen und am 14. Oktober 1967 bricht sie während eines Auftritts zusammen. Als Sehstörungen und Lähmungserscheinungen auftreten, wird bei einer Untersuchung Anfang 1968 ein Gehirntumor festgestellt.

Sie unterzieht sich einer schwierigen Operation der vier weitere folgen. Sie überlebt zwar die Eingriffe, erholt sich aber nicht mehr davon.

Am 16. März 1970 stirbt Tammi Terrell, gerade einmal 24 Jahre alt.

Jahr	Titel in den Top-50 Single-Charts	DE	UK	US
1967	Ain´t No Mountain High Enough *	-	-	19
1967	Your Precious Love *	-	-	5
1967	If I Could Built My Whole World Around You *	-	41	10
1968	You´re All I Need To Get By *	-	19	7
1968	Keep On Lovin´ Me Honey *	-	-	24
1968	You Ain´t Livin´Till You´re Lovin´ *	-	21	-
1969	Good Lovin´ Ain´t Easy To Come By *	-	26	30
1969	What You Gave Me *	-	-	49
1969	The Onion Song *	-	-	50
	* Duette mit mit Marvin Gaye			

Thomas, Carla Venita (* 21. Dezember 1942 in Memphis, Tennessee)

Die "Queen Of Memphis Soul", CARLA THOMAS, nimmt schon im Alter von 17 Jahren im Duett mit ihrem Vater – der Soul-Legende RUFUS THOMAS – das Stück Because I Love You auf.

Im Süden der USA beschert es Carla einen ersten größeren Erfolg.

Ihr Song Gee Whiz (Look in His Eyes) kommt 1961 in die Top-Ten der Pop- und R&B-Charts und ist damit die erste Platte des Memphis-Soul, die in den gesamten USA Erfolg hat.

Bis 1971 platzieren sich insgesamt 24 Lieder von Carla in amerikanischen Hitlisten, darunter I'll bring It on Home to You (eine Antwort auf Sam Cookes bring It on Home to Me), Let Me Be Good To You und B-A-B-Y (von Isaac Hayes).

Besonders erfolgreich sind ihre Duette mit dem Soulsänger OTIS REDDING, zu denen die Hits Tramp und Knock on Wood gehören.

1993 erhält Carla Thomas einen "Pioneer Award" der Rhythm and Blues Foundation.

Jahr	Titel in den Top-50 Single-Charts	DE	UK	US
1961	Gee Whiz (Look in His Eyes)	-	-	10
1962	Bring It On Home To You	-	-	41
1966	B-A-B-Y	-	-	14
1967	Tramp (mit Otis Redding)	-	18	26
1967	Knock On Wood (mit Otis Redding)	-	35	30
1969	I Like What You Doing (To Me)	-	-	49

Thomas, Evelyn (* 22. August 1953 in Chicago, Illinois als Ellen Lucille Thomas)

EVELYN THOMAS ist mit 19 Jahren in den USA eine gefragte Gospel- und Jazzsängerin.

1975 trifft sie mit dem amerikanischen Produzenten Danny Leake und dessen Londoner Kollegen Ian Levine zusammen. Das Ergebnis ist 1976 mit Weak Spot der erste kleinere Hit für die Sängerin. Weitere Erfolge gelingen zunächst nicht. So zieht sie sich aus dem Musikgeschäft zurück. Vier Jahre später erinnert sich Levine an die stimmgewaltige Interpretin und lädt Evelyn nach England ein, um dort einige Demos zu produzieren. Mit Erfolg! Die Aufnahme High Energy erreicht in den

UK-Charts Platz fünf und in Deutschland sogar die Pool-Position. In den USA ist sie lediglich in den Dance-Carts.
Mit dem Titel Masquerade hat sie noch einen Top-40-Hit. Trotz diverser Veröffentlichungen gelingt Thomas die Rückkehr in die Hitparaden nicht. Kleinere Erfolge hat sie 1986 in den Dance-Charts mit ihrer Coverversion des Supremes-Klassikers Reflections und dem Titel How Many Hearts. Danach zieht Evelyn Thomas endgültig aus dem Geschäft zurück.

Jahr	Titel in den Top-50 Single-Charts	DE	UK	US
1976	Weak Spot	-	26	-
1976	Doomsday	-	41	-
1984	High Energy	1	5	-
1984	Masquerade	33	-	-

Tifany (* 2. Oktober 1971 in Norwalk, Kalifornien als Tiffany Renee Darwisch)

In den Jahren 1987 und 1988 bring die US-amerikanische Pop-Sängerin und Schauspielerin TIFFANY sechs Hits in die Single-Charts.
Gleich mit der Debütsingle I Think We're Alone Now gelingt ihr im Sommer 1987 im Alter von knapp 16 Jahren der Durchbruch. 20 Jahre zuvor ist das Stück schon ein Hit für TOMMY JAMES & THE SHONDELLS. Die Sängerin landet damit einen Nummer-eins-Hit in den USA und Großbritannien. In Deutschland kommt der Song bis auf Rang 14.
Ihr Debütalbum Tiffany erreicht den ersten Platz der US-Charts, bringt ihr 4-fach-Platin ein und die ausgekoppelte Coverversion der Beatles-Nummer I Saw Him Standing There, ist ein weiterer Top-10-Hit. Schon das zweite Album mit dem Titel Hold An Old Friend's Hand, herausgebracht im Herbst 1988, kann an den Erfolg des ersten nicht mehr anknüpfen. Zwar kommt die Single All This Time in die Top 10, aber das Album selbst verkauft sich schlecht. Als im Herbst 1990 das dritte Werk New Inside komplett floppt, ist es mit ihrer Karriere

in den USA zunächst einmal vorbei. Nur auf dem asiatischen Markt kann sich TIFFANY weiterhin behaupten.

Erst im Sommer 2000 erscheint die Sängerin wieder auf der Bildfläche. Das Comeback-Album The Color Of Silence wird von der Fachpresse gelobt.

Die Single Higher, schafft es in den Billboard-Dance-Charts bis auf Platz 19 und ist ihr erster Hitparaden-Erfolg nach rund 18 Jahren.

Ihr bislang letztes Studioalbum Pieces Of Me erscheint im Oktober 2018.

2005 nimmt sie an der britischen Sendung "Hit Me Baby One More Time" teil – das Ur-Format der in Deutschland bei ProSieben ausgestrahlten Comeback-Show – und gewinnt die erste Staffel und zieht ins Finale ein. Dort muss sie sich SHA-KIN' STEVENS geschlagen geben.

Jahr	Titel in den Top-50 Single-Charts	DE	UK	US
1987	I Think We´re Alone Now	14	1	1
1987	Could´ve Been	-	4	1
1988	I Saw Him Standing There	40	8	7
1988	Feelings Forever	-	-	50
1988	All This Time	-	47	6
1988	Radio Romance	-	13	35

Tikaram, Tanita (* 12. August 1969 in Münster/Westf.)

Die britische Singer-Songwriterin TANITA TIKARAM wird im westfälischen Münster geboren. Ihr Vater stammt von den Fit-schi-Inseln und ist zu der Zeit in Diensten der britischen Armee und in Münster stationiert. Die Mutter von Tanita ist aus Malaysia.

Als Tanita zwölf Jahre alt ist, geht die Familie wieder zurück nach England.

In einem Londoner Nachtclub wird die damals 19-Jährige von dem Manager Paul Charles entdeckt. Als musikalischen Einfluss gibt sie JONI MITCHELL an. Im September 1988 erscheint ihr

Debüt-Album Ancient Heart, das vier Millionen Mal verkauft wird und für Tanita den internationalen Durchbruch bedeutet. Ausgekoppelt wird aus dem Album der Single-Hit Twist In My Sobriety, der in Deutschland bis auf Platz zwei kommt. Die Nachfolger erreichen nicht mehr den Erfolg des ersten Werkes. Für das 1991 erschienene Album Everybody's Angel nimmt sie zwei Songs mit JENNIFER WARNES auf.

TANITA TIKARAM lebt heute mit ihrer Lebensgefährtin, der Medienkünstlerin Natacha Horn, im englischen Primose Hill.

Jahr	Titel in den Top-50 Single-Charts	DE	UK	US
1988	Good Tradition	-	10	-
1988	Twist In My Sobriety	2	22	-
1989	Cathedral Song	-	48	-
1990	We Almost Got It Together	50	-	-

Trent, Jackie (* 6. September 1940 in Newcastle-under-Lyme, GB als Yvonne Burgess | gestorben am 21. März 2015)

Nachdem die britische Sängerin JACKIE TRENT seit ihrem dreizehnten Lebensjahr in verschiedenen Bands mitgewirkt hat, geht sie mit siebzehn Jahren ins Profilager. Anfang der 1960er macht die Interpretin und Songschreiberin ihre ersten Plattenaufnahmen. 1964 wechselt Jackie zu Pye Records und lernt dort den Produzenten und Komponisten TONY HATCH kennen, den sie 1967 heiratet. 1965 schreiben sie Where Are You Now (My Love). Die Aufnahme wird für Jackie ein Nummer-eins-Hit in GB. 1969 geht nach zwei weiteren Top-40-Notierungen der Erfolg zurück. Obwohl Trent zahlreiche Singles und Alben aufnimmt, sowohl solo als auch im Duett mit ihrem Ehemann, ist sie doch als Songautorin erfolgreicher. Neben ihren Kompositionen für PETULA CLARK schreiben sie und Hatch viele Songs für andere Künstler. Darunter sind FRANK SINATRA, NANCY WILSON, DES O'CONNOR, SHIRLEY BASSEY, VIKI CARR und DEAN MARTIN.

Ende der 1960er Jahre kehrt Trent als Musical-Darstellerin auf die Bühne zurück. Sie geht mit dem Stück "Nell" auf eine Tournee durch das Vereinigte Königreich.

Mitte der 1980er Jahre zieht das Ehepaar nach Australien und schreibt dort u. a. die Themenmusik zu der Erfolgsserie "Neighbours". Trent und Hatch trennen sich 1995 und lassen sich 2002 scheiden.

Nach der Trennung gibt JACKIE TRENT ein erfolgreiches Comeback auf den britischen Bühnen mit einer Tour des Musicals "High Society". Danach zieht sie sich für einige Jahre aus dem Showgeschäft zurück, aber im April und Mai 2004 gibt Jackie eine Reihe von Konzerten in Australien und schreibt neue Songs.

Jackie Trent verstirbt am 21. März 2015 im Alter von 74 Jahren.

Jahr	Titel in den Top-50 Single-Charts	DE	UK	US
1965	Where Are You Now (My Love)	-	1	-
1965	When The Summertime Is Over	-	39	-
1999	I´ll Be There	-	38	-

True, Andrea (* 26. Juli 1943 in Nashville, Tennessee als Andrea Marie Truden | gestorben am 7. November 2011)

Unter dem Namen ANDREA TRUE CONNECTION feiert die Sängerin 1976 mit der Single More, More, More einen internationalen Charts-Erfolg. Auf dem Höhepunkt der Disco-Ära steht der Titel in Deutschland, England und den USA auf den vorderen Plätzen der Hitparaden.

Andrea geht 1968 nach New York City, um als Schauspielerin Karriere zu machen, kommt aber über kleinere Rollen als Nebendarstellerin und Statistin nicht hinaus. Sie wechselt das Genre und steigt in den 1970er Jahren zu einer der bekanntesten Darstellerinnen im Sex-Geschäft auf.

Während einer Reise nach Jamaika trifft sie auf den Produzenten Gregg Diamond und den Remixer Tom Moulton. In Zusammenarbeit entsteht der Song More, More, More. In den

USA gibt es dafür eine Goldauszeichnung. Mit den Nachfolge-Singles kann sie nicht mehr an diesen Erfolg anknüpfen. Auch ihre Alben sind nicht erfolgreich.

So zieht sich Andrea True zu Beginn der 1980er Jahre ins Privatleben zurück. 2003 wirkt sie in einer Dokumentation des US-amerikanischen Musiksenders VH1 über „One-Hit-Wonder" mit.

Sie stirbt am 7. November 2011 in einem New Yorker Krankenhaus an Herzinsuffizienz.

Jahr	Titel in den Top-50 Single-Charts	DE	UK	US
1976	More, More, More	9	5	4
1977	N.Y., You Got Me Dancing	-	-	27
1977	What´s Your Name, What´s Your Number	-	34	-

Turner, Tina (* 26. November 1939 in Brownsville, Tennessee als Anna Mae Bullock)

In dieser Beitrag geht es hauptsächlich um die Solo-Karriere von TINA TURNER. Die Biografie über IKE & TINA TURNER finden Sie in diesem Buch unter „DUOS". Mit weltweit 180 Millionen verkauften Tonträgern gehört sie zu den erfolgreichsten Sängerinnen.

Die irre Bühnenschau und ihre raue Stimme macht sie mit unzähligen Hits zur Rocklegende. Nach der Trennung und späteren Scheidung von ihrem Ex-Mann Ike steht Tina zunächst einmal vor dem beruflichen Nichts mit ein paar Dollars in der Tasche.

Bis zu ihrer Abschiedstournee im Jahr 2000 wird die Wahlschweizerin mit den renommiertesten Preisen der Pop-Musik-Szene bedacht. Zu ihren erfolgreichsten Alben zählen Private Dancer (1984), Foreign Affair (1998) und Simply The Best (1991).

Nach dem Hit-Song Proud Mary gerät die Ehe von Ike & Tina immer weiter in die Krise. 1976 lassen sie sich scheiden und gemeinsame Bühnenauftritte finden nicht mehr statt. Für TINA TURNER folgen harte Jahre mit Auftritten in kleinen Clubs.

1984 kommt endlich das langersehnte und erfolgreiche Come-back.

Tina bekommt 1985 gleich drei "Grammys" für What's love got to do with, die LP private Dancer und die Darbietung von Better Be Good To Me, welche sie endgültig zur "Queen Of Rock'n Roll" werden lässt. Im selben Jahr, 1985, steht sie für "Mad Max – Jenseits der Donnerkuppel" vor der Kamera. 1988 singt sie vor über 180.000 Zuschauern im Maracana-Stadion von Rio. Noch nie hat eine einzelne Sängerin zuvor so viele Zuhörer mobilisiert.

In den 1990ern setzt Tina ihre erfolgreiche Karriere fort.

So erscheint 1992 der biographische Film "Tina – What's Love GotTto Do with It?", inklusive dem entsprechenden Sound-track. Mit Hits wie Simply The Best, Wildest Dreams, Cose Della Vita/Can't Stop Thinking Of You (mit EROS RAMAZOTTI) und Soul Kiss setzt sie ihre musikalische Erfolgsstory fort.

Im Jahr 2000 folgt die Abschiedstournee. Tina hat beschlossen, sich aus dem Rampenlicht zurückzuziehen.

Es folgen aber noch etliche Auszeichnungen, Alben und Sing-les. So erhält sie 2005 die "Goldene Kamera" und im Januar 2010 bei einer Galaveranstaltung des Schweizer Fernsehens in Zürich den „Swiz Award" in der Kategorie "Show". Dazwischen liegen Duette mit der italienischen Sängerin ELISA TOFFOLI und Jazz-Legende HERBIE HANKOCK.

Im Juli 2013 heiratet TINA TURNER ihren langjährigen Lebens-gefährten Erwin Bach und nimmt die schweizerische Staats-bürgerschaft an. Ein Jahr später folgt mit Love Within ein weiteres Studio-Album. In ihrer zweiten Biografie "My Love Story", die 2018 veröffentlicht wird, macht Tina bekannt, dass sie nicht von schweren Krankheiten verschont geblieben ist. So erleidet sie 2013 einen Schlaganfall, ist 2016 an Darmkrebs erkrankt und bekommt 2017 einen schweren Nierenschaden, den Tina durch die Organspende ihres Mannes überlebt. 2018 ist die Ur-Aufführung des Musicals "Tina - The Tina Turner Musical" im Londoner Aldwych-Theatre. Diese wird von ihr mit-gestaltet. Die Premiere in Deutschland folgt im März 2019 auf der Hamburger Reeperbahn im Operettenhaus.

Jahr	Titel in den Top-50 Single-Charts	DE	UK	US
1983	Let´s Stay Together	18	6	26
1984	Help!	-	40	-
1984	What´s Love Go To Do With It	7	3	1
1984	Better Be Good To Me	-	45	5
1984	Private Dancer	20	26	7
1985	I Can´t Stand The Rain	9	-	-
1985	Show Some Respect	-	-	37
1985	We Don´t Need Another Hero	1	3	2
1985	It´s Only Love (mit Bryan Adams)	44	29	15
1986	Typical Male	3	33	2
1986	Two People	10	43	30
1987	What You Get Is What You See	17	30	13
1988	Nutbush City Limits (Live)	45	-	-
1988	Tonight (Live mit David Bowie)	39	-	-
1989	The Best	4	5	15
1989	I Don´t Wanna Loose You	38	8	-
1989	Steamy Windows	29	13	39
1990	Foreign Affair	35	-	-
1990	Look Me In The Heart	-	31	-
1990	Be Tender With Me	-	28	-
1990	It Takes Two (mit Rod Stewart)	22	5	-
1991	Nutbush City Limits (90s Version)	25	23	-
1992	Love Thing	-	29	-
1993	I Don´t Wanna Fight	35	7	9
1993	Why Must We Wait	-	16	-
1995	Golden Eye	8	10	-
1996	Whatever You Want	-	23	-
1996	On Silent Wings	-	13	-

Jahr	Fortsetzung – Tina Turner	DE	UK	US
1996	Missing You	-	12	-
1996	Something Beautiful Remains	-	27	-
1996	In Your Wildest Dreams	32	32	-
1998	Cosa della vita (mit Eros Ramazotti)	4	-	-
1999	When The Heartache Is Over	23	19	-
2000	Whatever You Need	-	27	-
2004	Open Arms	33	25	-
2006	Teach Me Again	43	-	-
2020	What´s Love Got To Do With It	26	31	-

Tyler, Bonnie (* 8. Juni 1951 als Gaynor Hopkins in Skewen, Neath, Wales)

Im Alter von 17 Jahren gewinnt die Waliserin Gaynor Hopkins einen Nachwuchswettbewerb und wird in ihrer Heimat zu einer festen Größe in der Club- und Pubszene. Unter ihrem Künstlernamen BONNIE TYLER feiert sie Erfolge bis ins neue Jahrtausend. 1976 muss sich die Sängerin einer Kehlkopfoperation unterziehen und hat danach die Stimme, die zu ihrem Markenzeichen wird. Der erste Top-10-Hit ist 1976 der Titel Lost In France. Es folgt 1978 mit Its A Heartache der nächste Top-10-Erfolg. Dann wird es zunächst ruhig um die Sängerin, bis sie 1983 mit Total Eclipse Of The Heart auf Platz eins in GB und den USA wieder auftaucht. Ein Jahr später ist Bonnie zusammen mit SHAKIN´ STEVENS und dem Titel A Rockin´ Good Way erneut in den UK-Charts unter den ersten zehn. 1987 singt sie den Titelsong Islands des gleichnamigen Albums von MIKE OLDFIELD. Im Jahr darauf zeigt sich Tyler von einer rockigen Seite. Beteiligt daran ist der Bon-Jovi-Produzent Desmond Child und die Hard-Rocker KISS. Auf dem Album Hide Your Heart ist der Titel The Best, der auch als Single ausgekoppelt wird. Das Stück floppt und wird 1989 in der Version von TINA TURNER zu einem Riesenhit.

Die Sängerin zieht sich danach zunächst aus dem internationalen Musikgeschäft zurück. 1991 ist Bonnie Tyler, dank Dieter Bohlen, wieder da. Der Titel Bitter Blue schafft es in Deutschland bis auf Platz 17. Zudem produzieren Bohlen und Tyler zwischen 1991 und 1993 mit Bitterblue, Angel Heart und Silhouette In Red drei erfolgreiche Alben.

Für ihre großen Verkaufserfolge erhält sie 1994 sowohl den RSH-Gold-Award, den ECHO und die goldene Europa als erfolgreichste Künstlerin. Danach wird es wieder etwas ruhiger um Bonnie Tyler. Erst 2002 bringt ihr ein neues Greatest-Hits-Album eine Top-20-Notierung in England und landet kurz darauf in weiteren europäischen Ländern in den Top 10.

Am 7. März 2013 wird Tyler von der BBC nach einer internen Wahl zur Vertreterin Großbritanniens beim Eurovision Song Contest in Malmö nominiert. Dort tritt sie am 18. Mai 2013 mit ihrer neuen Single Believe In Me auf und erreichte mit 23 Punkten einen enttäuschenden 19. Platz.

Sie ist heute noch ein gern gesehener Gast auf Oldie-Veranstaltungen und bei TV-Auftritten.

Jahr	Titel in den Top-50 Single-Charts	DE	UK	US
1976	Lost In France	3	9	-
1977	More Than A Lover	44	27	-
1977	Heaven	24	-	-
1977	It´s A Heartache	2	4	3
1978	Here I Am	18	-	-
1979	Married Man		35	-
1983	Total Eclipse Of The Heart	16	1	1
1983	Faster The The Speed Of The Night	-	43	-
1983	Have You Ever Seen The Rain	-	47	-
1983	A Rockin´ Good Way (mit Shakin´ Stevens)	22	5	-
1983	Let It Be (mit Ferry Aid)	3	1	-
1984	Holding Out For A Hero	19	2	34
1984	Here She Comes	43	-	-
1985	Loving You´s A Dirty Job But Somebody..	41	-	-

Jahr	Fortsetzung – Bonnie Tyler	DE	UK	US
1986	If You Were A Woman And I Was A Man	36	-	--
1987	Islands (mit Mike Oldfield)	41	-	-
1991	Bitter Blue	17	-	-
1992	Against The Wind	36	-	-
1992	Fools Lullaby	29	-	-
1996	Making Love Out Of Nothing At All	-	45	-

Sängerinnen – **U**

Ullman, Tracy (* 30. Dezember 1959 in Slough, GB)

Die Britin TRACY ULLMAN ist sehr vielseitig, denn sie ist Sängerin, Schauspielerin und Comedian. Sie besitzt neben der britischen seit 2006 die US-amerikanische Staatsbürgerschaft.
Sie gilt als die kommerziell erfolgreichste englische Komikerin.
Tracy tritt zunächst in britischen Fernsehsendungen auf und ist als Sängerin von 1983 bis 1985 mit sieben Titeln in den UK-Charts. Drei Stücke sind auch in Deutschland in den Hitparaden.
Für ihre Tracy-Ullman-Show, die von 1987 bis 1990 im Fernsehen ausgestrahlt wird, erhält sie 1989 und 1990 den Emmy-Award. Nebenher gewinnt sie 1988 den Golden Globe Award und 1988, 1990 sowie 1991 den American Comedy Award.
TRACY ULLMAN spielt in etlichen Filmen und Fernsehproduktionen mit und wird mit weiteren Preisen ausgezeihnet. Mitte der 1990er Jahre wird es etwas ruhiger um sie, und die Film- und Fernsehangebote werden weniger.
2016 meldet sie sich dann wieder mit einer eigenen Fernsehshow zurück, dabei zum ersten Mal seit über zwei Jahrzehnten im britischen Fernsehen. Die BBC strahlt die "Tracy Ullman´s Show" aus. Es ist eine Sketch-Show, in der Tracy vor allem bekannte Politiker parodiert. Für ihre Parodie von Bundeskanzlerin Angela Merkel wird sie in den deutschen Medien besonders gelobt.

Ullman ist von 1983 bis zu dessen Tod am 24. Dezember 2013 mit dem britischen Produzenten Allan McKeown verheiratet und hat zwei Kinder.

Jahr	Titel in den Top-50 Single-Charts	DE	UK	US
1983	Breakaway	8	4	-
1983	The Don´t Know	35	2	8
1983	Move Over Darling	-	8	-
1984	Bobby´s Girl	45	-	-
1984	My Guy (My Guy´s Mad At Me)	-	23	-
1984	Sunglasses	-	18	-

Sängerinnen – V

Vega, Suzanne Nadine (* 11. Juli 1959 in Santa Monica, Kalifornien)

Die US-amerikanische Sängerin und Songwriterin wird zwar in Santa Monica geboren, wächst aber in New York auf. Im Alter von neun Jahren fängt SUZANNE VEGA an, Gedichte zu verfassen. Ihr erstes Lied schreibt sie, da ist 14 Jahre alt. Sie lernt an der „La Guardia High School of Music & Art and Performing Arts" modernen Tanz, aber erkennt schnell, dass Musik ihre Berufung ist.
Sie tritt auf kleinen Bühnen im New Yorker Künstlerviertel Greenwich Village auf und bekommt 1984 ihren ersten Plattenvertrag.
Suzanne schreibt ihre Stücke größtenteils für ihre Gitarre, aber in der Produktion werden die Songs für eine mehrköpfige Band arrangiert.
Das Debütalbum Suzanne Vega wird durchweg positiv aufgenommen und ist nicht unbedingt dem Mainstream angepasst, der Mitte der 1980er den Takt vorgibt.
Das Nachfolgealbum Solitude Standing (1987) enthält zwei Songs, die Suzanne Vega in einer breiteren Öffentlichkeit bekannt machen. Tom's Diner, ist das erste Lied, das jemals in das MP3-Format konvertiert wird, sowie Luka, ein Stück, das aus der Sicht eines misshandelten Kindes geschrieben wird. Im Vergleich zu ihrem ersten Album ist Solitude Standing stärker an der Rockmusik orientiert. 1990 und 1992 folgen zwei weitere Alben. Mit Nine Objects Of Desire, erscheint 1996 das letzte Album, das erfolgreich ist. Weitere Alben die folgen, lassen nicht mehr so gut verkaufen.

Obwohl Suzanne Vegas kommerzieller Erfolg ab Mitte der 1990er abebbt, prägen einige ihrer Stücke wie Tom's Diner und Luka das musikalische Gesicht des frühen Jahrzehnts. Daher vergleicht die Presse Ende der 1980er mit stark song-orientierten Musikerinnen wie TANITA TIKARAM, TRACY CHAPMAN und MICHELLE SHOCKED.

1998 trennt sich die Sängerin nach dreijähriger Ehe von ihrem Mann Mitchell Froom. Sie wechselt Manager und Plattenfirma und widmet sich ihrem ersten Buch, "The Passionate Eye: The Collected Writing of Suzanne Vega".

Seit 2006 ist sie in zweiter Ehe mit dem Anwalt Paul Mills verheiratet und lebt mit ihm in New York.

Jahr	Titel in den Top-50 Single-Charts	DE	UK	US
1985	Marlene On The Wall	-	21	-
1986	Left Of Center	-	32	-
1987	Tom´s Diner	1	2	5
1987	Luka	-	23	5
1992	99,9 F°	-	46	-
1997	No Cheap Thrill	-	40	-

Sängerinnen – **W**

Ward, Anita (* 20. Dezember 1956 in Memphis, Tennessee)

Ein klassisches One-Hit-Wonder ist Ring My Bell von der US-amerikanischen Sängerin ANITA WARD. Mit dem Stück setzt sie 1979 einen der prägendsten Hits der Disco-Ära.
Zunächst ist Anita nach einem College-Abschluss im Fach Psychologie als Lehrerin tätig.
Während dieser Zeit wird sie von dem Produzenten Frederick Knight unter Vertrag genommen. Er bietet der Sängerin den Disco-Song Ring My Bell an, den er ursprünglich für STACY LATTISLAW geschrieben hat. Anita Ward mag weder den Song noch das Disco-Genre. Sie lässt sich umstimmen und nimmt das Stück trotzdem auf. Das Lied erreicht in den USA und Großbritannien Platz eins der Hitparade, in Deutschland und Österreich jeweils Position drei und in der Schweiz ist die Aufnahme Nummer fünf.
Streitigkeiten mit Frederick Knight und ein Autounfall führen dazu, dass Anita Ward ihre Karriere nicht erfolgreich fortsetzen kann. Ihre Single Don't Drop My Love ist mit Platz 87 in den US- und Position 26 in den Disco-Charts nur ein kleiner Erfolg.
Von den zwei produzierten Alben lässt sich nur das Erste gut vermarkten. Songs of Love erreicht immerhin den achten Platz in den USA. Das Nachfolgealbum kommt nicht mehr in die Charts.
Heute tritt Anita Ward bei verschiedenen Ereignissen wie Sportveranstaltungen auf und singt ihren einzigen Hit Ring My Bell. Der Song wird mittlerweile mehrfach gecovert, u. a. von Tori Amos.

Warnes, Jennifer Jean (* 3. März 1947 in Seattle, Washington)

Die Karriere der US-amerikanischen Sängerin JENNIFER WARNES beginnt in ihrer Kindheit. 1967 tritt sie in einer Fernsehserie erstmals als Pop-Sängerin auf. Wenig später spielt sie in Los Angeles eine Hauptrolle im Musical "Hair".
Die erste Studioaufnahme ist ein Duett mit Mason Williams, mit dem sie in der Club-Szene von Los Angeles zu einer anerkannten Größe aufsteigt. Überhaupt sind es Duette, die für ihre internationalen Hits sorgen. Ihre Soloaufnahmen kommen nur in den USA in die Top-50. Den ersten Top-10-Hit hat Jennifer 1977 mit Right Time Of The Night. Es folgen bis 1981 vier weitere Chart-Erfolge. Der endgültige Durchbruch kommt fürdie Sängerin 1982. Im Duett mit JOE COCKER singt sie den Titel Up Were We Belong. Die Aufnahme ist auf den sechsten Platz in Deutschland, landet in Großbritannien auf Position sieben und wird ihr erster Nummer-eins-Hit in den USA. Es ist die Titelmelodie aus dem Film "Ein Offizier und Gentleman mit Richard Gere in der Hauptrolle.
Eine weitere Nummer eins wird der Song (I've Had) The Time of My Life (1987). Ihr Gesangspartner ist BILL MEDLEY, der schon mit dem Duo THE RIGHTEOUS BROTHERS erfolgreich ist. Der Titel stammt aus dem Film "Dirty Dancing".
Eine enge Freundschaft verbindet die Sängerin mit dem Komponisten und Sänger LEONHARD COHEN. Die beiden kennen sich seit 1970 und gehen 1972 und 1979 gemeinsam auf Tour. So arbeitet Jennifer an sechs Alben von Cohen mit und nimmt 1986 ein ganzes Album mit seinen Stücken auf.
Cohen äußert sich über Warnes folgendermaßen: "If you want to hear what a woman is thinking, if you want to hear what a woman sounds like today, listen to Jennifer Warnes." (Zu deutsch: "Wenn du hören willst, was eine Frau denkt, wenn du hören willst, wie sich eine Frau heute anhört, hör dir Jennifer Warnes an").

Jahr	Titel in den Top-50 Single-Charts	DE	UK	US
1977	Right Time Of The Night	-	-	6
1977	I´m Dreaming	-	-	50

Jahr	Fortsetzung – Jennifer Warnes	DE	UK	US
1979	I Know A Heartache When I See One	-	-	19
1980	When The Feeling Comes Around	-	-	45
1971	Could It Be Love	-	-	47
1982	Up Where We Belong (mit Joe Cocker)	6	7	1
1987	(I´ve Had) The Time Of My Life	5	6	1

Warwick, Dionne Marie (* 12. Dezember 1940 in East Orange, New Jersey)

DIONNE WARWICK ist die Nichte von CISSY HOUSTON und Cousine von WHITNEY HOUSTON. Die US-amerikanische Sängerin und Fernsehmoderatorin wird als Interpretin von Liedern der Autoren Burt Bacharach und Hal David berühmt.
Dionne wächst in einer von Gospel-Musik geprägten Familie auf.
Komponist Burt Bacharach wird auf die Sängerin aufmerksam, als sie Backgroundsängerin bei einer Plattensession der DRIFTERS ist. Ab 1962 schreibt er mit seinem Stammtexter Hal David die Songs für Dionne. Ihren ersten Hit hat sie 1962 mit Don´t Make Me Over, der auf Platz 21 der US-Charts landet. Ein Jahr später folgt der erste Top-10-Hit. Anyone Who Had A Heart kommt bis auf Position acht.
Bis 1972 nimmt die Sängerin überwiegend Bacharach/David-Kompositionen auf. Von 1968 bis 1970 gewinnt sie für ihre Gesangsleistungen zweimal den Grammy für die beste weibliche Popstimme des Jahres.
Never Change A Winning Team trifft – wie so oft – auch auf DIONNE WARWICK zu. 1972 wechselt sie gegen eine Rekordgage – sie erhält den bis dahin höchstdotierten Plattenvertrag einer Sängerin in den USA – vom kleinen Label Specter zu Warner Records. Warwick kann aber, nachdem sich ihre bisherigen Hit-Lieferanten Bacharach/David getrennt haben, zunächst nur kleinere Single-Hits verbuchen.
Selbst eine Zusammenarbeit mit dem Motown-Hit-Team Holland–Dozier–Holland (THE SUPREMES) vermochte die Sängerin nicht wieder auf Erfolgskurs zu bringen. Per Zufall kommt sie

dann doch in die Erfolgspur zurück. Sie nimmt mit der Detroiter Soul-Band THE SPINNERS den Titel Then Came You auf und landet einen überraschenden Nummer-eins-Hit in den Vereinigten Staaten. Außerdem nimmt sie mit Soul-Star ISAAC HAYES ein erfolgreiches Live-Doppelalbum auf. Zu einem anhaltenden Erfolg reicht es trotzdem nicht. Diese Ergeben sich erst wieder ab 1979 in der Zusammenarbeit mit BARRY MANILOW.

Von 1980 bis 1981 nimmt sie das Angebot an, Moderatorin der in den Vereinigten Staaten populären Fernsehpop-Show „Solid Gold" zu werden. Sie verlässt die Show, weil sie nicht bereit ist, mit Country-Sängerin TANYA TUCKER als Co-Moderatorin zu moderieren, kehrt aber zwischen 1984 und 1986 zur Show zurück. Es folgt die erfolgreiche Zusammenarbeit mit Barry und danach LUTHER VANDROS.

1985 ist sie in dem Multi-Staraufgebot der Benefizaufnahme We Are The World. Der Millionen-Erlös des Welthits fließt der von Elizabeth Taylor gegründeten amerikanischen Aids-Hilfe amfAR zu, die davon in den ersten beiden Jahren ihrer Existenz ihr komplettes Budget bestreiten kann. Über die Jahre engagiert sich Warwick immer wieder für diese Institution und wird mehrfach für ihr karitatives Engagement ausgezeichnet. Ihre Hit-Zeit scheint dagegen ab 1987 endgültig vorbei zu sein.

Zudem macht die Künstlerin vermehrt negative Schlagzeilen. Das Psychic Friends Network, für das sie als Moderatorin und in der Werbung auftritt, geht bankrott und kratzt am guten Ruf der Sängerin. 2002 wird sie in Miami von der US-Drogenfahndung mit elf Marihuana-Zigaretten kurzfristig festgehalten. Angeblich sind diese als Therapeutikum gegen den Grünen Star gedacht.

2004 werden vier Konzerte mit DIONNE WARWICK, WHITNEY HOUSTON und NATALIE COLE in Deutschland angekündigt. Veranstalter Tchibo unterschätzt die Nachfrage an der Veranstaltung. So wird das Event am Brandenburger Tor abgesagt und und die drei anderen Auftritte von den Stadien in kleinere Hallen verlegt.

Im Februar 2020 nimmt Warwick als Mouse an der dritten Staffel des US-amerikanischen Ablegers von "The Masked" Singer teil und belegt den 14. von insgesamt 18 Plätzen.

Jahr	Titel in den Top-50 Single-Charts	DE	UK	US
1962	Don´t Make Me Over	-	-	21
1963	Anyone Who Had A Heart	-	42	8
1964	Walk On By	-	9	6
1964	You´ll Never Get To Heaven	-	2ß	34
1964	Reach Out For Me	-	23	20
1965	Are You There With Another Girl	-	-	39
1966	Message To Michael	-	-	8
1966	Trains And Boots And Plaines	-	-	22
1966	I Just Don´t Know, What I Do With Myself	-	-	22
1966	Another Night	-	-	49
1967	Alfie	-	-	15
1967	The Windows Of The World	-	-	32
1967	I Say A Little Prayer	-	-	4
1968	Valley Of The Dolls	-	28	2
1968	Do You Know the Way To San Jose	-	8	10
1968	Who Is Gonna Love Me	-	-	33
1968	Promises, Promises	-	-	19
1969	This Girl Is In Love With You	-	-	7
1969	The April Fools	-	-	37
1969	Odds And Ends	-	-	43
1969	You´ve Lost That Lovin´ Feelin´	-	-	16
1969	I´ll Never Fall In Love Again	-	-	6
1970	Let Me Go To Him	-	-	32
1970	Paper Maché	-	-	43
1970	Make It Easy On Yourself	-	-	37
1970	The Green Grass Starts To Go	-	-	43
1974	Then Came You (With The Spinners)	-	29	1
1979	I´ll Never Love This Way Again	-	-	5
1979	Deja vu	-	-	15

Jahr	Fortsetzung – Dionne Warwick	DE	UK	US
1980	No Night So Long	-	-	23
1982	Friends In Love (With Johnny Mathis)	-	-	38
1982	Heartbreaker	10	2	10
1982	All The Love In The World	50	10	-
1983	Take The Short Way Home	-	-	41
1983	Can We Say Goodbye	-	-27	
1985	That What Frieds Are For (With Friends)	36	16	1
1987	Love Power	-	-	12

Webb, Marti (* 13. Januar 1944 in Cricklewood, London GB)

Die englische Musical-Sängerin und Darstellerin MARTI WEBB hat 1963 in London ihre erste Hauptrolle in „Half A Sixpence", wo sie die Ann Pornick spielt.
Im Jahr 1979 tritt sie in London als Evita Perón in dem Musical "Evita" auf und ein Jahr später in Andrew Lloyd Webbers One-Woman-Show „Tell Me On A Sunday" auf.
1980 verbucht Marti ihren größten internationalen Erfolg mit dem Lied Take That Look Off Your Face, einem Stück aus der Show. Das Album zur Show ist ebenso erfolgreich.
Mitte der 1980er kehrt Marti Webb noch einmal in die Charts zurück. Mit der Cover-Version des Michael-Jackson-Hit Ben, gedenkt sie einem Jungen, der an Krebs gestorben ist. Die Geschichte ist vorher im Fernsehen gezeigt worden.
Ein weiterer Erfolg war ihre Version der Titelmelodie Always There aus der britischen TV-Serie "Howards' Way", gemeinsam mit dem SIMON MAY ORCHESTRA.

Jahr	Titel in den Top-50 Single-Charts	DE	UK	US
1980	Take That Look Off Your Face	3	3	-
1985	Ben	-	5	-
1986	Always There	-	13	-

Wells, Mary Esther (* 13. Mai 1943 in Detroit, Michigan | gestorben am 26. Juli 1992)

MARY WELLS ist eine der vielen Soulsängerinnen, die bei dem Plattenlabel "Motown" unter Vertrag sind und dort erfolgreich werden.

Die Sängerin wächst in ärmlichen Verhältnissen auf, ist als Kind häufig krank, kämpft sich aber immer wieder zurück. Sie singt im Schulchor und tritt später in verschiedenen Clubs bei Talentwettbewerben auf. Dort lernt sie 1959 Robert Bateman vom Motown-Label kennen und darf dem Plattenfirmen-Chef Berry Gordon ihre Nummer Bye Bye Baby vorsingen. Sie erhält einen Vertrag und besagtes Lied wird 1961 ihr erster Hit in den USA.

Gordy beschließt, SMOKEY ROBINSON von den MIRACLES zu ihrem Songwriter und Produzenten zu machen. Von 1962 bis 1965 ist sie durchgängig in den Charts.

Das Jahr 1964 beginnt mit dem größten Erfolg von Mary Wells. Die Aufnahme My Guy verdrängt in den USA die BEATLES von der Spitze der Hitparade und wird der erste internationale Erfolg. In den UK-Charts kommt der Song bis auf Platz fünf. Im gleichen Jahr singt Mary im Duett mit MARVIN GAYE die Stücke Once upon a Time und What's the Matter with You, Baby. Beide Titel schaffen es in die Top-20. 1965 hat die Soul-Sängerin mit Use Your Head den letzten Top-40-Hit.

Danach bleiben die größeren Erfolge aus. So heiratet sie 1970 Cecil Womack, den Bruder von Bobby Womack und zieht sich aus der Musikszene weitestgehend zurück.

Es gibt ein paar Comebacks in den 1980ern, bis 1990 bei ihr Krebs im Mundbereich festgestellt wird. Weil diese Krankheit auch Auswirkungen auf ihre Stimme hat, hört sie auf zu touren.

Mary Wells stirbt 1992 in Los Angeles an Krebs.

Jahr	Titel in den Top-50 Single-Charts	DE	UK	US
1961	Bye, Bye Baby	-	-	45
1961	I Don´t Want To Take A Chance	-		33
1962	The One You Really Loves You	-	-	8
1962	You Beat Me To The Punch	-	-	9

Jahr	Fortsetzung – Mary Wells	DE	UK	US
1962	Two Lovers	-	-	7
1963	Laughing Boy	-	-	15
1963	Your Old Stand Bye	-	-	40
1963	You Lost The Sweetest Boy	-	-	22
1963	What´s Easy For Two Is So Hard	-	-	29
1964	My Guy	-	5	1
1964	Once Upon A Time (mit Marvin Gaye)	-	50	19
1964	What´s The Matter With You (& M. Gaye)	-	-	17
1964	Ain´t It The Truth	-	-	45
1965	Use Your Head	-	-	34

Wilde, Kim (* 18. November 1960 in Chiswick, West-London, GB als Kimberly Smith)

Die britische Sängerin KIM WILDE ist das älteste Kind des Rock 'n' Roll-Sängers MARTY WILDE, dessen Künstlernamen sie übernommen hat. Dieser wird auch von ihrem Bruder Ricky, ihrer Schwester Roxanne und ihrer Nichte Scarlett benutzt.
Kim ist mit Hits wie Kids In America, Cambodia, You Keep Me Hangin' On oder You Came in den 1980er Jahren eine international erfolgreiche Popsängerin.
Sie wird 1980 bei 'RAK Records' unter Vertrag genommen und veröffentlicht im Januar 1981 ihre erste, von Vater Marty und Bruder Ricky komponierte und getextete Single Kids In America. Dieser Song ist ein internationaler Top-Five-Hit, in Europa, Australien und Asien. Sie schafft es sogar bis auf einen respektablen 25. Platz in den US-Charts. Mitte der 1980er Jahre lässt der Erfolg zunächst nach.
In Deutschland erhält sie von 1981 bis 1984 vier Bravo Ottos in Folge als beste Sängerin. 1981 und 1984 Gold, 1982 und 1983 Silber.
Mit einer Cover-Version des Supremes-Klassikers You Keep Me Hangin' On kehrt Kim Wilde 1986 erfolgreich in die britischen und internationalen Charts zurück und landet ihren größten Hit

überhaupt. Das zu einem Zeitpunkt, als jeder sie abgeschrieben hat.

Danach zieht sie sich ins Privatleben zurück und heiratet. 1998 wird ihr Sohn Harry Tristan geboren und zwei Jahre später kommt Tochter Rose Elisabeth zur Welt. Sie entdeckt ihr altes Hobby neu; die Gartenarbeit. Als ausgebildete Landschaftsgärtnerin moderiert sie daraufhin Gartensendungen im britischen Fernsehen.

Einen völlig überraschenden und großen Erfolg hat KIM WILDE 2003 in Deutschland mit Anyplace, Anywhere, Anytime. Im Duett mit NENA ist sie wochenlang auf Platz drei der Charts und in den Niederlanden sowie in Österreich sogar auf Position eins. Im Winter 2005 unterschreibt Kim einen neuen Plattenvertrag mit der deutschen Abteilung der Plattenfirma EMI. Der Vertrag kommt durch das Hit-Duett mit NENA zustande. Das nächste Album Never Say Never, erscheint am 8. September 2006. Produziert wird es von Uwe Fahrenkrog-Petersen, dem Songwriter und Keyboarder von NENA. Die daraus ausgekoppelte Single You Came erreicht 2006 in Deutschland auf Anhieb die Top 20, ebenso wie das Album. Eine Europa-Tournee folgt im März und Herbst 2007.

Im Sommer 2010 startet mit dem Album Come Out And Play ein Comeback. Es erinnert an ihre Erfolge der 1980er Jahre. Im März und April 2014 ist Wilde neben MIDGE URE, JOE LYNN TURNER, BERNIE SHAW und MICK BOX (Uriah Heep) sowie Hauptakteur ALICE COOPER Teil der Tournee von „Rock Meets Classic".

2018 erscheint ihr 14. Studioalbum Here Come The Aliens. Es wird von ihrem Bruder RICKY WILDE produziert und aufgenommen.

Jahr	Titel in den Top-50 Single-Charts	DE	UK	US
1981	Kids In America	5	2	25
1981	Chequered Love	2	4	-
1981	Water On Glass	-	11	-
1981	Cambodia	2	12	-
1982	View From A Bridge	6	16	-
1982	Child Come Away	36	43	-

Jahr	Fortsetzung – Kim Wilde	DE	UK	US
1983	Love Blonde	26	23	-
1983	Dancing In The Dark	26	-	-
1984	The Second Time (US-Titel: Go For It)	9	29	-
1984	The Touch	29	-	-
1985	Rage To Love	45	19	-
1985	Schoolgirl	38	-	-
1986	You Keep Me Hanging On	8	2	1
1987	Another Step (Closer To You)	-	6	-
1987	Say You Really Want Me	-	29	44
1987	Rockin´ Around The Christmas Tree	-	3	-
1988	Hey Mr. Heartache	13	31	-
1988	You Came	5	3	41
1988	Never Trust A Stranger	11	7	-
1988	Four Letter Word	27	6	-
1989	Love In The Natural Way	-	32	-
1989	It´s Here	21	42	-
1992	Love Is Holy	42	16	-
1992	Heart Over Mind	-	34	-
1992	Who Do You Think You Are	-	49	-
1993	If I Cant´t Have You	-	12	-
1995	Breakin´ Away	-	43	-
1996	This I Swear	-	46	-
2003	Anyplace, Anywhere, Anytime (m. Nena)	3	-	-
2006	You Came (2006)	20	-	-
2010	Lights Down Low	34	-	-

Williams, Deniece (* 3. Juni 1950 in Gary, Indiana als June Deniece Chandler

Ihre großen Erfolge feiert die R&B- und Gospelsängerin DENICE WILLIAMS in den 1970er und 1980er Jahren. Der erste Nummer-eins-Hit gelingt ihr 1977 mit Free in den englischen Charts. Als am Ende der 1980er Jahre der Erfolg nachlässt, nimmt sie eine Reihe von Gospel-Alben auf, die ihr insgesamt vier Grammys einbringen.
Wie so viele amerikanische Sängerinnen, singt Deniece am Anfang Gospel im Kirchenchor. Nach der Schule macht sie ein Praktikum im Krankenhaus, bevor sie 1968 und 1969 die ersten Platten aufnimmt, wenn auch erfolglos. Das ändert sich, als sie auf Intervention eines Cousins bei STEVIE WONDER vorsingen darf und in seinem Backgroundtrio WONDERLOVE aufgenommen wird. Sie ist außerdem im Hintergrund von MINNIE RIPERTON, KENNY RANKIN, ESTHER PHILLIPS, IRON BUTTERFLY, LINDA LEWIS und ROBERTA FLACK zu hören. Durch diese Arbeit bestärkt, beschließt sie, ihre Solokarriere wieder anzukurbeln.
Mit musikalischer und produktionstechnischer Unterstützung der Mitglieder von EARTH, WIND & FIRE entsteht ihr Debütalbum This Is Niecy (Kosename für Deniece) bei Columbia Records. Die erste Single It's Important to Me ist 1976 ein Achtungserfolg und in den US-Clubs und -Diskotheken erfolgreich. Der Durchbruch folgt dann mit der Veröffentlichung der Single Free und wird wie oben erwähnt Nummer eins in England.
Nebenher bleibt sie Sängerin aber der Gospelmusik treu und produziert in diesem Genre weiterhin Alben.
Das zweite Album Song Bird bleibt hinter den Erwartungen zurück. Wenig später entsteht ein gemeinsames Album mit dem Erfolgssänger JOHNNY MATHIS. Das Duett Too Much, Too Little, Too Late ist ihr erster Nummer-eins-Hit in den USA und Platz drei in England.
In den nachfolgenden Jahren ist sie gut im Geschäft und es folgt ein Ausflug zu Film und Fernsehen.
So trägt DENIECE 1984 zum Kinohit "Footloose" den Titel Let's Hear It for the Boy bei. Nach KENNY LOGGIN´S Titelsong Footloose wird es die zweite Nummer eins aus dem Soundtrack des Tanzfilms und für die Sängerin erfolgreichste Single. Sie erreicht weltweit die Charts und kommt auch in die Top-10 in

Deutschland und die Top-20 in der Schweiz. Danach zeigt die Erfolgskurve deutlich nach unten und sie geht zurück zu den musikalischen Wurzeln, dem Gospel.

In den 1990ern wird es ruhiger um die Sängerin.

1998 folgt noch ein Höhepunkt ihres Gospelschaffens mit dem Album This Is My Song, für das sie ihren vierten Grammy verliehen bekommt. Es erreicht Platz 14 der Gospel-Charts.

Ein kleineres Comeback feiert DENIECE 2007, als sie nach fast 20 Jahren mit der CD Love, Niecy Style wieder in die R&B-Charts zurückkehren kann.

Jahr	Titel in den Top-50 Single-Charts	DE	UK	US
1977	Free	-	1	25
1977	That What Friends Are For	-	8	-
1978	Baby Baby My Love Is All for You	-	32	-
1978	Too Much, Too Little, Too Late	-	3	1
1978	You´re All I Need To Get By	-	45	47
1982	It´s Gonna Take A Miracle	-	-	10
1984	Let´s Hear It For The Boy	10	2	1

Wynette, Tammy (* 5. Mai 1942 Itawamba County, Mississippi als Virginia Wynette Pugh | gestorben am 6. April 1998)

TAMMY WYNETTE zählt zu den erfolg- und einflussreichsten Country-Sängerinnen der 1960er und 1970er Jahre. Sie gewinnt zweimal den Grammy und hat zwischen 1966 und 1998 über 70 Hits in den Country-Charts, viele davon gemeinsam mit ihrem damaligen Ehemann George Jones.

Der größte kommerzielle Erfolg gelingt ihr 1968 mit dem Stück Stand By Your Man.

Nach dem frühen Tod ihres Vaters wächst sie bei den Großeltern auf und heiratet das erste Mal im Alter von 17 Jahren.

1966 fährt Tammy Wynette nach Nashville, in der Hoffnung auf eine Karriere als Country-Sängerin. Nach einigen Anläufen erhält sie einen Plattenvertrag und ihr verantwortlicher Produzent ist Billy Sherril, der die meisten ihrer Lieder komponiert.

Das zweite Stück – Your Good Girl's Gonna Go Bad – erreicht Platz drei der Country-Charts.

Mit dem Country-Sänger George Jones, den sie 1968 heiratet, singt sie etliche Duette.

1981 erscheint mit „Stand By Your Man" ein Film über das Leben von Tammy. In dem für das Fernsehen produzierten Streifen spielt ANNETTE O'TOOLE die Hauptrolle. Der Film basiert auf der 1979 geschriebenen Biografie. Die musikalischen Erfolge halten bis Anfang der 1980er Jahre an. Für die britische Elektrotanzband KLF übernimmt sie den Lead-Gesang auf der Hit-Single Justified and Ancient und tritt in dem begleitenden Video auf. Das Stück wird Spitzenreiter in Österreich und Schweden. Im Laufe ihrer Karriere schafft Tammy Wynette 20 Nummer-eins-Hits und verkauft über 30 Millionen Tonträger.

Ihr privates Leben ist geprägt von Beziehungsproblemen (sie ist insgesamt fünfmal verheiratet) und Krankheiten. Sie stirbt am 6. April 1998 im Alter von nur 55 Jahren. Einige Monate später wird sie posthum in die „Country Music Hall of Fame" aufgenommen. Ihren Klassiker Stand by Your Man wählt das Magazin „Rolling Stone" auf Platz sechs der größten Country-Songs.

Jahr	Titel in den Top-50 Single-Charts	DE	UK	US
1968	D-I-V-O-R-C-E	-	12	-
1968	Stand By Your Man	36	1	19
1976	I Don´t Wanna Playhouse	-	37	-

Sängerinnen – Y

Yazz (*19. Mai 1960 in London, GB als Yasmin Evans)

Die britische Sängerin YAZZ beginnt ihre musikalische Karriere Ende der 1970er als Frontfrau der Band BIZ. Danach arbeitet sie mehrere Jahre als Model, ehe sie sich 1987 der Gruppe COLDCUT anschließt, die mit ihr in England den Top-Ten-Hit Doctorin' The House schafft.

Im Jahr 1988 startet sie ihre Solo-Karriere. Dabei gelingt ihr gleich zum Auftakt ihr größter Erfolg mit The Only Way is Up. Der Song der Pop- und House-Elemente kombiniert, wird ein Nummer-eins-Hit im Vereinigten Königreich und belegt Platz drei in der deutschen Hitparade. Weitere Top-10-Singles sind Stand Up for Your Love Rights (Nummer zwei in Großbritannien und Position zehn in Deutschland 1988) und Fine Time (Platz neun in Großbritannien 1989). Danach gelingt ihr 1990 mit Treat Me Good ein siebter Platz in den US-Dance-Charts. Es folgen bis Frühjahr 1997 sechs weitere Singles, die es in den UK-Charts aber nur auf mittlere Plätze bringen. Darunter befindet sich der Mitte 1993 erscheinende Titel How Long, eine Zusammenarbeit mit der britischen Reggae-Band ASWAD, der in Deutschland ein Chart-Hit wird. Es steigen vier Folgesingles in die UK-Charts ein, für obere Platzierungen reicht es aber nicht mehr. Spätere Veröffentlichungen bleiben unbeachtet.

Jahr	Titel in den Top-50 Single-Charts	DE	UK	US
1988	Doctorin´ The House (mit Coldcut)	-	6	-
1988	The Only Way Is Up (mit Plastic Population)	3	1	-

Jahr	Fortsetzung – Jazz	DE	UK	US
1988	Stand Up For Your Rights	10	2	-
1989	Fine Time	32	9	-
1989	Where Has All Your Love	40	16	-
1990	Tread Me Good	-	20	-
1993	How Long	-	31	-
1994	Have Mercy	-	42	-

Young, Karen (* 23. März 1951 in Philadelphia, Pennsylvania | gestorben am 26. Januar 1991)

Die US-Amerikanische Disco-Sängerin und Pianistin KAREN YOUNG wird mit der Hit-Single Hot Shot über Nacht bekannt. Die Aufnahme erreicht 1978 in Deutschland Platz 42, in Großbritannien springt der 34. Platz heraus und in den US-Dance-Charts schafft sie sogar die Poolposition. Der Titel wird von Andy Kahn und Kurt Borusiewicz geschrieben, arrangiert und produziert. Es bleibt gleichzeitig der einzige Hit für die Sängerin, denn nachfolgende Aufnahmen sind nur in den Dance-Charts vertreten. Damit erweitert sich die Liste der sogenannten One-Hit-Wonder um einen weiteren Song.
Ein Remix von Hot Shot steigt 1997 bis auf Platz 68 in der britischen Single-Hitparade. You Don't Know What You've Got wird 1983 der zweite Titel der Amerikanerin, der eine Chartplatzierung in Großbritannien erreicht. Er landet auf Platz 91. In den US-Dance-Charts hat KAREN YOUNG weitere Erfolge. Bring On The Boys / Baby You Ain't Nothing Without Me, Deetour und Dynamite belegen mittlere Plätze.
1979 schreibt Andy Kahn den Titel Rendezvous With Me für die Sängerin. Der potentielle Nachfolgehit von Hot Shot wird aber nicht fertig produziert. Erst 2008 tauchen die Aufnahmen wieder auf. Das MaxRoxx-Team, DJ Paul Goodyear und DJ Zathan Radix mixen neue Versionen mit den Original-Tonspuren. Die Single erscheint 2009. Das erlebt Karen Young nicht mehr. Sie stirbt am 26. Januar 1991.

Yuro, Timi (* 4. August 1940 in Chicago, Illinois als Rosemary Timotea Yuro oder Rosemary Timotea Aurro | gestorben am 30. März 2004)

TIMI YURO, die US-amerikanische Soul- und R&B-Sängerin ist italienischer Abstammung, obwohl sie wegen ihrer stimmlichen Ausdruckskraft vielfach für eine farbige Interpretin gehalten wird. 1952 zieht sie nach Los Angeles um und singt dort in dem italienischen Lokal ihrer Eltern und in kleinen Clubs.
Sie unterschreibt 1959 einen Plattenvertrag bei Liberty Records und landet 1961 gleich mit ihrer ersten Single Hurt ihren größten Erfolg. Die Coverversion der R&B-Ballade von ROY HAMILTON, kommt bis auf Platz vier in den US-Billboard-Charts. Es folgen weitere Hits bis 1965. Ihre Erfolge, beschränken sich nur auf den amerikanischen Plattenmarkt.
1961 tourt TIMI YURO im Vorprogramm von FRANK SINATRA auf dessen Australien-Tournee.
Im November 1962 veröffentlicht sie die erste Version des Songs The Love Of A Boy von Burt Bacharach und Hal David, das später von Sängerinnen wie DIONNE WAWRICK und JULIE ROGERS gecovert wird.
Ende der 1960er tourt Yuro zwischen London und Las Vegas, obwohl die Karriere ihren ersten Höhepunkt überschritten hat. Ihr letztes Studioalbum der 1960er Jahre, Something Bad on My Mind, erscheint im September 1968. Nach ihrer Heirat mit Robert Selnick 1969 steigt sie zunächst aus dem Musikbusiness aus.
Sie will 1980 einen Comebackversuch starten und hat dazu eine 14-köpfige Band zusammengestellt, da bekommt sie plötzlich akute Kehlhopfprobleme. Nach sechsmonatiger Pause nimmt sie All Alone Am I auf, der 1981 in Europa veröffentlicht und ein Erfolg wird. Im September des gleichen Jahres begeistert sie mehr als 20.000 Zuschauer in Rotterdam, wo sie gemeinsam mit OLIVIA NEWTON-JOHN und ART GARFUNKEL auftritt. Es folgt ein 14-tägiges Gastspiel mit ihrer Show in Las Vegas.
Danach folgen weitere Tourneen durch Europa und drei Alben, die nicht den Weg in die Charts finden.
In den späten 1980er Jahren bekommt sie erneut Stimmprobleme und es wird Kehlkopfkrebs diagnostiziert. 2002 wird ihr

Kehlkopf entfernt und die Sängerin lebt danach zurückgezogen und verstirbt 2004.

Das Echo auf ihren Tod unter Kollegen ist groß, so verkündet MORRISSEY ihren Tod offiziell auf seiner Website. Er veröffentlicht 1994 im Duett mit SIOUXSIE SIOUX eine Version ihres Titels Interlude.

P. J. Proby kennt TIMI YURO aus ihrer gemeinsamen Zeit in Hollywood und erwähnt dies oft, wenn er in seinen Shows Hurt singt.

Jahr	Titel in den Top-50 Single-Charts	DE	UK	US
1961	Hurt	-	-	4
1961	Smile	-	-	42
1962	What´s A Matter Baby (It´s Hurting You)	-	-	12
1962	The Love Of A Boy	-	-	44
1963	Make The World Go Away	-	-	24

Sängerinnen – Z

Zadora, Pia (* 4. Mai 1954 in Hoboken, New Jersey als Pia Alfreda Schipani)

PIA ZADORA wird zunächst einmal als Schauspielerin bekannt, denn 1961 tritt sie am Broadway an der Seite von Tallulah Bankhead in dem Stück „Midgie Purvis" auf. Ihr Filmdebüt gibt Zadora 1964 in dem B-Movie „Santa Claus Conquers the Martians". Danach kehrt sie erst 1981 zum Film zurück und spielt an der Seite von Stacy Keach und Hollywood-Legende Orson Welles in dem Inzest-Drama „Butterfly – Der blonde Schmetterling". Sie erntet sie für ihre Darstellung in dem Streifen teilweise vernichtende Kritiken. 1983 folgt ihr bekanntester Film. Das Drama „The Lonely Lady", in Deutschland unter dem Titel „Karriere durch alle Betten" erschienen, soll ihr großer Durchbruch werden. Er gerät aber zu einem finanziellen und künstlerischem Fiasko, so wird er heute in den USA zu den schlechtesten Filmen aller Zeiten gezählt. Danach ist ihre schauspielerische Karriere endgültig ruiniert.
So wendet sich PIA ZADORA dem Gesang zu. Bereits in den frühen 1960ern hat sie sich als LITTLE PIA versucht und Ende der 1970er wenig erfolgreich als Country-Sängerin. So wechselt 1982 ins Pop-Fach. Ein Jahr zuvor sorgt sie schon für Aufsehen, als sie einige Konzerte von FRANK SINATRA eröffnet.
Ihr über 30 Jahre ältere damalige Ehemann Meshulam Riklis, soll ihr das mit seinem Geld und mit geschäftlichen Beziehungen ermöglicht haben. Diese Tatsachen haben natürlich einen Einfluss auf ihre musikalische Karriere. So landet sie, im Duett mit Jermaine Jackson, 1984 mit When The Rain Begins

To Fall einen Riesenhit im deutschsprachigen Raum. Die Aufnahme wird Nummer eins in Deutschland und der Schweiz. In Österreich springt der 2. Platz heraus. Nur in England und den USA schafft es die Platte nicht in die Top-50.
Im Laufe des Jahres 1985 kann sie zwei weitere Hits mit Let's Dance Tonight und Little Bit Of Heaven in den europäischen Charts landen – wobei sie wiederum in Deutschland, der Schweiz und Österreich ihre besten Platzierungen erreicht. Das Album Let's Dance Tonight (1984) verkauft sich achtbar in Europa.
Im darauf folgenden Jahr nimmt Zadora das Album Pia & Phil mit dem „London Philharmonic Orchestra auf". Hier wird vermutet, dass Riklis eine fünfstellige Summe für die Aufnahmen zur Verfügung stellt und das Orchester einkauft. Weitere Stücke werden so bearbeitet, dass ihre Stimme den richtigen Klang hat. Ohne das Geld ihres Mannes wären ihre mittelmäßigen Qualitäten als Schauspielerin und Sängerin wohl nie zum tragen gekommen.
1996 beendet PIA ZADORA erst einmal ihre Karriere und zieht sich ins Privatleben zurück. Seit 2011 tritt sie wieder regelmäßig auf.

Jahr	Titel in den Top-50 Single-Charts	DE	UK	US
1982	I´m In Love Again	-	-	45
1982	The Clapping Song	-	-	36
1984	When The Rain Begins To Fall (*)	1	-	-
1985	Let´s Dance Tonight	11	-	-
1985	Little Bit Of Heaven	10	-	-
	(*) im Duett mit Jermaine Jackson			

Zavaroni, Lena Hilda (* 4. November 1963 in Rothesay, Schottland | gestorben am 1. Oktober 1999

LENA ZAVARONI ist die Musik als Kind von schottischen Musikern schon in die Wiege gelegt worden. Ihr Vater Victor Zavaroni ist Gitarrist und ihre Mutter Sängerin. Im Alter von zwei

Jahren beginnt sie mit dem Gesang. Der britische Musikproduzent Tommy Scott entdeckt sie 1973, als er in Lenas Geburtsort Urlaub macht. Er hört sie in der Band des Vaters und ihres Onkels.

Den ersten Auftritt hat sie 1974 in einer britischen Fernsehshow für junge Talente. Nach den erfolgreichen Auftritten in der Show wird ihr erstes Album mit dem Titelsong Ma, He's Making Eyes At Me auf den Markt gebracht, das den achten Platz in den britischen Albumcharts erreicht. Seitdem ist Lena die jüngste Interpretin, die ein Album in die englischen Charts bringt. Es folgen Auftritte in der damals beliebten BBC-Sendung „Top Of The Pops". Im selben Jahr tritt Lena bei einem Wohltätigkeitskonzert in Hollywood auf. Mit ihr auf der Veranstaltung sind FRANK SINATRA und LUCILLE BALL. Es folgen Auftritte in amerikanischen Fernsehshows und ein solcher im Weißen Haus vor dem damaligen Präsidenten Gerald Ford. Es bringt ihr zwar einen Plattenvertrag in den USA ein, aber Charterfolge bleiben aus.

In London besucht sie die „Italia Conti Academy", eine traditionsreiche englische Theaterschule. Von 1979 bis 1982 erhält die Schottin eine eigene Fernsehshow in der BBC unter dem Titel „Lena Zavaroni And Music".

Zwischen 1974 und 1982 veröffentlicht sie insgesamt sieben Alben, wobei ihr Debütalbum das Erfolgreichste bleibt.

Seit ihrem dreizehnten Lebensjahr leidet Lena an Anorexia nervosa (übersetzt etwa „nervlich bedingte Appetitlosigkeit"). So ist Magersucht eine Form der Essstörung. Während der Zeit in der Theaterschule fällt ihr Körpergewicht auf 25 kg, was bedeutet, dass sie ihre Karriere frühzeitig beenden muss. Sie heiratet 1989, aber die Ehe hält nur 18 Monate. Ein weiterer tragischer Umstand ist ein Hausbrand, bei dem sämtliche Erinnerungsstücke aus ihrer Showkarriere den Flammen zum Opfer fallen.

Nach der gescheiterten Ehe zieht sie in die Nähe ihres Vaters und lebt zurückgezogen von Sozialhilfe.

Zu ihrer Magersucht kommen später zusätzlich Depressionen. Sie erhält dagegen Behandlungen, die aber auf Dauer fehlschlagen.

Im September 1999 wird Lena in das Universitätskrankenhaus von Cardiff eingeliefert, um in der Psychochirurgie operiert zu werden. Sie hat selbst nachdrücklich um diesen Eingriff gebeten. Drei Wochen nach der Operation stirbt sie im Alter von 35 Jahren an einer Lungenentzündung. Sie wiegt zu diesem Zeitpunkt nur 32 kg.

Jahr	Titel in den Top-50 Single-Charts	DE	UK	US
1974	Ma! He´s Making Eyes At Me	-	10	-
1974	(You´ve Got) Personality	-	33	-

Duo-Register

Allisons – 11

Baccara – 12
Bano, Al & Romina Power – 14
Bellamy Brothers – 15
Blancmange – 16
Bob & Marica – 17
Brewer & Shipley – 18
Brian & Michael – 18
Brothers Johnson – 19
Bruce & Bongo – 20

Captain & Tenille – 21
Caravelles – 22
Carpenters – 23
Climie Fisher – 25
Collins, Dave & Ansel – 27
Communards – 27

Dale & Grace – 30
David & Jonathan – 31
Davis, Windsor & Don Estelle – 31
Dollar – 32
Double – 33

Erasure – 35
Eurythmics – 37
Everly Brothers – 39

Ferante & Teicher – 42
Flash & The Pan – 43

Godley & Creme – 45
Go West – 46

Hall & Oates – 48
Harris, Jet & Tony Meehan – 50

Jan & Dean – 52
Jon & Vangelis – 53

Kisson, Mac & Katie – 55

La Bionda – 56
Laid Back – 57
London Boys – 58

Interpretinnen-Register

Abdul, Paula – 114
Alice – 115
Anderson, Lynn – 116
Aneka – 117
Appleby, Kim – 118
Armatrading, Joan – 118
Arnold, P.P. – 119

Baez, Joan – 121
Barry, Claudia – 122
Bassey, Shirley – 123
Beck, Robin – 125
Benatar, Pat – 126
Bianco, Bonnie – 128
Black, Cilla – 129
Boone, Debbie – 130
Boyer, Jaqueline – 131
Branigan, Laura – 132
Brightman, Sarah – 133
Brooks, Elkie – 134
Bush, Kate – 135

Cara, Irene – 138
Carey, Mariah – 139
Carlisle, Belinda – 142
Carnes, Kim – 144
Cara, Raffaela – 146
Carola – 147
Catch, C.C. – 148
Chapman, Tracey – 149
Charles, Tina – 151
Cher – 152
Cherry, Nene – 155
Cinquetti, Gigiola – 157
Clark, Petula – 158
Cline, Patsy – 160
Cogan, Alma – 162
Cole, Natalie – 163
Collinis, Judy – 165
Coolidge, Rita – 166
Covington, Julie – 167
Crawford, Randy – 168
Crow, Sheryl – 169